Bernd Rebe: Alfred Kubel – In der Pflicht des klaren Wortes

Zum 50. Geburtstag
Hans-Joachim [illegible]
04.02.1990

Alfred Kubel – In der Pflicht des klaren Wortes

Herausgegeben von Bernd Rebe

Reden
und Vorträge
aus 3 Jahrzehnten
politischer
Verantwortung

braunschweig-druck GmbH
Druck- und Verlagsgesellschaft

Für die großzügige Unterstützung des Druckes danken
der Herausgeber und der Verlag

der Friedrich-Ebert-Stiftung, Bonn
der Deutschen Messe AG, Hannover
der Norddeutschen Landesbank, Hannover
und der Fraktion der Sozialdemokratischen Partei Deutschlands
im Niedersächsischen Landtag

ISBN 3-926701-06-4

Umschlag, Entwurf und Layout: Rolf Jordan
Gesamtherstellung: braunschweig-druck GmbH

Gesamtredaktion: Volker Piepenbrink

Inhaltsverzeichnis

Bernd Rebe:
„. . . gemessen mit dem Maßstab echten Menschentums . . .“
Alfred Kubels politisches Denken im Spiegel seiner Reden 7

Demokratie, Frieden und Sozialismus 23

Rede anläßlich der Wiedereröffnung der Braunschweigischen Wissenschaftlichen Gesellschaft 37

Politik und Ethik 42

Offener Brief an die Braunschweiger Studenten 57

Rede anläßlich der Nelson-Gedächtnisfeier 1946 59

Ansprache aus Anlaß der Schlußsitzung des Braunschweiger Landtags 64

Wirtschaftliche Freiheit in der Planwirtschaft 69

Genossenschaften als Mittler zwischen Stadt und Land 88

Neuordnung des landwirtschaftlichen Kreditwesens 108

Finanzpolitik in Niedersachsen 126

Der Beitrag der öffentlichen Hand zu Stabilität und Wachstum 139

Regierungserklärung vom 8. Juli 1970 154

Zeitgemäße Gedanken zum 50. Jahrestag der Volksabstimmung in Oberschlesien 180

Die Funktion der Bundeswehr in unserer Gesellschaft 190

Vortrag zum Landesentwicklungsprogramm »Niedersachsen 1985« 202

Regierungserklärung vom 10. Juli 1974 212

Föderalismus und Kooperation 247

Rede zur Eröffnung des philosophischen Kongresses in Göttingen 256

Rede zum Rücktritt vom Amt des Ministerpräsidenten 260

30 Jahre Grundgesetz – 30 Jahre Bundesrepublik 267

Quellennachweis 274

»...gemessen mit dem Maßstab echten Menschentums...«

Alfred Kubels politisches Denken im Spiegel seiner Reden

»No Britsh man can attain to be a statesman or chief of workers till he has first proved himself a chief of talkers«: Vermittelt uns dieser programmatische Satz von *Thomas Carlyle* auch den Zugang zu *Alfred Kubels* staatsmännischem Rang? Er würde dies weit von sich weisen, denn »chief« wollte er überhaupt nicht sein, schon gar nicht ein »chief of talkers«. So mancher bekam das kurz angebundene »Kubel ist mein Name!« zu hören, der ihn mit »Herr Ministerpräsident« anredete. Er wollte auch im hohen Staatsamt kein Herausgehobener sein, der kraft Position das Sagen hat. Er wollte vielmehr durch die gedankliche Unbestechlichkeit des Argumentes wirken, er stellte sich der Widerrede und war bereit zu lernen, der besseren Begründung zu folgen. Er vertraute darauf, seinerseits im persönlichen Gespräch wie in der öffentlichen Rede andere zu überzeugen. Notwendigerweise achtete er das Wort hoch, eine »Unterschätzung der sozial sittigenden Wirkung der Rede und eine Überbewertung der Aktion (Aktion von oben!), die ihren Wert in sich selbst hat«,[1] kann man *Alfred Kubel* gewiß nicht vorwerfen. Bei ihm kommt in dieser Haltung die kategorische Ablehnung jeder obrigkeitsstaatlichen Gesinnung und das Vertrauen auf die mögliche Wirksamkeit der Vernunft zum Ausdruck, wenngleich er wußte, daß die politische Vermittlungskraft der vernünftigen Rede jederzeit bedroht ist und immer neu errungen und bewahrt werden muß.

In der Rede zur Nelson-Gedächtnisfeier vor der Braunschweigischen Wissenschaftlichen Gesellschaft am 3. November 1946[2] preist er an *Leonard Nelson:* »Daß es der menschlichen Vernunft gegeben ist, das Rechte zu erkennen, daß diese Erkenntnis zu einer unabdingbaren Forderung für alle Menschen geworden ist, wenn sie nicht den Anspruch verlieren wollen, als gebildete Menschen geachtet zu werden, daß es nichts Höheres gibt, als diese Forderung und daß es vor ihrer Verbindlichkeit

---

[1] *Walter Jens,* Von deutscher Rede, in: *ders.,* Feldzüge eines Republikaners, München 1988, S. 117 (123).

[2] S. unten S. (59).

kein Ausweichen gibt, das ist ein Teil seiner Lehre.« Später[3] formuliert er noch präziser: »Ich gehe dabei von dem Vertrauen aus, das wir in die dem Menschen gegebene Vernunft haben sollten, von dem Vertrauen, daß wir eine Wahrheit finden können, wenn wir fehlerfrei und logisch konsequent denken und die bei dem Aufbau unserer Theorie notwendigen Tatsachen möglichst vollständig und möglichst sauber zusammentragen.« Aber dieses Vernunftsvertrauen bedeutet für *Alfred Kubel* freilich nicht, daß sich die Vernunft quasi selbstläufig durchsetzt – ihre Geltung muß vielmehr ständig wieder erstritten oder behauptet werden, wie auch die von Wahrheit und Recht. In »Politik und Ethik«[4] finden wir denn auch die realitätsverpflichtete Mahnung: »Wir müssen erkennen: weder die Wahrheit, noch das Recht setzen sich in der menschlichen Gesellschaft *von selber* durch. Es ist ein frommer und schöner Glaube, daß die menschliche Gesellschaft in mit Naturnotwendigkeit sich vollziehender Entwicklung besser und gerechter werde. Wir müssen erkennen, daß der Mensch weder böse von Anbeginn an, noch von Natur aus gut ist. In ihm sind die Kräfte des Bösen und des Guten ständig am Werke und Aufgabe unserer Erziehung ist es, die guten Kräfte zu stärken und die bösen zu hemmen.«

Alfred Kubels Reden sind in ihrer so ganz und gar auf den Transport der Inhalte ausgerichteten Fassung sicher keine weiteren Belegstücke sozialistischer Rhetorik; ihn hierin in eine Linie mit *Lassalle, Bebel* oder *Rosa Luxemburg* stellen zu wollen, würde ihm Unrecht tun. Aber nicht nur von ihrer Rhetorik her sind seine Reden anderer Art, auch ihre wirtschafts- und gesellschaftspolitischen Orientierungsmarken sind trotz mancher verbaler Übereinstimmungen sehr verschieden von dem, was sich so mancher mit heißem Herzen vom Sozialismus erträumt; hiervon wird weiter unten noch zu sprechen sein.

Mögen also *Alfred Kubels* Reden in ihrem Tembre kühler Vernunftsorientierung *Hugo von Hofmannsthals* [5] Klage über die Entfremdung der Späre des Politisch-Zweckhaften vom Bereich des Literarischen erneut gerechtfertigt erscheinen lassen, so bleibt uns doch nicht nur *Walter Jens'* [6] Erklärung »Andere Zeiten, andere Reden«, sondern auch die Entdeckung, daß

---

[3] In: Wirtschaftliche Freiheit in der Planwirtschaft, Vortrag gehalten vor der Volkswirtschaftlichen Gesellschaft e.V. Hamburg am 30. April 1948, unten S. 70.

[4] „Politik und Ethik", Vortrag, den Kubel zuerst als Braunschweiger Ministerpräsident am 16. August 1946 vor den Studenten der (damaligen) Technischen Hochschule Braunschweig gehalten hat, s. unten S. 42.

[5] *Hugo von Hofmannsthal*, Adam Müllers zwölf Reden über die Beredsamkeit, in: *Hugo von Hofmannsthal,* Gesammelte Werke in Einzelausgaben, Prosa III, Frankfurt 1952, S. 485 (488).

[6] *Walter Jens,* wie Fußnote 1, S. 120.

Alfred Kubels Reden sehr wohl so manche blinkende Formulierung als Ausdruck entwickelter Redekunst enthalten.
So setzt er sich in der ersten der in diesem Band abgedruckten Reden[7] mit den Krisen der bisherigen kapitalistischen »Wirtschafts-*Un*ordnung« auseinander und stellt fest, »daß anstelle des sogenannten Spieles der freien Kräfte in der Weiterentwicklung des Kapitalismus längst die Diktatur der wenigen ganz Großen getreten ist« und fährt dann fort: »Die sich in der Aufeinanderfolge immer ungeheurer steigernden Weltkrisen des Hochkapitalismus werden selbst den Kapitalisten unangenehm, wenn sie Kriege auslösen, in denen Bomben vom Himmel auch gelegentlich respektlos die Angehörigen jener Geld- und Wirtschaftsaristrokratie zerfetzen, die letzten Endes die meisten Ursachen für solche Kriege zu verantworten haben.«
In »Politik und Ethik«[8] äußert *Kubel,* das Streben nach menschlicher Vernunft im Sinne *Leonard Nelsons* allein vermöge »der deutschen Jugend wieder die Kraft einer edlen Begeisterung zu geben, die sie zum Leben braucht.« An gleicher Stelle attestiert er den Nazi-Größen »den Geltungswahn einer verbrecherischen Clique« und wünscht seinen Zuhörern die Kraft, »in dem ganzen Unrat des Alltags den echten Idealismus nicht zu verlieren.«
Die Notwendigkeit, den Landwirten eine wirtschaftliche Denkweise nahezubringen, faßt er in den kurzen Satz »Kopfdüngung tut not!«[9] In derselben Rede, in der er den Stufeninvestitions-Plan für die Landwirtschaft erläutert, äußert er: »Dabei braucht der Stufenkredit keineswegs eine ›Revolution‹ zu sein. Leute, die von Krediten reden und damit umgehen, haben ohnedies nicht das Berufsaroma, solch starke Worte zu lieben.« In einer in diesen Band wegen ihrer starken Tagesbindung nicht aufgenommenen Rede vor Vertretern von Wirtschaft und Industrie in Braunschweig vom 14. September 1965 findet sich der Satz: »Zur Zeit sind es ganz besonders die öffentlichen Investitionen, deren hervorragende Rolle mehr beachtet werden sollte, denn die Straße des Fortschritts wird im wahrsten Sinne des Wortes von öffentlichen Investitionen gepflastert.«[10]
In dem Vortrag »Genossenschaften als Mittler zwischen Stadt und Land«[11] kommt er auf Meinungsverschiedenheiten und Interessendiver-

---

[7] „Demokratie, Frieden und Sozialismus" (Januar 1946), unten S. (23).
[8] S. unten S. (42).
[9] „Neuordnung des landwirtschaftlichen Kreditwesens", unten S. (118).
[10] Maschinenschrift S. 3, Archiv der sozialen Demokratie, Bonn.
[11] Gehalten auf dem Verbandstag des Verbandes nordwestdeutscher Konsumgenossenschaften am 24. Mai 1960 in Hannover, unten S. (88).

genzen zwischen landwirtschaftlichen Genossenschaften und Konsumgenossenschaften hinsichtlich der Zollpolitik zu sprechen, wobei die ersten hohe Zollmauern für ihre Argrarerzeugnisse und letztere freie Einfuhren zur Sicherung niedriger Lebensmittelpreise verlangt hätten, und stellt dann sarkastisch fest: »Und diese Liebe währet immer noch fort!«
Die Reihe der Beispiele treffender Formulierungen und gelungener Aperçus ließe sich weiter fortsetzen, wobei *Alfred Kubel* als geistreicher Debattenredner und schlagfertiger Erwiderer auf parlamentarische Zwischenrufe zu würdigen wäre.
Kubels Reden wirken jedoch auch im Nachlesen in erster Linie nicht durch ihre Formulierungen, sondern durch ihre Inhalte. Sie zeigen einen Mann, der aus dem Spannungsverhältnis seines Ringens um ethische Leitlinien für politisches Handeln und einem ungewöhnlich hohen Maß an Weltkenntnis und Wirklichkeitsbewußtsein seine persönlichkeitsformende Spannkraft bezog.[12] *Kubels* politsche Ethik ist durch zwei Merkmale gekennzeichnet: Sie ist zum einen keine Sonderethik für das Politische, sondern eine durchgängige Lebensethik, die eben *auch* für politisches Handeln gilt. Und sie ist zum anderen kein ausgetüfteltes System materialer Wertethik, sondern eine begrifflich gefaßte Leitbildethik, verbunden mit der Anweisung, aus einer leitbildgerechten Grundauffassung heraus unter Einsatz aller gedanklichen und Gewissenskräfte in jedem Einzelfall eine ethisch legitimierte und sachlich angemessene Entscheidung zu finden. »Pragmatisches Handeln zu sittlichen Zwecken' oder Handeln auf der Grundlage erfahrungswissenschaftlicher Methoden zum Erreichen ethisch begründeter Ziele, dieses war das innere Band von *Kubels* Politik von Anbeginn bis zum Ende seiner politischen Laufbahn«: Mit diesem Satz charakterisiert der Kubel-Biograph *Wolfgang Renzsch Alfred Kubels* politisches Handlungscredo.[13] *Kubel* hat seine grundlegenden ethischen Leitorientierungen in seinen Reden immer wieder in knappe Sätze gefaßt. So etwa in der ersten Nachkriegsrede »Demokratie, Frieden und Sozialismus« vom Januar 1946[14]: »Wir wollen uns jedem zeigen, wie wir sind, und wer unsere Grundideen ablehnt, die sich herleiten aus innerer Sauberkeit und anständiger Haltung gegenüber unseren Mitmenschen, der ist uns verdächtig, entweder als Egoist oder – was in ähnlicher Richtung liegt – als Demagoge«. Nachdem er mit knapper Not,

[12] Deshalb hatten wir bereits der Festschrift zu *Alfred Kubels* 75. Geburtstag den programmatischen Titel „Idee und Pragmatik in der politischen Entscheidung" gegeben.
[13] *Wolfgang Renzsch,* Alfred Kubel – 30 Jahre Politik für Niedersachsen. Eine politische Biographie, Bonn 1985, S. 17.
[14] Unten S. (27f).

auch vom Haß in der Gestapohaft aufrechterhalten, der »Maskerade des Bösen« *(Dietrich Bonhoeffer)* entronnen war, war es ihm ein erlittenes »Zeichen anständiger demokratischer Gesinnung..., daß man seine Mitbürger über seine wahren Absichten nicht täuscht«, »... denn der Weg der Massentäuschung und der politischen Mogelei führt unmittelbar aus der Demokratie heraus.« Es besteht damit in einer Demokratie die Notwendigkeit, auch Unpopuläres anzusprechen. Demokratie wird ihm »damit auch zu einer Frage der Charaktere und der Charakterbildung.« Und dies fordert auch die Kraft »einmal gegen die Interessen des geheiligten ›Ich!‹« zu entscheiden. Demokratie erfordert den »Verzicht auf Interessenpolitik – d. h. auf eine Politik, die nur den zufälligen Interessen meines Standes, meines Gewerbes oder meiner Rasse dient.«[15] Das Rechtsideal, das *Alfred Kubel* das höchste unter allen denkbaren Idealen ist, fordert Interessenbewertungen unabhängig von den subjektiven Trägern.[16]

Das zweite Element seiner Ethik, die notwendige Anstrengung bei der Ableitung einer ethisch-sachlich gerechtfertigten Einzelentscheidung aus Grundsätzen, hat er in der Rede zur Nelson-Gedächnisfeier vor der Braunschweigischen Wissenschaftlichen Gesellschaft im November 1946 an der damaligen TH Braunschweig bekannt. Zwar habe er Nelson niemals persönlich kennengelernt, aber: »Was mich damals zu dem Freundeskreis Nelsons hingeführt hat, war der zwingende Ernst, mit dem ich diese Menschen an der politischen Arbeit sah, war die Erkenntnis, daß in diesem Kreise wirklich um Wahrheit gerungen wurde und daß diese Menschen sich nicht damit begnügten, ein Wissen in sich anzuhäufen, daß sie vielmehr ihrem Drang nach Erkenntnis freiwillig eine klar erkennbare Grenze setzen«.[17]

In diesem Zusammenhang stellen sich nun zwei Fragen: Welcher konkrete Weisungsgehalt läßt sich den doch relativ abstrakt formulierten ethischen Grundsätzen entnehmen und welche Bedeutung gewinnt die Wissenschaft, insbesondere die Wissenschaft von der Moral – nämlich die Ethik – für die Konturierung ethischer Leitsätze? Hier stoßen wir auf durchaus dialektische Strukturen in *Kubels* Denken, bekommen zumindest die Einsicht bestätigt, daß *Kubel* auch beim Nachdenken über ideelle Leitorientierungen die realen Bedingungen ihres Entstehens und ihrer Wirksamkeit nicht aus dem Auge verlor.

Die Ethik ist ihm »gewissermaßen die Krone aller Wissenschaften überhaupt«. In »Politik und Ethik« bekennt er vor Studenten der damaligen

---

[15] „Demokratie, Frieden und Sozialismus", unten S. (23).
[16] „Politik und Ethik", unten S. (42).
[17] Die Rede zur Nelson-Gedächtnisfeier ist in diesem Band auf S. 59 ff. abgedruckt.

TH Braunschweig: »Ich komme ... mit dem Anspruch zu Ihnen, feierlich alle Fachrichtungen der Wissenschaft als bloße Hilfen zu erklären für die eine Wissenschaft, die all unserem Tun und Treiben höchster Leitstern sein soll, der Wissenschaft von der Ethik«[18]. Verbunden ist diese Aussage mit der Warnung vor allzu einseitigem Spezialistentum und dem Plädoyer, »sich einigermaßen universell zu bilden«. Die Dringlichkeit dieses Appells in »Politik und Ethik« wird verstärkt durch seine mahnenden Worte, die er als Braunschweiger Ministerpräsident im Juni 1946 an die zur Wiedereröffnung der Braunschweigischen Wissenschaftlichen Gesellschaft versammelten Wissenschaftler richtete: »Das furchtbare Unglück der Menschheit liegt darin, daß seit dem Ende des 18. Jahrhunderts sich die Wissenschaft allzusehr dem Materialismus ergeben hat. Vielleicht auch daran, daß ihre Vertreter selbst nicht erkannt haben, daß es nicht genügt, der seelisch unreifen Menschheit immer neue Möglichkeiten in die ungeschickten Hände zu geben. Daß die Vertreter der Wissenschaft zu einseitig ihrem Drang nach der Erkenntnis gefolgt sind und nicht die Sorge dafür mit übernommen haben, daß diese Erkenntnis zum Segen statt zum Unsegen der Menschheit verwandt wurde.
Diese unharmonische Einseitigkeit, die die Vertreter der Wissenschaft in sich entwickelt haben, indem sie ihre große moralische Pflicht verkannten, macht sie in der Tat mitschuldig an dem Zustand, in dem sich die Welt heute befindet. Daß die Wissenschaft, die Ende des 18. Jahrhunderts ihre religiösen Bindungen im Streben nach undogmatischer Erkenntnis auflöste, nicht die seelische Kraft hatte, sich von den Grundsätzen der wissenschaftlichen Ethik nun statt derer leiten zu lassen, das ist ihr ungeheueres Versagen.«[19]
Nur wenige Monate später, im November 1946, spricht *Kubel* wieder vor der Braunschweigischen Wissenschaftlichen Gesellschaft im Rahmen der Nelson-Gedächnisfeier und formuliert bei dieser Gelegenheit einen weiteren wissenschaftsethischen Imperativ. Im Zusammenhang mit dem von ihm nachdrücklich verteidigten Anspruch aller Menschen auf gleiche Bildungsmöglichkeiten plädiert er für eine Bildung, die sich nicht in Gelehrsamkeit vergräbt, sondern Wissen als Mittel zum Zweck betrachtet, nämlich als Waffe im Kampf um das Recht. Dann folgt eine Variation der berühmten Marx-Sentenz in den »Thesen über Feuerbach«; *Kubel* sagt das so: »Danach kommt es also nicht darauf an, *wieviel* ein Mensch weiß, sondern allein darauf, ob er sein Wissen dann benutzt, tatkräftig diese Welt zu

[182] „Politik und Ethik“, unten S. (44).
[19] Rede zur Wiedereröffnung der Braunschweigischen Wissenschaftlichen Gesellschaft am 21. Juni 1946, unten S. (40f.).

ändern«. Er warnt vor den »Bildungsfanatikern ..., denen das Ringen um Erkenntnis zum Selbstzweck geworden ist und die dann keine Zeit und Kraft mehr fanden, sich um den jammervollen Zustand der Welt noch zu kümmern.« Da ist ihm und »der richtungslos unherirrenden deutschen Jugend« *Leonard Nelson* ein Vorbild: »Aber man kann über Nelson nicht sprechen, indem man nur sein wissenschaftlich-philosphisches Werk würdigt. Daß er die Notwendigkeit erkannt hat, seine Erkenntnisse unmittelbar im öffentlichen Leben wirksam zu machen, daß er in logischer Folgerichtigkeit so auch zum Politiker wurde, das erst macht seine ganze Größe aus«.[20]

Hier formulierte *Kubel* auch sein eigenes zentrales ethisches Motiv: Verantwortung zu übernehmen aus Einsicht in den »jammervollen Zustand der Welt«, vom gedanklichen Ringen um Erkenntnis und um die ethisch richtige Entscheidung zur folgerichtigen Tat zu finden, aus den Reflexionsbahnen einer vita contemplativa zum gestaltend-verändernden Wirken in der vita activa immer wieder auszubrechen, »Geist und Tat« – so der programmatische Titel der Zeitschrift des »Internationalen Sozialistischen Kampfbundes« – miteinander zu verbinden.

In dieser Haltung steht *Kubel* sicher mitten im Traditionsstrom eines im unverfälschten Sinne sozialistischen Politikverständnisses. Seine geistige Unabhängigkeit hat ihn aber auch immer wieder in Distanz und Spannung zu jeweils vorherrschenden Strömungen in der Partei insgesamt und insbesondere zur biederen Enge so mancher Denkgewohnheit seiner niedersächsischen Parteifreunde gebracht. Fragt man nach dem tiefsten Grund für den Verlust sozialdemokratischer Regierungsverantwortung mit *Kubels* Rücktritt vom Amt des Ministerpräsidenten, so liegt er zum einen in den unvermeidlichen Abnutzungserscheinungen einer nahezu dreißigjährigen Regierungs(mit)verantwortung der SPD in Niedersachen und zum zweiten im Umkreis der Tatsache beschlossen, daß die SPD zu der Zeit niemand aufbieten konnte, der ähnlich überzeugend wie *Alfred Kubel* geistige Unabhängigkeit, in weiter Erfahrung geschärften Wirklichkeitssinn, Sachpompetenz und charakterliche Integrität in vertrauensstiftender Weise in seiner Person vereinigte. Ohne dem unerschöpflichen Thema »Vom Gang des Weltgeistes und der Kraft des Individuums«[21] hier eine neue Facette hinzufügen zu wollen, bleibt mit *Wolfgang Renzsch* [22]

---

[20] Unten S. (62).

[21] So der Untertitel des Leitartikels in der ZEIT vom 23. 12. 1988 von *Robert Leicht,* Eine Ahnung von historischer Größe – Politik als Beruf: Vom Gang des Weltgeistes und der Kraft des Individuums.

[22] *Wolfgang Renzsch,* Kubel-Biographie (oben Fußnote 13), S. 9.

die sehr bemerkenswerte Tatsache festzuhalten: »Buchstäblich 30 Jahre lang ging in der Niedersächsischen Landesregierung nichts ohne *Kubel*: Der Versuch von 1955, ohne *Kubel* und die SPD zu regieren, scheiterte nach zwei Jahren; der Versuch einer sozialdemokratisch geführten Landesregierung ohne *Kubel* scheiterte 1976.«

Distanz zu seiner Partei hatte Kubel insbesondere auf dem Gebiet, auf dem er selbst in Unternehmerkreisen als Fachmann mit hoher Sachkompetenz anerkannt war: nämlich in der Wirtschaftspolitik. *Kubels* eigenständige Position auf diesem Gebiet wurde freilich dadurch weitgehend verdeckt, daß er in seiner Terminologie Begriffe wie »Planwirtschaft« bzw. »gelenkte Wirtschaft« verwendete und sich zum »Sozialismus« bekannte. Bei näherem Hinsehen wird indes deutlich, daß *Kubel* in Sachen Wirtschaftsordnung geradezu Elemente ordoliberalen Denkens vertritt und ein entscheidender Verfechter einer durch Gerechtigkeitsorientierung moderierten Marktwirtschaft ist. Von Anfang an wandte er sich gegen die völlig freie Konkurrenz, die zur Herausbildung weniger Großmonopole führt, die die Macht haben, auch durch das Schwingen der »Hungerpeitsche« Arbeitslosigkeit Arbeitnehmer und kleinere Unternehmen in ihrer wirtschaftlichen Entscheidungsfreiheit zu knebeln und von sich abhängig zu machen. Sehr interessant ist hier die Sicht einer Interessengemeinschaft von Arbeiterschaft und Mittelstand, der bisher nur versucht habe, »sich gewissermaßen aus der Arbeiterklasse herauszumogeln« und durch dieses Emporsteigen aus der Arbeiterschaft in seiner materiellen Lage »die Verbindung zu dem stärksten Machtfaktor anständiger politischer Haltung« verloren habe und so politisch zu »Treibholz geworden sei, das immer wieder in Krisenzeiten von Demagogen mißbraucht werden kann.«[23]

Was er wollte, war die Verhinderung eines Wirtschaftschaos und die Sicherung der Vollbeschäftigung durch einen »vernünftigen Plan«. Im Vordergrund steht für ihn nicht die Frage nach der rationellsten Produktion, sondern »wie ein roter Faden« die nach der Gewährleistung maximaler gleicher Freiheit aller Wirtschaftsbeteiligten[24] durch Monopolkontrolle, Kontrolle der Schlüsselindustrien, starke Gewerkschaften und Gewährleistung der Vollbeschäftigung durch lenkend-planendes Eingreifen des Staates, wobei er an konjunkturverstetigende Maßnahmen à la Keynes dachte, wie sie zwei Jahrzehnte später unter einem sozialdemokratischen Bundeswirtschaftsminister durch das Stabilitätsgesetz rechtlich ermöglicht wurden.

---

[23] „Demokratie, Frieden und Sozialismus", unten S. (23).

[24] „Wirtschaftliche Freiheit in der Planwirtschaft", unten S. (69).

Kubels Unabhängigkeit im Denken zeigt sich auf wirtschafts- und arbeitsmarktpolitschem Feld auch darin, daß er Gewerkschaften und Arbeitnehmer ebenfalls in das Visier kritischen Fragens nimmt. So stellt er im Hinblick auf die gewerkschaftliche Organisation der Arbeitnehmer fest, daß es keineswegs ein so idealer Zustand sei, »daß die Arbeiterschaft gezwungen war, dem Monopol der Unternehmer ein Monopol der Gewerkschaften gegenüberzusetzen.«

Wenig später fragt er in demselben Vortrag nach der Notwendigkeit, in einer von ihm sogenannten »Planwirtschaft« nicht nur die Freiheit des Arbeitgebers, sondern auch die des Arbeitnehmers einzuschränken, ohne dieser Frage jedoch im einzelnen nachzugehen.

Hier wird eine Haltung erkennbar, die die Frage nach ethischer Pflichtenbindung nicht allein in Richtung Arbeitgeber und Unternehmer stellt.

Es verwundert nicht, daß nach dieser Rede – an deren Ende das Protokoll »Lebhafter Beifall« vermerkt – ein Diskutant seinen Beitrag mit dem Satz beginnt: »Noch nie ist der Sozialist so liberal und noch nie der Liberale so sozial gewesen, wie es heute zu sein scheint.« Der Vorsitzende der Volkswirtschaftlichen Gesellschaft stellte fest, daß es besser gewesen wäre, »das Thema ›Wirtschaftliche Freiheit in der Planwirtschaft‹ abzuändern in die Formel: ›Freiheit und Lenkung‹ «, und richtete an *Kubel* die Worte: »Ich sehe einen so wesentlichen Unterschied zwischen dem, was Sie vorgetragen haben, und dem, was die Verfechter der Marktwirtschaft wollen, eigentlich nicht«.

Alfred Kubel war wirtschaftlichem Denken aber nicht nur durch seine theoretischen Analysen und seine praktischen Erfahrungen in herausgehobenen Unternehmenspositionen verbunden, sondern ein im weiteren Sinne »unternehmerisches« Denken entsprach auch seinem auf Initiative, Aktivität und Gestaltung angelegten Naturell. Diese Haltung prägte seine gesamte Amtsführung als Wirtschafts-, Landwirtschafts- und Finanzminister sowie als Ministerpräsident von 1970 – 1976 und manifestierte sich insbesondere in der von ihm betriebenen Gründung der Hannover-Messe und der Norddeutschen Landesbank. Die breite Zustimmung, die er auch in Unternehmerkreisen genoß, kam etwa in der Verleihung der Bernhard Weiss-Plakette des VDMA (Verband Deutscher Maschinen- und Anlagenbau e.V.) und in der Festschrift zum Ausdruck, die ihm Unternehmer zu seinem 65. Geburtstag am 25. Mai 1974 überreichten. *Alfred Kubel* genoß Vertrauen auch bei vielen, die seiner Partei nicht nahestanden. Er besetzte in ihrem öffentlichen Erscheinungsbild mit großer Werbewirkung den Bereich der Wirtschaftspolitik – diesem politischen Zentralgebiet, mit dessen glaubhafter personeller Bestückung die Sozialdemokraten sich

immer wieder schwertun. Es war wohl auch in erster Linie *Kubel* zu verdanken, daß die FDP – die in der siebenten Wahlperiode des Niedersächsischen Landtags von 1970 – 1974 nicht im Landtag vertreten war – nach den Landtagswahlen 1974 eine Koalition mit der SPD einging, obwohl die SPD sieben ihrer Abgeordnetensitze verloren und die CDU zwei hinzugewonnen hatte und damit erstmals zur stärksten Fraktion im Landtag geworden war. *Kubels* koalitionsintegrierende Kraft wird dadurch belegt, daß mit seinem Rücktritt die Koalition auseinanderbrach.
Auch sein großes finanzpolitisches Thema, die Schaffung eines angemessenen bundesstaatlichen Finanzausgleichssystems[25], ist kein klassisches Thema sozialistischen Wirtschaftsdenkens, wenn auch das Allgemeine Deutsche Sonntagsblatt vom 24. 12. 1967 seinem Konzept geradezu den »Stempel des Revoluzzertums« aufdrücken zu können meinte. Er kam hier wie auch in anderen Zusammenhängen zu sehr unkonventionellen Lösungsvorschlägen, da er die Probleme »von Grund auf« diskutierte und durchdachte. In seinen Reden zum Genossenschaftswesen[26] wird die klare Stufenfolge *Kubelschen* Denkens besonders deutlich.

Stufe 1: Historische Vergewisserung der ursprünglich leitenden Ordnungsideen;

Stufe 2: Herausarbeitung der wesentlichen Aufgaben und Funktionen (hier: der Genossenschaften) in der gesellschaftlichen und wirtschaftlichen Situation der Gegenwart;

Stufe 3: Konzeptionell klar orientierte Vorschläge zur Reform;

Stufe 4: Auseinandersetzung mit denkbaren Problemen bei der Realisierung des vorgeschlagenen Konzepts.

Sein wirtschaftspolitisches Denken verheddert sich keinen Augenblick in der unfruchtbaren Gegenüberstellung von staatlicher Planung und Marktwirtschaft. Seiner freiheitsorientierten Grundüberzeugung entspricht die Feststellung: »Der Wettbewerb ist auch nicht durch die beste Planung zu ersetzen«[27]. Mit »zentraler Planung und Lenkung« soll der privaten Wirtschaft ein hohes Maß an unternehmerischer Freiheit zurückgegeben

---

[25] Eingehend hierzu *Wolfgang Renzsch,* Alfred Kubels Vorschläge zur Neuordnung des bundesstaatlichen Finanzausgleichs , in: *Rebe/Lompe/von Thadden,* Idee und Pragmatik in der politischen Entscheidung, (oben Fußn. 12), S. 167 ff. und *ders.,* Kubel-Biographie (oben Fußn. 13), S. 170 ff.

[26] Unten S. 88.

[27] Rede vor Vertretern von Wirtschaft und Industrie in Braunschweig am 14. 9. 1965.

werden, eine planend-vorausschauende Wirtschafts- und Finanzpolitik soll nur den erforderlichen Handlungsrahmen für möglichst krisenfreies und gerechtes Wirtschaften bereitstellen.
Kubel blieb seinen in den Grundsätzen zwar feststehenden, in den Einzelausprägungen jedoch ständig reflektierend modifizierten Überzeugungen auch als handelnder Politiker treu:
Nachdem er Ministerpräsident geworden war, richtete er einen Planungsstab in der Staatskanzlei ein. Diese und andere Politikziele sind in weiterhin gültiger Weise in seiner ersten Regierungserklärung vom 8. Juli 1970 formuliert[28]. Sie zeigt die hohe Konsequenz seines politischen Denkens und Handelns auch für die vom ihm in ihrer Bedeutung seit jeher besonders betonten Bereiche von Wissenschaft und Kultur: »Nicht nur nach der Aufgabenteilung durch das Grundgesetz, sondern auch nach unserer eigenen Wertung haben Schulen, Bildung und Kultur absoluten Vorrang in den Ländern.« Es folgen dann – in wohltuendem Kontrast zu den in diesen Punkten eher kargen Regierungserklärungen seines Amtsnachfolgers – sehr eingehende Ausführungen über die wissenschafts- und kulturpolitischen Zielsetzungen der neuen Landesregierung, bis hin zur Verkündung des Aufbaus eines mit anderen Ländern vergleichbaren Netzes von Musikschulen. Diese Schwerpunktsetzung liegt in der Konsequenz einer frühen programmatischen Äußerung *Kubels*, die Minister einer Regierung seien in erster Linie Diener des Kultusministers[29].
Hier wird zugleich die Spannweite von *Kubels* politischem Denken deutlich: Vom Wirtschaftstheoretiker und Wirtschaftsfachmann bis zum überzeugten Bildungspolitiker und praxisorientierten Moralphilosophen umfaßte sein hohes gedankliches Engagement ein außerordenlich breites Interessen- und Verantwortungsfeld. Bemerkenswert auch der Fundus seines historischen Wissens, aus dem er in ständiger Reflexion zugleich Maßstäbe für gegenwärtiges Handeln und Entscheiden gewann. So hat er einen markanten Teil seiner Kraft und Aufmerksamkeit auf die jüdisch-deutsche Aussöhnung verwendet. Die historische Dimmension seines politischen Denkens führte ihn auch zu einer klaren Sicht in Sachen Ostpolitik, speziell im Hinblick auf die ehemals deutschen Gebiete östlich der Oder-Neiße-Linie – eine Klarheit, zu der sich die auch durch Gefühlsbande ihrer früheren Heimat verbundenen Mitglieder der Landsmannschaft Schlesien auf der Kundgebung anläßlich des 50. Jahrestages der Volksabstimmung in Oberschlesien am 20. März 1971 in Braunschweig

[28] Unten S. (154).
[29] So zuletzt in einer Würdigung Kubels für Prof. Dr. Dr. hc Kurt Lindner in der Tageszeitung „Fränkischer Tag" vom 27. 11. 1981.

noch nicht durchzuringen vermochten.[30] Auch seine Antrittsrede als Präsident des Bundesrates[31] und seine Rede auf der Akademietagung des Ludwig-Windhorst-Hauses über »30 Jahre Grundgesetz – 30 Jahre Bundesrepublik« im November 1979[32] sind mitgeprägt durch historisches Wissen und historische Erfahrung.
So sehr *Alfed Kubel* sich in ständigem politischen Denken und in nahezu dreißigjähriger Ministerverantwortlichkeit für die Verwirklichung gerechtigkeitsorientierter Politik einsetzte, so sehr bewahrte er nicht nur seine Eigenständigkeit in der Politik, sondern auch seine geistige und persönliche Unabhängigkeit von der Politik. Es ist deshalb kein Zufall, daß er in seiner letzten Rede vor dem Landtag am 14. Januar 1976 anläßlich seines Ausscheidens aus dem Amt des Niedersächsischen Ministerpräsidenten[33] die Summe seiner politischen Erfahrungen und Gedanken nicht in der Form einer umfassenden sachprogrammatischen Bilanz zog, sondern die Einbettung des Politischen in das Allgemeine menschlicher Existenz, die Pflichten des Politikers vor dem nicht politischen Teil seines Lebens in den Vordergrund stellte. Auf die selbstkritisch gestellte Frage: »Haben wir hart genug gearbeitet?« antwortet er differenziert und stellt fest, daß »viele, allzuviele gerade der führenden Politiker ... in einer dauernden Streß-Situation (leben)« und – wie andere, die »sich in einer wie auch immer gearteten Pflicht« wissen – überarbeitet seien: »Das andauernde Gefühl, überbeansprucht zu sein, kann ich nicht als normal in einer auf Menschlichkeit bedachten Gesellschaft anerkennen. Auch denke ich nicht, daß es optimale Pflichterfüllung garantiert, wenn man seine privaten, neben den gewählten oder gestellten Aufgaben liegenden Interessen völlig verkümmern läßt«.
Kritisch fragt *Kubel* , ob dieses vorgebliche »Sich-Aufopfern-für-andere« nicht häufig kaum noch bewußter Vorwand für die eigene Eitelkeit sei und mehr dem eigenen Geltungsbedürfnis als der Sache diene. »Tragischer gar ist es«, fährt er fort, »wenn ein solches Sich-Aufopfern unausweichlich wird, weil es neben dem *eingefahrenen* Lebensgleis keine andere befahrbare Strecke zu einem persönliche Befriedigung verheißenden Ziel mehr gibt.« Mahnend fordert er: »Bei normalen Zeitabläufen sollte auch der führende Politiker darum besorgt sein, eine gewisse Harmonie in sein Leben zu bringen. Es kann eine Harmonie zwischen ernster Pflichterfül-

[30] „Zeitgemäße Gedanken zum 50. Jahrestag der Volksabstimmung in Oberschlesien", unten S. (192).
[31] Unten S. (247).
[32] Unten S. (267).
[33] Unten S. (260).

lung und Hingabe an andere vielfältige Lebensinteressen geben. Meine Bewunderung gilt denen – und es gab und gibt sie – die *darin* Vorbild sind.«
Für *Kubel* ist dieses Streben nach einem Ausgleich von Amtspflichterfüllung und Pflege sonstiger Lebensinteressen nicht nur eine Frage der Persönlichkeitsbalance um ihrer selbst willen, sondern auch ein Schutz davor, »Forderungen an unsere Gesellschaft zu stellen, die den meisten fremd und unverständlich bleiben, weil sie – einfach sei es gesagt – nicht menschlich oder gar unmenschlich sind.«
Und auf die zweite selbstgestellte Frage: »Haben wir genug nachgedacht?«, antwortet er: »Wir sollten uns wünschen, mehr Gelegenheit dafür zu finden, oder uns zu verschaffen, konzentriert nachzudenken über Dinge, die uns *nicht* die *tägliche* Arbeit aufzwingt. Über Dinge, die uns Richtschnur für unsere tägliche Arbeit sein müssen. Das gilt wohl für alle unsere Parteien und politischen Institutionen. Es sollte auch hier nachgedacht werden, ob es gut und richtig ist, dieses Sich-Beschäftigen mit den *Grundlagen* eines menschenwürdigen Lebens fast nur dem Zufall persönlicher Neigung, erworbener Bildung und persönlicher Verbindungen zu überlassen.«
Ihm selbst wohl nicht bewußt, aber seine Grundsatztreue bestätigend, schließt *Kubel* mit diesem Betonen der Bedeutung eines menschenwürdigen Lebens für die Politik und die Politiker in seiner letzten Rede in amtlicher Verantwortung einen Orientierungskreis, den er in seiner ersten Nachkriegsrede vom Januar 1946 über »Demokratie, Frieden und Sozialismus« begonnen hatte. Dort hatte er bereits eine Politik »gemessen mit dem Maßstab echten Menschentums« ins Auge gefaßt. Nun, am Ende einer nahezu dreißigjährigen Verantwortung in hohen Regierungsämtern, mündet sein Denken auch ausweislich seiner Reden wieder im Humanum als oberster Orientierung jeder Politik.
In den hier abgedruckten Reden legt *Kubel* als Politiker von staatsmännischem Rang Zeugnis ab für die wichtigen politischen und gedanklichen Entwicklungsstationen, die er beim Durchschreiten seiner Berufslaufbahn passiert hat. Wir haben nur die Reden aufgenommen, die für *Kubels* politisches Denken besondere Bedeutung haben, nicht aber die ganz und gar fachlich orientierten oder in erster Linie durch einen aktuellen Anlaß geprägten. Da die Reden zum großen Teil ursprünglich nicht zur Veröffentlichung bestimmt waren, haben wir mit *Alfred Kubels* Zustimmung nicht nur einzelne grammatikalische und stilistische Anpassungen an die Schriftform vorgenommen, sondern auch einige Passagen herausgenommen, die ohne eingehende Kommentierung für die später Geborenen nicht oder nur sehr schwer verständlich und stark anlaß- und zeitbezogen sind.

Die Reden waren bisher verstreut auf verschiedene Archive und den Privatbesitz von *Alfred Kubel. Volker Piepenbrink* (Hildesheim) gebührt herzlicher Dank für seine Mühe bei der Durchsicht der Materialien des Archivs der Sozialen Demokratie in Bonn-Bad Godesberg und den Beständen des Niedersächsischen Landtags, des Niedersächsischen Hauptstaatsarchivs und der Niedersächsischen Staatskanzlei sowie für die redaktionelle Betreuung des Bandes. In Bonn hat ihm *Wolfgang Renzsch* geholfen, der durch seine *Kubel*-Biographie einen wesentlichen Anteil an der Wahrung von *Alfred Kubels* politischem Erbe hat.
Das Buch hätte ohne nachdrückliche finanzielle Hilfe für die Drucklegung nicht erscheinen können. *Holger Börner,* einem treuen persönlichen Freund *Alfred Kubels,* ist als Vorsitzendem der Friedrich-Ebert-Stiftung für einen Finanzierungsanteil ebenso zu danken wie Herrn *Dr. Klaus Goehrmann* als Vorstandsvorsitzendem der Deutschen Messe AG und Herrn *Dr. Bernd Thiemann* als Vorstandsvorsitzendem der Norddeutschen Landesbank GZ, die in ihrer Verbundenheit mit *Alfred Kubel* namhafte Druckbeihilfen zugesagt haben.
Gerhard Schröder, dem Vorsitzenden der Fraktion der Sozialdemokratischen Partei Deutschlands im Niedersächsischen Landtag gebührt Dank für seine spontane Bereitschaft, das Erscheinen dieses Bandes mitzuermöglichen und eine Feierstunde aus Anlaß von *Alfred Kubels* 80. Geburtstag im Niedersächsischen Landtag am 25. Mai 1989 auszurichten, in der *Alfred Kubel* dieser Band übergeben werden soll. *Rolf Wernstedt* ist schließlich als stellvertretendem Fraktionsvorsitzenden der SPD im Niedersächsischen Landtag für die aktiv-vermittelnde organisatorische Vorbereitung der Feierstunde ebenso zu danken wie dem Fraktionsgeschäftsführer *Reinhard Scheibe* und den beteiligten Mitarbeiterinnen und Mitarbeitern der Fraktion.

Braunschweig/Hannover, im April 1989 Bernd Rebe

Alfred Kubel während der Feierstunde zu seinem 75. Geburtstag am 25. Mai 1984 im Foyer des niedersächsischen Landtags.

Demokratie, Frieden und Sozialismus (1946)

Das Manuskript zu dieser Rede trägt die handschriftliche Anmerkung Kubels »Erste Rede nach dem Wieder-Erstehen der SPD, Januar 1947«. Die Rede wurde von Kubel im Zeitraum vom 10. bis zum 27. Januar fünfmal in Parteiversammlungen im südöstlichen Niedersachsen gehalten.
Unmittelbar nach dem Krieg stand die SPD vor der Aufgabe, sich zugleich inhaltlich und organisatorisch auf den Neuaufbau eines demokratischen Gemeinwesens vorzubereiten (vgl. Renzsch, S. 21–24). Die Rede ist ein Beleg dafür, daß die SPD im östlichen Niedersachsen bereits wieder soweit reorganisiert war, daß Parteiarbeit erneut möglich wurde.
»Demokratie, Frieden und Sozialismus« gehört zum klassischen Typus der Parteirede; sie zielt auf Anhänger der Partei, sie bezieht ihre innere Spannung aus dem Gegensatz einer Auseinandersetzung mit den alten Kräften, die die nationalsozialistische Herrschaft gestützt oder erst ermöglicht haben und der Vision einer »Herrschaft der Gerechtigkeit«. In der Argumentation und in der Ausdrucksweise ist sie geprägt von dem erlittenen Unrecht und dem unbändigen Willen, nun endlich im Zeichen einer sozialistischen Demokratie ernst zu machen mit einer Politik „gemessen am Maßstab echten Menschentums." Dieses doppelt begründete Engagement führt zu mancher undifferenzierten und schroffen Formulierung, die heute schwer nachzuvollziehen ist. Die Rede ist verkürzt abgedruckt.

Werte Versammlung!
Genossinnen und Genossen!

Wenn heute Sozialisten zum deutschen Volke sprechen, wenn sie darüber hinaus beanspruchen, daß die Welt darauf hört, was sie zu sagen haben, dann können sie das mit einem gewissen Selbstbewußtsein tun. Dieses Selbstbewußtsein beziehen sie nicht auf ihre Person – obgleich sehr viele gerade von ihnen Ursache aus ihrer Haltung seit den Anfängen sozialistischer Organisationen heraus auch dazu hätten. Wir Sozialisten können mit sicherem Stolz feststellen, daß unsere Ideen, die unsere sozialistischen Lehrmeister uns seit hundert Jahren gelehrt haben, so zwingend sind, daß kein ernsthafter politischer Mensch umhin kann, bei dem sozialistischen Gedankengut Anleihen zu machen.
Das gilt zunächst für das Gebiet der Wirtschaft. Nicht nur in der Sowjetunion, nicht nur in den von der Sowjetunion abhängigen europäischen

Gebieten, nicht nur in Großbritannien, in dem die uns nahestehende Labour-Party die Regierung ausübt, auch in anderen Ländern sieht man sich gezwungen, wenn es im Interesse der Öffentlichkeit liegt, von staatswegen die private Initiative der Großkapitalisten einzuschränken, ja mit Enteignungen von Betrieben vorzugehen, sie mindestens anzudrohen. Es gibt kaum noch einen ernstzunehmenden Wirtschaftstheoretiker, der nicht erkannt hat, daß die *bisherige* kapitalistische Wirtschaftsordnung mit ihren unvermeidlichen Krisen eine Wirtschafts-*Un*ordnung ist. Sie kommen alle nacheinander zu der Erkenntnis, die ihnen Karl Marx schon vor so langer Zeit vorgedacht hat, daß anstelle des sogenannten Spieles der freien Kräfte in der Weiterentwicklung des Kapitalismus längst die Diktatur der wenigen ganz Großen getreten ist. Die sich in der Aufeinanderfolge immer ungeheuerer steigernden Weltkrisen des Hochkapitalismus werden selbst den Kapitalisten unangenehm, wenn sie Kriege auslösen, in denen Bomben vom Himmel auch gelegentlich respektlos die Angehörigen jener Geld- und Wirtschaftsaristokratie zerfetzen, die letzten Endes die meisten Ursachen für solche Kriege zu verantworten haben.

So tönt die Forderung nach einer Planwirtschaft, nach staatlicher Wirtschaftslenkung heute aus dem Munde manches Wirtschaftstheoretikers, der damit bestimmt nicht eine Forderung auf dem Wege zum Sozialismus vertreten will.

So braucht freilich noch nicht jede Verstaatlichung von Produktionsmitteln, jede staatliche Planung der Wirtschaft ein Schritt zum Sozialismus zu sein. Es kommt dabei noch sehr auf den Zweck an, für den es geschieht. Und Sozialisten müssen heute erkennen, daß es sehr darauf ankommt, die planende Regierung sozialistisch zu besetzen. Es git noch weitere schlagende Beweise dafür, daß der Begriff des Sozialismus zu einem politischen Machtfaktor geworden ist, von dem ich sage, daß wohl jeder Politiker sich dieses Begriffes oder wenigstens einiger Schlagworte der sozialistischen Terminologie bedienen muß. Der schlagenste ist der, daß selbst unsere schärfsten Gegner, die Faschisten aller Länder, sich dieses Begriffes bedienten, ja bedienen mußten, wenn sie Einfluß auf die Masse der Ausgebeuteten gewinnen wollten.

Und wenn Sozialisten heute über diese Verbrecher zu Gericht sitzen könnten, dann müßten sie dafür sorgen, daß die National-Sozialisten für den schamlosen Mißbrauch eines uns heiligen Begriffs, eines Ideals, für das so unerhörte Opfer gebracht worden sind, noch ganz besonders gestraft würden.

Es ist für uns eine tragische Feststellung, daß der Begriff des Sozialismus sich in den Händen dieser Betrüger als eine Waffe zeigte, die ungeheure Schlagkraft hatte, die große Teile der Masse faszinierte. Damit haben die Nazis es fertiggebracht, die Aufklärungsarbeit der sozialistischen Parteien für ihre finsteren Zwecke auszunutzen.

Und es hat dieses furchbaren Krieges bedurft, es hat die Kräfte fast der ganzen Welt beansprucht, jene Verbrechercliquen in Berlin, in Rom und in Tokio zu zerschmettern und mit ihnen die moralischen und materiellen Existenzgrundlagen der Völker, die sie geduldet haben. Es wird nun unsere Aufgabe sein, als sozialistische Partei unserem Volk zu sagen, was Sozialismus wirklich bedeutet, welcher Weg zu ihm führt aus dem Chaos, in dem wir Deutschland und große Teile der Welt heute vorfinden.

Wir haben guten Grund zu der Annahme, daß unser Weg auch der Weg und wahrscheinlich der einzige menschenwürdige Weg zu einem dauerhaften Weltfrieden ist. Unsere politischen Gegner haben jedenfalls die Menschheit in Verhältnisse hineinmanövriert, auf die sie kaum stolz sein können. Der ungezügelte Kapitalismus und all seine Erscheinungsformen – auch der Nationalsozialismus ist nur eine davon – haben sich als unvereinbar mit jeder menschlichen Gesittung und Kultur erwiesen. Seine Vertreter haben wohl in der Welt noch Macht genug, um weiter damit umherzupfuschen, sie haben aber nicht mehr das Recht, auf das sie sich berufen, die Welt nach ihrem Willen zu gestalten. Und wenn sie vorgeben, im Namen höherer Gerechtigkeit zu handeln, dann treiben sie mit diesem großen Wort genauso Schindluder, wie es die Nazis mit dem Wort Sozialismus haben. Dabei vermögen wir Sozialisten leider keinen Unterschied zu erkennen zwischen einem privaten Kapitalismus oder einem Ausbeuter-System, das auf den Schultern von Beamten ruht.

Wir müssen mit Bedauern feststellen, daß auch andere Weltanschauungen bislang, obgleich ihren Organisationen jahrhundertelang Zeit zur Verfügung stand, nicht vermocht haben, in den entscheidenden Punkten die Menschheit zu bessern oder auch nur besser zu organisieren. Ich denke hierbei an die Kirchen in Deutschland. Sie behaupten zwar, unpolitisch zu sein, doch hatte die eine sogar eine politische Partei in der Hand und die Vertreter der anderen haben überall im Lande tüchtig für die Aufrechterhaltung des militaristischen Geistes gesorgt, und ein sehr hoher Prozentsatz ihrer Geistlichkeit brachte das geradezu akrobatische Kunststück fertig, einmal die Lehre des Christentums zu vertreten und zum anderen, Parteigenossen jener Verbrecher zu sein, die sich heute in Nürnberg leider vor einem ausländischen Gerichtshof, statt vor 15 Jahren vor einem deutschen Gericht verantworten müssen.

Wir sagen damit nichts gegen das Christentum als religiöse Weltan-

schauung, aber immerhin einiges gegen die Kirchen, die glaubten, sich auf das Christentum berufen zu können, und die wahrscheinlich auch damit Mißbrauch getrieben haben, um den Kapitalismus und die Reaktion zu stützen.
Es wird von der außerdeutschen Christenheit immer der Fehler gemacht, in den deutschen christlichen Organisationen den anständigen, friedliebenden deutschen Kern zu sehen. Auch hier ist eine schematische Übertragung von vielleicht im Ausland gültigen Anschauungen auf deutsche Verhältnisse von Übel. Auch und gerade die Kirchen in Deutschland haben sich am wenigsten vom Geist des Militarismus freigehalten, weit weniger jedenfalls, als die organisierte Arbeiterschaft, die daher auch vom sachlich urteilenden Ausland als die zuverlässigste Stütze im Nauaufbau eines friedliebenden Deutschlands betrachtet werden sollte!
....
Es bleibt nun noch die Frage offen, ob nicht Politiker, die sich Demokraten nennen – oder liberale Demokraten – genau den gleichen Anspruch darauf erheben können wie wir, daß die Welt auf sie hören möge, und daß die Welt durch die Idee der Demokratie allein in Ordnung zu bringen sei.
Einmal wäre darauf zu sagen, daß die mächigen Demokratien dieser Welt zwar in der Lage waren, Hitler und seine Trabanten zu besiegen, wobei der Begriff der Demokratie – um mit dem britschen Außenminister Bevin zu sprechen – eine „Neu-Definition“ bitter nötig hat, daß es aber notwendig ist, solche Kriege überhaupt zu vermeiden. Es gibt in diesen demokratischen Staaten gewisse Gegensätze, die es wohl nicht immer leicht gemacht haben, rasche und harte Entschlüsse zur Unterdrückung eines Kriegshetzers – selbst wenn er sich im Nachbarhaus befindet – zu fassen.
Ich möchte zunächst zusammenfassen.
Weder die Vertreter des Kapitalismus noch die der Kirchen haben, selbst wenn sie sich bisweilen demokratisch gebärdeten, bisher ihre fraglos vorhandene Macht so benutzt, daß ihre Weltanschauungen durch ihre Erfolge, gemessen mit dem Maßstab echten Menschentums, für uns noch irgend etwas Verlockendes hätten. Dabei können sie von uns nicht die Toleranz erwarten, daß wir sie weiter in der gleichen Weise wirken ließen, wie sie das bisher getan haben. Die Menschheit hat ihnen schon viel zu viel Zeit gelassen, um sich zu bewähren. Der Kapitalismus ist das System des Egoismus, das System, in dem Reichtum Macht ist und Macht vor Recht geht. Wer sich zu seiner Stütze hergibt, verdient unseren Kampf und wenn er auch noch so hohe Begriffe als Schutzschild wählt!
Wir Sozialisten stellen dem entgegen: Die Herrschaft der Gerechtigkeit.

Nur die Macht, die sich in den Dienst der Gerechtigkeit stellt, ist gerechtfertigt! Unsere sozialdemokratische Partei besinnt sich in ihrer Neuformierung auf ihre ursprüngliche Tradition, auf die einstimmig angenommene Inaugural Adresse der ersten Internationale vom Jahre 1864.
Dort schrieb unser Altmeister Karl Marx: „Die .. Übergriffe der barbarischen Macht.. haben den arbeitenden Klassen die Pflicht gezeigt, .. sich zu gleichzeitiger öffentlicher Anklage zu verbinden und die einfachen Gesetze der Moral und des Rechts zu verkünden, die ebensowohl die Beziehungen einzelner regeln, als auch für den Verkehr der Nationen die obersten Gesetze sein sollten."
Und in den Statuten dieser ersten Internationale, der Internationalen Arbeiter-Assoziation, lesen wir: „Die Statuten erklären, daß die Internationale Arbeiter-Assoziation Wahrheit, Recht und Sitte als die Grundlage ihres Betragens untereinander und gegen alle ihre Mitmenschen ohne Rücksicht auf Farbe, Bekenntnis oder Nationalität anerkennt."
Wer kann es heute wagen, nach diesen fürchterlichen Verirrungen, denen große Teile der Menschen erlegen sind, einer Partei seine Zustimmung zu versagen, die sich auf diese ihrer ersten Grundsätze zurückbesinnt! Die wieder dafür kämpft, wie ihre Gründer und die, trotz aller möglichen Kritik an ihrer Vergangenheit, das Wort einer Rosa Luxemburg beherzigen wird: „Aber wir sind nicht verloren. Und wir werden siegen, wenn wir zu lernen nicht verlernt haben."
Wieder stehen Sozialisten vor einem Trümmerhaufen. Sie empfinden dabei die Verpflichtung, gemäß ihren sozialistischen Vorstellungen aufzubauen. Sie haben immer ihr Ziel im Auge zu behalten, das auf eine einfache Formel gebracht heißt: Aufbau einer Gesellschaftsordnung, in der die Möglichkeiten zu irgendwelcher Ausbeutung materieller und geistiger Art auf ein Mindestmaß beschränkt sind. Das ist die Forderung der Gerechtigkeit und der Freiheit! Da es eine solche Gesellschaftsordnung bisher nicht gegeben hat, sprechen wir nicht von einem Wiederaufbau, sondern von einem Neuaufbau.
Wir haben durchaus sozialistische Forderungen zu stellen, denn unser Ziel verpflichtet uns, jeden Schritt daraufhin zu untersuchen, ob er uns der angestrebten Gesellschaftsordnung näher bringt oder nicht. Wir lehnen es aus Gründen der Sauberkeit ab, irgend jemandem zu erzählen, wir müßten unter den heutigen Umständen auf die Aufstellung sozialistischer Forderungen verzichten. Wir wollen uns jedem zeigen, wie wir sind, und wer unsere Grund-Ideen ablehnt, die sich herleiten aus innerer Sauberkeit und anständiger Haltung gegenüber unseren Mitmenschen, der ist uns verdächtig, entweder als Egoist oder – was in ähnlicher Richtung liegt

– als Demagoge. Es sollte das ein Zeichen anständiger demokratischer Gesinnung sein, daß man seine Mitbürger über seine wahren Absichten nicht täuscht. Wir wollen nicht wieder, daß die Demokratie in Deutschland zum Tummelplatz für Diktatorenlehrlinge wird. Wir wollen nicht den Vermietern Erhöhungen der Mieteinnahmen und den Mietern Senkung der Mieten versprechen, den Bauern Erhöhung der Preise für ihre Produkte und den Städtern eine Verbilligung der Lebensmittel. Wir wollen nicht, wenn unsere Partei in der Opposition ist, dem Volk versprechen, gegen die Erhebung einer Bürgersteuer zu kämpfen, um, wenn sie dann zur Regierung kommt, neben die bleibende Bürgersteuer andere ähnliche Steuerarten zu setzen.
Wir wissen, daß Demokratie eine grundehrliche Haltung bei all denen voraussetzt, die Einfluß auf die öffentliche Meinung gewinnen wollen. Wir erkennen als Sozialisten die Notwendigkeit, selbst das auszusprechen, was unpopulär ist. Wir erschweren uns unseren Weg damit nur scheinbar, denn der Weg der Massentäuschung und der politischen Mogelei führt unmittelbar aus der Demokratie heraus. Wer bereit ist, diesen Weg zu gehen, der zeigt damit ein Bekenntnis zur Macht an sich, der würde auch bereit sein, wieder einmal auf die Demokratie zu pfeifen und Diktator zu spielen. Demokratie wird damit auch zu einer Frage der Charaktere und der Charakterbildung. Wer hat heute den Mut zu behaupten, daß das deutsche Volk in seiner Masse politisch so fest wäre, einmal das Unterstützungswürdige überhaupt zu erkennen und zum anderen, es auch dann zu unterstützen, wenn es einmal gegen die Interessen des geheiligten „Ich" gehen sollte! Das ist es aber, was wir von einem guten Demokraten verlangen müssen.
Und weil die Demokratie im ganzen einen Verzicht auf Interessenpolitik – d.h. auf eine Politik, die nur den zufälligen Interesssen meines Standes, meines Gewerbes oder meiner Rasse dient – erfordert, darum ist sie auch nicht denkbar in einem Staate, in dem die große Masse der Stimmberechtigten schon wirtschaftlich abhängig ist von der kleinen Schicht der Großkapitalisten in der Industrie und auf dem Lande. Wer also die Demokratie sichern will, der muß zunächst einmal dieses Abhängigkeitsverhältnis zerstören und eine Wirtschaft aufbauen, in der der Schaffende wirklich frei ist, der muß also sozialistische Forderungen verwirklichen. Halbheiten helfen hier gar nicht viel. Es kommt nicht darauf an, gewisse soziale Reformen in seinem Partei-Programm zu fordern. Es kommt darauf an, die Demokratie von freien, also unabhängigen Menschen ausüben und schützen zu lassen. Eine Demokratie ohne Sozialismus ist nichts Haltbares.

Nun stehen wir in einem Volke, das für die Demokratie erzogen werden soll.
Als Erzieher bieten sich uns die demokratischen Mächte an, die über den Nazi-Terrorismus den Sieg errungen haben. Es ist eine schwere Aufgabe, die sich die Alliierte Militärregierung damit gestellt hat, eine Aufgabe, die überhaupt nur gelöst werden kann, wenn sich die Militärregierung dabei unserer Hilfe als deutsche Sozialisten bedient. Sie fordert uns zu dieser Hilfe auf. Und wir sind bereit, sie zu geben, im Interesse Deutschlands, im Interesse der Welt.
Der Militärregierung sind unsere Vorschläge bekannt. Wir brauchen politische Bewegungsfreiheit, und wir brauchen neben dem Recht, Versammlungen abzuhalten und die Parteien zu organisieren, eine sozialistische Presse.
Wir brauchen aber für unsere Arbeit vor allem eins. Das Anerkenntnis der Welt, daß wir in Deutschland als Sozialisten niemals zu Sklaven Hitlers geworden sind, daß die deutsche Arbeiterschaft in ihrer breiten Masse, gestützt durch ihre sozialistische Schulung, niemals Hitler den Weg geebnet hat. Wir bitten das Ausland, einmal nachzuschauen. Die marxistischen Parteien haben zusammen 1932 genau so viele Stimmen gehabt wie 1922! Es gab zwischendurch einen gewissen Wechsel der Wähler zwischen SPD und KPD. Aber die sozialistische Arbeiterschaft ist weder den Sirenengesängen der Nazis noch dem Terror ihrer SA-Rowdys erlegen. Die sozialistische Schulung hat sie davor bewahrt. Und so ist es auch heute wieder die sozialistische Arbeiterschaft, die dem deutschen Volk die Achtung der Welt zurückgewinnen muß. Wir Sozialisten haben es nicht nötig, uns heute der Militärregierung gegenüber unterwürfig und kriecherisch zu zeigen, wie es so viele Spießer tun, die sich sonst nicht genug auf ihr Deutschtum zugute halten konnten. Wir haben nämlich kein Schuldbewußtsein! Wir Sozialisten bekennen uns nicht schuldig an diesem Krieg! Und wenn die Welt wissen will, wie groß die Gegnerschaft gegen Hitler in Deutschland war, so antworten wir: So groß, daß sie den ungeheueren Apparat der Gestapo, den Spitzeldienst der Partei, den Wahnsinnsterror, der Gefängnisse und Konzentrationslager nötig machte. Denn das alles war bis 1939 im wesentlichen für uns da!
Und wir wissen, daß der Neuaufbau Deutschlands eine Angelegenheit für Europa, nicht nur für uns ist. Wir müssen also alle zusammenarbeiten in gegenseitiger Achtung und in gegenseitigem Vertrauen. Auf dieses Vertrauen haben in Deutschalnd natürlich diejenigen keinen Anspruch, die sich aktiver Mitarbeit am Nationalsozialismus schuldig gemacht haben.
....

Wir müssen lernen, daß wir die demokratischen Freiheiten im Kampfe bewahren müssen und selbst die Anwendung der Gewalt ist dann nicht undemokratisch, wenn sie das einzige Mittel zum Schutze bürgerlicher Freiheiten ist, wenn sie etwa dazu dient, der gewaltsamen Unterdrückung dieser Freiheiten zu widerstehen. Wir sind ja leider daran gehindert, Vergeltung an den Nazis selber zu üben. Vergeltung ist nämlich nichts Schlechtes, sie ist sogar gerecht. Die Nazis sollen also froh sein, wenn ihnen im allgemeinen nicht mehr geschieht als bisher. Aber ein unausgeglichenes Konto hat immer etwas Störendes, und was einem auf der Pritsche der Gestapo an Gedanken durch den Kopf ging, das ist ja noch nicht vergessen. Und die vielen Kameraden, die in der illegalen Zeit zu Tode geschunden sind, dürfen auch nicht vergessen werden. Die Nazis können sehr froh sein, daß die sehr strenge Militärregierung manchem von uns Hemmungen auferlegt, bei dem vielleicht Erwägungen rechtlicher Natur einfach nicht mehr ausreichen, weil auch in manchem von uns der Gestapo-Terror etwas zerbrochen hat. Wir haben es jedenfalls sehr schwer, Prozesse wie Belsen und Nürnberg mit dem vielleicht notwendigen Langmut mitzuerleben, sehr schwer zuzusehen, wie die Verbrecher in Nürnberg sogar eine Weihnachtszigarre bekommen.
Ist in uns das alles totgeprügelt, was die anderen Völker noch haben, die solche Prozesse fordern? Uns hat auch der abgrundtiefe Haß durch Jahre hindurch Kraft zum Widerstand gegeben. Nun darf er uns nicht mehr leiten. Die Welt muß zugeben, daß das mehr ist, als man von einem mormalen Menschen erwarten kann und die Übermenschen sind ja nicht bei uns organisiert gewesen!
Ich habe vorhin gesagt, daß weitgehende wirtschaftliche Unabhängigkeit eines jeden Bürgers eine Voraussetzung für die Aufrechterhaltung einer ordentlichen Demokratie ist. Sie ist darüber hinaus ja auch eine Hauptforderung der Sozialisten, weil jedes Abhängigkeitsverhältnis die Gefahr mit sich bringt, daß der Abhängige zum Ausbeutungsobjekt wird. Der Arbeiter, der nur arbeiten kann, wenn ihn der Kapitalist an seine Maschinen heranläßt oder auf seinen Acker heraufläßt, der muß sich die Bedingungen diktieren lassen, zu denen er arbeiten kann.
Es ist zwar richtig, daß alle Räder stillstehen, wenn der starke Arm der Schaffenden das will, aber dem Willen weniger Industrieherren – oder Rittergutsbesitzer – gegenüber steht im allgemeinen der weniger klare und weniger geeinte Wille der Masse. Wenn die Interessen der Arbeitgeber mit den Interessen der Arbeitnehmer in Konflikt geraten, und es zu einem Kampf kommt, dann stehen dem Unternehmer im allgemeinen mehr Möglichkeiten offen, den Willen seiner Arbeiter zu brechen, weil er oft

länger auf Gewinne verzichten kann, als der Arbeiter auf seinen Lohn oder sein Gehalt. Dem Schaffenden kann hier nur eines helfen. Die gewerkschaftliche Organisation, die die Solidarität aller Arbeitenden sicherstellt und aus dem vielgestaltigen Wollen einzelner den entschiedenen Willen der organisierten Arbeitnehmerschaft schmiedet.

Als sozialistische Partei sehen wir daher in den freien Gewerkschaften befreundete Organisationen, die im Kampf gegen die wirtschaftliche Ausbeutung auf einer langen Wegstrecke unsere Weggefährten sind. Es sollte daher eine Selbstverständlichkeit sein, daß die Mitglieder unserer Partei, soweit sie Arbeitnehmer sind, sich auch freigewerkschaftlich organisieren. Diese Forderung stellen wir nicht, um als Partei unseren Einfluß in den Gewerkschaften zu stärken. Wir sehen in den freien Gewerkschaften die großen Organisationen aller Arbeitnehmer, die mit diesen Organisationen das Gegengewicht gegen das Unternehmermonopol darstellen wollen. Jeder Schaffende, der zu stolz ist, seine soziale Lage durch unkameradschaftliche Mittel gegenüber seinen Kollegen zu verbessern, gehört in die freie Gewerkschaft.

Eine politische Partei muß darüber hinaus von ihren Mitgliedern fordern, daß sie weiter gesteckte Ziele, die das Schicksal des Volksganzen beeinflussen, haben. Sie muß auch dem Unternehmer Raum für politische Betätigung bieten. Das gilt auch für eine sozialistische Partei, die den anständigen Unternehmer, insbesondere den mittelständischen, genauso für ihre Ideale begeistern kann, wie den Arbeitnehmer.

Abgesehen davon, daß der Sozialismus als ideale Gerechtigkeit eine selbstverständliche Forderung für jeden gebildeten Menschen ist, ist gerade auch der Mittelstand abhängig vom gleichen Großkapital wie der Arbeitnehmer, so daß der sozialistische Freiheitskampf gegen die Verächter unserer Ideale sogar noch in seinem unmittelbaren Interesse liegt. Der Mittelstand hat bisher nur versucht, sich gewissermaßen aus der Arbeiterklasse herauszumogeln. Es ist ihm, soweit er in seiner materiellen Lage aus der Arbeiterschaft emporgestiegen ist, damit die Verbindung zu dem stärksten Machtfaktor anständiger politischer Haltung verloren gegangen. Diese Leute haben eingesehen, daß der sozialistische Kampf im allgemeinen demjenigen, der ihn führt, keine unmittelbaren Vorteile bringt. Am wenigsten während der letzten 12 Jahre! Sie haben sich deshalb aus der Gemeinschaft der Ausgebeuteten herausgestohlen und – ohne rechts und links zu schauen – ihre Fähigkeiten benutzt, um ihre eigene soziale Stellung zu verbessern. Politisch sind sie dadurch Treibholz geworden, das immer wieder in Krisenzeiten von Demagogen mißbraucht werden kann.

Wir müssen als Sozialisten erwarten, daß ein jeder seine politische Verpflichtung klar erkennt, d.h. seine Verpflichtung, an der Gestaltung des öffentlichen Lebens mitzuwirken.
Das erste Recht aber, dieses öffentliche Leben zu formen, haben solche Menschen, die gewillt sind, ihre privaten Interessen dann dem Interesse der Allgemeinheit unterzuordnen, wenn sie mit diesem in Konflikt geraten. Und das sind die Forderungen der „einfachen Gesetze der Moral und des Rechts", die die Erste Sozialistische Internationale 1864 auf ihr Banner schrieb.

Manch Angehöriger des Mittelstandes wird meine Worte als unerfreulich empfunden haben. Manch anderer wird sie für ungeschickt halten, gerade *weil unsere Partei auch um den Mittelstand wirbt.* Unsere Achtung vor unseren Mitbürgern zwingt uns aber, die Wahrheit zu sagen auch dann, wenn sie unpopulär ist. Das ist dann nicht so schlimm für die Wahrheit als für diejenigen, die sich an ihr ärgern. Wir haben aber die Pflicht, gerade dem Mittelstand gegenüber manches klarzustellen. Manche Gegnerschaft des Mittelstandes – sowohl des städtischen als des bäuerlichen – beruht auf Mißverständnissen, die zwar zum Teil durch die Ungewandtheit von Vertretern unserer Weltanschauung entstanden sind, zum größeren Teil aber sicher auf demagogischen Verzerrungen unserer klassenpolitischen Gegner und ihrer Liebediener beruhen.
Da ist zunächst die Frage des privaten Eigentums. Hiervon interessiert uns als Sozialisten zunächst nur das private Monopol-Eigentum z.B. der Großindustrie und des Großgrundbesitzes.
Dieser private Großbesitz an Produktionsmitteln interessiert uns insofern, als er den Besitzer in die Lage versetzt, seine Mitmenschen damit auszubeuten, sie also um einen Teil ihres Arbeitsertrages zu betrügen. Dabei ist es gar kein stichhaltiger Einwand, daß der Unternehmer im allgemeinen seine Profite ja anwendet, um seine Betriebe zu vergrößern. Damit wird ja das Raubtier nur größer, und schließlich ist es ja auch von untergeordneter Bedeutung und mindestens moralisch belanglos, was man mit unrechtmäßig erworbenem Gut anstellt. Der Unternehmer investiert ja das um seine Profite vergrößerte Kapital nicht, um seinen Arbeitern damit zu einer größeren Befriedigung ihrer Interessen zu verhelfen. Nun versetzt nicht schlechthin jeder Besitz maschineller Einrichtungen oder jeder Besitz eines Ackers seinen Besitzer in die Lage, andere auszubeuten. Das einfachste Beispiel hierfür ist der kleine Bauer oder der Schuhmachermeister mit seiner Steppmaschine.
Die sozialpolitische Wissenschaft ist dabei, den Sektor der zu sozialisierenden Betriebe ziemlich eng zu machen. Weil ja auch die Freiheit ein

Ideal ist, das wir erstreben, wollen wir auch die Freiheit eines Unternehmers nur soweit einengen, daß wir ihn hindern, auf Kosten seiner Arbeiter Profite zu machen. Wir müssen sozialisieren: die Urproduktion, also die Gewinnung von Bodenschätzen, die Riesentrusts die ja allerdings bereits von den Alliierten zur Sicherung des Weltfriedens zerschlagen werden das Kreditwesen, die Versicherungen, einige Verkehrsbetriebe und einige Schlüsselindustrien.
Wir müssen dem kleinen und mittleren Bauern und schließlich dem Landarbeiter wieder Zugang zum Grund und Boden verschaffen durch Aufhebung der Bodensperre, d.h. Zerschlagung des Großgrundbesitzes. Diese notwendigen Eingriffe in den privaten Besitz würden in Deutschland so wenig Personen betreffen, daß es nur der politischen Macht dieser Clique zuzuschreiben ist, wenn sich solch ein Abwehrgetöse gegen diese notwendigen Maßnahmen erhebt. Beachten Sie hierbei übrigens – am Rande vermerkt – die Gefahr für die Demokratie, wenn der überwiegende Teil aller Publikationsmittel in den Händen gerade dieser Clique liegt!

....

Ich kann heute manche dieser Dinge nur skizzieren. Sie können mir aber glauben, daß Sozialisten sich in den letzten Jahren Zeit genommen haben, gründlich daran zu arbeiten und das nicht nur in Deutschland. Wir werden jetzt Gelegenheit haben, mit den Resultaten dieser Arbeiten an die Öffentlichkeit heranzutreten, und wir fürchten die Kritik nicht! Wir haben auch an der Lösung solcher wirtschaftlichen Fragen gearbeitet, die heute einen jeden brennend interessieren. Z.B. an der Frage der Deutschen Währung, d.h. also eigentlich an der Frage der Reichsschulden. Es ist dabei selbstverständlich, daß wir an diese Dinge vom Standpunkt wirtschaftlicher Gerechtigkeit herangehen. Sie können mir glauben, daß wir die Vorschläge, die in dieser Beziehung gemacht werden, sehr sorgsam in bezug auf ihre Vereinbarkeit mit unseren Forderungen geprüft haben. Und wir haben zum Glück auch Männer unter uns, die da ein Wort mitreden können.
Wir dürfen uns gerade in diesen Finanzfragen nicht bange machen lassen, so schwer ist keine Aufgabe, daß sie nicht mit gesundem Menschenverstand und etwas Fleiß mindestens verstanden werden kann. Wenn man allerdings mit Fachwissenschaftlern diskutiert, braucht man daneben noch ein Wörterbuch, denn die Wissenschaft liebt es mehr als oft nötig, mit einer Geheimsprache zu sprechen, die man erst erlernen muß, ehe man Zutritt zu ihren heiligen Hallen bekommt.

....

Dies sind einige Probleme, die zeigen, daß Deutsche einfach mit den

Besatzungsbehörden ehrlich zusammenarbeiten müssen, daß eine solche Zusammenarbeit kein Verrat an unserem Volk ist, sondern daß die Bereitschaft dazu einfach dem Verantwortungsgefühl für das Wohlergehen eines jeden Deutschen entspringt. Hinzu kommen die vielfältigen Probleme, die heute von den verantwortlichen Stellen für Deutschland gelöst werden müssen. Wir können bei alledem zufrieden darüber sein, daß diese deutschen Probleme in ihrer Mehrheit europäische Probleme sind, und gerade Großbritannien hat ein natürliches Interesse daran, daß diese Probleme so gelöst werden, daß Deutschland wieder zu einer gesunden Wirtschaft und überhaupt einem gesunden Leben kommt. Ich kann es nur unterstreichen, wenn die englische Wirtschaftszeitschrift „Economist" schreibt, England kann sich keine wirtschaftliche Wüste in Mitteleuropa leisten.

Es kann uns nur angenehm sein, wenn sich bei einer Siegermacht Gefühle aufrichtiger Menschlichkeit mit Nützlichkeitserwägungen in bezug auf Deutschland paaren, und wir Sozialisten sind die letzten, die etwa versuchen, aus solchen Nützlichkeitserwägungen unerlaubte Vorteile für eine deutsche Machtposition zu ziehen.

Wie es auch niemanden in Deutschland geben kann, der aufrichtiger wünscht als wir, daß die Bemühungen der Alliierten um einen dauerhaften Frieden Erfolg haben mögen. Gewiß mißfällt auch uns manches, was vielleicht im Interesse dauernder Völkerverständigung vermieden werden sollte. Aber ein neuer Krieg wäre das untauglichste aller Mittel, um etwa unsere Lage als Deutsche zu verbessern. Wir beobachten daher auch mit großem Mißtrauen diejenigen, die mit hämischer Freude feststellen, wie es so sehr schwer ist, eine wirkliche Weltfriedensorganisation aufzubauen, die glauben, daß sie vielleicht doch noch einmal ein bißchen Krieg mitspielen können, weil sie politisch zu dumm und geschichtlich zu verbildet sind, und in Kriegen immer noch eine Chance für Deutschlands Wiederaufstieg erblicken.

Wir Sozialisten brauchen uns nicht viel Neues zu unseren Grundzielen auszudenken. Wir haben den Krieg immer gehaßt. Wir hätten diese furchtbaren Erfahrungen zweier Weltkriege nicht erst nötig gehabt, um den Krieg als ein untaugliches Mittel ordentlicher Politik zu erkennen. Es zeugt nicht gerade von einem hohen Kulturstande eines großen Teiles der Menschheit, wenn sie den Krieg erst dann verabscheuen lernt, nachdem sie ihn zweimal in so kurzer Zeit mit so grausigen Steigerungen erlebt hat. Die Begründer des Sozialismus standen kulturell auf einer solchen Höhe, daß sie diese letzten Erfahrungen nicht erst brauchten. Sie haben aber auch erkannt, daß der dauernde Friede nur Wirklichkeit werden kann, wenn die ungeheueren Konfliktstoffe, die eine ungezügelte kapitalistische Wirtschaftsordnung in sich birgt, mit dem Sturze dieser Ordnung beseitigt werden. Nur eine auf den Idealen der Freiheit und Gerechtigkeit beruhende Sozialistische Weltordnung wird der Welt den dauerhaften Frieden bringen und mit ihm Wohlstand und Kultur für die ganze Menschheit! Diese klaren Erkenntnisse, deren wissenschaftliche Fundamentierung nicht zu erschüttern ist, sind der Sozialdemokratischen Partei Richtschnur für ihre Arbeit.

Sie sind das, wie ich ausgeführt habe, nicht erst seit heute, sie gehören vielmehr seit dem Beginn der sozialistischen Bewegung – deren zuverlässigster Träger bisher die Arbeiterschaft gewesen ist – zu dem unvergleichbaren Gedankengut dieser Bewegung für Freiheit und Gerechtigkeit.

Weil diese Erkenntnisse unabhängig von den verschiedenen Nationen gültig sind, weil sie gerade auch das Verhältnis der Nationen zueinander endlich einmal friedlich gestalten sollen, weil sie als Ideale der gesamten Menschheit international sind, darum bekennen wir uns auch als bewußte Internationalisten.

Das auszusprechen hat gerade im heutigen Deutschland seine Gefahren. Diese Gefahren zum Anlaß zu nehmen, nun etwa über unser Bekenntnis zur Internationalen Arbeiterbewegung zu schweigen, hieße ein Zugeständnis an die chauvinistischen Instinkte der vom Nazigeist noch nicht befreiten Deutschen zu machen. Als deutsche Sozialisten sehen wir unsere erste Aufgabe darin, zunächst in unserem eigenen Hause für Ordnung – die nur eine sozialistische Ordnung sein kann – zu sorgen. Und weil eine solche, dauernde Ordnung, eine Erziehung des deutschen Menschen zum friedliebenden Menschen, der das Mittel des Krieges aus seiner moralischen Haltung heraus verabscheut, nur mit den Idealen des Sozialismus zu erreichen ist, und weil sie politische Macht zur Voraussetzung hat, darum bauen wir als Instrument für die Erreichung dieser Macht unsere Partei als sozialistische Partei erneut auf.

Es gibt in Deutschland keine andere Partei, die von sich behaupten kann, daß sie heute wieder Grundsätze für ihren Aufbau heranziehen kann, die sie seit jeher vertreten hat. Diese Grundsätze unserer Partei sind heute – soweit sie sich auf die Sicherung eines dauerhaften Weltfriedens beziehen – in den Sprachschatz aller Politiker eingegangen. Es gibt daher auch unseres Erachtens keine Notwendigkeit für irgendeinen Sozialisten, sich ein anderes politisches Forum für die Vertretung seiner Ansichten und für die Durchsetzung seiner Ziele zu suchen. Wir behaupten mit gutem Grund, daß unsere Partei für jeden, der mit uns überzeugt ist, daß wir nicht einfach dort wieder anfangen können, wo wir 1933 aufgehört haben, Raum hat, Raum hat zur Vertretung seiner sozialistischen Ideen. Die SPD ist eine demokratische Partei auch im Inneren. Sie fragt heute nicht, aus welchen Motiven sich der einzelne zum Sozialismus bekennt, sie fordert nur, daß er es ehrlich meint. Sie ist für unsere Ideen nicht nur das große Waffenarsenal, sie ist zugleich die Waffenschmiede. In dieser Waffenschmiede haben sie alle Platz, die Lehrlinge, die Gesellen und die Meister. In freier Aussprache wird unsere Partei den Weg erkennen und festlegen, der zu einem Staate führt, in dem die ganze Kraft der staatlichen Organisation dazu dient, uns, Deutschland und die Welt unserem sozialistischen Ideal der Freiheit und der Gerechtigkeit soweit anzunähern, wie das menschenmöglich ist.

Rede anläßlich der Wiedereröffnung der Braunschweigischen Wissenschaftlichen Gesellschaft (1946)

Am 21. Juni 1946 hielt Alfred Kubel aus Anlaß der Wiedereröffnung der Braunschweigischen Wissenschaftlichen Gesellschaft eine Rede, in der er die versammelten Wissenschaftler mahnend an ihre besonderen Verpflichtungen in einer Zeit allgemeiner Not und Entbehrung erinnerte und zugleich die Mitverantwortung der Wissenschaften an den gravierenden Fehlentwicklungen der Neuzeit hervorhob.
Kubel spricht davon, daß sich der Verstand und Charakter des einzelnen Menschen ebenso wie Technik und Ethik unterschiedlich schnell weiterentwickelt haben und greift damit 1946 ein Problem auf, das sich am Ende der achtziger Jahre als eine Frage von globaler Dimension stellt: Sind wir wirklich in der Lage, den technischen Fortschritt nutzbringend zu beherrschen?
In der Rede vertritt Alfred Kubel die These, die Wissenschaft sei an diesem Problem gescheitert, weil es ihr nicht gelungen ist, die historische Bindung an kirchliche Dogmen durch Grundsätze einer wissenschaftlichen Ethik zu ersetzen.

Meine Damen und Herren!

Ich habe die Ehre, der Braunschweigischen Wissenschaftlichen Gesellschaft anläßlich ihrer Wiedereröffnung namens des Staatsministeriums alles Glück und vielen Erfolg für ihre Tätigkeit zu wünschen.
Es mag viele Menschen geben, die sich angesichts der ungeheueren Not, die in Deutschland und großen Teilen der Welt herrscht, fragen werden: Haben die Deutschen nicht wirklich Wichtigeres zu tun, als wissenschaftliche Gesellschaften neu zu gründen? Wäre es nicht wirklich wichtiger, alle Kräfte anzuspannen, um die sich vor uns auftürmenden Schwierigkeiten des Tages zu meistern, die Ärmel aufzukrempeln, den Schutt wegzuräumen, der uns überall im Wege liegt? Täten wir nicht also besser daran, statt uns wieder den etwas mitleidigen Vorwurf der Welt zuzuziehen, wir Deutschen seien ein grübelndes Volk, das nicht mehr tatkräftig genug und hart genug dem Leben die Zähne zeigen kann, statt solcher Sitzungen und künftiger rein wissenschaftlicher Arbeit uns zu besinnen, daß wir auch noch Muskeln haben, um Bäume zu fällen und zu zersägen und unsere Häuser im kommenden Winter zu beheizen?!

Solche Fragen haben ein schweres Gewicht, wenn das Volk, zu dem wir gehören, hungert und friert. Ich meine also, wir alle, die wir hier versammelt sind, ob als Wissenschaftler, die in und mit Hilfe dieser Gesellschaft ihre wissenschaftliche Arbeit leisten wollen oder als einfache Freunde und Förderer dieser Gesellschaft, wir müssen vor solchen Fragen bestehen können. Wir müssen vor unserem eigenen Gewissen bestehen können. Denn leichter als vor dem eigenen Gewissen zu bestehen, könnte es den Vertretern der Wissenschaft sein, vor den einfachen Menschen zu bestehen, vor den Zehntausenden von Flüchtlingen und Totalgeschädigten, den Zehntausenden von Schwerkriegsbeschädigten und all den unglücklichen Opfern der vergangenen Zeit, die nicht geübt genug sind gegenüber der dialektischen Kunst des wissenschaftlich Geschulten.
Wenden Sie nicht ein, meine Damen und Herren, daß auch die Vertreter der Wissenschaft ungezählte Opfer gebracht haben, daß viele von ihnen kaum mehr materielles Gut gerettet haben, als nach der Legende Diogenes besaß. Wenden Sie nicht ein, daß auch Sie hungern und frieren und nicht besser leben als die große Mehrheit des Volkes, die zu anständig ist, um sich auf unkorrekte Weise besondere Annehmlichkeiten zu verschaffen oder die weder über ausreichendes Geschick noch über Verbindungen oder Geld für den schwarzen Markt verfügt!
Sie müssen sonst die Antwort erwarten, daß je mehr ein Mensch sein Leben in den Sphären des Geistes verbringt, je mehr er Befriedigung in seiner wissenschaftlichen Arbeit sucht und findet, um so weniger er materiellen Mangel empfindet. Sie würden dann daran erinnert werden , daß so mancher, wirklich geniale Wissenschaftler in Verhältnissen gelebt hat, die die breite Masse nicht mit ihm zu teilen bereit gewesen wäre. Wir würden sie an das dürftige Leben einer Madame Curie erinnern oder an das des jungen Edison und würden daran erinnern, daß diese beiden als Beispiel gelten können für viele, die nicht nur unter materieller Not ihres privaten Lebens litten, sondern daß sie mehr noch darunter gelitten haben, daß ihnen so ziemlich alle vernünftigen materiellen Möglichkeiten für die Durchführung ihrer Forschungsarbeiten gefehlt haben. Glauben Sie nicht auch, daß diese außerordenliche Zeit, in der wir leben, uns ganz besondere Pflichten auferlegt? Daß wir berechtigt sind, an unsere Wissenschaftler den Maßstab dieses reinen Fanatismus anzulegen, den jene erfolgreichen Forscher schon in normalen Zeiten aufgebracht haben? Daß wir nur jenen, die diese Begeisterung des Edlen, wie Kung Futse den Begriff des Fanatismus im Gegensatz zu unserer landläufigen Begriffsbestimmung definiert hat, aufzubringen, das Recht einräumen dürfen, im Studierzimmer zu sitzen, statt Holz zu schlagen? Daß wir diesen harten

Maßstab anlegen müssen, um den ehrlichen wisenschaftlichen Arbeiter von denjenigen zu trennen, dem die wissenschaftliche Arbeit nur Vorwand ist zur Erreichung oder Sicherung materieller Einkünfte oder Vorwand, um sich vor unangenehmer aber vielleicht nützlicher Arbeit, zu drücken?
Bitte prüfen Sie meinen Versuch einer Anwort! Wer für sein Leben in einer wissenschaftlichen Arbeit weniger Opfer zu bringen bereit ist, als er bringen müßte, wenn er eine andere Arbeit leistete, an dessen Ernst können wir nicht glauben, der wird den berechtigten Ansprüchen, die das Volk an ihn stellt, nicht gerecht. Der kann also auch unsere Unterstützung nicht erwarten.
Aber Sie müssen auf weitere – und wie mir scheinen will – viel schwerere Angriffe gefaßt sein.
Ich habe angedeutet, daß wir die bisher gestellten Fragen in erster Linie vor unserem eigenen Gewissen werden beantworten müssen. Aber nur dann wird das eine bessere Prüfung unserer Haltung sein, wenn wir noch ehrlich uns selber gegenüber geblieben sind, wenn wir nicht auch schon unser Gewissen oder – wenn Sie wollen – unsere Seele mit den Waffen unseres Geistes erschlagen haben, wenn unsere seelische, unsere charakterliche Reinheit und Kraft Schritt gehalten hat mit der Fortentwicklung unseres Intellekts.
Ich will das Gastrecht, daß Sie auch uns Politikern hier heute gewähren, nicht mißbrauchen, um den Vertretern der Wissenschaft Unfreundlichkeiten zu sagen. Aber es wäre auch gerade vor Wissenschaftlern unschicklich und also auch ein Mißbrauch des Gastrechtes, wollte man den zum echten Wissenschaftler gehörenden Drang nach Erkenntnis durch das Verschleiern der vollen Wahrheit nicht entsprechen.
Ich möchte nämlich fragen: Wie hoch ist der Grad der Wahrscheinlichkeit dafür, daß in der Wissenschaft Verstand und Charakterreinheit und Charakterstärke, Technik und Ethik, Zivilisation und Kultur in einer schönen Harmonie miteinander vereint vorwärtsgeschritten sind?
Und ich denke, ich brauche diese Frage in diesem Kreise nicht zu beantworten. Allzu deutlich gibt diese Antwort das Chaos um uns und in der ganzen Welt.
War es nicht die Wissenschaft, die Technik, die immer neue, vor wenigen Jahrzehnten noch ungeahnte Naturkräfte in den Dienst der Menschheit stellte?! Die die Flugzeuge erfand, die die räumlichen Entfernungen des Erdballs scheinbar zusammenschrumpfen ließen, die immer wirksamere Explosivstoffe entwickelte, die die ungeheueren Kräfte der Atomzertrümmerung entdeckte und – vielleicht – beherrschen lehrt.
Ist nicht eine furchtbare Stimme in uns, die uns sagt, daß es den Menschen

vielleicht eher gelingen wird, diese noch unvorstellbaren, unheimlichen Kräfte zu kontrollieren und sich dienstbar zu machen, als die niedrigen Begierden der Menschen, das Festhalten am Besitz, das Streben danach, die Sucht, andere zu beherrschen, die Sucht nach Ruhm und Geltung, die die Menschheit daran hindern, diese großartigen Erkenntnisse wirklich zu ihrem Segen zu verwenden. Ist es nicht die Wissenschaft der Psychologie, die den großen Volksverführern die Waffen gab, das Gewissen ihrer Völker einzuschläfern, die Stimme des Guten, die ebenso ursprünglich im Menschen ist wie die Stimme des Bösen, zu ertöten und aus dem Menschen das entsetztlichste Raubtier dieser Erde zu machen?
Ist es also nicht die Wissenschaft gewesen, die mit Schuld daran trägt, daß unser Land nun in Trümmern liegt, daß unsere Menschen vor der Verzweiflung stehen?
Wo hört die Schuld der Wissenschaft auf, wenn sie festgestellt werden sollte, und wo fängt die Schuld der Politiker an, die die großen Erkenntnisse, die sie den Wissenschaftlern verdanken, nicht zum Dienste am Guten verwandt haben, sondern sie der Zerstörung, der Vernichtung dienstbar machten?
Ist es die Schuld der Philosophie, daß die klaren und so erhebenden Erkenntnisse auf dem Gebiet der Ethik so wenig wirksam geworden sind im Zusammenleben der Menschen? Ist es die Schuld Immanuel Kants, daß sein Kathegorischer Imperativ fast zu einer Vokabel im Wortschatz von Oberlehrern degradiert worden ist, statt daß er zum ehernen Gesetz wurde, nach dem Menschen ihre Interessenkonflikte rechtlich lösen?
Meine Damen und Herren! Nun scheint es mir vermessen, all diese Fragen in einem Rahmen zu behandeln, wie er mir heute gesteckt ist. Ich brauche es hier kaum auszusprechen:
Das furchtbare Unglück der Menschheit liegt daran, daß seit dem Ende des 18. Jahrhunderts sich die Wissenschaft allzusehr dem Materialismus ergeben hat. Vielleicht auch daran, daß ihre Vertreter selbst nicht erkannt haben, daß es nicht genügt, der seelisch unreifen Menschheit immer neue Möglichkeiten in die ungeschickten Hände zu geben.
Daß die Vertreter der Wissenschaft zu einseitig ihrem Drang nach der Erkenntnis gefolgt sind und nicht die Sorge dafür mit übernommen haben, daß diese Erkentnisse zum Segen statt zum Unsegen der Menschheit verwandt wurden.
Diese unharmonische Einseitigkeit, die die Vertreter der Wissenschaft in sich entwickelt haben, indem sie ihre große moralische Pflicht verkannten, macht sie in der Tat mit schuldig an dem Zustand, in dem sich die Welt heute befindet. Daß die Wissenschaft, die Ende des 18. Jahrhunderts

ihre religiösen Bindungen im Streben nach undogmatischer Erkenntnis auflöste, nicht die seelische Kraft hatte, sich von den Grundsätzen der wissenschaftlichen Ethik leiten zu lassen, das ist ihr ungeheures Versagen.
Der Anspruch der Wissenschaft zur Teilnahme an der Führung der Menschheit, der ihnen aufgrund ihres Wissens von der Menschheit zuerkannt wurde, macht sie schuldiger als die Masse des Volkes ist.
Es gibt keine Ausflucht vor der glasklaren und harten Forderung der Ethik, daß allen Idealen das Ideal der Gerechtigkeit voran geht und daß, solange Unrecht in der Welt herrscht, niemand und mit keiner Begründung das Recht für sich in Anspruch nehmen kann, sich vom Kampfe gegen dieses Unrecht auszuschalten.
Es bleibt wieder eine Frage der Anständigkeit der Gesinnung, ob es einem Wissenschaftler ernst damit ist, wenn er behauptet, sein Streben nach Erkenntnis soll auch dazu dienen, Recht von Unrecht zu unterscheiden oder ob es eine Flucht vor der Unerbittlichkeit des Lebens und eine Beruhigung vielleicht sogar des eigenen Gewissens ist.
Dieses furchtbare Chaos, das wir nun aufräumen müssen, gibt so tausenfach die Möglichkeit, unseren Ernst zu beweisen, unser Leben wirklich von den großen Idealen leiten zu lassen, deren Verbindlichkeit für uns die Wissenschaft bewiesen hat. Möge dieses Erlebnis alle, die es überlebt haben, aufrütteln, sich nun wirklich auf ihre Pflicht zu besinnen!
Ich bin mir bewußt und möchte es aussprechen, daß dieses Versagen der Wissenschaftler keine Kritik ist, die sich nur oder auch nur vorwiegend an deutsche Wisenschaftler richtet.
Gelingt es aber uns Deutschen, uns dem Ideal der wahren Harmonie zwischen Zivilisation und Kultur in unserem Lande weitgehend zu nähern, so wird die Welt uns und einer solchen Leistung die Achtung nicht mehr versagen können.
Möge doch um eine solche Aufgabenerfüllung der Wettstreit der Völker entbrennen! Das muß unser aller heißester Wunsch sein!
Das ist es, meine Damen und Herren, was ich Ihnen als Vertreter der Politik haben sagen wollen. Dieses Ziel sollte auch das heiligste Ziel unserer neugegründeten Braunschweigischen Wissenschaftlichen Gesellschaft sein.

Politik und Ethik (1946-50)

Auf Einladung der Studentenschaft der damaligen Technischen Hochschule Braunschweig hielt Alfred Kubel am 16. August 1946 in der Aula der Kant-Hochschule in Braunschweig diese Rede zum ersten Mal. Kubel war als Nachfolger von Hubert Schlebusch am 7. Mai 1946 von der Britischen Militärregierung zum Ministerpräsidenten des Landes Braunschweig ernannt worden. Er war der letzte Ministerpräsident des Landes Braunschweig bis zu dessen Auflösung am 21. November 1946.

Aufgrund der Resonanz, die die Rede hatte, hat er sie später auch vor Studenten der Technischen Hochschule Hannover, der Universität Bonn und der später aufgelösten Hochschule Wilhelmshaven-Rüstersiel vorgetragen.

Der Vortrag vom 16. August 1946 fand bei den Studenten ein ungewöhnliches Echo, da sie von dem Politiker Kubel eher eine Rede erwartet hatten, die die aktuelle Tagespolitik und ihre sozialdemokratische Grundsatzorientierung thematisierte. Das große Interesse an der Rede und die heftigen Reaktionen der Studenten veranlaßten Alfred Kubel, mit einem offenen Brief in der Braunschweiger Zeitung darauf zu antworten. Der Brief ist im Anschluß an die Rede (S. 57) wiedergegeben.

Der hier abgedruckte Redetext folgt der späteren Fassung vom 12. Mai 1950, gehalten vor Studenten der Hochschule Wilhelmshaven-Rüstersiel. Gegenüber der Fassung von 1946 betont Kubel bereits in den ersten drei Abschnitten der späteren Fassung die zentrale Bedeutung moralischer Maßstäbe für das Handeln jedes Menschen und die Notwendigkeit, die Beschäftigung mit Fragen der Ethik stärker als bisher in der öffentlichen Erziehung (Schule, Hochschule) zu verankern.

Zur Verdeutlichung seiner Ausführungen ergänzte Kubel die spätere Fassung darüber hinaus um eine Passage, in der die Mißachtung des Freiheitsideals am Beispiel der Wirtschaftsordnung dargestellt wird. S. 51: »Ich will versuchen, Ihnen ein Beispiel zu geben, ..« bis S. 53: »Aber vielleicht darf ich es der Diskussion überlassen festzustellen, wieweit der Wunsch dazu besteht.«

In Alfred Kubels Erinnerung sind diese Reden für ihn eine ›eindrucksvolle Geschichte‹ geblieben; vor allem der sachliche Stil der Diskussionen war ein Kennzeichen jener Zeit, wie er in einem Gespräch mit dem Herausgeber bemerkte.

Die ethische Verankerung und Verantwortung des Politikers stellt ein kontinuierliches Element in Alfred Kubels politischem Denken dar (vgl. Renzsch, S. 17 – 20). Er war mit dem Denken Immanuel Kants und der neukantianischen Ethik des Philosophen Leonard Nelson bereits aus den

Jahren der politischen Jugendarbeit vertraut. Anders also als viele Politiker, die die Philosophie erst entdecken, wenn sie in die Jahre gekommen sind, hatte sich Alfred Kubel schon vor dem Beginn seiner Karriere als Landespolitiker mit Aspekten praktischer Philosophie beschäftigt.

Welcher Beschäftigung wir uns auch immer hingeben und welche Aufgabe wir immer unserem Leben gegeben haben mögen, wir alle werden nur dann diesem Leben einen Wert geben, wenn unser Handeln dazu beiträgt, die Menschheit den Anforderungen unserer großen Ideale näher zu bringen. Man sollte daher die Beschäftigung mit den moralischen Maßstäben für unser Handeln viel mehr als das bisher in unseren Schulen und in unserer gesamten öffentlichen Erziehung geschieht, zur Grundlage der Bildung und Erziehung machen. Wenn wir das öffentliche Leben beobachten, wenn wir nur feststellen, wie leichtfertig und oberflächlich der eine über das Handeln des anderen urteilt, wie wir kaum davon sprechen können, daß wir noch eine gemeinsame Sprache gebrauchen, so werden Sie mir zugeben, daß es hinreichend Anlaß zu dieser Forderung gibt. Ich habe aus diesem Grunde die Anregung gern aufgegriffen, einmal über Gedanken zu sprechen, von denen ich mit einer Reihe Gleichgesinnter meine, sie sollten weit häufiger diskutiert werden und weit mehr im Vordergrund der Diskussionen überhaupt stehen, trotz aller Nöte und Sorgen unserer Tage.

Es mag Ihnen verwunderlich scheinen, daß ein praktischer Wirtschaftler zu Ihnen über Dinge spricht, die zum Teil mehr in das Gebiet der Philosophie gehören. Ich muß Sie von vornherein um Nachsicht bitten, wenn nicht alles, was ich ausspreche, den Anforderungen genügt, wie sie der Akademiker gewöhnt ist. Aber ich hoffe, daß Sie das berücksichtigt haben, als Sie mich eingeladen haben, zu Ihnen zu sprechen.

Ich spreche vor einem Gremium von Menschen, die mit der Methodik wissenschaftlicher Arbeit vertraut sind. Ich darf voraussetzen, daß Sie in diesem Kreise den Anspruch anerkennen, daß auch die Ethik durchaus in das Gebiet der Wissenschaft hineingehört, und ich glaube, auch für die Politik das gleiche beanspruchen zu können.

Es mehren sich in letzter Zeit die Stimmen Berufener, die den der Wissenschaft Beflissenen davor warnen, sich allzu einseitig zu spezialisieren. Fortschrittliche Lehrer betonen, daß selbst der wissenschaftliche Spezialist auch im unmittelbaren Interesse seines Spezialistentums gut daran tut, sich einigermaßen universell zu bilden. Jede andere Fachrichtung ist für sein spezielles Gebiet mindestens eine Hilfswissenschaft. Aber ich bin als

Politiker nicht zu Ihnen gekommen, um Ihnen gewissermaßen aus meinem Gesichtskreis, oder wenn Sie wollen aus meinem Fachgebiet heraus Wissen über ein Ihnen vielleicht mehr oder weniger fremdes Fachgebiet schlechthin zu vermitteln. Ich habe mir nicht die Aufgabe gestellt, Ihnen als Spezialisten gewissermaßen im Sinne meiner obigen Ausführungen neue oder andere Zweige der Wissenschaft als Hilfsquellen für Ihr Spezialgebiet anzubieten. Das würden Berufenere zudem besser können als ich. Ich komme vielmehr mit dem Anspruch zu Ihnen, feierlich alle anderen Fachrichtungen der Wissenschaft als bloße Hilfen für die Forderungen der einen Wissenschaft, die all unserem Tun und Treiben die Leitsterne zeigen soll, zu erklären: „Der Wissenschaft von der Ethik".
Und da mein Thema „Politik und Ethik" heißt, und wir gut daran tun, gerade nach Zeiten frevelhaften Mißbrauches hoher Begriffe uns zunächst darüber zu verständigen, was wir unter Politik verstehen wollen, so folgen Sie mir bitte in der Erklärung, daß Politik bedeutet: Die Kunst, das öffentliche Leben mit Hilfe von Macht zu gestalten. Den Zusatz: „mit Hilfe von Macht" halte ich deshalb für erforderlich, weil man auch das öffentliche Leben durch Erziehung und durch Appell an Vernunft und Einsicht gestalten könnte. Durch Appell an die Einsicht, die dem Bürger sagt, was er klugerweise zur Wahrung seiner Interessen tun sollte; durch Appell an die Vernunft, die ihm sagt, welches seine Interessen sein sollten; durch Erziehung, die ihn befähigen soll, aus seinem Inneren heraus allen Verlokkungen zu widerstehen, die dem Handeln gemäß vernünftigen und klugen Überlegungen entgegenstehen. Der Politiker aber überläßt die Gestaltung des öffentlichen Lebens nicht dem Zufall, daß alle Menschen nach Vernunft und Einsicht handeln. Er schafft Gesetze und versucht alle Bürger zu zwingen, sie zu befolgen, unabhängig davon, ob der einzelne diese Gesetze für vernünftig hält oder nicht.
Nach diesem Versuch einer Definition des Begriffes Politik gestatten Sie mir, zu meiner anspruchsvollen Behauptung zurückzukehren, daß die Ethik als Wissenschaft gewissermaßen die Krone aller Wissenschaften überhaupt ist.
Bevor ich weiteres dazu sage – und ich muß wohl eingehend darüber sprechen, um die Gefahr zu vermeiden, daß Sie im stillen das Wort „anspruchsvoll" mit dem verächtlichen Ausdruck „anmaßend" übersetzen – möchte ich, daß wir uns über die ganze Tragweite dieser Behauptung klar werden. Sie besagt: Mit jeder anderen Fachrichtung der Wissenschaft neben ihrem Spezialgebiet können Sie sich beschäftigen. Es kann sogar klug im Interesse Ihres Spezialgebietes sein, es zu tun. Mit den Forderungen der Ethik dagegen müssen Sie sich beschäftigen, ja weiter, Sie müssen sich bestim-

mend von ihnen leiten lassen, wenn die Beschäftigung mit dem von Ihnen gewählten Spezialgebiet überhaupt einen höheren Wert haben soll. Und das soll für jede andere Fachrichtung der wissenschaftlichen Betätigung gleichermaßen gelten.

Bevor ich nun fortfahre, wollen wir uns noch darüber verständigen, was wir unter dem Begriff der Ethik verstehen wollen, indem wir auch hier nach dem konfuzianischen Grundsatz verfahren, nachdem überhaupt auch am Beginn jeder Staatskunst die völlige Klärung der Begriffe stehen sollte. Denn, so etwa sagt Kung futse, wo die Begriffe nicht klar sind, können die Bürger die Gesetze nicht verstehen, und wenn die Bürger die Gesetze nicht verstehen, kann rechtliches Handeln nicht gedeihen. Wir wollen also unter Ethik die Lehre vom sittlichen Handeln verstehen, die Lehre also auch vom rechtlichen Handeln. Die Ethik soll uns die wirklichen Ideale aufzeigen, die Menschen sich setzen sollten; sich setzen „sollten", d.h. es ist nicht mehr in ihr Belieben gestellt, sie sich zu setzen, wenn sie nicht auf den Anspruch verzichten wollen, als Menschen, als gebildete, wertvolle Menschen betrachtet zu werden.

Wir wollen uns heute aber bewußt auf ein Ideal beschränken, das wiederum unter allen denkbaren Idealen das höchste ist: das Rechtsideal. Dieses Ideal besagt, verbindlich für jedes vernunftbegabte Lebewesen, das in der Lage ist, Recht von Unrecht, Gut von Böse zu unterscheiden, daß in einem Interessenkonflikt alle Interessen, die miteinander konkurrieren, unabhängig von dem subjektiven Träger beurteilt werden sollen, so unabhängig also, als wäre der Träger dieser Interessen ein und dieselbe Person. Etwa wie das Sprichwort sagt: Was Du nicht willst, daß man Dir tu!, das füg auch keinem anderen zu! Oder, wie der größte deutsche Philosoph Immanuel Kant es sinngemäß ausgedrückt hat, wenn er sagt: Handle so, als wären die Interessen Deines Nächsten auch Deine eigenen!

Und ebenso wie jeder gebildete Mensch in der Lage ist, bei einem Interessenkonflikt in der eigenen Brust, ein Interesse als vorzugswürdig gegenüber dem anderen zu erkennen, so sollten wir auch in der Lage sein, die Vorzugswürdigkeit von einander widerstreitenden Interessen zu erkennen, wenn die Träger dieser Interessen verschiedene Personen sind.

Den Maßstab nun, nach dem wir die Interessen hinsichtlich ihres Wertes oder Unwertes bemessen, gibt uns die Ethik. Und hier kommen wir auf die schwierigsten Gebiete philosophischer Betrachtungen. Diese Betrachtungen Ihnen hier in voller Klarheit und mit letzter Gründlichkeit vorzutragen, kann ich mir nicht zutrauen. Meine Achtung vor der Größe eines Immanuel Kant und derer, die wie Jakob Friedrich und Leonard Nelson sein Werk fortgesetzt haben, zwingt mich zur bescheidenen Zurückhaltung. Zum anderen ist es ohnedies allenfalls dem Genie gegeben, in einem kurzen Vortrag zusammengepresst den Werken dieser Großen gerecht zu werden. Ich stehe vor Ihnen als Politiker und nicht als Philosoph.

Die Aufgabe aber des guten Politikers besteht darin, den menschlichen Zwecken, auch denen, die ihm die Philosophie setzt, mit der Gestaltung des öffentlichen Lebens zu dienen. Ich bitte Sie also, meine Damen und Herren, voraussetzen zu lassen, daß es

1. dem Menschen gegeben ist, Recht von Unrecht zu unterscheiden,
2. daß es ihm ferner gegeben ist, sich nach freiem Entschluß dafür einzusetzen, daß das Recht herrsche, und daß
3. um ein Wort von Immanuel Kant zu gebrauchen, es keinen Wert mehr hat, daß Menschen auf Erden leben, wenn die Gerechtigkeit untergeht.

Trotz meiner versprochenen Zurückhaltung möchte ich auf einige zu erwartende Einwände von vorherein eingehen.

Gibt es wirklich ein objektives Recht, mögen manche fragen. Zeigt nicht die Geschichte, daß die Anschauung über das, was Recht ist, äußerst wandelbar ist? Kommt es nicht überhaupt auf den Standpunkt an, von dem aus man einen Interessenkonflikt betrachtet?

Verzeihen Sie, meine Damen und Herren, wenn manche dieser Fragen primitiv klingen, und es so aussieht, als unterschätze ich das logische Denkvermögen des einen oder des anderen unter Ihnen. Aber wir wollen es uns nicht so einfach machen. Solche Fragen sind von Männern gestellt worden und werden sich auch heute noch gestellt, deren wissenschaftlicher Ruf sie vor dem Vorwurf mangelnden Denkvermögens oder oberflächlicher Betrachtungsweise durchaus schützt.

Aber solcherweise geäußerte Zweifel an der objektiven Geltung des Rechts sind zu widerlegen. Solche Fragen etwa dürfte der Naturwissenschaftler nicht stellen!

Gerade die Naturwissenschaft verdankt ihren Aufstieg der Überzeugung, daß wir unterscheiden müssen zwischen dem Gegenstand der Forschung, also etwa dem Erdmagnetismus, und der Anschauung, die in der jeweiligen geschichtlichen Periode sich Menschen hiervon gemacht haben. Die Tatsache, daß die Erde um die Sonne kreist, und nicht die Sonne um die Erde, ist zum Glück völlig unabhängig davon, was Menschen irgendwann einmal geglaubt haben.

Und so fühlen wir in uns die sittliche Überzeugung, daß die Anschauungen über das Recht zwar wandelbar sind; daß das Recht an sich aber etwas Feststehendes ist, das zu erkennen wir immer bemüht bleiben müssen.

Diese ursprüngliche Überzeugung der menschlichen Vernunft ist so stark, daß gerade die einfachen Menschen – diejenigen also, die am wenigsten dazu neigen, alle Regungen in sich zu zergrübeln, zu versuchen, sie nach Art der Mathematiker verstandesmäßig schlüssig zu fundieren – sich am stärksten für die Geltung des Rechtes eingesetzt haben und vielleicht auch weiterhin einsetzen werden.
Dem Verstand bleibt die größte Aufgabe, die miteinander in Konflikt liegenden Interessen all ihres Beiwerkes zu entkleiden, alle subjektiven, also in der Person liegenden Faktoren zu abstrahieren, sie dann so geklärt vor den Richterstuhl unserer Vernunft zu bringen. Weiter kann er nichts tun. Wer mehr von ihm verlangt, überschätzt seine Möglichkeiten, und wenn er das nicht erkennt, dann wird er in all seiner Haltung gegenüber seinen Mitmenschen unsicher.
Es ist vielleicht die größte Aufgabe, die unsere Erzieher gegenüber der deutschen Jugend haben, daß sie dieses Selbstvertrauen in die menschliche Vernunft stark machen. Daß sie damit sowohl einem Fortleben des Materialismus des 19. Jahrhunderts als auch einem Wiederaufleben der Dogmengläubigkeit der vorhergegehnden Jahrhunderte unserer Geistesgeschichte die einzige kraftvolle und menschenwürdige Antwort geben.
Aber, meine Damen und Herren, ich habe Sie gebeten, mit mir für die Folge meines heutigen Vortrages von der gegebenen Voraussetzung auszugehen, daß es uns Menschen gegeben ist, Recht von Unrecht zu unterscheiden und ferner uns zu entschließen, nach freiem Willen uns für die Herrschaft des Rechtes in der Gesellschaft einzusetzen. Gestatten Sie mir im übrigen geradezu als Beweis für die Ursprünglichkeit des Rechtsgefühls in uns darauf hinzuweisen, daß wir ja nicht nur bereit sind, die berechtigten Interessen unserer Mitmenschen zu achten, sondern daß wir darüber hinaus auch uns verpflichtet fühlen, das Recht der Tiere auf Freiheit und Leben soweit zu achten, als dem nicht höhere Interessen entgegenstehen. Wir gehen soweit, nicht schlechterdings jedes menschliche Interesse hierbei als ein höheres Interesse anzuerkennen. Wir verbieten die Tierquälerei, selbst wenn sie etwa dem Wissensdurst oder dem Interesse an rohem Vergnügen entspricht. Hier liegt der ethische Grund der gerade in Deutschland hochentwickelten Tierschutzgesetzgebung, womit ich im übrigen nicht gesagt haben möchte, daß es immer oder auch nur vorwiegend ethische Motive gewesen sind, die seine Schöpfer geleitet haben. Es ist sicher in vielen Fällen eine moralisch nicht zu bewertende Sentimentalität gewesen, die hier dennoch viel gutes geschaffen hat.
Wer vermag sich in der Seele seiner Mitmenschen genau auszukennen?
Und ich erinnere Sie nun daran, daß wir unter Politik die Kunst verstehen

wollen, das öffentliche Leben nach gegebenen Zwecken mit Hilfe von Macht zu gestalten.
Wenn wir gesagt haben, daß wir an alles Handeln der Menschen den Maßstab der Ethik zu legen haben, so werden wir also als gute Politik eine Politik bezeichnen müssen, durch deren Wirken in der menschlichen Gesellschaft rechtliche Zustände geschaffen werden. Wir werden dafür Sorge tragen müssen, daß nur solche Menschen in unserem Volke zu politischem Einfluß gelangen, die eine Gewähr dafür bieten, daß sie immer bestrebt bleiben, dem Unrecht in jeder Gestalt entgegenzutreten.
Das soll für uns eine unverzichtbare Forderung sein, obwohl sie zunächst ja nur etwas darüber sagt, was in unserer Gesellschaft nicht sein soll und es die Aufgabe eines Politikers ist, positiv zu sagen, was sein soll. Aber alles, was sonst noch an Zielen denkbar ist, ist – gemessen an unserer Aufgabe, wie wir sie heute gestellt haben – von nachgeordneteter Bedeutung. Erinnern Sie sich: „Wenn die Gerechtigkeit untergeht, hat es keinen Wert mehr, daß Menschen auf Erden leben"!
Nun haben wir vorhin bereits etwas ausgesagt über die Aufgaben unseres Verstandes und etwas über seine Grenzen hinsichtlich der Entscheidung im Falle von Interessenkonflikten. Aber ich sage das an dieser Stelle nicht, um auf die Grenzen des Verstandes besonders betont hinzuweisen.
Ganz sicher gehört zum Politiker Verstand und Klugheit. Es gehört die Fähigkeit dazu, die gegebenen Verhältnisse klar zu erkennen, Entwicklungstendenzen zu sehen, Kraftströmungen in der Gesellschaft herauszufinden, um das Ziel, das sich der Politiker steckt, zu erreichen. Aber auch Politiker sind nur Menschen. Und sie sind, wenn sie zu Einfluß gelangen, in weit höherem Umfange den Versuchungen des Egoismus ausgesetzt, den Versuchungen, ihre Macht nicht mehr ehrlich im Sinne der Ideale zu verwenden, für die sie ihnen übertragen worden ist, sondern sie anzuwenden entweder, um sich persönlich materielle Vorteile zu verschaffen oder – was mindestens ebenso häufig, aber schwerer erkennbar ist – um aus Herrschsucht heraus und aus Geltungsbedürfnis aus der Macht als Mittel zu einem idealen Zweck den Selbstzweck an sich zu machen.
Es erscheint mir hier nötig, etwas darüber auszusagen, welche Grenzen der Anwendung von Macht einer guten Politik gesteckt sind. Einer guten Politik, d.h. also einer Politik, die sich in den Dienst des Guten und des Rechtes stellt. Das ist besonders nötig, wenn wir daran denken, daß im Deutschland der vergangenen Jahre und zur Zeit noch anderswo in großen Teilen der Welt die Macht oder noch deutlicher gesagt, die bloße Gewalt als das schlechterdings wichtigste Mittel, als das geradezu einzige

Mittel betrachtet worden ist bzw. wird, mit Hilfe dessen dem öffentlichen Leben der Wille der Regierungen aufgezwungen wird.
Diejenigen unter Ihnen, die meinem bisherigen Vortrag aufmerksam gefolgt sind, werden leicht erkennen, welche Schranken der gute Politiker für die Machtanwendung unbedingt achten muß. Sie werden erkennen, daß es wieder das Verlangen nach Gerechtigkeit ist, das uns den Maßstab hierfür gibt.
Machtanwendung heißt, die Freiheit des einzelnen Staatsbürgers einzuschränken! Wir haben also die Frage zu untersuchen, unter welchen Umständen und in welchem Grade eine solche Einschränkung erlaubt ist, und wir können gleich weiter sagen, daß sie in diesen Fällen nicht nur erlaubt, sondern erforderlich ist.
Die Einschränkung der Freiheit eines Mitbürgers ist an und für sich ein Übel, und ich darf sie also nur dann anwenden, wenn ich dadurch ein größeres Übel abwenden kann. Allein diese Feststellung genügt noch nicht, um Gewaltanwendung zu rechtfertigen. Solange es irgend eine andere Möglichkeit gibt, ohne Eingriffe in die persönlichen Freiheiten des einzelnen ein bevorstehendes Übel abzuwenden, solange ist der gute Politiker aus seiner Bindung an die Forderungen des Ideals der Freiheit heraus verpflichtet, diese anderen Mittel anzuwenden. Er darf sich nicht einfach darauf berufen, daß er seine Zwecke unter Anwendung von Gewalt schneller erreicht oder etwa bequemer erreicht. Das Ideal der persönlichen Freiheit des Staatsbürgers muß uns so hoch stehen, daß wir es in einem solchen Falle, in dem durch seine Verletzung durch Anwendung von Gewalt ein erstrebter Zweck schneller erreicht wird, nur dann zurückstellen, wenn wiederum eine Verzögerung von größerem Übel wäre als eben die Verletzung der Freiheit.
Sie sehen, meine Damen und Herren, daß der Politiker, der es ehrlich meint in der Verfolgung guter Zwecke, sehr häufig in einen Interessenkonflikt kommt. Es ist sehr verlockend für ihn, dem öffentlichen Leben und also seinen Mitmenschen auch gegen deren Willen seinen Willen aufzuzwingen, zumal wir voraussetzen wollen, daß der gute Politiker fest von der absoluten Richtigkeit seines Vorhabens überzeugt ist. Aber so wertvoll sein Vorhaben sein mag, er wird immer genötigt sein, sorgfältig zu prüfen, ob nicht das Ideal der Freiheit noch wertvoller ist, und so wird er in vielen Fällen sich selber bezwingen müssen und den Weg der Toleranz, den Weg der Überzeugung seiner Mitmenschen gehen müssen. Denn wenn es der Zweck einer guten Politik ist, den sittlichen Wert der menschlichen Gemeinschaft zu erhöhen, so kann das offenbar nur dadurch geschehen, daß wir den einzelnen Staatsbürger selbst zum sittlichen Menschen

erziehen. Unter einem solchen Menschen verstehen wir jemanden, der sich daran gewöhnt, aus eigenem Antrieb uns nach eigener Überzeugung das Gute zu tun.
Die skrupellose Anwendung von Gewalt jedoch, selbst wenn sie vermeintlich im Dienste des Guten steht, gewöhnt den Staatsbürger daran, anderen die Entscheidung über sein oder des Volkes Schicksal zu überlassen, entkleidet ihn damit seiner Menschenwürde und macht ihn zur bloßen Kreatur.
Es will uns deshalb nicht so schlimm erscheinen, wenn gelegentlich der gute Wille einer Staatsregierung nicht durchgesetzt wird, weil sie unter Achtung alles dessen, was wir hier gesagt haben, auf die Anwendung der Gewalt für diesen guten Zweck verzichtet. Ein Volk, das als Gesamtes in solchen Fällen Fehler macht, bewahrt dabei seine innere Freiheit. Und diese innere Freiheit, also auch die Freiheit dazu, Fehler zu machen, adelt ein solches Volk gegenüber einem anderen, das vielleicht weniger Fehler macht, aber sie nicht aus eigener Einsicht unterläßt, sondern sie nur unterläßt, weil es dazu gezwungen wird.
Aus diesen Ausführungen geht hervor, daß es aus zwei ganz verschiedenen Quellen heraus eine große Versuchung für eine Regierung bedeutet, Macht und Gewalt zur Durchsetzung ihrer Ziele anzuwenden. In dem einen Falle stammt die Versuchung aus niedrigen, egoistischen Instinkten, also zur eigenen Bereicherung oder zur Erhöhung des Ruhmes der Regierenden, die in ihren Händen liegende Macht zu mißbrauchen, im anderen Falle verführt mangelnde Aufklärung über die hohen Anforderungen unserer Ideale eine Regierung sehr leicht dazu, aus vermeintlich gutem Willen heraus die Macht gleichfalls falsch zu gebrauchen.
Ich habe einiges über Gerechtigkeit gesagt und einiges über Freiheit, und ich habe auszuführen versucht, daß das Ideal der Freiheit dem Ideal der Gerechtigkeit in einem echten Konfliktsfalle zu weichen hat. Nur diese Erkenntnis unterscheidet die Freiheit von der Zügellosigkeit. Wir müssen erkennen: Weder die Wahrheit noch das Recht setzen sich in der menschlichen Gesellschaft von selber durch. Es ist ein frommer und schöner Glaube, daß die menschliche Gesellschaft in mit Naturnotwendigkeit sich vollziehender Entwicklung besser und gerechter werde. Wir müssen erkennen, daß der Mensch weder böse von Anbeginn noch von Natur aus gut ist. In ihm sind die Kräfte des Bösen und des Guten ständig am Werke, und Aufgabe unserer Erziehung ist es, die guten Kräfte zu stärken und die bösen zu hemmen; den Menschen so zu formen, daß er aus eigenem Antrieb heraus seine guten Kräfte fördert und die bösen Triebe unter-

drückt. Und wir haben gesagt, daß nur der Anspruch darauf erheben kann, ein wertvoller Mensch zu sein, der das Böse aus eigenem Antrieb unterdrückt. Wenn wir das auf die Gesellschaft der Menschen übertragen, so müssen wir fortfahren, daß die Gesellschaft die beste ist, in der mit einem Mindestmaß äußeren Zwanges ein Höchstmaß an Gerechtigkeit herrscht.

Ich will versuchen, Ihnen ein Beispiel zu geben, ein Beispiel dafür, in welchem geradezu unerhörtem Umfang diese Forderungen des Ideals der Freiheit unbeachtet geblieben sind und bleiben.

Es ist ganz ohne Zweifel so, daß die Freiheit des Staatsbürgers etwa auf dem Gebiete der Wirtschaft für sich zu bestimmen, wie er sich in der Wirtschaft betätigen will, was und wieviel er z.B. produzieren will usw., usw., manchen Nachteil vom Standpunkt der Gesellschaft aus haben kann. Diese Freiheit kann z.B. dazu führen, daß ein verhältnismäßig großer Teil der Staatsbürger praktisch von einem kleinen Teil, von sagen wir einmal mit bekannten Begriffen „Monopolisten" in ihrer eigenen, auch ihrer wirtschaftlichen Freiheit stark eingeschränkt werden. Daraus ist gefolgert worden, daß die Freiheit des einzelnen Staatsbürgers in der Wirtschaft schlechthin unmoralisch sei, daß überdies eine nach einem weisen Plane vom Staate bis in alle Einzelheiten gelenkte Wirtschaft auch weit rationeller arbeiten könne. Ich darf mich auf diese kurzen Andeutungen beschränken. Es wird jeder von Ihnen erkannt haben, daß ich vom bolschewistischen Wirtschaftssystem spreche. Hier nun wäre selbst unter der allerdings nicht erfüllten Voraussetzung allgemeiner Krisenfestigkeit in der bolschewistischen Wirtschaft und eines gleichmäßig verteilten Wohlstandes, dennoch eine so unzulässige Einschränkung der Freiheit des Staatsbürgers festzustellen, daß ein guter Politiker im Sinne dessen, was ich bisher ausführen durfte, einer solchen Einschränkung niemals zustimmen dürfte.

Umgekehrt bleibt es natürlich richtig, daß eine völlig im Staate unbeeinflußte Wirtschaft dazu geführt hat und vermutlich immer dazu führen wird, daß Monopolisten nicht nur etwa die Freiheit der anderen Wirtschaftenden weitgehend einschränken, sondern daß sie vor allem ihre Vorherrschaft auch dazu mißbrauchen, wirtschaftlich Schwächere auszubeuten. Hier ist also die Aufgabe des guten Politikers, das Maß festzustellen, nach dem die wirtschaftliche Freiheit eingeschränkt werden muß, einmal, um zu verhüten, daß Monopolisten das Ideal der Gerechtigkeit durch Ausbeutung verletzen und zum andern, daß sie das Ideal der Freiheit selber, wie bereits oben ausgeführt, durch die Beschneidung der Freiheit anderer mißachten können. Ich möchte das betonen: Nach dem Vorausgesagten darf die Frage nur lauten: „Wieweit darf und muß ich die Freiheit in der Wirtschaft einschränken?" Nicht aber: „Wieweit darf ich die Freiheit in der Wirtschaft zulassen?" Mir scheint, daß erst seit verhältnismäßig wenig Jahren das Problem unserer Wirtschaftspolitik von dieser Seite aus erkannt wird, und es wäre sicher reizvoll, über Versuche zu seiner Lösung hier zu sprechen. Aber vielleicht darf ich es der Diskussion überlassen festzustellen, wieweit der Wunsch dazu besteht.

Wenn aber die Gerechtigkeit das Höchste aller Ideale ist, so dürfen wir auf die Anwendung von Gewalt nicht verzichten, und wenn es keine naturnotwendige Entwicklung zum Guten gibt, so besteht für alle – lassen Sie mich einmal den anspruchsvollen Ausdruck wählen für alle edlen Menschen die zwingende Verpflichtung, hinter das Recht die Kraft zu versammeln, die zu seiner Durchsetzung notwendig ist. Denn wenn die guten Menschen das nicht tun, dann überlassen sie die Herrschaft des Rechtes dem Zufall. Diejenigen, die aus Egoismus und verbrecherischer Neigung aus ihren Prinzipien heraus keine Hemmungen haben, jedes Mittel zur Durchsetzung ihrer Zwecke anzuwenden, sind ohnedies im Vorteil gegenüber den Rechtliebenden, die sich immer, wie ich oben ausgeführt habe, die Frage zu stellen haben, welche Mittel ihnen gerade dieser Zweck der Herstellung rechtlicher Verhältnisse verbietet.

Da nun aber das Ideal des Rechtes für uns alle unabdingbar verbindlich ist, stehen wir gar nicht vor der Wahl, ob wir uns seinem Dienste widmen sollen oder nicht. Solange Unrecht herrscht, kann jede andere Beschäftigung, der wir uns widmen und kann jede andere Aufgabe, die wir uns stellen, nur mit dem Maß von Kraft und innerer Anteilnahme verfolgt werden, das uns übrig bleibt von der Kraft und dem Willen, den wir in den Dienst der Gerechtigkeit stellen. Und das ist es, meine Damen und Herren, was jeden Menschen dazu zwingt und ganz besonders in den heutigen schrecklichen Zeiten dazu zwingt, Anteil zu nehmen durch tätige Mithilfe an der Gestaltung des öffentlichen Lebens, Anteil zu nehmen also an der Politik. Und unsere Jugend hat neben allen Aufgaben, die sie sich sonst gestellt hat, vieleicht noch nicht in so hohem Grade die Aufgabe, selber politisch zu arbeiten. Sie hat aber die Aufgabe, sich auch auf eine solche Mithilfe vorzubereiten.

Keine unserer politischen Parteien gibt vor, dem Grundsatz nach etwas anderes zu verfolgen als wir bisher dargestellt haben. Woran liegt es also, daß Parteien einander befehden, statt daß alle Menschen sich gemeinsam dafür einsetzen, daß das öffentliche Leben nach diesen Grundsätzen gestaltet wird?

Das scheint mir aus zwei Gründen heraus zu erklären zu sein. Einmal werden in der Politik in viel zu geringem Maße die Methoden wissenschaftlicher Forschung angewandt, zum anderen müssen wir nüchtern feststellen, daß keineswegs nur intellektuelle Erkenntnisse, sondern daß vielleicht sogar in weit höherem Grade gute und schlechte Charaktereigenschaften das menschliche Handeln bestimmen, d.h. selbst wenn es gelingen sollte, mit wissenschaftlicher Sachlichkeit einen gemeinsamen Weg aller an der Gestaltung des öffentlichen Lebens aktiven Kräfte festzustellen, so ist dennoch absolut unwahrscheinlich, daß sich diese Kräfte bereit finden werden, diesen Weg gemeinsam zu beschreiten. Wer im öffentlichen Leben etwas ändern will, der wird ganz sicher von einem Teil der Menschheit Opfer verlangen müssen, Opfer im Dienste der Gerechtigkeit. Er wird etwa verlangen müssen, daß der christliche Grundsatz: „Liebe Deinen Nächsten wie Dich selbst" beachtet wird.

Und gerade die Mächtigen dieser Welt werden sich angesprochen fühlen, auf lang gewohnte Annehmlichkeiten, auf ungerechtfertigte Vergünstigungen gegenüber ihren Mitmenschen zu verzichten, und das alles ist gar keine Frage mehr der Wissenschaft und mithin des Verstandes, sondern eine Frage des Charakters, der inneren Bereitschaft, unter allen Umständen das zu tun, was als richtig erkannt worden ist. Das ist auch der Grund, warum kluge und sittlich starke Menschen immer wieder vor einer Überschätzung des Intellekts gewarnt haben und daran die Mahnung geknüpft haben, der charakterlichen Bildung, also der eigentlichen Erziehung der Menschen, weit mehr Aufmerksamkeit zu widmen.

Und hier entsteht die Aufgabe der praktischen Politik. Hier zeigt sich die Notwendigkeit des Zusammenwirkens von Politikern und Erziehern. Es kann in der Tat keiner von beiden ohne den anderen mit Aussicht auf Erfolg die menschliche Gesellschaft im Sinne unserer Grundsätze umgestalten oder besser gesagt, das öffentliche Leben den Anforderungen unserer Ideale näher bringen. Die Erziehung hat, wie wir bereits mehrfach erwähnt haben, die Aufgabe, die Menschen soweit zu fördern, daß sie aus eigener Einsicht in das Gute das Böse meiden und es bekämpfen sowohl in sich selber, wie um sich herum. Der Politiker hat die Aufgabe, die äußeren Sicherungen dafür zu schaffen, daß ein solches erzieherisches Werk gedeihen kann.

Die großen Meinungsverschiedenheiten in der Politik haben sicher zu einem großen Teil ihre Ursache darin, daß es viel zu wenig Menschen gibt, auch unter denen, die sich politisch betätigen, oder mindestens politisch reden und urteilen, die die Kraft haben, sich von ihren für die Auffindung politischer Ziele zufälligen subjektiven politischen Interessen freizumachen und sich statt dessen leiten zu lassen von den objektiven Interessen

der Menschheit. Ich sage hier der Menschheit, denn auch das spezielle Interesse eines einzelnen Volkes ist nicht mehr als ein subjektives Interesse, das nur dann Achtung verdient, wenn es – verglichen mit dem ihm entgegenstehenden Interesse eines anderen Volkes – das sittlich wertvollere Interesse ist. So etwa hat kein Volk das Recht, Gebiete eines anderen Volkes unter Mißachtung der nationalen Interessen seiner Bevölkerung oder seiner Gesamtinteressen mit Gewalt zu annektieren, nur weil das etwa seinem Interesse dient.
Ich habe heute bewußt darauf verzichtet, Ihnen politische Urteile vorzusetzen. Ich habe den Versuch unternommen, über die Grundlagen einer jeden ordentlichen Politik zu sprechen. Ich meine ohnedies, daß wir alle viel zu oft und daß namentlich Teile der deutschen Jugend viel zu früh über politische Fragen debattieren, ohne dabei die nötige Ehrfurcht vor der Größe der Verantwortung zu empfinden, die jeder auf sich nimmt, wenn er schon durch die Bekanntgabe seines politischen Urteils Einfluß nimmt auf die Gestaltung des öffentlichen Lebens.
Es ist weit wichtiger, wir sorgen zunächst dafür, daß die Einsicht in unsere Ideale und in die grundsätzliche Konsequenz aus diesen Idealen wächst. Nur so stärken wir die Fähigkeit der Staatsbürger, sich in steigendem Maße selber ein Urteil über den wahren Wert oder Unwert politischer Handlungen zu bilden. Es scheint mit eine Ursache unseres deutschen Verhängnisses gewesen zu sein, daß jedermann glaubte, nach dem Lesen einiger Tageszeitungen und nach dem Anhören einiger Vorträge politischer Agitatoren nun selber politisch mitreden zu können. Gerade aber daran wollte ich mich durch meinen heutigen Vortrag vor Ihnen nicht mitschuldig machen. Die Demokratie, von der so viel gesprochen wird, wird erst dann ihren wahren Wert haben, wenn der Staat zu einer Gemeinschaft freier Bürger wird, in dem nicht das höchstmögliche Maß äußerlicher Freiheit das Leben bestimmt, sondern in dem es auch eine große Zahl freier Bürger in dem Sinne gibt als der einzelne frei ist in seinen Entscheidungen auch von seinen eigenen Begierden. Vorläufig ist es ein hartes, aber zutreffendes Urteil, daß sich all zu viele dazu berufen fühlen, in der Politik dilettantisch herumzustümpern. Nichts von der Politik zu verstehen, wird als ein Mangel empfunden, den niemand gern eingesteht. Niemandem dagegen erscheint es als ein höherer Mangel, etwa nicht in der Heilkunst oder in der höheren Mathematik mitreden zu können.
Daß so viele Menschen politisch drauflosreden, ist allerdings zum Teil ein Beweis für unsere Behauptung von der Ursprünglichkeit des Rechtsgefühls. Sie fühlen sich vor ihrem Gewissen verpflichtet, mitzutun bei der Organisierung der menschlichen Gesellschaft, aber man kann sich auch

drücken vor dem Ruf des eigenen Gewissens, und man kann das auch tun, indem man tönend schwätzt.
Es muß uns wieder gelingen, nachdem durch eine lange Periode törichter, ja verbrecherischer Politik dieser Begriff und seine Beschäftigung damit nicht die Schlechtesten einfach abstößt, es zu einer Ehre werden zu lassen, für das Wohl der Allgemeinheit zu arbeiten im wirklichen Ringen um einen Staat und um ein Volk, in dem alle Machtmittel nur für Durchsetzung und zum Schutze des Rechtes eingesetzt werden. Es muß uns wieder gelingen, in der deutschen Jugend eine Begeisterung für diese Aufgabe zu entfachen. Und wir alle, die wir noch jung sind, wollen – wo immer wir stehen – ein Bündnis miteinander schließen, wollen uns das Versprechen geben, in unserem täglichen Leben und im Zusammenleben mit unseren Mitmenschen dafür zu sorgen, daß Recht und Gerechtigkeit, Anstand und gute Sitte in unserem deutschen Volke herrschen sollen. Und daß wir unserem deutschen Volke auf diesem Wege wieder zu einem Ansehen in der Welt verhelfen, das es durch Irrtum und Verbrechen verloren hat.

SPIEGEL-Titel über den Mitgründer der Hannover-Messe. Ohne seinen Einsatz wäre die Messe 1948 beinahe durch Hungerstreiks der hannoverschen Arbeiter ausgefallen.

Die politische Pflicht der Jugend

Ein Offener Brief an die Studenten der
TH Braunschweig

Liebe Freunde!
Aus der Kritik, die einige von Ihnen an meinem Vortrag über das Thema „Politik und Ethik", den ich vor Ihnen am 16. August halten durfte, geübt haben, war mir einiges so interessant, daß ich Ihnen darauf antworten möchte. Ich gebe die Antwort auf diesem Wege, weil ich glaube, daß auch größere Teile der besinnlichen Öffentlichkeit an diesem Thema interessiert sind.
Sie haben sich darüber gewundert, daß ein Politiker zu Ihnen nicht über die brennenden Tagesfragen der Politik, ja, daß er nicht einmal etwa über die Grundzüge einer bestimmten politischen Linie gesprochen hat, sondern den Versuch unternommen hat, Ihnen die Grundlage einer jeden guten Politik näherzubringen. Es hat mir Freude gemacht, als mir einer meiner politischen Freunde, der während meines Vortrages unter Ihnen gesessen hat, erzählte, wie sich einige von Ihnen darüber unterhalten haben, welcher politischen Partei ich eigentlich angehöre. Nun, ich habe keine Ursache, denen, die das noch nicht wissen, zu verheimlichen, daß ich Sozialdemokrat bin.
Aber es kam mir ja nicht darauf an, vor Ihnen für meine Partei zu agitieren. Wir Sozialdemokraten meinen nämlich, daß wir alle viel zu oft und daß namentlich Teile der deutschen Jugend viel zu früh über politische Fragen debattieren, ohne dabei die nötige Ehrfurcht vor der Größe der Verantwortung zu empfinden, die jeder auf sich nimmt, wenn er schon durch die Bekanntgabe seines politischen Urteils Einfluß nimmt auf die Gestaltung des öffentlichen Lebens. (Ich sehe im Geiste, wie einige Leser mitleidig lächeln. Das soll mich nicht stören und sollte auch Sie nicht stören!)
Ich hielt es für richtig, unter Berufung auf die Ideale der Gerechtigkeit und der Freiheit und durch den Hinweis auf einige grundsätzliche Konsequenzen hieraus Ihnen selber die Möglichkeit zu geben, sich ein Urteil über den wahren Wert oder Unwert politischer Handlungen zu bilden. Ich bitte Sie zu verstehen, daß wir gar keinen Wert darauf legen, die Unzahl derer, die ein politisches Urteil mangels eigener Urteilsfähigkeit übernehmen und mit mehr oder weniger Stimmaufwand einfach weiterverbreiten, aus den Reihen Ihrer Jugend zu vermehren. Es war eine Ursache unseres deutschen Verhängnisses, daß jedermann glaubte, nach

dem Lesen einiger Tageszeitungen und nach dem Anhören einiger Vorträge politischer Agitatoren nun selber politisch mitreden zu können. Gerade daran wollte ich mich durch meinen Vortrag vor Ihnen nicht mitschuldig machen.
Ich habe versucht, zu Ihnen von der Verpflichtung zu sprechen, (die aus der unabdingbaren Forderung nach Gerechtigkeit abgeleitet ist), daß anständige Menschen an der Gestaltung des öffentlichen Lebens mitwirken, solange es noch soviel Unrecht gibt. Aber, das öffentliche Leben in der von unseren Idealen gewiesenen Richtung zu beeinflussen, ist bei der Kompliziertheit der einzelnen Menschen und der in der menschlichen Gesellschaft wirkenden Kräfte eine Kunst, zu deren Erlernung harte Arbeit gehört. Zunächst Arbeit an sich selber!
Jedermann fühlt sich dazu berufen, in dieser Kunst dilettantisch zu stümpern. Niemandem erscheint es als ein persönlicher Mangel, etwa nichts von der Heilkunst oder der höheren Mathematik zu verstehen. Aber jedermann versucht, sich den Anschein zu geben, als könne er politische Vorgänge beurteilen und sogar beeinflussen. Die Stammtischrunden vergangener Zeit machten sich nichts daraus, einem tüchtigen Arzt oder einem geschulten Mathematiker das Vorrecht in der Beurteilung von Fachfragen zu geben. In der Politik aber wußten sie natürlich alles besser.
Die Freiheit einer Demokratie verleitet zu solchem Verhalten, weil die Demokratie jedem garantiert, sich selber als tätiges und mitverantwortliches Glied eines Volkes und damit der Menschheit zu fühlen. Aber wir Jüngeren wollen zusammen mit den einsichtigen Alten diese Freiheit vor Schwätzern schützen. Wir verlangen ein wirklich ehrliches Bemühen und keine Drückebergerei hinter großen politischen Tiraden. Nehmen Sie es, bitte, als einen Beweis meiner Achtung Ihnen gegenüber, daß ich Ihre innere Freiheit nicht durch verfrühten Vortrag politischer Urteile und Programme in Gefahr bringen wollte.
Halten Sie sich fern von der Sucht zu kritisieren, aber bewahren Sie das kritische Gefühl, das sich aufbäumt, etwas zu übernehmen, das Sie mit Ihrem Sinn für das Gute und auch mit Ihrem vom Verstand getragenen Urteil nicht in Übereinstimmung bringen können, damit die deutsche Jugend nicht wieder einem Goebbels – und sein Typ wird immer da sein, wo Politik betrieben wird – zum Opfer fällt. – In diesem Sinne fühle ich mich Ihnen verbunden!
Ihr Alfred Kubel

Rede anläßlich der Nelson-Gedächtnisfeier (1946)

Am 3. November 1946 fand in der Technischen Hochschule Braunschweig eine Gedächtnisfeier zu Ehren des am 27. Oktober 1927 in Göttingen verstorbenen Philosophen Leonard Nelson statt. Sie wurde von der Braunschweigischen Wissenschaftlichen Gesellschaft veranstaltet, die dazu auch den damaligen Ministerpräsidenten des Landes Braunschweig, Alfred Kubel, eingeladen hatte.
Kubel verbindet mit Nelson – anders als das akademische Auditorium der Veranstaltung – nicht in erster Linie ein wissenschaftliches Interesse an seinen philosophischen Arbeiten, sondern die Mitgliedschaft im Internationalen Sozialistischen Kampfbund (ISK) seit 1926, deren Mitbegründer der Göttinger Philosoph gewesen war.
Die beiden Vorredner, Dr. Grete Henry und Dr. Gustav Heckmann, kannte Kubel bereits als Dozenten der ISK-Schule in Walkemühle bei Kassel. Sie hatten ihm in den zwanziger Jahren das Werk Nelsons und damit auch die Grundlage für die ethische Orientierung seines politischen Denkens vermittelt.
Kubels Rede thematisiert eigene Erfahrungen aus der ISK-Zeit und die mögliche Bedeutung von Nelsons Werk für den Aufbau einer demokratischen Nachkriegsordnung (vgl. Neumann in: Idee und Pragmatik, S. 69 – 80), die den Idealen des Rechts und der Freiheit verpflichtet ist. Person und Werk Leonard Nelsons hatten für Kubel Vorbildfunktion. Die Rede zur Nelson-Gedächtnisfeier ist zusammen mit »Politik und Ethik« (S. 42) sowie der Rede zur Eröffnung des Philosophischen Kongresses in Göttingen (S. 256) Alfred Kubels persönliches Programm. Hier sind die Grundlagen seines politischen Handelns dokumentiert – von hier aus ist ein vertieftes Verständnis seines politischen Werkes überhaupt erst möglich.

Meine Damen und Herren!

Es haben zu Ihnen zwei Schüler Leonard Nelsons gesprochen. Frau Dr. Grete Henry sprach über sein Werk und Dr. Gustav Heckmann über sein Leben. Wenn ich selber noch einige Worte zu Ihnen sprechen möchte, so muß ich vorausschicken, daß ich selber Leonhard Nelson persönlich niemals kennengelernt habe, obwohl ich noch zu seinen Lebzeiten der von ihm gegründeten politischen Organisation angehört habe. Was mich damals zu dem Freundeskreis Nelsons hingeführt hat, war der zwingende Ernst, mit dem ich diese Menschen an der politischen Arbeit sah, war die Erkenntnis, daß in diesem Kreise wirklich um Wahrheit gerungen wurde und daß diese Menschen sich nicht damit begnügten, ein Wissen in sich anzuhäufen, daß sie vielmehr ihrem Drang nach Erkenntnis freiwillig eine klar erkennbare Grenze setzten.

Einmal von der Unabdingbarkeit rechtlicher Forderungen überzeugt, war es für sie eine zwingende Logik, nun auch alles daranzusetzen, diese Welt durch die Tat, die politische Tat, einem Zustand näherzubringen, in dem die Beziehungen der Menschen untereinander nach den Grundsätzen der Gerechtigkeit geregelt werden. Dieses und das ständige Bemühen dieses Kreises, alles Persönliche hinter den Kampf um die Durchsetzung rechtlicher Forderungen in der menschlichen Gesellschaft zurückzustellen, die Reinerhaltung der Motive, die jeden einzelnen zu dieser Mitarbeit veranlaßten, bedeutete für mich – der ich als junger Mensch in das politische Leben eintrat – eine solche Kraftquelle, daß ich stolz darüber war, dieser Gemeinschaft angehören zu dürfen. Die Erkenntnis, daß alle Menschen den gleichen Anspruch auf Bildung haben, daß also allen Menschen auch die gleichen Möglichkeiten gegeben werden müssen, dieser Bildung teilhaftig zu werden, zwang dazu, sich nicht in der Gelehrsamkeit zu vergraben, sondern das Wissen als Mittel zum Zweck zu betrachten. Und der Zweck konnte nur sein, das Wissen als eine Waffe im Kampfe um das Recht zu benutzen. Danach kommt es also nicht darauf an, wieviel ein Mensch weiß, sondern allein darauf, ob er sein Wissen dazu benutzt, tatkräftig diese Welt zu ändern. Das erst macht den wahrhaft Gebildeten aus, daß er nicht für sich das Vorrecht in Anspruch nimmt, es auf allen Wissengebieten so weit wie menschenmöglich zu bringen, sondern daß er stets darauf bedacht bleibt, allen Menschen gleichermaßen die Quellen der Wissenschaft zu erschließen und für alle Menschen die gleichen Möglichkeiten zu sichern, am Lebensgenuß Teil zu haben. Wer sein Leben nicht nach diesem Grundsatze einrichtet, bleibt ein Egoist, der bestrebt ist, nur seinen eigenen Drang nach Erkenntnis zu befriedigen.

Diese so gestellte Aufgabe ist auch vor Nelson von vielen Wissenschaftlern erkannt worden. Sie versuchten, ihr in der Weise zu genügen, daß sie Volksbildungskurse einrichteten und volkstümliche wissenschaftliche Bücher schrieben. So anerkennenswert dieses Bestreben ist und so sehr es manchem einfachen Menschen geholfen hat, so wenig hat es vermocht, den kulturellen Zustand der Menschheit zu heben. Ja, es hat nicht die Schlechtesten oft genug dazu verführt, zu Bildungsfanaktikern zu werden, denen das Ringen um Erkenntnis zum Selbstzweck geworden ist

und die dann keine Zeit und Kraft mehr fanden, sich um den jammervollen Zustand der Welt noch zu kümmern.
Nelson erkannte, daß die ganze Kraft des Menschen zunächst dem Kampfe um gleiches Recht für alle zu widmen sei, und daß niemand ein Anrecht auf mehr Wissen als zu diesem Kampfe unabdingbar ist, habe, solange es auf dieser Welt Millionen gibt, die um die Befriedigung ihrer primitivsten Lebensbedürfnisse bangen müssen. Und er wandte sich damit der Arbeiterbewegung zu. Aber nicht nur dieses Gefühl einer Verpflichtung gegenüber den Ausgebeuteten zwang ihn dazu, den breiten Weg der meisten seiner Berufskollegen zu veranlassen, es war noch etwas anderes. Er erkannte, daß gerade bei den einfachen Menschen das Gefühl für rechtliches und sittliches Handeln weit ursprünglicher erhalten geblieben war, als in den Schichten derer, die sich längst daran gewöhnt hatten, daß sie ihr sicheres Leben auf Kosten eines unsichtbaren Lebens der breiten Arbeitermassen führten. Und da wahre Bildung sich nur darin zeigt, wieweit der Mensch bereit ist, dem Unrecht in jeder Gestalt entgegenzutreten – ihm gerade auch dann entgegenzutreten, wenn das mit hohen persönlichen Opfern verbunden ist – so fand er, daß in den Massen der einfachen Menschen mehr Bildung anzufinden war, als in großen Kreisen der Menschen, die weit mehr Wissen erworben hatten, als diese Menschen, denen der Zugang zu diesem Wissen schon aus materiellen Gründen verwehrt geblieben war. Und es erfüllt mich als Arbeiterkind immer wieder mit Stolz, daß in den Jahren der tiefsten Erniedrigung unseres Volkes diese Erkenntnis erneut überzeugend als richtig bewiesen worden ist.
Nelson trachtete danach, uns frei zu machen von jedem Glauben daran, daß irgendeine höhere Macht oder eine notwendig in ihrem Verlauf vorgeschriebene Entwicklung die Menschheit allmählich zum Guten führen würde. Manch einem nahm er damit eine gewohnte Kraftquelle. Er mußte sie ihm nehmen einmal um der Wahrheit willen, zum anderen weil, ja eine solche Überzeugung notwendig dazu führen mußte, daß nicht die letzten Kraftreserven freigemacht wurden, um dem Bösen zu widerstehen. Notwendig mußte bei einer solchen Einstellung gerade das Böse siegen, da seine Vertreter nicht den fatalistischen Glauben an eine naturnotwendige Entwicklung hatten, sich vielmehr nur auf ihre eigene Kraft verließen.
Nelson stärkte in uns dafür die Kraft unseres Vertrauens in die menschliche Vernunft, die Gewißheit, daß Recht und Gerechtigkeit herrschen können, wenn wir es nur mit aller Macht unserer Herzen und Hirne wollen. Und da es dem Zufall entzogen werden muß, wenn ein Ziel

erreicht werden soll, daß alle, die sich diesem Ziele verschrieben haben, auch den gleichen Weg gehen, schuf er seine Organisation zum Kampfe für Gerechtigkeit und Freiheit. Das war der Internationale Sozialistische Kampfbund.

In ihm leistete er die Erziehungsarbeit, die notwendig war, damit seine Mitglieder den hohen Anforderungen einer selbstlosen politischen Arbeit gewachsen blieben. Diese Organisation setzte ihre Arbeit illegal auch unter der Schreckensherrschaft Hitlers fort, und es zeigte sich, daß seine Mitarbeiter trotz der für erzieherische Aufgaben kurzen Zeit, in der der Internationale Sozialistische Kampfbund frei arbeiten konnte, zu den entschlossensten und zuverlässigsten illegalen Kämpfern gehört haben. Wer den Gefängnissen und Zuchthäusern, den Konzentrationslagern und dem Tode entrinnen konnte, ging ins Ausland, um dort Sorge dafür zu tragen, daß das Ideengut Nelsons und die von ihn begonnene Arbeit unter der Hitlerherrschaft nicht verloren gingen. Und nur um die kurze geschichtliche Darstellung dieser von Nelson zur Durchsetzung seines politischen Wollens gegründeten Organisation abzuschließen, sei noch bemerkt, daß sich ihre Mitglieder mit der sozialdemokratischen Partei zusammengeschlossen haben, um mit ihr gemeinsam den Kampf um die Gerechtigkeit im neuen Deutschland und in der ganzen übrigen Welt zu führen.

Es mag manchen verwunderlich erscheinen, daß solche Ausführungen im Rahmen der Braunschweigischen Wissenschaftlichen Gesellschaft gemacht werden. Aber man kann über Nelson nicht sprechen, indem man nur sein wissenschaftlich-philosophisches Werk würdigt. Daß er die Notwendigkeit erkannt hat, seine Erkenntnisse unmittelbar im öffentlichen Leben wirksam zu machen, daß er in logischer Folgerichtigkeit so auch zum Politiker wurde, das erst macht seine ganze Größe aus.

Wenn wir uns seiner gerade in der heutigen furchtbaren Zeit erinnern, so aus dem Gefühl und dem Wissen heraus, daß gerade er wie nur wenige andere geeignet ist, der richtungslos umherirrenden deutschen Jugend – und nicht nur der Jugend – mit seiner Lehre und seinem Leben eine Richtung geben zu können. Daß es der menschlichen Vernunft gegeben ist, das Rechte zu erkennen, daß diese Erkenntnis zu einer unabdingbaren Forderung für alle Menschen geworden ist, wenn sie nicht den Anspruch verlieren wollen, als gebildete Menschen geachtet zu werden, daß es nichts Höheres gibt als diese Forderung und daß es vor ihrer Verbindlichkeit kein Ausweichen gibt, das ist ein Teil seiner Lehre. Sie zu erkennen und sein Leben danach einzurichten, das allein vermag der deutschen Jugend wieder die Kraft einer edlen Begeisterung zu geben, die sie zum Leben braucht. Die Anerkennung dieser Forderung allein vermag uns Deutsche

mit allen gutgesinnten Menschen der ganzen Welt so zu verbinden, daß Kriege, geführt zur Durchsetzung eines Unrechts einmal unmöglich werden. Dem deutschen Volke dadurch wieder Achtung in der ganzen Welt zu verschaffen, daß unter seinen Gliedern diese Anforderungen der Gerechtigkeit herrschen, das ist die größte und vornehmste Aufgabe, die sich die deutschen Politiker zu stellen haben. Das mag vielleicht noch nicht dazu ausreichen, daß wir nicht wieder einmal in einen neuen Krieg verwickelt werden. Er soll dann aber ein Krieg sein, in dem die deutsche Jugend ihr Blut nicht für den Geltungswahn einer verbrecherischen Clique vergießt, sondern ihr Leben hingibt für das Höchste, für das zu leben und wenn es sein muß, auch zu sterben sich lohnt:
Für die Herrschaft des Rechtes in dieser Welt.

Ich bin der Braunschweigischen Wissenschaftlichen Gesellschaft dafür dankbar, daß sie uns den Rahmen für die heutige Veranstaltung gegeben hat. Die für sie verantwortlichen Männer beweisen damit, daß auch ihnen nichts an der Pflege einer Stuben-Gelehrsamkeit liegt. Sie beweisen damit, daß diese Gesellschaft ihre hohe Pflicht empfindet, Dienerin des öffentlichen Lebens zu werden.

Möge Ihnen allen, meine Damen und Herren, diese Feierstunde ein wenig Kraft gegeben haben, in dem ganzen Unrat des Alltages den echten Idealismus nicht zu verlieren. Nur wer den sich bewahrt hat, für den wird dieses Leben in dem zerstörten Deutschland und in der aus den Fugen geratenen Welt nicht sinn- und trostlos sein, nur der wird imstande sein, trotz aller schlechter Beispiele, trotz mancherlei Verlockungen, sein Leben unter Mißachtung der Interessen seiner Nächsten angenehmer zu gestalten, ein wahrhaft wertvolles Leben zu führen. Und daß all dieses Streben nach dem Edlen und Guten nicht verloren zu sein braucht, das meint Nelson, wenn er sagt:

„Darum, weil so überaus wenige einen Willen besitzen, vermögen die, die ihn aufbringen, so ungeheuer viel: denn ihre Kraft findet keinen Widerstand"

Und wir wollen heute auseinandergehen mit dem Gelöbnis Nelsons:
„Wir wollen im öffentlichen Leben die Ausdauernden sein!"

Ansprache aus Anlaß der Schlußsitzung des Braunschweiger Landtags (1946)

Der letzte Braunschweiger Landtag trat am 21. November 1946 zu seiner abschließenden Sitzung in der Aula der Kant-Hochschule, der späteren Abteilung Braunschweig der Pädagogischen Hochschule Niedersachsen und des heutigen Fachbereichs Erziehungswissenschaften der Technischen Universität Braunschweig zusammen. Zugleich hat Alfred Kubel hier die letzte Rede in seiner Funktion als Braunschweiger Ministerpräsident gehalten.

Durch die Verordnung Nr. 55 der Britischen Militärregierung wurden die ehemaligen Länder Hannover, Braunschweig, Oldenburg und Schaumburg-Lippe mit der Bildung des Landes Niedersachsen am 1. November 1946 aufgelöst.

Die besonders im Jahr 1946 intensiv geführte Diskussion um die Neugliederung der britischen Zone war infolge der Zerschlagung Preußens nötig geworden. Dabei zeichnete sich bereits im Herbst 1945 ab, daß die Militärregierung mit der Schaffung eines Gebietsrates Niedersachsen und der Wirtschaftsverwaltung Niedersachsen parallel zur Militäradministration ›Hannover Region‹ (Provinz Hannover, Länder Braunschweig und Oldenburg) in Übereinstimmung mit einem großen Teil maßgeblicher deutscher Politiker eine Lösung anstrebte, die den Weg zur Bildung größerer räumlicher Einheiten wies (Zur Entstehung des Landes Niedersachsen vgl.: Korte/Rebe, Verfassung und Verwaltung des Landes Niedersachsen, S. 16 – 17; zur Neugliederung siehe dort; S. 59 – 72).

Kubel setzte sich ursprünglich für den Erhalt des Landes Braunschweig ein (zu Kubels Position in dieser Frage: Renzsch, S. 28 – 34), das vergrößert um den hannoverschen Regierungsbezirk Hildesheim und den Landkreis Gifhorn den Industrieraum Südhannover-Braunschweig zu einer administrativen Einheit zusammenfassen sollte. Diese funktionale Argumentation unterschied sich deutlich von traditionsgeleiteten Argumenten, zu denen Alfred Kubel auf dem außerordentlichen Landesparteitag der SPD am 9. und 10. November 1946 in Wolfenbüttel bemerkte: »An dem ganzen Rummel der Aufrechterhaltung von Traditionen ist uns kein Pfifferling gelegen, denn wenn in Deutschland von Tradition geredet wurde, dann waren wir immer vorsichtig, denn hinter ›Tradition‹ verbarg sich nur allzu oft der Wunsch, alte, schlechte Verhältnisse zu konservieren.« (Zitiert nach: Renzsch, S. 30)

Group Captain – meine Herren von der Militärregierung, meine Damen und Herren!

Ich möchte zunächst dem Kommandeur für seine an uns gerichteten Worte danken. Es ist wahr, daß die Zusammenarbeit zwischen dem Kabinett und den Dienststellen der Militärregierung gut gewesen ist. Ich würde mich sehr freuen, wenn diese Zusammenarbeit dazu hat beitragen können, manche Schwierigkeiten des Landes Braunschweig zu lindern und mindestens ein besseres Verständnis bei der Militärregierung für deutsche Angelegenheiten zu erzielen. Ich möchte bei dieser Gelegenheit sagen, daß wir dem niedersächsischen Kabinett mit der Hoffnung entgegensehen, daß es ihm vergönnt sein möge, in weit höherem Maße, als es bisher der Fall gewesen ist, ein wirklich regierendes Kabinett zu werden und so allmählich von dem Zustand einer beratenden Tätigkeit gegenüber der Militärregierung zu einer regierenden Tätigkeit fortzuschreiten. Der Group Captain hat in einem Nebensatz seiner Ansprache darauf hingewiesen, daß es zwischen ihm und mir gelegentlich auch Meinungsverschiedenheiten gegeben hat. Ich glaubte, Group Captain, meine Damen und Herren, das wird niemanden verwundern, denn es ist klar, daß ich die deutschen Angelegenheiten manchmal mit anderen Augen ansehen mußte, als Group Captain Hicks und seine Mitarbeiter es trotz allem guten Willen tun konnten. Bei allem Willen, mich von irgendeiner Schmeichelei der Militärregierung fernzuhalten, kann ich es doch vor meinem Gewissen verantworten, hier auszusprechen, daß die Braunschweiger Bevölkerung Ursache hat, den guten Willen sowohl des Kommandeurs als auch seiner Mitarbeiter, uns im Rahmen ihrer Kompetenzen und im Rahmen der gegebenen Möglichkeiten zu helfen, anzuerkennen. Ich sage damit nicht, daß wir als deutsche Demokraten schon bereit sein können, mit den Leistungen der Militärregierung insgesamt einverstanden zu sein. Aber es wäre für mich eine sehr große Beruhigung, wenn ich durch zunehmende Erfahrung einmal feststellen könnte, daß alle Männer der Militärregierung vom gleichen guten Willen beseelt wären, wie ich ihn ganz ohne Frage beim Hauptquartier der Militärregierung Braunschweig-Land angetroffen habe. So empfinde ich es als meine Pflicht, im Namen des Kabinetts hierfür der Militärregierung Braunschweig-Land unseren Dank auszusprechen, und ich darf wohl annehmen, daß auch dieser Landtag, der heute zum letzten Male zusammen ist, sich diesem Dank anschließt.
Wir stehen nun vor der Aufgabe, das Land Niedersachsen wirklich zu dem zu machen, was Generalleutnant Robertson in ihm sieht oder sehen möchte. Nicht ein Land, das durch Annexionen Hannovers zustande

gekommen ist, sondern ein Land, das eine Union der verschiedenen bisherigen Länder darstellt. Die Braunschweiger Bevölkerung, die maßgeblichen Herren im neuen Lande Niedersachsen, die Militärregierung und auch die Kontrollkommission kennen unsere Vorschläge, nach deren Verwirklichung auch wir Braunschweiger und Oldenburger die größtmögliche Gewähr dafür haben, daß das, was in unseren Ländern gut war, erhalten bleibt und daß andererseits die unbestreitbaren Vorzüge eines größeren Landes der braunschweigischen und oldenburgischen Bevölkerung gleichfalls manche Erleichterung verschaffen können. Sie mögen aus diesen Worten entnehmen, daß wir uns nicht als Geschlagene betrachten, sondern daß wir bereit sind zu einer ehrlichen Aufbauarbeit im Rahmen des neuen Landes, und es ist dabei so selbstverständlich, daß man es eigentlich nicht aussprechen müssen sollte, daß wir die gleiche sachliche Bereitschaft auch von den maßgeblichen Herren des bisherigen Landes Hannover erwarten. Ich möchte nicht noch einmal alles wiederholen, was wir grundsätzlich zu der erfolgten Länderreform zu sagen haben. Ich möchte Ihnen nur versichern, daß von denen, die die Ehre hatten, beim Plan zu der Länderreform mitzuarbeiten, alles Erdenkliche geschehen ist, um unseren besonderen Interessen Gehör zu verschaffen. Wir können uns allerdings des Gefühls eines gewissen Bedauerns nicht erwehren, daß die Kontrollkommission mit ihrer Entscheidung, die vier Länder Hannover, Oldenburg, Schaumburg-Lippe und Braunschweig zum Lande Niedersachsen zusammenfassen, nicht zugleich festgelegt hat, wie die verwaltungsmäßige Gliederung dieses Gebietes erfolgen soll und wie vor allem die Kompetenzverteilung zwischen der Zentralregierung dieses Landes, der Mittelinstanz und den Kreisen in großen Zügen wenigstens geregelt werden soll. Die Kontrollkommission hätte das auf Grund der ihr vorliegenden Gutachten ohne weiteres tun können.
Es klingt für deutsche Ohren sehr angenehm, wenn wir hören, daß die Kontrollkommission diese wichtigere Frage den deutschen Stellen zur Entscheidung überlassen wollte. Doch scheint es uns ein wenig inkonsequent insofern, als man entweder das Ganze, also auch die Frage der Länderreform, allein vom Willen des deutschen Volkes bestimmen lassen sollte, oder aber – da die Verwaltungsreform weit wichtiger ist als das Ziehen neuer Ländergrenzen – über diesen wichtigeren Punkt gleichfalls zu entscheiden.
Das Braunschweiger Kabinett und die Herren der Braunschweiger Staatsverwaltung haben sich eingehend mit diesen Fragen befaßt, und ich habe die Ehre, Ihnen eine kurze Erklärung des Braunschweiger Kabinetts zur Frage der verwaltungsmäßigen Gliederung Niedersachsens zur Kenntnis

zu geben. In dieser Erklärung wiederholen wir manches, was Ihnen als unser Vorschlag längst bekannt ist. Besonders hervorheben möchte ich noch aus dieser Erklärung die Frage: Wie soll die Verwaltung der Vermögen der bisherigen Länder in Zukunft erfolgen. Ich darf hierzu vorwegschicken, daß das Land Braunschweig zu den reichsten Ländern Deutschlands gehört hat und wohl noch gehört. Dieses Vermögen – sofern nach dem trostlosen Zusammenbruch Deutschlands überhaupt von einem Vermögen noch die Rede sein kann – beruht z.T. auf vorhandenen Naturschätzen. Es beruht aber nicht zuletzt auf dem Fleiß und der Arbeitsamkeit der Braunschweiger Bevölkerung. Selbst soweit es aus ehemaligem Besitz des Braunschweiger Herzoghauses stammt, glaube ich nicht zuviel zu sagen, wenn ich feststelle, daß schließlich auch dieser Besitz nicht unerheblich durch Schweiß, Blut und Tränen der Braunschweiger Untertanen zusammengekittet worden ist.
Es ist unsere Pflicht, dafür zu sorgen, daß bei dieser Länderreform diejenigen die bevorzugten Nutznießer der einzelnen Staatsvermögen bleiben, die sie geschaffen haben. Aus diesem Grund werden Sie in der nachfolgenden Erklärung die Forderung finden, daß diese Vermögen im Rahmen einer Selbstverwaltung der neu zu schaffenden Landschaften unseres Gebietes unterstellt werden. Ich darf Sie einmal mit einigen Zahlen bekannt machen:
Das Vermögen des ehemaligen Landes Braunschweig, das nur wenig mehr als normalerweise 500000 Einwohner hatte, beträgt etwa 420 Millionen Mark bei etwa 50 Millionen Mark Schulden. Selbst wenn wir hiervon den Wert der Landstraßen I. Ordnung mit 100 Millionen Mark etwa absetzen und auch wenn wir die Schulden berücksichtigen, bleibt in runden Zahlen ausgedrückt noch ein Vermögen von etwa 270 Millionen Mark als braunschweigisches Staatsvermögen übrig. Hierin enthalten sind nicht die praktisch nicht abschätzbaren künstlerischen Werte der braunschweigischen Museen und Bibliotheken, die man etwa zur Hälfte dem Lande Braunschweig und zur anderen Hälfte den Kreisen und kreisfreien Städten zurechnen kann. Ein Institut wie die Braunschweigische Staatsbank, das als älteste Staatsbank des gesamten Deutschen Reiches gilt, muß in das Land Niedersachsen so eingebaut werden, daß es dem ganzen Lande dienstbar gemacht wird.
Ich möchte, meine Damen und Herren, gerade jetzt nicht auf Details eingehen. Ich bitte Sie um das Vertrauen, daß diejenigen von Ihnen, die im niedersächsischen Landtag vertreten sind, in all diesen Fragen sehr aufmerksam sein werden, und ich glaube, daß die Wahrung unserer Braunschweiger Interessen auf wirtschaftlichem Gebiet sich gleichfalls mit den

Interessen des gesamtes Landes Niedersachsen vereinbaren lassen muß. Lassen Sie mich ebenso das Gebiet der Kultur und der Erziehung streifen. Die braunschweigische Schulgesetzgebung ist im ganzen Deutschen Reich als vorbildlich anerkannt worden. Das gilt nicht zuletzt auch für unser ausgezeichnetes Berufsschulwesen. Das Braunschweigische Landestheater und die Braunschweiger Technische Hochschule sind Institute, die in ganz Deutschland einen ausgezeichneten Ruf haben. Ich freue mich, Ihnen hier mitteilen zu können, daß die für diese Dinge maßgeblichen Kräfte im Lande Niedersachsen uns bereits Zusicherungen gegeben haben, nach denen diese kulturellen Institute an Bedeutung nicht nur nicht verlieren werden, sondern daß auch diese Institute für das ganze Land Niedersachsen an Bedeutung gewinnen werden. Das gleiche gilt ganz besonders auch für die Hochschule für Lehrerbildung.

Wirtschaftliche Freiheit in der Planwirtschaft (1948)

Zu Beginn des Jahres 1948 veranstaltete die Volkswirtschaftliche Gesellschaft Hamburg für ihre Mitglieder eine Vortragsreihe zum Thema »Neugestaltung der Wirtschaftsordnung«. Kubel, der in dieser Zeit Wirtschaftsminister in Hannover war, hielt am 30. April 1948 den Schlußvortrag der Reihe mit dem Thema: »Wirtschaftliche Freiheit in der Planwirtschaft«.
Über die Notwendigkeit mehr oder weniger starker Eingriffe in das Wirtschaftssystem gab es in der vorstaatlichen Phase der Bundesrepublik Deutschland nach den Erfahrungen, die man bis 1945 mit starken, auch politisch wirksamen Machtbildungen im Wirtschaftssystem gemacht hatte, eine breite Überzeugung, die bis in konservative Kreise hineinreichte (vgl. Pollmann, Reformansätze in Niedersachsen 1945–49, Hannover 1977; Korte/Rebe: Verfassung und Verwaltung des Landes Niedersachsen, S. 83 ff.). Für Alfred Kubel bedeutete Freiheit im Rahmen einer geplanten Wirtschaft gerechte Teilhabe und Mitbestimmungsmöglichkeiten für alle Akteure innerhalb der Wirtschaftsordnung (vgl. Renzsch, S. 54 – 60). Intervenierende staatliche Planung sollte dort ansetzen, wo wirtschaftliche Macht – etwa durch Monopolisten – mißbraucht werden konnte.
Kubels Sozialismusbegriff ist marktwirtschaftlich orientiert und nimmt so Positionen vorweg, die sich innerhalb der SPD erst am Ende der fünfziger Jahre auf breiter Basis durchsetzen sollten. Zum besseren Verständnis sei an dieser Stelle angemerkt, daß Alfred Kubels wirtschaftspolitische Überzeugungen auch Ergebnisse seiner beruflichen Erfahrungen als leitender Angestellter in einem Industrieunternehmen in Berlin waren.
Kubels wirtschaftlicher Sachverstand verschaffte ihm auch in der Unternehmerschaft breite Zustimmung und großen Respekt. Als besondere Einzelerfolge sind seine Gründeraktivitäten für die Hannover-Messe (vgl.: Renzsch, S. 68 – 79) und die Schaffung der Norddeutschen Landesbank (Nord LB) zu nennen. Die Zustimmung, die Alfred Kubel in Wirtschaftskreisen genoß, kommt sinnfällig in einer Festgabe von Unternehmern zu seinem 65. Geburtstag zum Ausdruck.

Ich habe das Gefühl, daß bei den ganzen Diskussionen über das Problem der wirtschaftlichen Freiheit in der Planwirtschaft eigentlich selten von Grund auf diskutiert worden ist. Zumeist wird der Fehler gemacht, an gewisse Dinge anzuknüpfen, die an der Oberfläche stehen, wonach der

ganze Wortstreit erklärlicherweise nur oberflächlich geführt werden kann. Ich meine, diese Diskussionen sind in einem so entsetzlichen Maße von Mißverständnissen und unterschiedlichen Begriffsauslegungen belastet, daß man bezweifeln muß, ob die miteinander streitenden Lager überhaupt noch die gleiche Sprache sprechen.
Ich will deshalb zunächst einmal versuchen, zu diesem, im engeren Sinne wirtschaftlichen Thema etwas aus dem Grundsätzlichen heraus zu sagen, mit der Absicht, vom Grundsätzlichen her einige große Richtlinien für eine Wirtschaftspolitik aufzuzeigen, wie ich sie mir vorstelle.
Damit wir unter uns einigermaßen die Möglichkeit sichern, die gleiche Sprache zu reden, sei mir der Vorschlag gestattet, daß wir einander ohne jede Voreingenommenheit gegenüberstehen. Ich gehe dabei von dem Vertrauen aus, das wir in die dem Menschen gegebene Vernunft haben sollten; von dem Vertrauen, daß wir eine Wahrheit finden können, wenn wir fehlerfrei und logisch konsequent denken und die bei dem Aufbau unserer Theorie notwendigen Tatsachen vollständig und sauber zusammentragen.
Zwei Voraussetzungen müssen wir allerdings bei jeder ernsthaften Unterhaltung als gegeben annehmen, denn eben sie unterscheiden eine ernsthafte Unterhaltung von einer Plauderei oder einem Geschwätz:

1. Wir müssen voraussetzen, daß es so etwas wie eine objektive Wahrheit gibt und das diese Wahrheit von uns aufgefunden werden kann.
2. Wir müssen bereit sein, diese Wahrheit unabhängig von unserem subjektiven Interesse zu suchen.

Gerade diesem zweiten Satz haben wir die größte Bedeutung beizumessen. Für mich ist es jedenfalls gar keine Frage, daß es vorwiegend deshalb so verzweifelt schwer erscheint, daß sich kluge und gebildete Menschen über die Möglichkeiten in der Gestaltung unseres öffentlichen Lebens einigen, weil es nicht gelingt, die Diskussion im strengsten Sinne des Wortes sachlich zu führen. Und daß es nicht gelingt, liegt nicht so sehr an dem Unvermögen, sachliche Argumente von subjektiven oder sonstwie nicht zur Sache gehörigen Momenten verstandesmäßig trennen zu können, sondern es ist vielmehr eine Frage des Charakters, der Wahrheitsliebe sich selbst gegenüber und der inneren Kraft, jeden Mißbrauch des Verstandes auszuschalten, wenn er sich gegen die sachlichen Forderungen der Wahrheit zum Schutze egoistischer Interessen mit Scheinargumenten anbietet.
Es schien mir nötig, diese Bemerkungen vor dem eigentlichen Thema zu machen. Trifft diese Erkenntnis nämlich zu, dann erspart sie einem jeden, der die Wahrheit sucht, Enttäuschung. Und wer diese Erkenntnis hat, ist

auch in seinem Vertrauen in die Wahrheit nicht zu erschüttern, obgleich es so überaus schwer ist, die Einsicht über die Wahrheit zu verbreiten. Das gilt namentlich für solche Wahrheiten, deren Annahme lästig ist, weil sie zum Verzicht auf alte Gewohnheiten oder eigensüchtiges Handeln mahnen.

Wie eingangs dargelegt, wollen wir hier einmal versuchen, vom Grundsätzlichen in der Gestaltung des öffentlichen Lebens ausgehend, einiges über die wirtschaftspolitischen Vorstellungen zu sagen, wie wir sie meines Erachtens haben sollten.

Wenn wir die wirtschaftlichen Vorstellungen von jenem Grundsätzlichen geformt wissen wollen, daß für die Gestaltung des öffentlichen Lebens zwingend ist, so wollen wir damit nachdrücklichst betonen, daß die Wirtschaft als ein Teilgebiet des öffentlichen Lebens nicht anderen Grundsätzen oder Gesetzen unterworfen sein kann und darf, als das öffentliche Leben gemeinhin. Wenn wir also für das öffentliche Leben als Demokraten und Anhänger des Ideals der Freiheit – die Freiheit der menschlichen Persönlichkeit verlangen, so gilt das grundsätzlich für jeden Teil des öffentlichen Lebens und somit ohne Zweifel auch für den Teil, den wir die Wirtschaft heißen. Und wenn wir im öffentlichen Leben anerkennen, daß diese Freiheit ihre bestimmten Schranken haben muß, wenn wir das öffentliche Leben feststellen, nach welchem Grundsatz – man mag auch sagen Grundgesetz – die Freiheit des Staatsbürgers im allgemeinen öffentlichen Leben eingeschränkt werden darf und muß, dann muß das gleiche Gesetz wiederum auch für die Wirtschaft gelten. – Als Demokrat muß mir das Ideal der Freiheit obenan stehen. Wenn ich als erklärter Freund der Freiheit im Staate nach bestimmten Grundsätzen, die noch zu nennen sind, eine Einschränkung der Freiheit des einzelnen Staatsbürgers durch staatliche Macht billige, dann muß das gleiche auch für die Wirtschaft gelten.

Ich lehne grundsätzlich jede These ab, die die Frage so stellt: Wieviel Freiheit darf ich in der Wirtschaft zulassen? Diese Frage ist im Kern falsch. Sie verkennt die Stellung des Menschen im Staate, in einem demokratischen Staat. Sie geht davon aus, daß in einem demokratischen Staat Freiheit zugelassen wird aus der allgemeinen – ich darf sagen – Unfreiheit, aus der allgemeinen staatlichen Bindung heraus. Doch im Anfang ist die Freiheit!

Eine jede Frage im Staatsleben – und wieder spreche ich vom demokratischen Staat – darf immer nur lauten:

Wieweit darf ich die Freiheit einschränken, und nach welchen Grundsätzen darf ich sie einschränken?

Noch treffender werde ich fragen: Wieweit muß ich die Freiheit einschränken?

Genauso wie hier für den Staat allgemein, bin ich für die Wirtschaft zu fragen gezwungen. Ich stelle diese Parallele bewußt heraus, damit wir endlich von der nach Vermessenheit schmeckenden Diskussion abkommen, als ob die Wirtschaft etwas ganz Besonderes im öffentlichen Leben sei. Es muß also auch für die Wirtschaft die Frage gestellt werden: Wieweit muß ich die Freiheit einschränken, ausgehend von dem demokratischen Bekenntnis, daß Freiheit herrschen soll?

Wegen des Begriffs der „Freiheit" wollen wir uns im Rahmen dieser Überlegungen mit der Definition begnügen, daß Freiheit das Recht des einzelnen Staatsbürgers ist, sein Leben so weit wie möglich nach eigenem Willen zu gestalten. Und unter Freiheit in der Wirtschaft sollte man verstehen: das Recht des einzelnen an der Wirtschaftsform. Das geht also vom Arbeiter bis zum größten Unternehmer über den Konsumenten wie Produzenten und damit über die weitesten Kreise eines Volkes. Unter Freiheit in der Wirtschaft sollte man das Recht der in der Wirtschaft Tätigen verstehen, ihr Leben, soweit es der Wirtschaft gewidmet ist oder in ihr verbracht wird, weitestgehend nach eigenem Willen zu gestalten.

Wir hatten vorhin festgestellt, daß wir selbst als größte Freunde der Freiheit bereit sind, die Freiheit des einzelnen Bürgers im öffentlichen Leben einschränken zu lassen. Es wird niemand geben, der nicht der Ansicht wäre, jemand müßte an der Durchführung eines geplanten Raubmordes mit allen Mitteln gehindert werden! An diesem drastischen Beispiel will ich zeigen, wie weitgehend im öffentlichen Leben die Freiheit des einzelnen einzuschränken ist, wenn es darauf ankommt, ihn an der Ausführung eines Unrechts zu hindern. Über die Tatsache hinaus, daß die Freiheit des einen durch die Einschränkung der Freiheit des andern verbürgt wird, erkennen wir damit an, daß über dem Ideal der Freiheit im Konfliktfalle das Ideal der Gerechtigkeit steht. Und wenn dieser Satz von dem Übergewicht des Ideals der Gerechtigkeit über das der Freiheit richtig ist und wenn wir ihn als Grundgesetz eines Rechtsstaates anerkennen, dann ist es unsere Aufgabe festzustellen: Wieweit muß ich in der Wirtschaft die Freiheit einschränken, um Ungerechtigkeit zu verhüten?

Dieser Frage geht eine andere vorweg: Wieweit muß ich die Freiheit in der Wirtschaft – ich könnte auch immer wieder sagen im demokratischen Staat – einschränken, um die Freiheit zunächst selbst zu schützen?

Ich sehe es nicht nur als eine Möglichkeit, sondern gerade als eine Verpflichtung des Rechtsstaates an, die Freiheit der Wirtschaft in zwei Grundsätzen einzuschränken:

1. Ich muß die Freiheit des einzelnen in der Wirtschaft soweit ein-

schränken, daß die Freiheit seiner wirtschaftenden Mitmenschen nicht von ihm beeinflußt und bestritten werden kann.

2. Ich muß die Freiheit des in der Wirtschaft Tätigen soweit einschränken, als das nötig ist, um ihn an der Durchführung eines Unrechts zu hindern.

Wenn wir auf der Bahn obiger Gedanken vorgehen, dann werden wir irgendwann die Gabelung finden, an der sich die Meinungen grundsätzlich scheiden. Allerdings werden wir uns bei einem solchen Vorgehen verhältnismäßig auf einer Linie befinden, die allgemein anerkannt wird und zwar deshalb, weil ein Teil der Menschen sich stark genug an das Recht und an die Freiheit gebunden fühlt, so daß diese Einschränkungen auch in der Wirtschaft anerkannt werden, während ein weiterer Teil der Menschen nicht widersprechen und damit zugeben wird, daß er innerlich unanständig ist und bereit wäre, das Recht und die Freiheit in der Wirtschaft geringer zu schätzen als seine subjektiven, seine egoistischen Interessen.
Die Notwendigkeit einer Freiheitsbegrenzung wird also allgemein anerkannt werden, wenn auch, wie eben dargestellt, aus verschiedenen Motiven.
Die Freiheit in der Wirtschaft wird nun ganz nach Standort der Betrachtenden verschieden zergliedert. Ich darf aber wohl als allgemein akzeptabel voraussetzen, daß ich, wenn ich von der Freiheit in der Wirtschaft spreche, dabei in der Tat an die Freiheit in der Wirtschaft Tätigen denke.
Ich denke also nicht nur an den freien Wettbewerb, an das Höchstmaß oder die größte Möglichkeit, die freie Initiative des Unternehmers zu entfalten, ich denke nicht nur an die Gewerbefreiheit, anders ausgedrückt: an das Recht, eine Fabrik aufzubauen, wann, wo und wie es mir paßt, ich denke nicht nur daran, daß sich der Preis bilden soll nach Angebot und Nachfrage, sondern ich denke dabei auch selbstverständlich an die ungehemmte Möglichkeit des Arbeitsplatzwechsels, an die absolute Freiheit der Koalition, beider Seiten übrigens, ich denke auch an die Freiheit von irgendeinem Lohnstop.
Ich denke in erster Linie an die Freiheitsbestrebungen in der heutigen Zeit, weil man natürlicherweise zuerst immer an das denkt, was man am wenigsten hat: an die Freiheit der Preise, an die Freiheit des Lohnes und an die Freiheit der Konkurrenz.
Das wären im großen Abriß die Freiheiten, die man zusammengefaßt von gewissen Seiten der Wirtschaftstheorie als freie wirtschaftliche Forderungen bezeichnet.
Ich komme nun zur Untersuchung der Frage: Wieweit muß ich diese Freiheiten einschränken, um die Freiheit zunächst in der Wirtschaft selbst zu

schützen? Denn auch darin wird es wenig Widerspruch geben können, daß es innerhalb der sogenannten freien Wirtschaft selbst Kräfte genug gibt, immer gegeben hat und auch immer geben wird, die an sich keine Rücksicht darauf nehmen, daß die Wirtschaftenden frei sein wollen nach dem Ideal und auch frei sein möchten nach einem demokratischen Wunsche. Damit will ich zum Ausdruck bingen, daß das Ideal des freien Wettbewerbs, der in der Tat völlig rein nur noch als ‚Ideal' besteht, sich in steigendem Maße in der sogenannten freien Wirtschaft in der Gefahr des stückweisen Abbaus befindet. Dieser Vorgang vollzieht sich nicht etwa durch behördlichen, staatlichen Eingriff, sondern durch Kräfte innerhalb der freien Wirtschaft selbst.
Ich erinnere mich einer Diskussion im Kreise von Studenten, die im Rahmen unserer hier angestellten Überlegungen lag und mir so typisch für allgemein anzutreffende Meinungen wie auch für eine sich erfreulicherweise immer mehr durchsetzende Erkenntnis zu sein scheint, daß ich sie erwähnen will:
Es wurde über die Frage gesprochen, wie kommen wir zu einem vernünftigen Preis, und was hat der Staat zu tun, um ihn zu sichern. Wie zu erwarten war, kam im Anfang der Vorschlag, der Staat sollte sich im Grunde überhaupt nicht darum kümmern, das spiele sich nach dem alten Gesetz von Angebot und Nachfrage in der freien Wirtschaft durch freien Wettbewerb von selbst ein.

Ich habe diese Diskussion ohne besondere eigene Einflußnahme lediglich in den Bahnen der eigentlichen Fragestellung geleitet. Um so bemerkenswerter schien mir der von diesen jungen Menschen selbst gezogene Schluß. Dieses Ergebnis war natürlich keine Entdeckung bislang unbekannter volkswirtschaftlicher Wahrheiten oder Kräfte, bemerkenswert ist daran nur, daß unvoreingenommene Menschen bei nüchterner Betrachtung unseres Wirtschafts- und Gesellschaftslebens zu Erkenntnissen kommen müssen, die von manchen Seiten aus vielerlei Gründen, übereinstimmend aber wohl aus Zweckgründen, geleugnet werden. Man stellte also in dieser Aussprache selbst fest, daß es eine Reihe von Produktionszweigen gibt, die praktisch konkurrenzlos sind, und das nicht etwa aus dem Zufall heraus, daß die Wirtschaft heute durch so viele Dinge aus ihrem normalen organischen Aufbau herausgerissen ist, sondern aus der bloßen Tatsache, daß nicht alle Güter auf dieser Erde beliebig vermehrbar sind. Wir erkannten so eine Produktion zwar beliebig vermehrbarer Güter, für die es aber dennoch keine Konkurrenz gibt und für die der Staat dann schlimmstenfalls selbst eine Konkurrenz aufmachen könnte, falls

keine Privatinitiative aus der Wirtschaft heraus Konkurrenz schafft. (Dies finde ich nicht sehr schön, halte es aber für denkbar.)
Auf der anderen Seite fanden wir eine Produktion, für die es, da es sich um eine natürlich gebundene Produktion handelt, keine Konkurrenz oder zumindest keine in ausreichendem Maße gibt.
Man unterscheidet zwischen einer Produktion von Fahrrädern, Konservendosen und Radioapparaten und der Produktion von Kohle, von Zink, Eisen, Kupfer usw.
Wir erkannten danach, daß die Regulierung des Kreises durch den freien Wettbewerb eine sehr waghalsige Angelegenheit sei, weil mindestens die Produktion der nicht beliebig vermehrbaren Güter aus dieser Regulierung herausbleiben müßte. Wenn man also dem freien Wettbewerb bei der Gestaltung des gerechten Preises auch ein sehr großes Feld einräumen kann, so bleibt doch immer ein Sektor, der sich diesem freien Wettbewerb entzieht.
Nun sind wir bei dieser Überlegung keineswegs so primitiv, um beispielsweise nicht zu erkennen, daß Kohle eine Energiequelle ist, die vielleicht in 10 oder 15 Jahren höchst uninteressant geworden ist, weil man dann aus der Atomenergie möglicherweise sogar etwas Gescheites gemacht hat. Die Folgen für den freien Wettbewerb aus den nicht beliebig vermehrbaren Gütern werden damit jedoch weder widerlegt noch in ihren Auswirkungen geschmälert.
Es ist einfach nicht mehr zu leugnen, daß es gerade die am Anfang jeder Wirtschaft und Produktion stehenden Grundprodukte sind, die sich dem freien Wettbewerb entziehen. Hierfür wird es keiner besonderen Beweise mehr bedürfen, es ist eine unumstößliche Tatsache, daß diejenigen, die diese nicht beliebig vermehrbaren Güter steuern können, damit ungleich mehr Freiheit in der Wirtschaft haben als jene, die überhaupt nur wirtschaften können, wenn sie diese Produkte erhalten. Hieraus folgt, daß es überhaupt keine wirklich freie Wirtschaft gibt. Es kann auch nicht die Frage sein, ob eine Wirtschaft geplant werden soll oder nicht. Geplant wird in jeder Wirtschaft, das Planen ist ja ein wesentlicher Bestandteil des Wirtschaftens überhaupt. Die Frage kann nur immer lauten: Wer plant?

Womit gleichzeitig die Frage gestellt und auch beantwortet ist, in welcher Weise und mit welchem Ziel geplant werden soll. Man wird also auf der einen Seite Planung und Lenkung von staatlichen oder auch Selbstverwaltungsorganen finden, wobei kein Schema herrschen soll und der Urzweck der Wirtschaft, die beste Versorgung aller, als Richtlinie und Ziel aufgestellt ist. Auf der anderen Seite liegt die Planung und Lenkung bei Privat-

unternehmern, die die Urproduktion in der Hand haben und das Gewinnstreben allen anderen Gesichtspunkten und Rücksichten voranstellen. Dies scheint mir ein Kardinalpunkt.
In Erkenntnis der Tatsache, daß die Inhaber der Schlüsselproduktion ungleich mehr Freiheit in der Wirtschaft haben als die große Masse der übrigen Wirtschaftenden – auch der wirtschaftenden Unternehmer – muß man die Gefahr sehen, daß diese Freiheit mißbraucht werden könnte. Einmal könnte den übrigen Wirtschaftenden die Freiheit genommen oder zumindest weitestgehend eingeschränkt werden. Zum anderen werden die Stärkeren die übrige Wirtschaft auch sonst zu übervorteilen trachten, beispielsweise durch Verkaufsbedingungen einschließlich Preisgestaltung, die ganz einseitig eigenen Interessen dienen. Es bietet sich auch die bekannte und berühmte Möglichkeit, Angebot und Nachfrage zwar wirksam bleiben zu lassen, aber das Angebot so festzulegen, daß dabei der größtmögliche Nutzen für den Produzenten der nicht beliebig vermehrbaren Güter herausspringt.
Hierin liegt eine Gefahr für die Wirtschaft, ausgelöst von einem relativ kleinen Teil der freien Unternehmerschaft selbst. Mit dieser Erkenntnis aber entsteht die Verpflichtung zu überlegen, wie dieses Gefahrenmoment für die Freiheit in der Wirtschaft, das aus der Zügellosigkeit der Wirtschaft entstehen könnte, auszuschalten ist. Dabei kommen wir zu der Überlegung, daß unabhängig von anderen Motiven allein die Freiheit in der Wirtschaft es verlangt, privaten Einfluß auf die Produktion der Schlüsselindustrie und der Schlüsselbetriebe auszuschalten. Diese Produktion muß in der Tat kontrolliert werden von allen sonst in der Wirtschaft Tätigen. Die Hersteller von Fahrrädern und Konservendosen müssen beispielsweise die Produktion von Eisen und Stahl mitkontrollieren, so daß sie endlich Einfluß bekommen auch auf den Teil ihres wirtschaftlichen Schicksals, auf den sie solange keinen oder keinen nennenswerten Einfluß hatten, solange die Schlüsselproduktion in privaten Händen lag und liegt. Wir wollen uns einfach nicht einreden lassen, daß der bloße Wille zum Guten bei den Inhabern dieser Schlüsselproduktion Sicherheit dafür geben könnte, daß sie aus Anerkennung vor anderen stark genug sind, allen Verlockungen zu widerstehen, zu denen ihre eigene Ausnahmeposition in der Wirtschaft Veranlassung genug gibt. Wir wollen uns auch von der weiteren Erkenntnis leiten lassen, daß man in der Wirtschaft und im öffentlichen Leben überhaupt nicht gute Taten voraussetzen darf. Da die Menschen nun einmal keine Engel sind, ist es auch nicht gut anzunehmen, daß Monopolisten nicht die Möglichkeit suchten bzw. nutzten, sich auf Kosten jener zu bereichern, die von ihnen einseitig

abhängig sind. Es ist nicht schwer nachzuweisen, daß das in der Vergangenheit geschehen ist, und es hieße diesem Kreise gegenüber ein Unrecht begehen, sollten auch weiterhin die Möglichkeiten dazu bestehen bleiben. Man wird auch künftig dieser Versuchung unterliegen.
Eine weitere Einschränkung der Freiheit ist im Staate und so auch in der Wirtschaft dann nötig, wenn Freiheit mißbraucht wird, um berechtigte Interessen der Mitmenschen zu eigenem Nutzen zu verletzen. Hinsichtlich der Lohngestaltung birgt das Wirtschaftsleben große Gefahren, daß sich eine Schicht auf Kosten einer anderen bereichert. Die Ausbeutung am Lohn wird immer dann erfolgen, wenn sich Arbeitgeber und Arbeitnehmer nicht als gleich starke Vertragspartner beim Abschluß eines Arbeitsvertrages gegenüberstehen. Es wird dann der Stärkere von beiden in der Lage sein, einen für den Schwächeren ungünstigen Vertrag abzuschließen. Daß dieser Stärkere meist das Unternehmertum ist, dürfte die Vergangenheit eindeutig gezeigt haben. Das ist keineswegs eine unfreundliche Bemerkung, sondern die einfache Feststellung eines – ich möchte fast sagen – Naturgesetzes; und vorläufig gilt das Naturgesetz viel mehr als das Sittengesetz in der menschlichen Gesellschaft. Der Arbeitnehmer wird immer der Schwächere sein, solange sich um einen Arbeitsplatz mehrere Arbeitnehmer bewerben. Solange wir also eine Wirtschaft haben mit Arbeitslosigkeit, und sei sie auch nur vorübergehend, also eine Wirtschaft mit der berühmten, industriellen Reservearmee, wird die Ausbeutung am Lohn erfolgen. Hierüber näher zu sprechen, ginge über den Rahmen dieser Ausführungen. Es soll nur noch festgestellt werden, daß die Ausbeutung solange erfolgen wird, wie die Verhältnisse nicht dem Grunde nach geändert werden. Ob dem – trotz dieser Verhältnisse – nicht so sei, weil es gelingen könnte, die moralische Qualität der Menschen hierdurch und schnell zu bessern, überlasse ich der individellen Beurteilung.
Wenn wir die Ausbeutung am Lohne für ein Unrecht halten, dann sind wir als Rechtsstaat verpflichtet, die Verhältnisse so zu ändern, daß dieses Unrecht vermieden wird. Wir haben also Überlegungen anzustellen: Inwieweit können wir Arbeitnehmer und Arbeitgeber zu gleich starken und somit treuen Vertragspartnern machen, wie können wir eine Wirtschaft aufbauen, in der es eine Vollbeschäftigung von einigermaßen Gleichmäßigkeit und Dauer gibt? Erst eine Vollbeschäftigung würde das bängliche Gefühl eines jeden Arbeiters, selbst in Zeiten der Konjunktur schon wieder an die Krise denken zu müssen, beseitigen. Denn ein so idealer Zustand war das keineswegs, daß die Arbeiterschaft gezwungen war, dem Monopol der Arbeitgeber ein Monopol der Gewerkschaften gegenübersetzen zu müssen. Ein Ideal ist es keineswegs, daß die Arbeiter-

schaft gezwungen war, mit Tarifen und Zwangstarifen zu arbeiten. Und wer annimmt, daß wir das für ein Ideal halten, unterschätzt auch in dieser Beziehung unsere Vorliebe für die Freiheit des Einzelmenschen. Es war kein Ideal, sondern eine zwingende Notwendigkeit, die dazu führte, Monopol durch Monopol zu brechen.

Wenn erkannt worden ist, daß durch eine gewisse Planung eine gleichmäßige Beschäftigung in der Wirtschaft gesichert werden kann, wenn ferner erkannt werden sollte, daß ohne alle planenden und lenkenden Eingriffe der Gesellschaft Arbeitslosigkeit oder Krise mit Konjunktur in stetem Wechsel sein werden, dann glaube ich, entstünde hieraus wiederum eine Pflicht, in die Freiheit des Unternehmers, seine Produktion nach eigenem Willen zu bestimmen, einzugreifen. Ein solcher Eingriff wäre natürlich eine Beschränkung des Unternehmers überhaupt, wäre eine Verletzung des Ideals der Freiheit. Er erfolgt jedoch im Interesse des Ideals der Gerechtigkeit, zur Schaffung gerechter Lohn- und damit Lebensverhältnisse.

Das sind Dinge, für die man arbeiten muß, Schritt für Schritt, mit sehr viel Sorgfalt und immer frei davon, für seine Forschung das Ergebnis vorausbestimmen zu wollen. Diese Neigung besteht auf der einen Seite, weil man unter allen Umständen planen, lenken und zwingen will, auf der anderen, weil man unter keinen Umständen einen Eingriff in die Freiheit des Unternehmers zulassen will.

Die meiste Forschungsarbeit auf diesem Gebiet war leider vorausbestimmt. Das zeigen die Resultate.

Das ganze Geschimpfe gegen die Planwirtschaft gehört meines Erachtens in das von mir schon angeführte Gebiet des Charakters, der Wahrheitsliebe sich selbst gegenüber und der inneren Kraft, Scheinargumente abzuwehren, wenn sie sich trotz besseren Wissens zur Verfechtung egoistischer Interessen aufdrängen. Die größte Zahl der Argumente gegen die Planwirtschaft sind törichte Scheinargumente. Sie schießen zu fünfzig Prozent bereits ohne weiteres vorbei, weil sie gegen die Zwangswirtschaft gerichtet sind.

Es stimmt bedenklich, daß soviel gegen die Planwirtschaft auch von solchen Menschen geschrieben und geredet wird, die sehr gut wissen, daß Zwangswirtschaft mit Planwirtschaft auch nicht das geringste zu tun hat. Es drängt sich dabei der Verdacht auf, daß gewisse Kreise deshalb gegen eine vernüftige Planwirtschaft, die ein hohes Maß an Freiheit gewährt, mit Scheinargumenten vorgehen, weil sie mit der Planwirtschaft die Aufrichtung der Vollbeschäftigung befürchten und entschieden ein System vorziehen, in dem Krise und Konjunktur miteinander abwechseln und somit eine gewisse industrielle Reservearmee garantiert ist. Es wir manchmal als recht angenehm empfunden, mit einer solchen industriellen Reservearmee eine sichere Profitchance zu haben. Ich bin durchaus bereit, andere Auffassungen unvoreingenommen zu berücksichtigen und mich nötigenfalls zu revidieren, nur müßten dann endlich einmal vernünftige Einwände gegen die Planwirtschaft vorgebracht werden.

Planwirtschaft wird heute keineswegs mehr allein von Sozialdemokraten gefordert, sie ist vielmehr für viele bedeutende Wirtschaftspolitiker eine Selbstverständlichkeit geworden aus der Erkenntnis heraus, daß eine so hochentwickelte, nach Konzentration strebende industrielle Wirtschaft nicht mehr völlig frei dem Unternehmer überlassen werden kann, sondern daß eine höhere Gesellschaftseinheit, der Staat, sich darum kümmern und hier und da lenkend und planend eingreifen muß.

So selbstverständlich einerseits die Einsicht in die Notwendigkeit eines Gesamtplanes über den wirtschaftlichen Einzelplänen sein sollte, so sehr ist man bei dem immer noch großen bzw. lauten Stimmenaufwand gegen die Planwirtschaft doch betroffen, wenn man von bisher unvermuteter Seite ein Eintreten für die Planwirtschaft feststellen muß. Und das geschieht in immer steigenderem Maße. Als Beispiel eines solchen Falles will ich den Züricher Universitätsprofessor Emil Brunner nennen, der weder Sozialist noch Kommunist, ganz sicher aber ein leidenschaftlicher Verfechter der Freiheit im Staate wie in der Wirtschaft ist und in seinem Werk „Gerechtigkeit" schreibt, man möge endlich einmal mit dem törichten Geschimpfe gegen die Planwirtschaft aufhören, weil das im Grunde genommen nur dazu diene, das Gespenst der Planwirtschaft heraufzubeschwören, nicht aber das höchste Maß an Freiheit in der Wirtschaft zu sichern.

In dem Augenblick, in dem es uns gelingt, durch Planung in der Wirtschaft eine Vollbeschäftigung zu erreichen, steht ein anderes bedeutendes Problem vor uns. Es gilt dann die Frage zu lösen, wie sichern wir, nachdem – man verzeihe den harten Ausdruck – die Hungerpeitsche weggefallen ist, daß die Arbeitnehmerschaft sich dennoch so in eine Betriebsgemeinschaft einfügt, daß mit ihr gerechnet werden kann.

In dieser Fragestellung werden sich auch die Gewerkschaften darüber klar sein, daß es bei der Planwirtschaft nicht nur Eingriffe in die Freiheit des Unternehmers gibt, sondern daß in der Planwirtschaft Eingriffe auch in die Freiheit des Arbeitnehmers denkbar, grundsätzlich jedenfalls nicht auszuschließen sind. Es leuchtet ohne weiteres ein, daß der wichtigste Faktor in der Produktion, die Arbeit, nicht außerhalb des Wirtschaftsplanes gelassen werden kann. Das ist zunächst rein theoretisch gespro-

chen. Ich will damit keine Empfehlungen geben, wieweit die Freiheit der Arbeiterschaft eingeschränkt werden müsse. Man sollte da grundsätzlich eher des Guten zu wenig als zu viel tun, um ein Äquivalent zu geben gegenüber der absoluten Einschränkung der Freiheit. Auch wird eine solche Einordnung aller Wirtschaftenden in einen Gesamtplan der Wirtschaft gerade für den Arbeiter durchaus keine größere Einschränkung der Freiheit bringen, wenn man seine bisherige wirtschaftliche Unfreiheit zum Vergleich setzt. Aber dem Grundsatz nach müssen die Gewerkschaften dieses Problem sehen und auch anerkennen, daß es dieses Recht des wirtschaftlich planenden Staates gibt, nicht nur die Freiheit des Unternehmers einzuschränken, sondern auch die Freiheit des Arbeiters.
Zu dem Freiheitsanspruch des Arbeiters wäre in diesem Zusammenhang noch einiges zu sagen. Dieser berechtigte Anspruch wird vielfach gerade von den Vertretern der freien Wirtschaft abgelehnt, weshalb mir derartig denkende und handelnde Vertreter der freien Wirtschaft verdächtig sind, nicht gerade aus Idealismus freie Wirtschaftler zu sein. Ich denke jetzt an den Freiheitsanspruch des Arbeitnehmers in Form der Forderung auf Mitbestimmung in der Wirtschaft und in den Betrieben. Wenn Freiheit im Staate und in der Wirtschaft bedeuten, dem darin lebenden und tätigen Einzelmenschen ein Höchstmaß an Einflußmöglichkeit für sein persönliches Schicksal zu geben, so kann man es schlechterdings nicht verantworten, dem Arbeitnehmer, der einen großen Teil seines Lebens im Betriebe zubringt, für diesen Teil seines Lebens im Betriebe nahezu keine Möglichkeit der Selbstgestaltung zu geben. Und wenn dieser Betrieb für ihn die Grundlage des Lebens überhaupt ist, so ist es eine Selbstverständlichkeit – immer von dem Ideal der Freiheit ausgehend – daß man dem Arbeitnehmer die Möglichkeit geben muß, auch auf die Grundlagen des Betriebes einwirken zu können, mitzubestimmen, was in und was mit dem Betriebe geschieht. Ich leite das noch gar nicht einmal ab von allem, was sonst dazu gesagt ist und gesagt werden kann, sondern aus der Konsequenz des Themas, das hier gestellt ist: Freiheit in der Planwirtschaft.
Wer aus dem inneren Gefühl eine Verpflichtung gegenüber dem Ideal der Freiheit die höchstmögliche Freiheit in der Wirtschaft fordert, muß Verständnis dafür haben, daß sie auch die Arbeiterschaft für sich in Anspruch nehmen kann und im Recht ist, wenn sie ein Mitbestimmungsrecht bei der Gestaltung der Betriebe und der Wirtschaft fordert. Wer das nicht anerkennt, steht bei mir in dem Verdacht, mit Scheinargumenten zu arbeiten und nicht aus leidenschaftlichem Freiheitswillen die freie Wirtschaft zu fordern.
Die Möglichkeiten, die Arbeiter trotz höherer Freiheiten diszipliniert zur

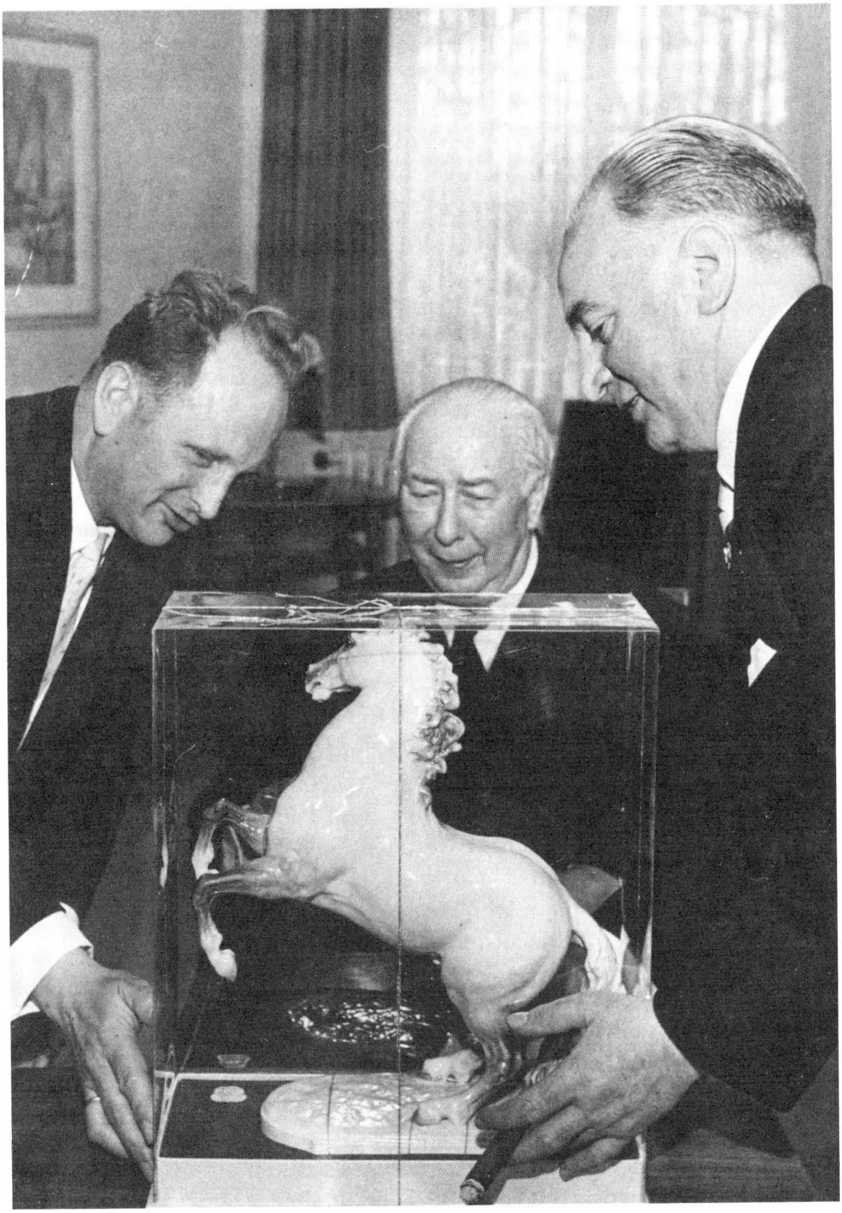

Ein Geschenk der Messe AG für den Bundespräsidenten Prof. Theodor Heuss (1958). Rechts: der Vorstandsvorsitzende der Messe AG, Prof. Dr. Dr. Mössner.

Arbeit in den Betrieben zusammenzuführen, sind mannigfaltig. Es ist nicht gut möglich, ein für alle Betriebe gleich brauchbares Schema aufzuzeigen. Es muß Aufgabe der Unternehmungen sein, die Möglichkeiten individuell auszuschöpfen, die vorhanden und geeignet sind, die Arbeiter und Angestellten an den Betrieb zu binden. Um nur einige Möglichkeiten herauszugreifen: man kann Bardarlehen hergeben, vielleicht besonders an Flüchtlinge; den Kindern der Arbeiter können Erziehungsbeihilfen gewährt werden; es gibt die Möglichkeit der Gewinnbeteiligung, von der bei leitenden Angestellten schon immer Gebrauch gemacht wurde. Weil leitende Angestellte, die wirklich etwas konnten, normalerweise nicht zur Reservearmee gehörten, band man sie durch eine Gewinnbeteiligung an den Betrieb. Das war bei den Arbeitern nicht nötig, weil man sie billig und schnell durch einen Anruf beim Arbeitsamt ersetzen konnte. Wenn das nicht mehr möglich ist, muß überlegt werden, wieweit man die Arbeiter durch eine Gewinnbeteiligung an den Betrieb bindet.
Es gäbe schließlich in einigen Betrieben auch die Möglichkeit, die Arbeitnehmerschaft kapitalmäßig am Betrieb zu beteiligen. Ich sage dies mit einem gewissen Vorbehalt, der dreifach begründet ist:

1. Eine solche kapitalmäßige Beteiligung darf nicht dazu führen, die Freizügigkeit des Arbeiters einzuschränken. Dies mag das schwächere Argument sein, da hier eine entsprechende Sicherung möglich wäre.
2. Bei dem Vorschlag der kapitalmäßigen Beteiligung könnte mir möglicherweise jemand unterstellen, ich wollte durch irgendeine versteckte Form die Industrie aus den Händen von Einzelunternehmern in den Besitz eines großen Teiles des Volkes – nämlich der Arbeiterschaft – bringen.
   Ich bitte jedoch, mich nicht zu verdächtigen. Das will weder ich noch wollen es meine Freunde. Das, was ich hier vorgeschlagen habe, hat nichts zu tun mit irgendeiner Form der Sozialisierung von Industriezweigen, für die eine Sozialisierung nicht in Frage kommt. Hier gilt nur die einfache Überlegung: Wie interessiere ich den Arbeiter am Betriebe?
3. Wer in meinem Vorschlag einen Weg für die Produktionsgenossenschaften erblicken will, irrt gleichfalls. Produktiongenossenschaften sind unglückliche Gebilde und es wäre ein Fehler, sie zu dem Zweck schaffen zu wollen, die Arbeiter an den Betrieb zu binden.

Ich hatte die Forderung aufgestellt: Wenn es durch eine Planwirtschaft möglich ist, Arbeitslosigkeit zu verhüten, dann bedeutet das für den Staat die Pflicht zum Planen, d.h. die Initiative des Unternehmers etwas einzuschränken und es ihm nicht mehr ganz zu überlassen, was er produziert, wo er produziert, wieviel er produziert. Ich habe gesagt, daß man das anerkennen und als einen echten Konflikt zwischen dem Ideal der Freiheit und dem Ideal der Gerechtigkeit betrachten muß, bei dem das Ideal der Freiheit insoweit zu weichen hat, als Gerechtigkeit geübt werden muß. Eine weitere Frage ist nun: Gibt es überhaupt eine Wahrscheinlichkeit dafür, daß durch staatliche Planung und Lenkung Krise und Arbeitslosigkeit leichter vermieden werden können, als dies bei völlig ungehemmten Lauf der Wirtschaft möglich ist?

Abgesehen davon, daß es diesen ungehemmten Lauf in der Form der reinen freien Konkurrenz nicht gibt, weil der Wille der Monopolisten bestimmend ist, scheint es mir eine ganze Reihe von Beispielen zu geben, daß man in der Tat durch staatliche Interventionen einen Ausgleich in der wirtschaftlichen Entwicklung schaffen kann. Ich will hierbei auf Beveridge Bezug nehmen, der dem Sinne nach sagt:

In Zeiten der Hochkonjunktur sind die Steuereinnahmen des Staates hoch. In solchen Zeiten neigen die Finanzminister und andere Behörden dazu, gleichzeitig Aufträge des Staates zu geben, sei es zum Bau von Kanälen und Straßen, Wasser- oder Elektrizitätswerken und dergleichen mehr. Dagegen sind in Zeiten der Krise und der Arbeitslosigkeit geringere Umsätze und geringere Einkommen zu verzeichnen. Die Einnahmen des Staates sind niedriger, die Finanzminister halten die Hand fest am Geldsäckel und der Staat gibt der Wirtschaft keine Aufträge. Wenn wir es einmal so machten, daß wir vom Staat die Aufträge dann zu geben versuchten, wenn eine Wirtschaftskrise droht, so könnten wir durch den Eingriff des Staates außerordentlich ausgleichend wirken. Um nun aber feststellen oder voraussagen zu können, wann eine Krise droht, sind gewisse Kontrollen unerläßlich, namentlich eine Kontrolle der Neuinvestitionen in den Betrieben.

Nun leuchtet tatsächlich ein, daß die Kontrolle der Investitionen jederzeit einen ziemlich guten Querschnitt der Volkswirtschaft eines Landes ermöglicht. Denn auch hier gilt der Satz: Wenn Unternehmen gut verdienen, neigen sie leichter dazu, ihren Maschinenpark zu erneuern oder zu erweitern als zur Zeit der Krise. Das ist eine Binsenwahrheit. Nun sagt Beveridge weiter:

Diese Investitionskontrolle gibt dem Staat die Möglichkeit, hinreichend früh krisenhafte Erscheinungen vorauszufühlen.

Dies ist in der Tat eine Möglichkeit, daß der Staat die Aufträge der öffentlichen Bedarfsträger – ich darf da an die Reichsbahn erinnern – richtig in das Loch plazieren kann, in die kommende Krise hinein.

Gegen diesen Eingriff – wenn man es so nennen will – des Staates in die

Wirtschaft wird vermutlich niemand etwas einzuwenden haben, wohl aber gegen den Eingriff, der damit unmittelbar zusammenhängt. Wenn Wirtschaftsstatistik und Konjunkturforschung beispielsweise eine Absatzkrise in gewissen Gütern voraussagen, dann muß der Staat das Recht haben, Neuinvestitionen bedeutenden Umfanges in solchen Industriezweigen nicht zuzulassen. Der Einwurf, daß der mit seinem Portemonnaie verantwortlich an der Wirtschaft teilnehmende Unternehmer vorsichtiger und überlegter planen wird als ein Beamter, verkennt völlig die wirtschaftliche Gesamtsituation. Nicht allein der Faktor Kapital hat in der Wirtschaft ein Risiko zu tragen! Ich bin nicht bereit, dem Faktor Kapital Entscheidungen allein zu überlassen, wenn der Faktor Arbeit und damit die Existenz der Schaffenden wie auch die von öffentlichen Körperschaften gleichfalls mit Risiko belastet und somit gefährdet werden.

Wir kommen hierbei auf ein Grenzgebiet der Freiheit, auf das Gebiet der sogenannten Gewerbefreiheit, wobei mir eine so schlichte wie drastische Darstellung gestattet sei: Ich möchte in einem Staat leben, in dem ich, wenn es mir paßt, mir einen Kessel vor dem Bauch hängen und Würstchen verkaufen kann, höchstens daß ich kontrolliert werde, ob nicht zuviel Semmeln darin sind. Ich möchte das Recht haben, an jeder Straßenecke, wo es mir paßt, eine Fahrradreparturwerkstatt aufzumachen mit dem gleichzeitigen Recht, dabei Pleite zu gehen. Ich möchte auch das Recht haben, eine Konservenfabrik mit 300 Frauen aufzumachen, die dort Bohnen abziehen und konservieren. Auch dabei bleibt mir das Recht, Pleite zu machen.

Ein solches Recht werden wir nicht heute und auch noch nicht morgen erhalten können. Das ist nicht unsere Schuld, die wir die Planwirtschaft fordern, denn nicht die Anhänger der Planwirtschaft, sondern die Anhänger der freien Wirtschaft haben dieses Chaos erreicht. Ich möchte eine freie Wirtschaft haben, wie ich sie mir als geplante Wirtschaft vorstelle, und gleichzeitig alle diese Rechte als Unternehmer besitzen. Dies mir ehrlich zu glauben, bitte ich Sie herzlich. Ich habe ein sehr starkes Freiheitsbedürfnis.

Eines muß dabei allerdings immer bedacht werden: das Risiko in der Wirtschaft trägt der Unternehmer nicht allein, sein Anteil am Risiko ist vielmehr ziemlich klein. Denn wenn ein Betrieb Pleite geht, werden Hunderte oder gar Tausende arbeitslos, gerade den Ärmsten wird die bescheidene Lebensgrundlage entzogen, große Werte gehen der Volkswirtschaft verloren und der öffentliche Haushalt wird über Gebühr beansprucht. Das Überangebot an Arbeitskräften wirkt zudem lohndrückend und belastet die noch schaffenden Kollegen. Es mag demgegenüber aus den Erfah-

rungen der Praxis daran erinnert werden, daß, wenn der Betrieb auch Pleite macht, der Unternehmer noch immer nicht stempeln geht.
Die Freiheit des einzelnen muß im Staate wie in der Wirtschaft seine Grenzen eben dort finden, wo die Freiheit oder gar die Existenz anderer stärkstens gefährdet ist.
Es läßt sich nun keine starre Grenze ziehen, unterhalb der völlige Freiheit des wirtschaftlichen Handelns herrschen soll und bei deren Überschreitung staatliche Aufsicht und Lenkung Platz greifen muß. Die Vielgestaltigkeit und Beweglichkeit der Wirtschaft lassen es nicht zu, daß der Planwirt – und zwar weil er Planwirt und nicht Zwangswirt ist – mit einem Schema oder Dogma arbeitet. Planung und Lenkung haben niemals einen Selbstzweck, sondern nur den Sinn, daß die Wirtschaft ihre Aufgabe in bester Form löst. Deshalb werden auch die Grenzen sowohl nach dem Teilgebiet der Wirtschaft wie auch nach Wirtschaftsepochen verschieden liegen, von denen ab die öffentliche Hand in das Wirtschaftsgeschehen eingreifen muß.
Es würde durchaus meiner Auffassung von der Freiheit in der Wirtschaft entsprechen, wenn man in kurzer Zeit das ganze Konzessionierungsunwesen im Fuhrgewerbe, bei den Rechtsanwälten und Ärzten, die ganzen Gewerbescheine und die Einschränkungen für den Handel aufheben könnte. Wenn ich das heute nicht tue, so liegt das einmal daran, daß ich es nicht darf, und es liegt zum anderen daran, daß die Aufhebung dieser Bestimmungen den Schwarzen Markt noch mehr Tür und Tor öffnen würde. Das wäre ein viel größeres Übel als diese Einschränkung der Freiheit. Aber ich prophezeie heute schon, und ich habe dafür meine Erfahrungen, daß die Vertreter der freien Wirtschaft mich ganz leidenschaftlich beschimpfen werden, wenn ich hier eine zusätzliche Freiheit in die Wirtschaft hineinbringe, die Freiheit nämlich, Konkurrenzunternehmen aufmachen zu dürfen. Sie glauben gar nicht, wie ich von den Handelskammern und Wirtschaftsverbänden beschimpft werde, wenn meine Beamten einmal vergessen, vor Erteilung einer Konzession oder Gewerbeerlaubnis die im Wirtschaftsverband zusammengeschlossene Konkurrenz zu fragen. Ich wiederhole, ich sehe schon voraus, daß, wenn ein Sozialdemokrat gegen die leidenschaftlichen Verfechter der sogenannten freien Wirtschaft zusätzliche Freiheiten in die Wirtschaft hineinpressen will, beispielsweise sämtliche Rechtsanwälte ihn totschlagen möchten, wenn er sagen würde: Laß dich als Rechtsanwalt nieder, wann und wo es dir paßt und wenn du Pleite gehst, so ist das deine Sache, nur Winkeladvokatengeschäfte darfst du nicht machen; oder wenn er sagen würde: Laß dich als Arzt nieder, wo es dir paßt, du darfst nur kein Kurpfuscher werden. Wenn dann zuviel Ärzte da sind, werden weniger Medizin studieren.

Gegenwärtig aktuell ist des weiteren die Fragestellung: Wie soll sich der Übergang von der Zwangswirtschaft zur Planwirtschaft vollziehen, wobei man die Einsicht in die Unterschiedlichkeit, ja Gegensätzlichkeit dieser beiden Systeme voraussetzen muß. Man wird den Übergang von der Zwangswirtschaft zur Planwirtschaft mit der Aufgabe vergleichen können, große Teile der planenden und noch mehr der lenkenden Funktionen öffentlicher Behörden zunächst auf Selbstverwaltungsorganisationen der Wirtschaft überzuleiten. Hiergegen bestehen starke Bedenken, die ich in vollem Umfange teile, wenn man die jetzt bestehenden Organisationen der Wirtschaft auf die Möglichkeit einer solchen Aufgabenerfüllung untersucht. Ob wir überhaupt für die Dauer der Besatzung bzw. der Fortsetzung der gegenwärtigen Besatzungspolitik Selbstverwaltungsorganisationen der Wirtschaft in einer solchen Form bekommen, wie sie zur bestmöglichen und sinnvollen Übernahme der Aufgaben notwendig wären, darf mit Recht bezweifelt werden.
Diese gegenwärtigen und wahrscheinlich auch in der Zukunft bestehenden Kenntnisse dürfen anderseits jedoch nicht dazu verführen, unsere Bemühungen um eine zweckentsprechende Lösung einzustellen. Die Industrie- und Handelskammern (IHK) sind heute schon mit Aufgaben belastet, denen sie sich nicht immer gewachsen fühlen. Die IHK haben beratende Funktionen ihren Mitgliedern gegenüber. Sie haben im wesentlichen Querschnittsaufgaben in der Wirtschaft, gewisse regionale Aufgaben, die alle einzelnen Wirtschaftszweige umfassen und so einen Querschnitt der Wirtschaft darstellen. Die IHK sind mit ihrer Organisation tatsächlich wenig in der Lage, etwa Aufgaben der Kontingentierung zu übernehmen. Außerdem haben wir die Wirtschaftsverbände, die über die Wirtschaft ausgezeichnetes Material besitzen und sich auf diese Aufgabe vorbereitet haben. Dennoch ist es nicht möglich, den Wirtschaftsverbänden Aufgaben wirtschaftslenkender Art zu übertragen.
Ich meine nämlich – unter Rückführung auf den roten Faden „Freiheit", der diese Ausführungen durchlaufen soll – daß wir solche wirtschaftslenkenden Aufgaben, wenn wir sie der Wirtschaft selbst übergeben, d.h. aus den Händen der Behörden herausnehmen wollen, nur einem Gremium übertragen können, das weder einer heutigen Kammer noch einer Kammer etwa nach dem Entwurf des neuen Kammergesetzes in Hamburg entspricht. Wir müssen in der Tat neue Ausschüsse oder Beiräte oder wie man es sonst nennen mag für diesen Zweck als Zusammensetzung des Wirtschaftsverbandes des betreffenden Industriezweiges und der Gewerkschaft des betreffenden Industriezweiges gründen. Ob es den einzelnen angenehm ist oder nicht, aber ein Ausschluß der Gewerkschaften

aus diesen Dingen ist undenkbar. Einen Machtfaktor wie die Gewerkschaften kann man weder aus wirtschaftlichen noch aus realpolitischen Erwägungen von einem solchen Institut ausschließen.
Wir werden diesen Übergang von der Behördenzwangswirtschaft zur Planwirtschaft also so vor sich gehen lassen müssen, daß wir lenkende Aufgaben in die Wirtschaft hineinverlegen. Dabei sollten wir uns nicht darüber hinwegtäuschen, daß das gegenwärtige Zwangswirtschaftssystem innerhalb kurzer Zeit nicht abzubauen ist. Das kann erst in dem Augenblick möglich sein, in dem nennenswerte Steigerungen unserer Produktion erfolgen, weil wir sonst bald wieder einmal allenfalls die Freiheit einzelner vergrößern, aber die Gerechtigkeit zugleich unerhört mehr verletzen, weil es dann dem Spiel der Verbindungen, des Geldes überlassen wird, wessen Bedürfnisse nach den Hauptwirtschaftsgütern befriedigt werden. Wer hier die Aufhebung der Zwangswirtschaft fordert, übersieht einen Konflikt. Indem er dem Ideal der Freiheit näherkommen will, verletzt er das Ideal der Gerechtigkeit ungeheuer mehr, als es heute bereits verletzt ist.
Wer in der Wirtschaft einen Selbstzweck sieht, wird sich allerdings für eine Wirtschaftsform entscheiden, die ihm nach dem ökonomischen Prinzip bei gegebenem Aufwand den größten Nutzen verspricht, dem wird es dabei gleichgültig sein, welches Maß an Freiheit in einer solchen Wirtschaft besteht.
Es gehört nicht in den Rahmen dieser Ausführungen, einen Vergleich des rationellsten Arbeitens zwischen den Formen der Planwirtschaft, der von wenigen Monopolisten gelenkten sogenannten freien Wirtschaft und der Sowjet-Zwangswirtschaft zu ziehen. Einen solchen Vergleich braucht von sozialistischer Seite jedoch keineswegs ausgewichen zu werden. Im Gegenteil, das uns vorschwebende System der Planwirtschaft hält nach Rentabilität und vor allem nach volkswirtschaftlicher Produktivität durchaus Vergleichen mit den anderen Systemen stand.
Hier aber gilt es, die Freiheit aufzuzeigen, wie sie ausgewogen, gerecht und sinnvoll in der Planwirtschaft herrscht. Und Freiheit muß herrschen, denn es kann keinem gebildeten und aufrechten Menschen zugemutet werden, in einem Käfig zu leben, auch dann nicht, wenn dieser Käfig aus Gold ist, wobei es keinen Unterschied macht, ob dieser Käfig geschmückt ist mit dem Zeichen des Dollars oder mit dem Sowjetstern.

Genossenschaften als Mittler zwischen Stadt und Land (1959)

Im Frühjahr 1959 wurde Kubel im Kabinett der Koalitionsregierung Kopf der erste sozialdemokratische Landwirtschaftsminister der Bundesrepublik Deutschland. Zugleich hatte er damit für die SPD das einzige, wirtschaftlich orientierte Ressort in dieser Regierung inne (Vgl. Renzsch, S. 96 – 117).
Der Vortrag »Genossenschaften als Mittler zwischen Stadt und Land«, gehalten auf dem Verbandstag der nordwestdeutschen Konsumgenossenschaften am 24. Mai 1960, skizziert Möglichkeiten der Kooperation zwischen Konsumgenossenschaften und Erzeugergenossenschaften, um die Position dieser Gruppe im Wirtschaftsprozeß zu verbessern.

Manchen unter Ihnen mag es skeptisch gestimmt haben, daß ich als Thema meines Vortrages »Genossenschaften als Mittler zwischen Stadt und Land« gewählt habe; Mittler zwischen Stadt und Land zu sein, gehörte bisher zu keinem Programm einer Genossenschaft. Die Ergebnisse der Versuche und Bemühungen, die in dieser Richtung unternommen wurden, haben vielleicht einigen Genossenschaften sogar den Mut genommen, es zu sein.
Sich als Mittler betätigen zu wollen, kann verschiedene Ursachen haben. Das kann etwa durch Beziehungen bedingt sein, die bereits zwischen zwei Parteien bestehen; sei es zu ihrer Pflege oder zum Ausgleich aufgetretener Spannungen. Das kann aber auch den Zweck verfolgen, mehrere Gruppen miteinander erst einmal zu verbinden. Dabei können rationale und irrationale Ziele verfolgt werden. Die Möglichkeiten für die Genossenschaften, nun zwischen Stadt und Land vermittelnd tätig zu werden, sind mannigfaltig.
Beziehungen zwischen Stadt und Land sind so alt wie die Städte selbst. Sie waren aber im Laufe der Zeit recht abwechslungsreich, und sie sind nicht ohne Spannungen geblieben. Die Auseinandersetzungen, die in den letzten Jahren häufig auftraten, sind nichts Neues. Im Laufe der Geschichte hat aber die Ursache gewechselt oder zumindest der entscheidende Anlaß, der zu diesen Spannungen führte. Für das Mittelalter kann als ein Grund dafür die Standesgesetzgebung angesehen werden. Später waren es politische und weltanschauliche Konflikte, die zu Auseinander-

setzungen führten. Heute sind an ihre Stelle vornehmlich wirtschaftliche Probleme getreten.
Gute Beziehungen aber – und daß sie wünschenswert in vielerlei Hinsicht sind, braucht nicht näher ausgeführt zu werden – bedürfen einer dauernden Pflege, sowohl auf soziologischem als auf wirtschaftlichem Gebiet. Ich halte es für eine wichtige Aufgabe auch der Genossenschaften, hier tätig zu sein. Die Fragen nämlich, die in den letzten Jahren zu Spannungen geführt haben, betreffen Probleme, die die Genossenschaften besonders angehen. Die Auseinandersetzungen lassen erkennen, wie fremd sich Stadt und Land in vielen Dingen des täglichen Lebens gegenüberstehen. Sie unterstellen sich gegenseitig Motive und Verhältnisse, die nicht vorhanden sind und ärgern sich daran mehr als nötig.

An der Schwelle einer neuen Epoche

Die wirtschaftspolitische Entwicklung dürfte ohnedies in den nächsten Jahren eine genossenschaftliche Tätigkeit in besonderem Umfang erfordern.
Wir stehen in Europa an der Schwelle einer neuen Wirtschaftsepoche. Die Auswirkungen der Europäischen Wirtschaftsgemeinschaft machen sich auf dem Markt schon recht deutlich bemerkbar, und die Verträge über die Bildung der Kleinen Freihandelszone treten am 1. Juli dieses Jahres in Kraft. Diese Entwicklung zwingt die auf dem europäischen Markt bisher vertretenen Wirtschaftsgruppen, sich diesen neuen Verhältnissen anzupassen. Sie müssen in neuen Größenordnungen denken und sich sichere Ausgangsstellungen schaffen. Dabei wird es häufig notwendig sein, Wirtschaftsformen und wirtschaftliches Denken, die sich in der zurückliegenden Zeit entwickelt haben, aufzugeben.
Mit der Bildung größerer Wirtschaftsgebiete geht eine Entwicklung zu größeren Wirtschaftseinheiten einher. Diese Tendenz zeigt sich bereits deutlich in der Gründung privater Großbetriebe, größerer Kapitalgesellschaften und auch stärkerer Einzelgenossenschaften.
Bei dieser Neuorientierung der Marktverhältnisse erheben sich für mich als dem zuständigen niedersächsischen Ressortminister für Ernährung und Landwirtschaft die Fragen:
Was wird auf den landwirtschaftlichen Absatz- und Verbrauchermärkten geschehen?
Welche betriebswirtschaftlichen Umstellungen muß die einheimische Landwirtschaft vornehmen?

Was kann unternommen werden, um bei der Bildung der neuen Märkte Erscheinungen auszuschließen, die sich wirtschaftlich und sozial nachteilig in Stadt und Land auswirken?
Welche Aufgaben ergeben sich hieraus für die Genossenschaften?
Bei der Themenstellung wäre es meine Pflicht, mich mit allen genossenschaftlichen Zusammenschlüssen zu beschäftigen oder zumindest mit den Genossenschaftsverbänden, die in irgend einer Form eine Mittlertätigkeit zwischen Stadt und Land ausüben. Es sei mir aber gestattet, mich im wesentlichen auf die Genossenschaften zu beschränken, die die beiden »Antipoden« Stadt und Land am deutlichsten vertreten, und die zugleich in einem gewissen Verhältnis zu meinem Ressort als Ernährungs- und Landwirtschaftsminister stehen. Ich meine die landwirtschaftlichen Genossenschaften, die dem Raiffeisenverband angehören und die Konsumgenossenschaften, die im Zentralverband deutscher Konsumgenossenschaften im Bundesgebiet zusammengeschlossen sind.

Wie und warum die Genossenschaften in Stadt und Land entstanden

Bevor wir näher untersuchen, auf welchem Gebiet und wie die Genossenschaften als Mittler tätig sein können, ist es wohl zweckmäßig, einmal auf die Zeit der Gründung der Genossenschaften vor nunmehr ungefähr 100 Jahren zurückzublicken, uns einmal zu erinnern, warum Genossenschaften gebildet wurden, welche Ideen ihnen zugrunde lagen und was die einzelnen Richtungen heute verbindet oder sie trennt.
In Deutschland wurden Genossenschaften zu einer Zeit gebildet, die unseren heutigen wirtschaftlichen Verhältnissen überraschend gleicht. Damals wurde der erste Schritt zur Bildung größerer geschlossener Wirtschaftsgebiete in Deutschland durch den Zusammenschluß der deutschen Staaten zu einem Zollverein getan. Die Industrialisierung ließ die Städte schnell wachsen, die soziologischen Folgen blieben bis heute unbewältigt. Im Zeichen der liberalen Wirtschaftsauffassung wurden auf dem Lande die gemeinsam benutzten Flächen der Flur-, Hude- und Waldgenossenschaften mit wenigen Ausnahmen auf Einzelpersonen aufgeteilt. Viele Betriebe verloren dadurch ihre Existenzmöglichkeiten. Die Landbevölkerung zog in die Städte.
Und heute spielt sich ein ganz ähnlicher Vorgang ab. Seit 1949 ist die Zahl der landwirtschaftlichen Betriebe von 2 bis 10 ha im Bundesgebiet um 17 Prozent zurückgegangen, und die Großstädte wachsen weiter, wieder auch durch den Zug vom Land in die Stadt. Das ist zwar nicht darauf zurückzuführen, daß den landwirtschaftlichen Kleinbetrieben Land ent-

zogen wurde. Die Poduktionsverhältnisse haben sich vielmehr durch Einsatz höheren Kapitals – durch größere Mechanisierung – geändert. Wer da nicht mitkommt, für den werden die Absatzmöglichkeiten ungünstiger. Es erhebt sich – ebenso wie vor 100 Jahren – auch heute wieder die Frage: Kann man etwas tun, um diese Entwicklung zu hemmen? Wenn man das kann, so wird es für den Pflicht, es zu tun, der ein hohes Maß wirtschaftlicher Unabhängigkeit für eine Grundlage staatsbürgerlicher Freiheit hält.
Um die Mitte des 19. Jahrhunderts wirkte der schrankenlose Wettbewerb und das freie Spiel der Kräfte für den Bauern auf dem Lande, den Handwerker und Arbeiter in der Stadt so verhängnisvoll, daß diesen Menschen ihre wirtschaftliche Freiheit bis zum Entscheid über den Einkauf der Lebensmittel verloren zu gehen drohte und damit auch die Möglichkeit, ihre Persönlichkeit zu entwickeln.
Aus dieser Not heraus bildeten sich Personenvereinigungen, die die Einzelperson in den Mittelpunkt der Zusammenschlüsse stellten. Um seine Anerkennung und seine Unabhängigkeit ging es dabei. Auf dem Lande enstanden so auf Betreiben von Raiffeisen gegründete landwirtschaftliche Genossenschaften und in den Städten die Konsumgenossenschaften. In den Landgemeinden wurde dieser Gedanke getragen von der Idee der Nächstenliebe gegenüber den »vom Schicksal Enterbten« und einem religiös fundierten Verantwortungsbewußtsein. In den Städten war es der Gedanke der Solidarität, der die überwiegend aus Arbeiterkreisen gegründeten Konsumgenossenschaften zusammenführte.
In Stadt und Land war es im tiefsten Grunde das gleiche Motiv, das die Genossenschaften sich bilden ließ. Es ist die gegenseitige Hilfe. Dahinter steht das ethische Ziel, das Verhalten der Menschen zueinander in ein bestimmtes Miteinander zu bringen.
Sie erstreben eine Lösung der sozialen Frage dadurch, daß das Selbstgefühl des Individuums gehoben und die Einzelperson wirtschaftlich unabhängig wird. Dieses Ziel konnten die Menschen, die in den Genossenschaften zusammengeschlossen waren, als Einzelperson nicht erreichen. Um wirtschaftlich unabhängig zu werden, bildeten sie deshalb gemeinsam getragene Geschäftsbetriebe, die den Auftrag erhielten, die Eigenwirtschaften der Mitglieder, zu denen auch die Hauswirtschaften gehören, mit geeigneten Maßnahmen und Mitteln zu fördern. Man bediente sich also eines ökonomischen Hilfsmittels, um ein sozialethisches und häufig auch kulturelles Ziel zu erreichen. Als solches ist der Geschäftsbetrieb der Genossenschaften anzusehen. Auch den Geschäftsbetrieben unserer modernen westlichen Genossenschaften liegt – daran wollte ich erinnern – eine sittliche Idee zugrunde, die auf der Freiheit der Person im freiwil-

ligen Zusammenschluß basiert. Dieser Idee widersprechen Zwangsmaßnahmen, wie sie heute im Osten an der Tagesordnung sind. Mit »Genossenschaft« haben solche Zwangsorganisationen wie die sogenannten »Landwirtschaftlichen Produktionsgenossenschaften« nichts zu tun.
Im Laufe der Jahrzehnte sind die mit dem Geschäftsbetrieb in Zusammenhang stehenden wirtschaftlichen Interessen immer stärker in den Vordergrund getreten. Sie haben den Genossenschaften weitgehend das Gepräge gegeben. Das Bewußtsein, einer Gemeinschaft im soziologischen Sinne zuzugehören, ist zurückgegangen. Damit sind oft auch die ideellen Beweggründe, die einst für die Gründung der Genosssenschaften mitbestimmend waren, vergessen worden, und das ist gefährlich – auch für sie selbst. Diese Ideen, die von den Gründern der Genossenschaften verfolgt wurden, sind auch heute noch gültig. Ihre Pflege bedeutet nicht, sich dem Fortschritt auf wirtschaftlichem Gebiet zu verschließen. Sie weiterzuentwickeln und danach zu streben, sie zu verwirklichen, verlangt, sich mit den neuesten wirtschaftlichen und technischen Erkenntnissen auseinanderzusetzen und sie anzuwenden. Sonst verlassen die Gruppen, die sich einst zusammenschlossen, um ihre Unabhängigkeit zu erhalten, einen erprobten Weg, der in der Richtung auf dieses Ziel geht.

Konsumgenossenschaft und landwirtschaftliche Genossenschaft

Die Mitglieder der Konsumgenossenschaften gehören den verschiedensten Berufskreisen in Stadt und Land an. Bestimmte landwirtschaftliche Genossenschaften bestehen in Niedersachsen nur zur Hälfte aus Landwirten. Diesen beiden Genossenschaftsorganisationen und den von ihnen verfolgten Ideen kommt also auch aus der Zusammensetzung ihrer Mitglieder heraus die Aufgabe zu, auf sozial-ethischem Gebiet zwischen Stadt und Land zu vermitteln. Die Organisationsform der Genossenschaften bietet besondere Möglichkeiten dazu, weil sie durch Mitarbeit in den Versammlungen und Ausschüssen Einblick in die Probleme und die wirtschaftlichen Zusammenhänge der verschiedenen Berufsgruppen gibt. Dabei möchte ich gerade auf die den Konsumgenossenschaften angeschlossenen Frauengruppen hinweisen, die oft zu Tagungen und Lehrgängen zusammenkommen. Ich würde es begrüßen, wenn in diesem Kreis stärker als bisher die Landbevölkerung eingeschlossen würde. Ein Miteinander über den bisherigen Rahmen hinaus kann zur Verständigung und zum Ausgleich zwischen Stadt und Land beitragen und auch wirtschaftliche Dinge, die z. B. den Absatz und Preis bestimmter landwirtschaftlicher Erzeugnisse betreffen, oder Änderungen von Geschmacksrichtungen usw. schneller lösen helfen.

Ich habe bereits gesagt, daß die ideellen Ziele im Genossenschaftswesen im Laufe der Zeit gegenüber einer reinen wirtschaftlichen Zielsetzung mehr oder weniger zurückgetreten sind. Der Geschäftsbetrieb ist vorherrschend geworden. Das Interesse der Mitglieder an der Genossenschaft ist durch den wirtschaftlichen Erfolg bedingt.
Aufgabe des Geschäftsbetriebes ist es, die marktwirtschaftlichen Angelegenheiten der Mitglieder zu übernehmen, um aus der Sicht des Erzeugers einen hohen Verkaufserlös, aus der Sicht des Verbrauchers einen niedrigen Einkaufspreis zu erreichen. Diese Absicht kann für beide Teile weitgehend dadurch verwirklicht werden, daß alle nicht zwingend notwendigen Bearbeitungs- und Zwischenhandelsstufen zwischen Erzeuger und Verbraucher ausgeschaltet werden. Das ist lange als überhaupt wichtigste Aufgabe der Genossenschaften angesehen worden. Deshalb könnte man sich fast darüber wundern, daß nachhaltige unmittelbare wirtschaftliche Beziehungen zwischen landwirtschaftlichen und Kosumgenossenschaften

Koalitionsverhandlungen 1959; von links nach rechts: Sozialminister Dr. Georg Diederichs, der Fraktionsvorsitzende der SPD, Robert Hoffmeister, Innenminister Hinrich Wilhelm Kopf, Vertriebenenminister Albert Höft, Wirtschaftsminister Alfred Kubel. Auf dem Bild im Hintergrund der erste Vorsitzende der SPD nach 1945, Dr. Kurt Schumacher.

in größerem Umfange bisher nicht erreicht worden sind. Sie beschränken sich auf einzelne Fälle, obwohl beide zumindest vergleichbare Absichten verfolgten. Ein Grund dafür ist wohl darin zu sehen, daß die von mir vorhin genannten Ideen im tiefsten Grunde von zwei verschiedenen Auffassungen getragen wurden, die häufig zu unterschiedlichem politischen Verhalten führten.

Diese verschiedenen politischen und auch kulturellen Grundauffassungen können aber kaum die einzige oder die entscheidende Ursache sein. Auch zwischen den Genossenschaften des später – 1908 in Köln – gegründeten Reichsverbandes Deutscher Kosumvereine und den Genossenschaften des Raiffeisenverbandes bestanden keine intensiven Handelsbeziehungen, obwohl die eben vermuteten grundsätzlichen Differenzen zwischen diesen beiden Verbänden nicht in dem Maße bestand. Es muß einen anderen tieferen Grund dafür gegeben haben oder noch geben.

Warum keine engeren Beziehungen?

Man ist sich lange Zeit über die Stellung des genossenschaftlichen Geschäftsbetriebes im gesamten Genossenschaftswesen nicht klar gewesen. Außerdem hat sich die Auffassung über die wirtschaftlichen Aufgaben der Genossenschaften in der Gesamtvolkswirtschaft erheblich gewandelt. Aus der heutigen Stellung der Genossenschaften in der Wirtschaft und dem Ziel, das sie verfolgen, lassen sich einige Möglichkeiten ableiten, die Genossenschaften vor allem wirtschaftlich als Mittler zwischen Stadt und Land tätig werden zu lassen.

In Kreisen der Genossenschafter können drei Richtungen unterschieden werden, die den Genossenschaften einen unterschiedlichen Platz in der Wirtschaft zuweisen. Ihr Ziel ist:

1. die genossenschaftliche Gemeinwirtschaft,
2. die Genossenschaft als dominierende Wirtschaftseinheit,
3. Genossenschaft mit bestimten Aufgaben.
   Im übrigen freier Wettbewerb.

Die Vertreter der genossenschaftlichen Gemeinwirtschaft erstreben die Erzeugung, Bearbeitung und Verteilung aller Güter ausschließlich durch Genossenschaften. Diese Vorstellung gehört heute im Bundesgebiet einer vergangenen Epoche an.

Im neuzeitlichen Schrifttum findet sich dagegen sehr häufig die Forderung, daß den Genossenschaften in der Volkswirtschaft eine Stellung einzuräumen sei, die sie zu tragenden Säulen des wirtschaftlichen Geschehens machen. Mit Hilfe der Genossenschaften glaubt man, am besten wirtschaftliche Probleme und soziale Spannungen lösen zu können. Zu dem Zweck soll ihnen die Möglichkeit gegeben werden, entscheidend auf den Markt einzuwirken.

Gegenüber diesen zum Teil abstrakten Vorstellungen haben die Genossenschaftspraktiker heute meist eine konkretere Zielsetzung. Sie besteht darin, den Wettbewerb mit erwerbswirtschaftlich orientierten Unternehmen aufzunehmen und bei echter politischer und konfessioneller Neutralität zwischen individualistischer und kollektivistischer Wirtschaftsform ausgleichend zu wirken. Deshalb wird angestrebt:

1. den Zwischenhandel und die dabei erzielten Gewinne weitgehend einzuschränken,
2. die Handelsspanne zu senken, indem die Handelstätigkeit rationalisiert wird,
3. Elemente, die den trationellen Marktablauf stören, zu beseitigen,
4. Markt- und Preisverhältnisse zu stabilisieren,
5. Bearbeitungsbetriebe der Genossenschaften und deren Institutionen auf- und auszubauen.

Wie ich über die Aufgaben und die Stellung der genossenschaftlichen Zusammenschlüsse zu denen des Groß- und Einzelhandels in der Wettbewerbswirtschaft denke, habe ich wiederholt gesagt. Beide Organisationsformen – Handel und Genossenschaften – haben in der Wettbewerbswirtschaft gleiche Existenzberechtigung. Aber ich wünsche mir manchmal einen freieren Wettbewerb zugunsten der Erzeuger und Verbraucher.

Dem vorhin genannten Ziel, den Zwischenhandel einzuschränken, können sich die beiden Genossenschaftsgruppen aus ihrer jeweiligen Eigenart heraus auf zwei Wegen nähern:

1. die landwirtschaftlichen Genossenschaften markten selbst,
2. die Konsumgenossenschaften produzieren selbst.

Beide Verfahren sind auch in Deutschland bereits erprobt. Der Verkauf von Erzeugnissen landwirtschaftlicher Genossenschaften an Letztverbraucher beschränkt sich allerdings, soweit ich unterrichtet bin, auf einige wenige Spezialgenossenschaften (zum Beispiel der Winzer) und auf einige Produkte, wie z. B. Einkellerungskartoffeln, die Grundlage eines Saisongeschäftes bilden. Im allgemeinen haben es die landwirtschaftlichen Genossenschaften abgelehnt, zur Konsumgenossenschaft oder zum Einzelhandel in Konkurrenz zu treten. In einigen anderen Ländern, z. B. in Schweden, ist das aber der Fall.

Andererseits haben auch die Konsumgenossenschaften oder die von ihnen geschaffenen Institutionen gelegentlich Landwirtschaft betrieben.

Ich erinnere z. B. an den GEG[1]-Großbetrieb Osterholz bei Stendal und das Landgut der »Produktion« in Mecklenburg. Die englischen und schottischen Großeinkaufsgesellschaften und die britischen Konsumgenossenschaften betrieben Landwirtschaft in relativ bedeutendem Umfang. Aber im großen und ganzen ist die konsumgenossenschaftliche Landwirtschaft die Ausnahme, die die Regel bestätigt. Zu dieser Regel der Abstinenz dürften die unbefriedigenden Erfahrungen beigetragen haben, die die englischen Konsumgenossenschaften mit einer größeren Anzahl landwirtschaftlicher Großbetriebe gemacht haben. Sie verlangten jährlich erhebliche Zuschüsse.
Allerdings machte man diese Erfahrungen in England zu einer Zeit, als es dort mehr oder weniger Mode war, die gesamte Landwirtschaft im britischen Mutterlande als überflüssig und unwirtschaftlich zu vernachlässigen.
Die Selbsterzeugung landwirtschaftlicher Produkte diente zusätzlich dem Zweck, den Konsumgenossenschaften und Großeinkaufsgesellschaften einen Anhalt zu geben, welche Preise für landwirtschaftliche Produkte angemessen sind, wenn nach dem Kostendeckungsprinzip kalkuliert wird. Hier traten aber unüberwindliche Schwierigkeiten auf. Die meisten landwirtschaftlichen Erzeugnisse in unseren Gebieten werden ja in einer Verbundwirtschaft gewonnen. Dabei spielen Faktoren eine Rolle, deren Geldwert schwer feststellbar ist. Ich denke z. B. an Stalldünger, Grünfutter, Fruchtfolgemaßnahmen usw. Die Absicht, selber landwirtschaftliche Produkte zu erzeugen, um den kostendeckenden Preis dafür zu ermitteln, ist wohl heute aufgegeben worden.
Ich sagte bereits dem Sinne nach: Die landwirtschaftlichen Genossenschaften versuchen, hohe Verkaufserlöse für ihre Produkte zu erzielen, während die Konsumgenossenschaften niedrige Einkaufspreise anstreben.
Der Altmeister des deutschen Konsumgenossenschaftswesens, Heinrich Kaufmann, zog schon 1922 den Schluß:
»Was liegt also näher, als daß landwirtschaftliche Produzenten und deren Genossenschaften und die städtischen Konsumenten und deren Genossenschaften einander die Hand reichen.«
Das wurde also vor fast 40 Jahren festgestellt.
Aber dieses aus genossenschaftlicher Sicht sich anbietende Verfahren ist nicht sehr vorangekommen.

---

[1] Großeinkaufs-Gesellschaft Deutscher Konsumvereine.

Dabei hat es an Versuchen und Verhandlungen in der Zwischenzeit nicht gefehlt. Die ersten Geschäftsbeziehungen zwischen Erzeuger und Konsumgenossenschaften entstanden weit vor dem ersten Weltkrieg. Die erste Brücke zwischen Stadt und Land wurde meines Wissens schon 1892 in Leipzig geschlagen. Landwirtschaftliche Genossenschaften lieferten damals laufend Milcherzeugnisse an die Konsumgenossenschaft! Andere Genossenschaften folgten später diesem Beispiel auch mit anderen Produkten.

Freihandel und Schutzzoll – ein Kompromiß?

Bis ungefähr 1907 dürfte der Umfang der Warenlieferung im damaligen Reichsgebiet zwischen den beiden Genossenschaftsrichtungen zugenommen haben. Von dieser Zeit ab ist er wieder zurückgegangen. Als Grund dafür sind weitgehend wirtschaftspolitische Meinungsverschiedenheiten anzusehen. Die damals diskutierte Zollpolitik hatte sie ausgelöst. Die eine Seite verlangte hohe Zollmauern für ihre Agrarerzeugnisse, die andere Seite freie Einfuhren nach den Beispielen Englands und damit niedrige Lebensmittelpreise.
Und diese Liebe währet immer noch fort!
Die nächsten Jahre dürften uns aber vielleicht zu diesem strittigen Problem eine Kompromißlösung bringen.
Die Erlöse der Landwirtschaft werden sich erhöhen, obwohl das nur zu einem gewissen Teil den Verbraucher belasten wird. Er wird – namentlich soweit sein eigener Lebensstandard von stetiger Konjunktur unserer Industrie abhängt – die diese Konjunktur nachhaltig stützende Kaufkraft der deutschen Landwirtschaft erhalten helfen müssen. Er wird sich der Konsequenz des von allen Fraktionen unseres Bundestages beschlossenen Landwirtschaftsgesetzes nicht verschließen, dessen erster Paragraph lautet:
»Um der Landwirtschaft die Teilnahme an der fortschreitenden Entwicklung der deutschen Volkswirtschaft und um die Bevölkerung die bestmögliche Versorgung mit Enährungsgütern zu sichern, ist die Landwirtschaft mit den Mitteln der allgemeinen Wirtschafts- und Agrarpolitik – insbesondere der Handels-, Steuer-, Kredit- und Preispolitik – in den Stand zu setzen, die für sie bestehenden naturbedingten und wirtschaftlichen Nachteile gegenüber anderen Wirtschaftsbereichen auszugleichen und ihrer Produktivität zu steigern. Damit soll gleichzeitig die soziale Lage der in der Landwirtschaft tätigen Menschen an die vergleichbarer Berufsgruppen angeglichen werden.«

Ganz wesentlich aber werden sich die Erträge der Landwirtschaft erhöhen durch Maßnahmen, die sie selbst und mit Hilfe unserer öffentlichen Haushalte ergriffen hat. Maßnahmen, die über eine nachhaltige Verbesserung der landwirtschaftlichen Struktur die Erzeugungskosten senken und das nun einmal unvermeidliche Witterungsrisiko vermindern. Weiter wird sie – und unsere jungen Bauern sind eifrig dabei – ihre Produktion auf die Wünsche des Verbrauchers einstellen und Wege zu ihm hin beschreiten, die endlich einen viel größeren Teil des Endpreises unserer Nahrungsmittel in die Hände der Bauern fließen lassen, die die Rohstoffe für die Nahrungsmittelwirtschaft des Handwerks und der Industrie erzeugen.
In einem Staat, in dem die Industrie das Wirtschaftsleben beherrscht, kann die Landwirtschaft dann nicht mit dem sogenannten Weltmarktpreis auskommem, wenn dieser in vielen Ländern durch staatliche Manipulationen herabgeschleust wird, wenn etwa die USA damit ihre eigenen Schwierigkeiten aus landwirtschaftlicher Überproduktion auf uns abwälzen.
England, das vor 100 Jahren begann, seine Landwirtschaft zu opfern, baut sie seit 20 Jahren mit großen Kosten wieder auf. Man hat erkannt, daß kein Volk es sich leisten kann, auf Erträge aus dem ursprünglichen Produktionsmittel Grund und Boden zu verzichten, ohne sogar die Exportkraft der eigenen Industrie indirekt erheblich zu schädigen. Diese hängt immer von der Kraft des Binnenmarktes ab!
Gerade aber durch die Europäische Wirtschaftsgemeinschaft dürfte in der Zolldebatte ein Stein aus dem Weg geräumt werden, der bisher den Weg der Genossenschaften zueinander holprig gemacht hat.

Geschäftsbeziehungen und ihre Schwierigkeiten

In der Notzeit nach dem ersten Weltkrieg wurden gleich 1918 die Beziehungen zwischen den beiden Genossenschaftsverbänden wieder aufgenommen. Es bildete sich u. a. ein »Wirtschaftsausschuß der deutschen Verbraucher- und Erzeugergenossenschaften». Nach 1918 wurden »Richtlinien zur Förderung des unmittelbaren Warenbezugs der Konsumvereine von landwirtschaftlichen Genossenschaften« aufgestellt. Diese Richtlinien beschäftigen sich im wesentlichen mit der Frage, ob der Warenverkehr zentral, d. h. über die Hauptgenossenschaften und die Großeinkaufsgesellschaften oder dezentral von Genossenschaft zu Genossenschaft geleitet werden sollte. Die eigentlichen Probleme lösten sie nicht.
Man glaubte, es genüge nach den Erfahrungen aus der Zeit vor dem

ersten Weltkrieg, sich zur Neutralität auf politischem und konfessionellen Gebiet zu bekennen, und meinte, die übrigen Schwierigkeiten seien alsdann leicht zu überwinden. Man hat sie damals ohne Zweifel unterschätzt oder auch nicht erkannt. Die Bemühungen blieben daher relativ erfolglos.
Belebt wurde der Warenverkehr zwischen den landwirtschaftlichen und Konsumgenossenschaften erst wieder durch die Folgen der Weltwirtschaftskonferenz 1927. Dort berichteten die Vertreter der skandinavischen Länder, die damals schon über ein weitverzweigtes Genossenschaftswesen verfügten, über ihre Tätigkeit und Erfolge auf diesem Gebiet. Die deutschen Genossenschaften wurden dadurch angeregt, in den folgenden Jahren diese Möglichkeit aufmerksamer zu pflegen.
Einen Satz aus der Entschließung dieser Konferenz zu dem Fragenkomplex des zwischenwirtschaftlichen Warenverkehrs möcht ich hier verlesen. Er heißt: »Dem sachlichen Vorteil gesellt sich ein moralischer Gewinn zu, indem sich Erzeuger und Verbraucher bei unmittelbarem Geschäftsverkehr näher kennenlernen und auf die besonderen Eigenheiten und Bedürfnisse des anderen Teils Rücksicht zu nehmen lernen«.
An der anderen Stelle wird ferner auf »eine wirksame Zusammenarbeit nötigenfalls in Gestalt gemeinschaftlicher Unternehmungen« hingewiesen.
Über die Erfahrungen des zwischengenossenschaftlichen Verkehrs hat der »Ausschuß der Erzeuger- und Verbrauchergenossenschaften« gegen Ende der zwanziger Jahre einen Bericht abgegeben, der in einigen Punkten sehr interessant ist. Als Ursache für die geringen Lieferungen wird darin u. a. auf folgende Mängel, die die landwirtschaftlichen Produkte betreffen, hingewiesen:

1. keine markfähigen Warenangebote,
2. keine größeren Posten verfügbar,
3. Ungleichmäßigkeit der Erzeugnisse,
4. überlegene Qualität der Auslandsware.

Die besonderen politischen und wirtschaftlichen Verhältnisse der Nazizeit haben diese Mängel eher noch verstärkt, und es trifft leider zu, daß sie zum Teil auch heute noch eine wesentliche Ursache sind, daß sich die Warenlieferungen zwischen den Genossenschaften nicht vergrößert haben.
Im Jahre 1931 lieferten landwirtschaftliche Genossenschaften für 28 Millionen Reichsmark (RM) an die Konsumgenossenschaften und an die Großeinkaufsgesellschaften. In der gleichen Zeit bezogen die Konsumgenossenschaften und Großeinkaufsgesellschaften für 40 Millionen RM

Erzeugnisse von landwirtschaftlichen Einzelbetrieben. Dieses Ergebnis bestätigt den Bericht des Ausschusses.
Nach den von den Konsumgenossenschaften vertretenen Grundsätzen hätten sie kaum von Einzelbetrieben, und zwar in diesem Fall von landwirtschaftlichen Großbetrieben bezogen, wenn die Erzeugnisse von den landwirtschaftlichen Genossenschaften zu den gleichen Bedingungen angeboten worden wären.

Das Problem der Standardisierung

Die Forderungen, die also schon vor 30 Jahren von den Konsumgenossenschaften erhoben wurden, sind in der Zwischenzeit noch zwingender geworden. Bei der Rationalisierung der Verkaufseinrichtungen, bei der sich auch die Kosumgenossenschaften weitgehend auf Schnellbedienung und Selbstbedienung umgestellt haben und weiterhin umstellen, sind nur standardisierte Waren zu verwerten, die in größeren Mengen und bester Qualität angeboten werden. Die Konkurrenz ausländischer Erzeugnisse wird in Preis und Qualität eher stärker als schwächer werden.
Das Begehren der neuzeitlichen Verteilungsstellen nach einheitlichen Waren bereitet den landwirtschaftlichen Genossenschaften bei der Vielzahl der ihnen angeschlossenen klein- und mittelbäuerlichen Betriebe erhebliche Schwierigkeiten. Diese Schwierigkeiten können nur gelöst werden, wenn die Mitglieder in ihren Betrieben das Verlangen des Marktes berücksichtigen. Sie müssen dabei bereit sein, private Interessen denen der Genossenschaft als einer Betriebsgemeinschaft unterzuordnen.
Der Rückgang der Zahl der Kleinbetriebe ist nur dann aufzuhalten, und das gilt auch für größere Betriebsklassen, die vor einiger Zeit noch als zweckmäßig empfohlen wurden, wenn es gelingt, sie zu größeren Wirtschaftseinheiten zusammenzuschließen. Sie können dann durch Einsatz gemeinsamer Produktionsmittel billiger produzieren. Sie können vor allem auch mit einheitlichen Warenangeboten auf dem Markt erscheinen. Wieder müssen Genossenschaften Helfer der einzelnen sein. Sie müssen auf die Mitglieder einwirken und erreichen, daß die vielen Sorten, z. B. bei Kartoffeln und den übrigen Ackererzeugnissen, die die einzelnen Betriebe anbauen, und die verschiedenen Tierrassen, die auf den Markt kommen, zahlenmäßig vermindert werden. Die landwirtschaftlichen Betriebe, die der Genossenschaft angehören, müssen marktwirtschaftlich als eine Einheit auftreten. Sie müssen sich rechtzeitig über Liefermengen und -termine abstimmen. Der einzelne Landwirt schränkt sich selber zwar

dadurch in seiner unabhängigen Betriebsführung ein. Er tut das aber, weil er auf weite Sicht seine Selbständigkeit und sein Eigentum behalten will. Es gilt immer der alte Satz: »Wer frei bleiben will, muß dafür auch Opfer bringen!«

Das zu fordern, mag manchem Genossenschafter undurchführbar erscheinen. Das stimmt aber selbst in der Landwirtschaft keineswegs. Im Weinbau z. B., in dem bisher schon ein schärferer Wettbewerb herrschte, haben die Winzergenossenschaften seit langem erfolgreich auf die Sortenwahl der anzubauenden Reben eingewirkt. Sie mußten es tun, wenn sie bei dem vorherrschenden Kleinbesitz im Weinbau – die durchschnittliche Größe beträgt 0,38 ha – marktgerecht arbeiten wollten.

Dem Bemühen der Landwirte gegenüber steht die Aufgabe der Konsumgenossenschaften, mit klaren Forderungen hinsichtlich der von ihnen verlangten Waren an die landschaftlichen Genossenschaften heranzutreten. Dem Jahresbericht 1959 der Konsumgenossenschaft Hannover habe ich entnommen, daß sich z. B. das erstmals der landwirtschaftlichen Hauptgenossenschaft übertragene Einkellerungsgeschäft mit Kartoffeln gut bewährt hat und fortgesetzt werden soll. Dieser Entschluß ist um so mehr zu begrüßen, als die Kartoffelernte 1959 qualitativ und quantitativ mäßig war und der Preis erheblich über dem Durchschnitt der Vorjahre lag.

Genossenschaftliche Treue und Freiwilligkeit in den landwirtschaftlichen Genossenschaften

Eine andere Schwierigkeit für die landwirtschaftlichen Genossenschaften, sich dem Markt anzupassen, ist die noch nicht ausreichende Bereitwilligkeit der Mitglieder, ihre Erzeugnisse laufend über die Genossenschaften abzusetzen und Bedarfsstoffe über sie zu beziehen. Das Problem der »genossenschaflichen Treue« ist auch den Kosumgenossenschaften nicht unbekannt.

Ein Grundsatz den alle Genossenschaften hochhalten, ist die Freiwilligkeit, der Genossenschaft anzugehören und ihre Einrichtungen zu benutzen. Ihn zu mißachten, würde gegen die Regel der »Redlichen Pioniere von Rochdale« verstoßen.

Man wird aber darüber nachdenken müssen, ob bei den landwirtschaftlichen Betrieben in ihrer Beziehung zu den Verwertungs- und Absatzgenossenschaften ebenso wie bei den Genossenschaften und ihren Einrichtungen untereinander dieses Prinzip der Freiwilligkeit wie bislang aufrechterhalten werden kann. Ich darf etwa als Beispiel auf eine Organisationsform hinweisen, die sich im Bundesgebiet schnell durchgesetzt hat. Ich meine die sogenannten »Freiwilligen Ketten«. Das sind die Vereinigungen von Einzel- und Großhändlern, vor allem des Lebensmittelhandels. In diese Kette sind häufig auch Erzeugungs- und Bearbeitungsbetriebe eingeschlossen. Jeder Betrieb, der der Kette angehört, behält rechtlich seine Selbstständigkeit. Das Kennzeichen der Freiwilligen Kette ist aber das Prinzip der Ausschließlichkeit. Es stellt eine »Einzugs- und Absatzgebietsregelung« auf freiwilliger Grundlage dar. Die Einzelhändler eines bestimmten Gebietes beziehen ihre Waren in der Regel nur bei einem bestimmten Großhändler. Der darf dann in keinem anderen Gebiet tätig sein. Verteilungskosten, Werbung und Risiko können durch diese Auftragskonzentration wesentlich verringert werden, und das führt zu niedrigeren Handelsspannen. Der einzelne Betrieb verzichtet damit freiwillig und zu seinem wirtschaftlichen Nutzen auf einen Teil seiner Dispositionsfreiheit.

Durch dieses Ausschließlichkeitsprinzip unterwerfen sich die Mitglieder einer Selbstdisziplin, über deren Mangel die Genossenschaften heute klagen.

Das Prinzip der Freiwilligkeit ist nicht verletzt, wenn die Mitglieder der Absatz- und Verwertungsgenossenschaften sich selber freiwillig verpflichten, bestimmte für den Markt vorgesehene Erzeugnisse nur ihrer Genossenschaft zuzuleiten. Es unterliegt ja dem freien Ermessen des Mitgliedes, diese Bindung wieder aufzuheben, wenn ihn die Leistungen der Genossenschaften nicht befriedigen. Dadurch würde also weder der Grundsatz der Freiwilligkeit noch der des Leistungsprinzips beeinträchtigt. Aber nur auf diese Weise kann erreicht werden, daß eine Vielzahl landwirtschaftlicher Betriebe, soweit sie mit dem Markt in Beziehung treten müssen, als geschlossene Wirtschaftseinheit auftreten. Und nur sie kann eine klare Übersicht über die zu erwartenden Absatzmengen haben und den Forderungen des Marktes nach Quantität und Qualität gerecht werden. Nur dann lassen sich die wirtschaftlichen Vorteile einer genossenschaftlichen Zusammenarbeit voll ausschöpfen, wenn die Mitglieder zur Übernahme solcher Pflichten bereit sind. Besonders die landwirtschaftlichen Genossenschaften – aber nicht sie allein – müssen sich in dieser Frage also unter Umständen auch mit ihren Satzungen den Forderungen des Marktes anpassen.

Das Prinzip der Pflichtablieferung der gesamten Ernte einzelner Erzeugnisse ist nicht nur bei ausländischen Genossenschaften bekannt, es bestimmt auch das Verhältnis der Mitglieder zu den Winzergenossenschaften. Und ich kenne es auch aus den Obstanbaugebieten an der unteren Elbe.

Wenn die Genossenschaften ihre Mitglieder fester an sich binden wollen, müssen sie aber auch das Problem der Rationalisierung im Genossenschaftswesen erkenne. Sie können sich ihm in dem zu erwartenden schärferen Wettbewerb nicht entziehen. Diese Beziehungen, die bei der Gründung der Genossenschaften zwischen den Mitgliedern bestanden, waren besonders eng. Die unmittelbare Zusamenarbeit mit dem genossenschaftlichen Geschäftsbetrieb, getragen vom Vertrauen der Mitglieder, hatte zur Folge, daß dieser Geschäftsbetrieb im allgemeinen nur nach einer Seite marktoffen war. Der Erwerb von Erzeugnissen der Mitglieder, die von dem Genossenschaftsbetrieb weiter verarbeitet und abgesetzt wurden, unterlag keinem Wettbewerb. Damit konnten auch Ausgaben, wie Risikorücklagen und Werbung, die in der Wettbewerbswirtschaft unvermeidbar sind, stark vermindert werden. Sie traten nur für den Absatz der Waren auf.
Ebenso war es bei den Bezugs- und Konsumgenossenschaften. Auch sie waren nur nach einer Seite mit dem Einkauf ihrer Waren marktverbunden. Im Laufe der Jahrzehnte hat sich das wesentlich geändert. Das ideelle Band, das die Mitglieder der Genossenschaften und den Geschäftsbetrieb zusammenhielten, hat sich gelockert. Ökonomische Interessen sind entscheidend geworden. Die Mitglieder verkauften oder kauften ihre Erzeugnisse oder ihren Bedarf dort, wo es wirtschaftlich für sie im Augenblick am günstigsten war. Dadurch ist aus der einseitigen Beziehung der Genossenschaften zum Markt eine zweiseitige geworden. Unvermeidbar entstand damit der Eindruck, daß sich Genossenschaftsunternehmen gebildet haben, die nach Überschüssen und Gewinn streben. Im Zeichen der Wettbewerbswirtschaft muß das als Fortschritt angesehen werden; wie weit davon die genossenschaftliche Idee berührt wird, ist eine andere Frage.

Straffung der Zusammenarbeit

Ebenso wie das Verhältnis der Mitglieder zu den Genossenschaften wäre zu prüfen, ob nicht die Geschäftsbeziehungen der Genossenschaften untereinander und ihre Verbindung zu den mittleren und Großhandelsstufen stehenden Einrichtungen gestrafft werden sollte. Das könnte helfen, sicherzustellen, das z. B. die jahreszeitlich unterschiedlich anfallenden landwirtschaftlichen Erzeugnissen, die zum Teil längere Zeit gelagert werden, in ausreichendem Umfang vorhanden sind. So könnten sie den Städten gleichmäßig zugeführt werden. Gleichzeitig kann gerade damit auch das Genossenschaftswesen rationalisiert werden.

Ich möchte auch hier auf das Beispiel einer Betriebsform hinweisen, die sich immer stärker durchsetzt. Es sind die Filialbetriebe. Sie sind auf starker Kapitalbasis aufgebaut und von einer oberen Zentrale straff nach unten zu den Filialen durchorganisiert. Diese Filialbetriebe, die sich häufig über mehrere Länder erstrecken, stehen in einem absoluten Abhängigkeitsverhältnis zur Zentrale. Als Großunternehmen verfügen sie über umfangreiche Werbe- und Verkaufserfahrungen, und sie kennen die Massenpsychologie. Sie produzieren mitunter in eigenen Betrieben, die sie auf bestimmte gängige Waren spezialisieren. In diesen erwerbswirtschaftlich orientierten Großbetrieben stehen die Filialen und Produktionsbetriebe im Dienst der Zentrale. Sie kann kurzfristig den gesamten Geschäftsbetrieb einheitlich den jeweiligen Marktverhältnissen anpassen.
Die Organisationsgrundsätze dieser Großbetriebe stehen im genauen Gegensatz zum Genossenschaftswesen, bei dem grundsätzlich die Mitglieder dem genossenschaftlichen Geschäftsbetrieb wenigstens die allgemeine Ausrichtung geben. Er hat ihnen zu dienen. Ebenso hat die Hauptgenossenschaft oder die Großeinkaufsgesellschaft den Genossenschaften zu dienen. Bei der Stellung, die neben der Mitgliederversammlung Vorstand und Aufsichtsrat in der Genossenschaft einnehmen, ist die Organisationsform der Genossenschaften – das dürfen wir nicht übersehen – schwerer in der Lage, sich den wechselnden Marktverhältnissen schnell anzupassen als die zentral und erwerbswirtschaftlich geleiteten Filialbetriebe.
Der Einfluß der Filialbetriebe und der ähnlich organisierten Kaufhäuser wird in den nächsten Jahren zunehmen. Dem Einwand, daß durch ihre Tätigkeit der Wettbewerb eingeengt würde, kann man nicht zustimmen. Jedenfalls nicht, solange diese Betriebe keine Monopolstellung einnehmen. Die Konkurrenz auf den Zwischenhandelsstufen wird möglicherweise durch die Filialbetriebe, die Kaufhäuser und Freiwilligen Ketten eingeschränkt, um sich mit um so stärkerem Gewicht auf die erste und letzte Handelsstufe zu verlegen. Diese Entwicklung liegt im Interesse der Erzeuger und Verbraucher. Ausschaltung von Zwischenhandelsstufen sollte auch ein geeigneter Weg zu den Zielen der im Raiffeisen- und Konsumgenossenschaftsverband zusammengeschlossenen Genossenschaften sein.
Die Vorteile großer Betriebseinheiten lassen also für das Genossenschaftswesen – zumindest bei einigen Verbänden – gewisse Umstellungen und Rationalisierungsmaßnahmen zweckmäßig erscheinen, auch um im Interesse der Mitglieder besser die Rolle des Mittlers zwischen Stadt und Land spielen zu können.

Das Genossenschaftswesen ist in seinem Aufbau föderalistisch. Der Kern ist die Personenvereinigung in der Einzelgenossenschaft. Diesem dezentralisierten Aufbau der Organisation braucht ein zentralistisch geleiteter Geschäftsbetrieb nicht entgegenzustehen. Eine einheitliche, auch über die Grenzen des Geschäftsbereiches hinausgehende Marktbeobachtung muß organisiert werden. Eine wirkungsvolle Werbung kann nur einheitlich geleitet und der Warenstrom zweckmäßig nur zentral gelenkt werden. Die einzelnen Genossenschaften und Genossenschaftsverbände entwikkeln sich in dieser Hinsicht sehr unterschiedlich. Das gilt auch besonders für die Konzentration der Einzelgenossenschaften und das sehr unterschiedliche Vermarktungswesen für die verschiedenen landwirtschaftlichen Erzeugnisse.

Der Gedanke, leistungsstarke Einzelgenossenschaften zu bilden, ist bei dem Neuaufbau des Kosumgenossenschaftswesens in der Nachkriegszeit nur teilweise berücksichtigt worden. Er wird – wie ich aus den letzten Jahresberichten ersehen habe – durch Zusammenlegung kleiner Genossenschaften weiter verfolgt.

Die Zahl der 106 Konsumgenossenschaften im Jahre 1958 im Verband der nordwestdeutschen Kosumgenossenschaften ist nur noch rund halb so groß wie 1932, obwohl die Zahl der Verteilungsstellen wesentlich darüberliegt und die Zahl der Mitglieder die von 1932 um fast ein Viertel übersteigt.

Auch die landwirtschaftlichen Genossenschaften entwickeln sich ähnlich. Es wirken hier jedoch gewisse soziologische Erwägungen, die auf die Erhaltung kleinerer und mittlerer Einheiten bedacht sind, hemmend. Hinzu kommt die Mentalität der landwirtschaftlichen Bevölkerung, der jede größere Zusammenballung verdächtig ist. Aber vor allem die Tatsache, daß diese Genossenschaften Bearbeitungsbetriebe für bestimmte Produkte besitzen, z. B. Molkereien, Zuckerfabriken usw., erschwert eine Verschmelzung. Man braucht erhebliche Kapitalinvestitionen, um solche Betriebe umzustellen.

Auf dem Lande wirkt einem Zusammenschluß mehrerer Genossenschaften oft auch die räumliche Entfernung entgegen. Die wirtschaftlichen Interessen in größeren Bezirken sind zu unterschiedlich, um eine auf gegenseitiges Vertrauen gegründete Zusammenarbeit sicherzustellen. Diese verschiedenen Schwierigkeiten haben wohl dazu beigetragen, daß das Vermarktungssystem der landwirtschaftlichen Genossenschaften für die einzelnen Erzeugnisse sehr unterschiedlich ist. Ich möchte als Beispiel für die landwirtschaftliche Produktion zwei wichtige Nahrungsmittel nennen.

Das erste ist die Milch. 80 Prozent der von der Landwirtschaft abgelieferten Milch wird in Niedersachsen Genossenschaftsmolkereien zugeleitet. Mehrere dieser Genossenschaften konnten in den letzten Jahren zusammengelegt werden.
Die Zahl der westdeutschen milchwirtschaftlichen Genossenschaften hat sich im Laufe der letzten zehn Jahre im Durchschnitt um jährlich 50 vermindert, obwohl auch bei ihnen die Mitgliederzahl jährlich um 10000 anstieg. Es bleibt im genossenschaftlichen Molkereiwesen noch viel zu tun übrig, aber der Anfang, moderne Betriebseinheiten aufzubauen, die im Interesse von Stadt und Land tätig sind, ist gemacht.
Es ist auch gelungen, in Niedersachsen ein Abkommen über größere tägliche Lieferungen zwischen einem genossenschaftlichen Zusammenschluß mit den Kosumgenossenschaften abzuschließen.
Das zweite Beispiel ist das Gebiet Vieh und Fleisch. Hier sind die Genossenschaften bisher in wesentlich geringerem Umfang als bei der Milch als Mittler zwischen Stadt und Land tätig geworden. Die Absatzregelung bei den übrigen landwirtschaftlichen Erzeugnissen hat sich in den letzten Jahren mehr oder weniger stark gewandelt oder sie wird – wie z. B. bei Eiern – zur Zeit umgestellt. Aber auf dem Gebiet Vieh und Fleisch ist seit dem vorigen Jahrhundert in der Vermarktung nichts Wesentliches geändert worden. Mit ungefähr 40 Prozent der Gesamteinnahmen stellen die Erlöse aus Schlachtviehverkäufen aber die wichtigsten Einnahmequellen der Landwirtschaft dar. Das alte Vermarktungsverfahren von lebendem Vieh und die Herstellung von Fleisch- und Wurstwaren überwiegend in handwerklichen Betrieben, entspricht nicht mehr unserer modernen Wirtschafts- und Produktionsweise. Nicht allein der Lohnanteil ist so zu hoch, auch die Mechanisierung der Betriebe mit möglicher Kostensenkung wird praktisch unmöglich. Das erhöht die Handelsspanne, ohne das jemand rechten Nutzen davon hat. Viel zu viele unterschiedliche Tierrassen und stark abweichende Fütterungsverfahren erhöhen die Qualitätsrisiken unnötig für den Käufer. An der Fleisch- und ebenso an der Milchproduktion ist in Deutschland besonders die große Zahl der klein- und mittelbäuerlichen Betriebe beteiligt. Die Bauern befassen sich aber vornehmlich mit Fragen der Produktion, während sie auf Achtung vor den Marktverhältnissen noch lange nicht hinreichend geschult sind. Das gilt sogar für einen Teil ihrer landwirtschaftlichen Berater. So kommt es, daß die Interessen von Stadt und Land oder Bedarf und Produktion schlecht aufeinander abgestimmt sind. Die Erzeugnisse unterliegen daher mengen- und wertmäßig erheblichen Schwankungen.
Hier wartet auf die Genossenschaften ein reiches Betätigungsfeld, engere

und besser funktionierende Beziehungen herzustellen. Welche Möglichkeiten auf dem Gebiet der Fleischproduktion bestehen, wenn neuzeitlich gefüttert wird und ein moderner Weg zum Kunden gewählt wird, zeigt der Markt für Geflügel.
Landwirtschaftliche Genossenschaften haben Fleisch bisher nicht selber verarbeitet. Aber die Konsumgenossenschaften und deren Großeinkaufsgesellschaft besitzen eine größere Anzahl von Fleischereibetrieben. Ich halte das für gut und interessant genug für die zuständigen landwirtschaftlichen Genossenschaften.
Bisher überschneiden sich auf dem Gebiet der Verarbeitung landwirtschaftliche Erzeugnisse die beiden Genossenschaftsrichtungen mit wenigen Ausnahmen kaum. Jede hatte ihr besonderes Betätigungsfeld. Ich halte es aber für möglich, daß im Zeichen der Wettbewerbswirtschaft auf einzelnen Gebieten von den Genossenschaften Konkurrenzbetriebe gegründet werden. Bevor es dazu kommt, wäre es gut, wenn die Spitzenverbände versuchten, sich in dieser Frage abzustimmen. In Schweden hat man das erreicht.
Prof. Baade[2] hat vor einigen Jahren auf einer Genossenschaftstagung einmal gesagt, daß der Weg der Zusammenarbeit zwischen Erzeuger- und Verbrauchergenossenschaften bisher nur mit guten Vorsätzen gepflastert sei. Das mag ein bißchen hart gesagt sein, aber es enthält bedenklich viel Wahrheit.
Wir sollten versuchen, über Schranken einer vergangenen Zeit hinweg die beiden Genossenschaftseinrichtungen zu einer engeren und fruchtbringenden Zusammenarbeit zu bewegen.
Die Genossenschaften sollten sich dabei ihrer Aufgaben und ihrer Ideen aus der Gründerzeit bewußt sein und daran denken, daß sie neben wirtschaftlicher Hilfe für ihre Mitglieder auch eine Verantwortung tragen für die Menschen auf dem Lande und in der Stadt und für die Verständigung von Stadt und Land. Der beste Weg dazu ist Kooperation – genossenschaftliche Zusammenarbeit.

---

[2] Prof. Dr. Fritz Baade, Nationalökonom (u.a. Leiter des Instituts f. Weltwirtschaft in Kiel).

Neuordnung des landwirtschaftlichen Kreditwesens (1962)

Die zweite hier abgedruckte Rede aus seiner Amtszeit als niedersächsischer Landwirtschaftsminister (1959 – 1965) zur »Neuordnung des landwirtschaftlichen Kreditwesens« hielt er am 5. Januar 1962 anläßlich der Arbeitstagung sozialdemokratischer Agrarpolitiker in Bergneustadt im Bergischen Land.

Im Dezember 1961 war Kubel mit einem Vorschlag für die Neuordnung des Agrarkredits an die Öffentlichkeit getreten, der unter dem Namen ›Stufeninvestitionsplan‹ vom damaligen Direktor der Landwirtschaftlichen Rentenbank in Frankfurt, Günter Noell, entwickelt worden war. Ziel war es, einerseits das Feld der völlig unübersichtlichen und vielfach uneffektiven Einzelmaßnahmen landwirtschaftlicher Investitionshilfen durch ein betriebswirtschaftlich fundiertes Agrarkreditmodell zu ersetzen, andererseits mit Hilfe dieses Stufeninvestitionsplans auf der Grundlage einzelbetrieblicher Analyse und Beratung entwicklungsfähige Höfe durch Investitionshilfen zu modernisieren, um so die Einkommenssituation der Landwirtschaft und ihre Wettbewerbsposition im Gemeinsamen Markt zu verbessern.

Der Plan, der zunächst von seinen Gegnern abfällig als ›Kubel-Plan‹ bezeichnet wurde, dann aber ab Herbst 1962 in Niedersachsen mit Erfolg erprobt wurde, gab Kubel recht, und die Bezeichnung ›Kubel-Plan‹ wurde zum Markenzeichen für ein effektives Instrument zur Modernisierung der Agrarstruktur. Er war später das Vorbild für das Hofkreditprogramm des Bundes und wurde auf der Ebene des Gemeinsamen Marktes vom EWG-Kommissar für Landwirtschaft, Sicco Mansholt, übernommen.

Wie Sie wissen, habe ich nun fast drei Jahre das Landwirtschafts-Ressort in Niedersachsen. Wie Sie weiter wissen, bin ich kein Landwirt, vielmehr stammt meine wirtschaftliche Erfahrung aus der Industrie. Die Leitung des Agrar-Ressorts hat nicht zuletzt deswegen ihren eigenen Reiz für mich. Man merkt bald, daß zwischen der Landwirtschaft und der gewerblichen Wirtschaft in einem Punkt grundsätzliche Übereinstimmung besteht. Ich meine damit die auf ökonomischem Denken beruhenden Methoden jeglichen Wirtschaftens. Am Anfang sollte der scharfe Rechen-

stift stehen. Zunächst ist das allerdings weitgehend eine theoretische Erkenntnis.
Ein Teil unserer Lanwirtschaft scheint dies erst jetzt in vollem Ausmaß zu bemerken. Diese Erkenntnis ergibt sich – heute beschleunigt – aus der wirtschaftlichen und sozialen Lage der Landwirtschaft. Seit Jahren ist sie dadurch gekennzeichnet, daß bei einer großen Zahl von landwirtschaftlichen Betrieben die Produktionsfaktoren Arbeit, Boden und Kapital keinen den übrigen Wirtschaftsbereichen vergleichbaren Ertrag mehr bringen. Aus dieser Situation hat sich ein Umstellungsprozeß entwickelt, von dem man wohl sagt, er ließe sich auch wegen der ihm innnewohnenden sozialen Spannungen mit der industriellen Revolution des vergangenen Jahrhunderts vergleichen.
Unsere politische Aufgabe ist es, bei diesem Prozeß die Weichen stellen zu helfen. Eine besondere, wenn nicht sogar die Richtung der künftigen Entwicklung unserer Landwirtschaft überhaupt entscheidend bestimmte Weiche scheint mir dabei das landwirtschaftliche Kreditwesen oder kurz: der Agrarkredit zu sein. Bevor ich meinem eigentlichen Auftrag nachkomme, nämlich auf die Neuordnung eben dieses Agrarkredites eingehe, ist es deshalb wohl nötig, die Entwicklung der bundesdeutschen Landwirtschaft bis zur heutigen Situation kurz nachzuzeichnen. Dabei will ich zugleich auf das bisherige landwirtschaftliche Kreditwesen eingehen.
Wie sah es nach der Währungsreform 1948 aus? Der Produktionsapparat der bundesdeutschen Landwirtschaft ist durch Kriegs- und Nachkriegsereignisse bei weitem nicht so gestört worden, wie das für große Teile der gewerblichen Wirtschaft gilt. Der Nachholbedarf der Landwirtschaft an Investitionsgütern ist dagegen relativ größer gewesen. Man denke insbesondere an die heute noch größerenteils völlig unzulänglichen landwirtschaftlichen Betrieben dienenden Baulichkeiten. Die Bereitschaft, in der Landwirtschaft unternehmerisches Rechnen und Denken zu schätzen, ist durch Kriegsvorbereitung und Kriegsführung entscheidend geschwächt worden. Der Kreditbedarf hielt sich mithin zunächst in engen Grenzen, jedenfalls was den eigentlichen, langfristigen Investitionskredit angeht. Hierzu hat nicht zuletzt die große Nachfrage nach Agrarprodukten – oder anders: die Fresswelle – beigetragen. Die ermöglichte es dem Erzeuger gelegentlich, so manche dringliche Nachholinvestition im Wege der Eigenfinanzierung zu bewerkstelligen. Der Begriff „Kompensation“ sollte noch nicht vergessen sein.
Allerdings darf man nicht verkennen, daß diese Selbstfinanzierung wegen der zahlreichen Preisbindungen landwirtschaftlicher Erzeugnisse zumindest im Verhältnis zu anderen Wirtschaftszweigen unbedeutend bleiben

mußte. Deren Preise waren ja nach der Währungsreform weitgehend freigegeben worden, und der Verbraucher hat hier die Nachholinvestitionen weitgehend über den Preis finanziert.
Manchem mag es erstaunlich erscheinen, daß die Landwirtschaft – dazu rechnen wir auch die überbetrieblichen Zusammenschlüsse – nach wie vor eine durchschnittliche Eigenfinanzierungsquote von etwa 45 % hält. Sie schafft das durch Einschränkung der Lebenshaltung im Vergleich zu manch anderen Unternehmerkreisen, durch Substanzeingriffe wie Bodenverkauf, übernormalen Holzeinschlag, durch Eingriffe auf manchmal vorhandene Beteiligungen an Unternehmen anderer Wirtschaftszweige und keineswegs zuletzt durch Hilfe außerbetrieblich tätiger Familienmitglieder.
Diese Wiederaufbauperiode endete etwa um das Jahr 1952. Aber es zeigte sich immer deutlicher, daß die Landwirtschaft in der Entwicklung ihres Einkommens nicht mit der gewerblichen Wirtschaft Schritt hielt. Es gelang der Agrarpolitik mit handels- und preispolitischen Maßnahmen, den Wettbewerbsdruck des immer stärker werdenden ausländischen Nahrungsmittelangebots zunächst wirksam zu mildern. Eine große Zahl von landwirtschaftlichen Betrieben schaffte es dennoch nicht, ihre Rentabilität zurückzugewinnen. Die Wirksamkeit der Produktionsfaktoren Arbeit und Kapital gegenüber der gewerblichen Wirtschaft hatte sich nicht vergleichbar steigern lassen. Das gilt besonders für den Produktionsfaktor Arbeit, d.h. die Einkommenslage der in der Landwirtschaft Beschäftigten. Es wurde erkannt, daß auch in der Landwirtschaft Arbeit durch Kapital ersetzt werden muß. Die Industrie hat diesen Weg seit der Mitte des vorigen Jahrhunderts erfolgreich beschritten. Die Landwirtschaft wird heute folgen müssen; die Einsicht dazu ist gewachsen, und das nicht zuletzt dank dem Lohndruck, dem sie direkt und indirekt ausgesetzt bleibt.
Die Gründe für das Zurückbleiben der Landwirtschaft auf diesem Wege sind vielschichtig. Sie dürften in erster Linie bei der Landwirtschaft selbst liegen. Sie sind vielfach das Ergebnis zahlreicher schlechter Erfahrungen. Die Hauptursache dafür ist das Fehlen eines Rechnungswesens, das dem Krediteinsatz dienen kann. Während der Nazi-Zeit führten die schlechten Krediterfahrungen dazu, großen Teilen der Landwirtschaft überhaupt eine Kreditaufnahme zu verbieten. Das Agrarkreditwesen erhielt damit sozusagen amtlich den Stempel des Unsoliden, wie Dr. Becker in seiner von der Landwirtschaftlichen Rentenbank 1958 herausgegebenen sehr interessanten Broschüre: „Probleme nach der Agrarkreditverwendung“ schreibt. Es fiel praktisch als Instrument fortschrittlicher Agrarpolitik

aus. Aber die Nazis machten sich andere Sorgen! Für sie war die Landwirtschaft ebensowenig Träger beachtlicher unmittelbarer Interessen wie andere Berufszweige.
Nachdem die Wiederaufbauperiode beendet war – also Anfang der 50er Jahre –, konnte man von einem landwirtschaftlichen Kreditwesen aus einem Guß nicht reden. In unserem Zusammenhang meine ich damit die optimale Verbindung zwischen einer Kreditschöpfung aus dem freien Kapitalmarkt und öffentlichen Finanzierungshilfen. Es gab Erfahrungen mit Hilfsaktionen aus der Zeit nach dem I. Weltkrieg, wie Osthilfe, Umschuldung usw. Aber weder der Bankenapparat noch die öffentliche Hand wußten so recht, wo man den Hebel ansetzen sollte. Die zentralen Agrarkreditinstitute waren damals aktionsunfähig. Der Bundesgesetzgeber bereitete ihre Neuerrichtung erst vor. Das Agrarkreditwesen mußte praktisch neu aufgebaut werden. Gerade zum Beginn der Umstrukturierung war aber der Kapitalmarkt – wie wir uns erinnern – sehr unergiebig. Für den über den freien Kapitalmarkt refinanzierten Agrarkredit der Banken bestanden infolgedessen, ähnlich wie auch in anderen Wirtschaftszweigen, zunächt nur geringe Entwicklungsmöglichkeiten. Also stützte sich die Versorgung – übrigens nicht nur der Landwirtschaft – mit mittel- und langfristigen Investitionskrediten mehr und mehr auf Kredite, die entweder aus öffentlichen Mitteln, wie z.B. dem ERP-Vermögen[1], stammten oder deren Konditionen durch öffentliche Mittel, sei es in Gestalt von Zinszuschüssen oder Steuervergünstigungen, subventioniert wurden. Solche öffentlichen Finanzierungshilfen spielen auch heute bei der Kreditversorgung unserer Volkswirtschaft eine bedeutende Rolle.
Man wird auf sie nicht verzichten können. Sonst würden die schwächsten Teile der Wirtschaft, dazu gehört auch die Landwirtschaft, Schaden leiden. Wenn man, was ich hier wohl unterstellen darf, die Landwirtschaft auch in modernen Industriestaaten erhalten will, wird man sie öffentlich fördern, so verstanden: subventionieren müssen. Mir scheint eine Subventionierung über den Agrarkredit deshalb die am wenigsten angreifbare, weil sie ein hohes Maß an Selbsthilfekräften bei unseren Bauern freimachen kann.
Ein Nachteil der bisherigen öffentlichen Finanzierungshilfen ist, daß ihre Wirksamkeit überwiegend durch einen verhältnismäßig langen Verwaltungsweg zeitlich und kostenmäßig gemindert wird. Die Verschiedenheit in den Verwendungsbestimmungen, im Vergabeverfahren und in den Kreditbedingungen verringert ihren Wirkungsgrad noch weiter. Es herrscht

---

[1] European Recovery Program (Marshallplan).

das Formular! Eine einheitliche Konzeption durch bessere Koordinierung der zahlreichen zentralen Kreditförderungsmaßnahmen der öffentlichen Hand ist bisher nicht erreicht worden. Auch das stark entwickelte Eigenleben der zentralen staatlichen Kreditverwaltungsstellen brachte eine Töpfchenwirtschaft erster Güte mit sich. Dem Patienten, also in unserem Falle der Landwirtschaft, wurden aus den verschiedenen Töpfchen Spritzen verpaßt, mehr und minder wohldosiert, oft genug jeweils nach dem Geschrei, welches der Patient hinsichtlich seiner besonderen Schmerzen an bestimmten Stellen von sich gab. Dabei hoffte man, daß irgend eines der zahlreichen Mittel schon helfen oder zum mindesten einzelne Symptome kurieren werde. Das ist sogar – und man muß es durchaus anerkennen – vielfach gelungen.

Wir wollen feststellen, daß sich die verschiedenartigen Förderungen, die dem Agrarkredit bisher im Rahmen der ERP-Kreditaktion, des sogenannten Lübke-Planes, des Grünen Planes, des Zweckvermögens der Landwirtschaftlichen Rentenbank und mancherlei besonderer Maßnahmen der Landesregierungen zuteil geworden sind, vielfach durchaus segensreich ausgewirkt haben. Als Kreditnahmer traten neben den Einzelbetrieben auch Zusammenschlüsse auf, wie Wasser- und Bodenverbände, Genossenschaften, Maschinengemeinschaften.

Das Investitionsvolumen der Wirtschaftsjahre 1952/53 bis 1959/60 liegt bei rund 27 Mrd. DM. Etwa 10 Mrd. DM davon wurden im Kreditwege, rund 4,7 Mrd. DM durch unmittelbare öffentliche Beihilfen und rund 12,2 Mrd DM durch Eigenmittel und Eigenleistungen finanziert. Etwa 20 % der Kredite wurden ohne Mitwirkung der öffentlichen Hand zu den Bedingungen des Kapitalmarktes aufgenommen. Aber 80 % wurden entweder direkt vom Staat zu Sonderbedingungen gewährt oder aus öffentlichen Haushalten zinsverbilligt.

Wer heute durch die Lande fährt, sieht das an den zahlreichen neuen Maschinen, an neuen und modernisierten landwirtschaftlichen Gebäuden, ausgebauten Wirtschaftswegen, wasserwirtschaftlichen Maßnahmen usw. Aber die seit langem erhobene Forderung auch des Deutschen Bauernverbandes auf Flurbereingung bei den Kreditförderungsmaßnahmen auf dem Agrarsektor muß gerade heute als durchaus berechtigt anerkannt werden. Diese Einsicht wird wohl von allen geteilt, die mit dem Agrarkredit befaßt sind. Der Bauernverband drückte das in einer Entscheidung aus dem Jahre 1957 so aus: es sei „nicht mehr möglich, die verschiedenen Einzelkreditaktionen zu übersehen". Im Lande Niedersachsen waren es zeitweise etwa 50 Töpfe, aus denen der Landwirtschaft öffentliche Kredithilfen gewährt wurden. Die Zahl hat sich zwar verringert, weil der Kapitalmarkt inzwischen ergiebiger geworden ist. Trotzdem sind die Töpfchenwirtschaft und ihre Auswirkungen nach wie vor höchst unerfreulich.

Wird z.B. eine Investition aus mehreren öffentlichen Kreditkontingenten gefördert, dann ist das regelmäßig ein höchst verzwicktes Unternehmen, in einem Finanzplan die häufig nur schwierig miteinander zu vereinbarenden Verwendungsbedingungen verschiedener Herkunft zu kombinieren. Die Hauptarbeit fällt dabei überwiegend den kreditdurchleitenden oder -gewährenden Banken zu. Die pflegen dann prompt ihre Verwaltungskostenbeiträge oder Zinsmargen zu erhöhen, um den zusätzlichen Arbeitsaufwand zu decken. Werden schließlich die Verdienstspannen der Institute vom Staat festgesetzt, dann wird dem in der Regel mit niedrigeren Anzahlungskursen, besonderen Gebührenrechnungen oder ähnlichen Maßnahmen begegnet. Es kann schließlich sogar geschehen, daß die Kreditinstitut überhaupt die Lust verlieren und sich nur noch der lukativen, glatten Fälle annahmen. Abgesehen davon besteht die Gefahr, daß die Fälle hingebogen werden, ohne daß ihren eigentlichen Erfordernissen entsprochen würde.

Enge Kontrollvorschriften pflegen dabei nur wenig zu nutzen. Denn Mißtrauen schafft, wie auch sonst im Leben, nur Unlust und Renitenz bei den Kreditbearbeitern. Das hat man wohl auch schon vor einigen Jahren in Bonn eingesehen. Wir warten aber noch auf die entsprechenden Konsequenzen daraus.

Dr. Steding, der damalige Kreditreferent des Bundesministeriums für Ernährung, Landwirtschaft und Forsten (BML), sagte etwa in einer im Jahre 1957 in der „Zeitschrift für das gesamte Krediwesen" erschienenen Abhandlung über die öffentliche Kreditforderung, daß angesichts der Unzahl von Bestimmungen „eine Umgehung der Vorschriften leicht als eine Art gerechtfertigter Notwehr sowohl bei den Bearbeitern wie schließlich auch bei den Kreditnehmern betrachtet werde". Im gleichen Aufsatz macht Dr. Steding Vorschläge für einen Weg aus dem Dilemma. Sie verdienen durchaus Beachtung. Zusammengefaßt gehen sie dahin, daß

1. keine neuen Sondertöpfe mit Sonderverwaltungen mehr geschaffen werden und, soweit neue Mittel bereitgestellt werden müssen, sie an die eingespielten Verfahren und Richtlinien anzuschließen seien;
2. alle zentralen öffentlichen Kreditverwaltungen überprüft werden sollen, ob sie auf das unbedingt notwendige Maß zusammengelegt werden können bzw. ihre Arbeit koordiniert werden kann;
3. Kreditrichtlinien möglichst elastisch gefaßt werden sollen und mit ihrer Hilfe den beteiligten Kreditinstituten ein hohes Maß von Eigen-

verantwortung übertragen werden soll, wobei die Behörden lediglich in grundsätzlich wichtigen Fragen und zur Überwachung des Gesamtablaufs einzuschalten seien.

Diese Vorschläge sind durchaus diskutabel, aber sie lassen zahlreiche Fragen, etwa die nach der Koordinierungsstelle für die öffentlichen Kreditprogramme, unbeantwortet. Ohne eine solche Stelle etwa sind die anderen Vorschläge nicht zu verwirklichen.

Das Bundeslandwirtschaftsministerium hat sich seit Verkündung seiner „Flurbereinigungs-Thesen" bemüht, die Dinge auf dem Agrarkreditsektor zu verbessern. Es ist dabei sehr behutsam vorgegangen, ein Verfahren, das ihm für die noch immer in längeren Zeitläufen denkende Landwirtschaft wohl richtig zu sein scheint. Ich glaube allerdings, man sollte auch in der Landwirtschaft einsehen – selbst bei Beachtung ihrer besonderen Gesetzlichkeiten –, wie notwendig es ist, schneller zu handeln. Sonst bleibt unsere Landwirtschaft der letzte Dampfer im Geleitzug! Und das halten wir für gefährlich. Es gibt schließlich durchaus diskutable Vorschläge für eine Neuordnung des Agrarkreditwesens.

Sie könnte sich an einen Plan anlehnen, den die Landwirtschaftliche Rentenbank in Frankfurt unter der Initiative ihres Vorstandsvorsitzenden, Dr. Günter Noell, entwickelt hat. Von diesem Stufen-Kredit-Plan haben Sie sicher schon gehört. Sein Inhalt läßt sich etwa so zusammenfassen:

Ziel ist es, die Organisation landwirtschaftlicher Betriebe so umzustellen, daß sich unter den erschwerten Bedingungen des Gemeinsamen Marktes die Produktionsfaktoren Boden, Arbeit und Kapital angemessen rentieren. Einer möglichst großen Anzahl selbstständiger bäuerlicher Familienbetriebe soll ein anderen vergleichbaren Wirtschaftszweigen angemessenes Einkommen gesichert werden.

Will ein Betriebsleiter seinen Betrieb entsprechend entwickeln, so muß er wissen, wo seine Rentabilitätsreserven liegen, wie groß sie sind, durch welche Investitionen sie am zweckmäßigsten erschlossen werden können, wie die notwendigen Finanzierungsmittel bereitzustellen sind.

Eine große Zahl unserer bäuerlichen Betriebsleiter wird diese Fragen kaum hinreichend genau beantworten können. Von den fehlenden Wirtschaftsaufzeichnungen abgesehen, fehlt es ihnen an betriebswirtschaftlicher Schulung. Dem muß durch planmäßige Heranbildung nicht zuletzt eines geeigneten, ökonomisch geschulten Beratungsdienstes abgeholfen werden. Über die hierzu erforderlichen Finanzen wird noch zu sprechen sein. Wesentlich erscheint zunächst, auf welche Weise die betrieblichen Investitionen finanziert werden sollten.

Wir können voraussetzen, daß es den Betriebsleitern häufig nicht möglich sein wird, das für eine baldige Umstellung erforderliche Kapital anzusparen. Also bleibt der Weg des ökonomisch sinnvoll eingesetzten Agrarkredites. Dieser Kredit muß allerdings, anders als in den bisherigen Agrarkreditprogrammen, dem Betrieb als einheitlichen Organismus angepaßt sein. Er darf also nicht auf bestimmte Einzelinvestitionen abstellen. Es ist absolut notwendig, die Investitionen planvoll in einer von der Rentabilität bestimmten Rangfolge vorzunehmen. Dieses stufenweise Vorgehen, bedingt den sogenannten Budget-Kredit, d.h. einer Aufteilung des Gesamtkreditvolumens in zeitlich bestimmte Abschnitte.
Z.B. wäre in einem Futterbaubetrieb gegebenenfalls zunächst das Grünland in Ordnung zu bringen. Danach müßten der Viehbestand entsprechend aufgestockt, und die damit verbundenen Arbeiten wirtschaftlich sinnvoll mechanisiert werden. Aus diesem stufenweisen Vorgehen ergibt sich, daß der jeweilige Finanzierungsbedarf nur insoweit zu verzinsen und zu tilgen ist, als er in Anspruch genommen wird. Die Refinanzierungsmöglichkeiten der Banken wären dem anzupassen. Zur Finanzierung des Investitionplanes sollten ausreichend zinsgünstige Mittel und langfristige Kredite bereitgestellt werden. Dazu sollten Mittel für den Aufbau des Beratungsdienstes treten.
Förderungsfähig sind neben den eigentlichen Umstellungsinvestitionen auch die Hofübergabe, die Rationalisierung der Haushaltung sowie – das sei besonders hervorgehoben – auch die Konsolidierung kurzfristiger Kredite, soweit dies Voraussetzung für eine sinnvolle Umstellung sein würde. Teilnehmerberechtigt an der Aktion sind alle die Betriebe, die ihre Produktion mit Hilfe der aufgezeigten Maßnahmen bei dem voraussichtlichen Preis-Kostenverhältnis im Gemeinsamen Markt rentabel zu gestalten bzw. rentabel zu erhalten vermögen.
Hinsichtlich des Kreditbedarfs für das Bundesgebiet glaubt die Landwirtschaftliche Rentenbank, von einem Jahresvolumen von 1,4 Mrd. DM maximal ausgehen zu sollen. Hauptfinanzierungsquelle wird im Umfange von etwa 1 Mrd. DM der freie Kapialmarkt sein. Ihn sollen zur Sicherung öffentliche Mittel ergänzen. Diese Mittel in Höhe von jährlich 300 bis 400 Mio. DM soll der Bundeshaushalt zinslos einem revolvierenden Kapitalfonds zur Verfügung stellen. Ich könnte mir durchaus denken, daß es im Grünen Plan Ausgabeansätze gibt, die hier wirksamer eingesetzt werden könnten. Aus dem Fonds werden über die regionalen Agrarkreditinstitute verzinsliche Darlehen vergeben. Die Kapitalmarktmittel sollen aus zusätzlichen Geldern des Bundeshaushaltes zinsverbilligt werden.
Hinsichtlich der Auswirkungen auf die Landwirtschaft im Bundesgebiet

kann man davon ausgehen, daß sich – unterstellt es werden 1/3 der Investitionen aus Eigenmitteln, 2/3 mit Krediten finanziert – innerhalb von 15 Jahren ein Investitionsbedarf von 29 Mrd. DM befriedigen ließe. Geht man weiter davon aus, daß etwa 400.000 Betriebe Kredite für die Umstellung benötigen, so könnten für die Dauer des Programms Investitionen von 70.000 bis 80.000 DM pro Betrieb durchgeführt werden. Viele Betriebe dürften jedoch weniger brauchen. Infolgedessen stünde für andere Betriebe mehr zur Verfügung.

Durch das Investitionsprogramm würden die verschiedenen Kreditteile der bisherigen Förderungen aus dem ERP-Programm, dem Zweckvermögen der Landwirtschaftlichen Rentenbank, dem Lübke-Plan, dem Grünen Plan sowie aus Sonderaktionen der Länder wegfallen. Damit wäre die erstrebte Flurbereinigung im Agrarkredit im wesentlichen vollzogen. Es blieben außer dem freien Agrarkredit neben dem Investitionsprogramm noch zwei große Gruppen staatlich geförderter Agrarkredite übrig, nämlich

1. überbetriebliche Kredite zur Verbesserung der Agarstruktur, wie Flurbereingung, Wegebau, Trinkwasserversorgung, Elektrifizierung, Wasserwirtschaft und Landeskultur;
2. Kredite für die Siedlung nach dem Siedlungsförderungsgesetz und dem Bundesvertriebenengesetz.

Der Investitionsplan wird nach alledem zum echten Werkzeug einer Strukturpolitik, für die auch im Gemeinsamen Markt die Kompetenz bei den einzelnen Nationalstaaten liegen wird. Durch die gestärkte und verbesserte Funktionsfähigkeit des Agrarkredits könnten unserer Landwirtschaft im Gemeinsamen Markt günstige Startbedingungen gesichert werden.

Allerdings – und das sei vorsorglich angemerkt – sollte man sich davor hüten, in diesem Invenvestitionsplan gleichsam die Modellösung zu sehen. Die Wirklichkeit läßt sich nicht in ein theoretisches Modell hineinpressen. Vielmehr wird sich das Modell den tatsächlichen Gegebenheiten anpassen müssen. Um hierfür erst einmal Erfahrungen zu sammeln, beabsichtige ich, in Niedersachsen einen Großversuch zu starten. Wir haben auch bei uns einige Gebiete, die von Natur aus in ihren landwirtschaftlichen Produktionsverhältnissen benachteiligt sind.

Hiervon wurden vorerst die Krummhörn (Landkreis Norden, Ostfriesland) und das Wohld-Gebiet (Landkreis Braunschweig) für den Versuch ausgewählt. Schon um die Landwirtschaft dieser Gebiete auf den allgemeinen agrarwirtschaftlichen Stand der übrigen Landesteile zu bringen, muß man ohnedies die bisher auf breiter Grundlage eingeleiteten Förderungsmaßnahmen, z.B. des Grünen Planes, des Küstenplanes, des Lübke-Planes usw. durch eine besondere Hilfsaktion ergänzen. Diese Aktion soll aber zugleich ein Modell-Versuch sein, um die Ideen des Noell-Stufen-Planes zu erproben. Wir waren bei uns der Meinung, daß lange genug darüber theoretisiert worden sei und die wenigen Einzelbetriebe, in denen dieser Plan schon erprobt wird, einen allzu beschränkten Aussagewert haben. Anhand der gewonnenen Erfahrungen wird man beurteilen können, ob sich dieser Plan für die Landwirtschaft des gesamten Bundesgebietes wirkungsvoll realisieren läßt und was man an ihm zu ändern haben wird.

Der Test ist dabei besonders scharf. Er findet angesichts der schwierigen Verhälnisse in den genannten Gebieten eine erheblich unterdurchschnittliche Ausgangslage vor. Gelingt der Versuch unter ungünstigen Verhältnissen, so sollte er unter günstigen erst recht glücken.

Der Modell-Versuch des Landes Niedersachsen bedeutet damit den Anfang einer grundlegenden Neugruppierung der Förderungsmaßnahmen für die Landwirtschaft. Hierbei wird es – und das läge auch gar nicht im Sinne des Noell-Planes – nicht darauf ankommen, bestehende Betriebe um jeden Preis zu erhalten. Solche Betriebe, die über keine mobilisierbaren Rentabilitätsreserven verfügen, können auch durch ihn nicht krampfhaft und gegen wirtschaftliche Vernunft erhalten bleiben. Die Wanderung des Bodens zum besseren Wirt darf durch diese Kreditmaßnahmen nicht aufgehalten werden. Heute wandert er allerdings allzu häufig zum kapitalkräftigen, was nicht notwendig dasselbe ist. Vielleicht sollte ich also sagen: Die Wanderung zum besseren Wirt sollte durch diese Kreditmaßnahmen gefördert werden.

Es ist besser, wenn Besitzer und sonstige Arbeitskräfte nicht existenzfähiger Betriebe endlich in anderen Wirtschaftszweigen eine auskömmliche Existenz finden, als daß sie sich selber, dem bäuerlichen Berufsstand und der Allgemeinheit weiter zur Last fallen. Das mag ungewohnt gerade in bäuerlichen Ohren klingen: In der heutigen Zeit muß der Betrieb dem Menschen dienen. Alles andere gehört in das Gebiet einer Romantik, die wir nur auf Kosten gewiß wichtigerer ideeller Vorhaben in dieser Welt bezahlen könnten.

Bei einem großen Teil der Betriebe innerhalb der für den Test vorgesehenen Notstandsgebiete wird es notwendig sein, zunächst Platz für neue Kredite zu machen, bevor ihre Rentabilitätsreserven erschlossen werden können. Die sogenannten Schwimmschulden, z.B. kurzfristige Lieferantenschulden, müssen konsolidiert werden. Eine Konsolidierung im Rahmen des von uns auf den Prüfstand gestellten Stufen-Planes kann also

nur dann sinnvoll sein, wenn sie im konkreten Einzelfall die Voraussetzung dafür bietet, daß dieser Stufenplan ökonomisch wirksam durchgeführt werden kann.
Dabei sollten wir unterscheiden zwischen einer Konsolidierung im Sinne der Bestandserhaltung, also eine Umschuldung oder gar Entschuldung mit dem Ziel, möglichst viele Betriebe zu erhalten und einer dynamischen Entwicklung unter Inkaufnahme der Ausschaltung lebensunfähiger Betriebe zugunsten solcher, die dem tüchtigen Wirt und seiner Familie eine mit anderen vergleichbaren Wirtschaftszweigen gleichwärtige Existenz ermöglichen. Wir streben nur das zuletzt Genannte an.
In welchen Größenordnungen wird man zu denken haben? Das läßt sich nur grob schätzen. Für die genannten Gebiete unseres Großversuches legen wir ein Gesamtvolumen von rund 16 bis 17 Mio DM zugrunde. Zunächst, innerhalb des ersten Jahres der Aktion, werden die für die Konsolidierung notwendigen Mittel zur Verfügung gestellt werden müssen. Das ergibt die Grundlage für die stufenweise Vergabe der Investitionsmittel. Selbstverständlich muten wir den Kreditinstituten nicht zu, von sich aus über betriebswirtschaftliche Fragen unter den Aspekten dieses Stufen-Planes zu entscheiden. Wir werden ihnen deshalb jeweils ein fachkundiges Gremium zur Seite stellen, das über den ökonomischen Verwendungszweck und die erforderliche Höhe der zu gewährenden Mittel im Einzelfall entscheidet. Das Verfahren soll im übrigen so unbürokratisch wie irgend möglich verlaufen.
Positiv an diesem Investitions-Plan ist unter allen Umständen, daß er das ökonomische Denken unserer Landwirtschaft voraussetzt, es erzwingt. Entsprechende Beratung ist von ganz entscheidender Bedeutung. Kopfdüngung tut not! Es gehört schon etwas dazu, aus den „alten Kämpfern der Erzeugungsschlacht“, die gewohnt sind, allenfalls in Getreidewerten zu rechnen und die zum großen Teil noch immer am Ruder ihrer Betriebe stehen, nun auf einmal nüchtern rational-betriebswirtschaftlich denkende Produzenten zu machen, Bauern, denen das ertragskontrollierende Rechnen selbstverständlich wird. Ist das aber erst einmal drin in den Köpfen, dann ist der Weg zum marktkonformen Handeln und dem vernünftigen Einsatz des produktiven Agrarkredites leichter zu finden.
Nur ein Beispiel: Prof. Dr. Priebe, der Ihnen als Agrarwissenschaftler bekannt ist, und seine Mitarbeiter von der Forschungsstelle für bäuerliche Familienwirtschaft sind kürzlich zu einem erstaunlichen Ergebnis gekommen. Sie meinen, daß es eigentlich um unsere Landwirtschaft, ganz im Gegensatz zu gewissen Folgerungen des Grünen Berichtes, gar nicht schlecht bestellt sein könne. Eine Überprüfung von 72 überdurchschnitt-

lich bewirtschafteten Familienbetrieben aller Nutzungsarten in Nordrhein-Westfalen, Rheinland-Pfalz und Baden-Württemberg hat ergeben, daß sich das Aktiv-Kapital dieser Betriebe im Schnitt mit 8,1 % verzinst und Arbeitseinkommen von 7.200,– DM je Arbeitskraft erwirtschaftet werden. Dabei wird ausdrücklich festgestellt, daß es sich nicht etwa um Betriebe mit besonders günstigen Wirtschaftsbedingungen handelte. Die Produktionsgrundlagen entsprechen im Gegenteil dem allgemeinen Durchschnitt; die Bodengüte schwankt zwischen 580,– und 2.900,– DM Einreichungswert je Hektar, die Höhenlage beträgt zwischen 30 und 730 m, die Niederschläge lagen zwischen 500 und 1300 Millimetern, strukturelle Kennzeichen sind durchschnittliche Feldentfernungen bis zu vier Kilometern und bis zu 60 Grundstücken je Betrieb. Im Durchschnitt ist die landwirtschaftliche Nutzfläche auf 16 Grundstücke verteilt. Es handelt sich also um Betriebe mit durchaus durchschnittlichen Produktionsgrundlagen, aber, und das ist des Pudels Kern, mit überdurchschnittlichen Betriebsleitern. Damit ist aber auch ein nicht unwesentlicher Teil des Agrarproblems erklärt. Man kann niemanden zu seinem Glück oder einem höheren Einkommen zwingen. Wer aber mehr verdienen will und sein Einkommen mit dem anderer Betriebe oder Berufe vergleicht, muß dann auch bereit sein, die gleiche Leistung zu vollbringen. Dabei kommt es nicht auf die reine Arbeitsleistung, sondern in viel stärkerem Maße auf die unternehmerische Leistung an, und diese läßt, ich glaube wir alle wissen es, in unserer Landwirtschaft leider noch vielfach sehr zu wünschen übrig. Man kann vereinfachend sagen: Der Quirl allein tuts nicht, man braucht auch den Kopf.

Nach alledem scheint es mir notwendig, daß wir uns mit noch viel mehr Energie um die Beratung kümmern müssen und uns so schnell wie möglich eine gute Mannschaft von modern geschulten Beratern heranziehen. Die müssen in der Lage sein, dem Betriebsleiter das Rüstzeug zum Überleben in der EWG zu geben.

Natürlich wird niemand einen Investitionshilfe-Plan entwickeln können, der nicht auch Schattenseiten hat. Überhaupt möchte ich behaupten, daß das Entwickeln eines verheißungsvollen Planes, die Beschaffung von Haushaltsmitteln und Mitteln des Kapitalmarktes nicht das Schwierigste sein wird. Die Belastung der öffentlichen Haushalte des Bundes und der Länder braucht vielleicht durch diese Art der Agrarhilfe gar nicht größer zu sein, als sie es heute für weniger systematische Hilfe schon ist. Der viel schwerer zu bewältigende Nachholbedarf liegt in unzulänglicher Ausbildung eines großen Teiles unserer Bauern und ihrer Berater für die Anforderungen der heutigen Wirtschaftsweise. Es wird nicht leicht sein, einen schlagkräftigen ökonomisch denkenden Beratungsdienst aufzubauen: Auch hier fehlt der Nachwuchs. Die harten Köpfe der Betriebsleiter sind uns ohnedies bekannt. Es wird zäher und kostspieliger Ausbildungsarbeit bedürfen.

Zum anderen liegen nicht zu unterschätzende Schwierigkeiten in der Frage, wie die kümmernden Betriebe ohne ausreichende Rentabilitätsreserve unterschiedlichster Art aufgegeben werden sollten, ohne daß soziale Spannungen entstehen, die niemand verantworten kann. Das kann nicht von heute auf morgen geschehen, selbst wenn bei Anhalten der Hochkonjunktur Arbeitskräfte gesucht sind.

Einiges löst sich dabei – wie ja auch heute schon – gewissermaßen von selbst, sei es dadurch, daß die Industrie weiter auf das Land geht, wo sie noch Arbeitskräfte findet, sei es durch Zusammenschlüsse von landwirtschaftlichen Betrieben, die für sich allein keine Rentabilitätsreserven mobilisieren können.

Aber lassen Sie mich jetzt noch etwas über die Haltung des BML zum Stufenfinanzierungsplan sagen, denn er ist gar nicht mehr ganz jung. Ich lernte ihn kennen, gleich als ich mein neues Ressort übernahm. Ich wurde Landwirtschaftsminister, der mit den – wie manche meinten – Vorurteilen des ehemaligen Finanzministers nicht alles gut fand, was zugunsten der Landwirtschaft aus öffentlichen Kassen gezahlt wurde.

Der Noell-Plan hat dem BML anscheinend seine Ruhe geraubt und Dr. Steding – als den Kreditsachbearbeiter – noch vor seiner Pensionierung veranlaßt, nun seinerseits nachzuziehen. Ende November des gerade vergangenen Jahres gab das BML eine Denkschrift heraus, die sich nun auch mit Vorschlägen über die künftige Gestaltung des Agrarkreditwesens befaßt. Offizieller Aufhänger für die Fertigung der Denkschrift war die Beratung über Agrarkreditfragen im Ausschuß für Ernährung und Landwirtschaft des Bundestages am 20. April 1961. Die Darstellung des BML knüpft an die kurz vor der Währungsreform von der Verwaltung für Ernährung, Landwirtschaft und Forsten des Vereinigten Wirtschaftsgebietes herausgegebene „Erste Denkschrift über den Agrarkredit“ an. Sie behandelt den gesamten Agrarkreditkomplex, besonders die Fragen der Zinsverbilligung, der Beratung, des Kreditfonds und – auch das ist wichtig – der Schuldenkonsolidierung. Ich möchte mich hier mit der an sich ganz interessanten Arbeit nicht im einzelnen auseinandersetzen. Das werden die Experten unserer Bundestagsfraktion sicher tun. Aber einiges Grundsätzliches denke ich doch dazu sagen zu sollen. Diese Denkschrift bei dem mir gestellten Thema ganz zu übergehen, wäre unhöflich gegenüber dem Verfasser. Ich würde mir wohl auch mit Recht den Vorwurf der Oberflächlichkeit zuziehen.

Man hält auch beim BML die Grundkonzeption des von mir vorhin skizzierten Noell-Planes für richtig. Die Idee vom stufenweisen Kredit bei 3-%igem Zins wird – auch entsprechend den Wünschen des Bauernverbandes – übernommen. Andererseits bezweifelt man die Möglichkeit vorausschauender, längerfristiger Betriebsplanungen. Da ergibt sich für mich sofort die Frage, worauf man eigentlich einen Stufen-Finanzierungsplan gründen will? Man fürchtet offenbar, sich in Gegensatz zu einflußreichen Kreisen des Bauernverbandes zu setzen. Die bejahen zwar auch die Beratung grundsätzlich, aber man hört sie auch gelegentlich von einer Bevormundung für den „freien" Bauern reden. Auch mir wurde, als ich meinen Versuchs-Plan dem Niedersächsischen Landtag vorlegte, zwar allgemein von den Agrarexperten aller Fraktionen zugestimmt; aber es war auch einer da, der zwar mit Wohlwollen in der Stimme, aber auch mit klarem Mißtrauen mich vor zuviel Planwirtschaft für unsere Landwirtschaft warnte. Ich weiß aber, daß er weder die Marktordnung noch die Einfuhr- und Vorratsstellen aufheben wollte, und so warnte ich ihn vor einer ständigen Verwechselung der Begriffe. Für mich ist das recht einfach! Wer öffentliche Finanzierungshilfe beanspruchen will, der muß es sich schon gefallen lassen, daß wir uns seine wirtschaftlichen Verhältnisse ansehen. Das geschieht auch bei öffentlichen Hilfen für andere Wirtschaftszweige. Oder sollte der schlechte Landwirt – es gibt sicherlich auch ein paar von der Sorte – Angst haben, seine Mißwirtschaft vor einem Berater zu enthüllen?

Wenn ich so bedenke, welche strengen gesetzlichen Bestimmungen über Buchführung und Betriebsabrechnung für die Industrie, den Handel und das Handwerk bestehen, so kann ich nicht mitmachen, wenn sich Teile der Landwirtschaft gegen eine Beratung, also gegen den helfenden Arzt wenden wollten. Vielleicht schafft es ein mutiger Gesetzgeber einmal, die Buchführung und Betriebsabrechnung, mindestens ausreichende Aufzeichnungen, bei möglichst allen Betrieben der Landwirtschaft – abgesehen von echten Nebenerwerbsbetrieben – einzuführen. Wenn wir sie seit 100 oder nur 50 Jahren hätten, brauchten wir uns heute die Köpfe vielleicht weniger zu zerbrechen, wie man die Lage der Landwirtschaft – die manch unzufriedener Bauer für seinen eigenen Hof gar nicht genau kennt – bessern kann. Was man dem Kleingewerbetreibenden, praktisch also jedem gewerblichen Unternehmer, zumutet, dessen Betrieb im wesentlichen oft nur seine Arbeitskraft und Tüchtigkeit ist, sollte man dem Bauern, dessen Produktionsfaktor Boden heutzutage oft ein Millionenvermögen bedeutet, auch zumuten.

Jegliche Entwicklungshilfe erfordert gewisse Vorplanungen. Es müssen alsdann bestimmte Leitlinien eingehalten werden. Auf diese Leitlinien sollte die Beratung den Bauern führen. Läuft der Karren erst einmal, so kann man weitersehen. Ich habe im Landtag gesagt, wer den Bauern wieder freier machen will – heute ist er es ja gar nicht –, der muß das planvoll tun.

Ebensowenig wie die weiche Einstellung zur Beratung scheinen mir die Einwände des BML gegen die Bildung eines revolvierenden Kreditfonds stichhaltig zu sein. Der Fonds kann der Rückhalt des Stufenkredites sein. Ohne ihn könnten in kapitalschwachen Zeiten langfristige Kreditzusagen für den stufenweisen Kreditaufbau gefährdet sein. Die Kreditinstitute, die sich aus Einlagen refinanzieren, würden in Krisenzeiten unter Umständen gar nicht in der Lage sein, den erforderlichen Kapitalbedarf zu befriedigen.

Dazu kommt aber noch ein weiteres Argument. Es wird viele Betriebe geben, die zwar Rentabilitätsreserven mobilisieren können, die aber so ungeschickt verschuldet sind, daß sie ihre Schulden zunächst einmal vernünftig konsolidieren müssen. In derartigen Fällen werden oft keine bankfähigen Sicherheiten mehr geboten werden können. Hier kann der Fonds helfen. Die Bank kann seine Mittel treuhänderisch als echten öffentlichen Kredit durchleiten. Das Verfahren ist einfach. Es ist in jedem Falle einfacher als der nach allen Erfahrungen große, teure und langsame Verwaltungsapparat, der etwa bei der Übernahme von Bürgschaften der öffentlichen Hand, etwa bei Kreditgarantiegemeinschaften, notwendig wäre. Man könnte zum Beispiel den obligofreien Raum eines Kredites weit besser mit Fondsmitteln abdecken als mit Bürgschaften.

Im übrigen wird es sehr darauf ankommen, in welcher Rechtsform, nach welchen haushaltsrechtlichen Bestimmungen und auf welche Art der Fonds zu verwalten sein wird. Das gibt auch das Bundesministerium für Ernährung, Landwirtschaft und Forsten in seiner Denkschrift zu. Gerade das Haushaltsrecht dürfte hierbei nicht unerhebliche Schwierigkeiten bereiten. Uns schrecken die Erfahrungen, etwa bei der Verwaltung des ERP-Sondervermögens, des LAG[2]-Fonds und des Zweckvermögens der Landwirtschaftlichen Rentenbank. Das Haushaltsrecht kennt im Regelfalle nur eine Bereitstellung von Mitteln von Jahr zu Jahr.

Diese Schwierigkeiten gerade für die Gewährung von Stufenkrediten auf Grund eines Betriebsentwicklungsplanes lassen sich aber durch haushaltsrechtliche Bindungsermächtigungen beseitigen. Wir haben ja bereits eine ganze Reihe von Programmgesetzen, die so finanziert werden. Wenn für

---

[2] Lastenausgleichsgesetz

die Fondsbildung ein Spezialgesetz notwendig sein sollte – und wir glauben das –, dann muß es eben geschaffen werden.
Weiter meint das Bundesministerium für Ernährung, Landwirtschaft und Forsten, bei unserer Marktwirtschaft seien vorausschätzende Ermittlungen für den künftigen Kreditbedarf der Landwirtschaft nur schwer anzustellen. Ein auf Dezennien abgestellter Milliardenplan könne daher durch die Dynamik der freien Wettbewerbswirtschaft sehr schnell überholt werden. Ich meine, daß es damit in den Fehler mancher Auch-Politiker verfällt, die erst dann handeln wollen, wenn sie die letzte und fernste Konsequenz ihres Handelns genau erkannt zu haben meinen. Die kommen aber nicht weiter, weil sich die Voraussetzungen in der langen Zeit, in der sie sie prüfen, immer wieder ändern. Unsere Zeit ist nun einmal schnellebig, und sie erfordert rasches – natürlich überlegtes – Handeln und Verantwortungsfreudigkeit. Man sollte endlich anfangen, und zwar mit dem Mut und dem Selbstvertrauen, Fehler schnell zu erkennen und schnell beheben zu können. Man wird in der Taktik durchaus beweglich sein dürfen, wenn nur das strategische Ziel, die Einkommensangleichung, fest im Auge behalten wird. Ziehen wir das Fazit in bezug auf die Absichten des Bundes und den neuen Investitionsplan der Landwirtschaftlichen Rentenbank, so scheint mir der wesentliche Unterschied darin zu liegen, daß der Bund sich von seinen alten, verschiedenartigen Finanzierungsmethoden zugunsten eines noch unerprobten Modells nicht absetzen zu können glaubt. Dabei braucht der Stufenkredit keineswegs eine Revolution zu sein. Leute, die von Krediten reden und damit umgehen, haben ohnedies nicht das Berufsaroma, solch starke Worte zu lieben. Er sollte nicht als eine sofort auf breitester Basis zu realisierende Patentlösung aufgefaßt werden. Der Stufenkredit soll bestehende gesunde Kreditgrundlagen verbessern. Er soll es uns erleichtern, die durch die Entwicklung zur EWG noch drückender gewordene Reform der Agrarwirtschaft zu beschleunigen.
An das Ende meiner Ausführungen paßt vielleicht noch eine Bemerkung zur Frage der Verschuldung der Landwirtschaft überhaupt. Es wird heute wieder laut und lauter davon gesprochen, wie sehr die Verschuldung der Landwirtschaft angestiegen sei. Dabei wird regelmäßig mit dem Menetekel der drückenden kurzfristigen Verschuldung gearbeitet und ein düsteres Bild von der Bauernnot an die Wand gemalt, und subjektiv ist das zumindest von den Bauern ehrlich gemeint. Ich spreche so oft mit ihnen, daß das meine Überzeugung ist. Wieweit Verbandsfunktionäre solche Bilder nur zu polemischen Zwecken malen, lasse ich natürlich dahingestellt.

Wer Zahlen überprüft, wird feststellen, daß es sich bei der Verschuldung zum guten Teil um produktive Schulden handelt, um Verpflichtungen also, die entstanden sind, um mittels der daraus finanzierten Investitionen Kosten zu senken und die Produktion zu erhöhen. Es sind insoweit nutzbringende Schulden. Es handelt sich bei diesem Teil der Schulden nicht – wie zu Zeiten der Osthilfe – um konsumtive Schulden, also nicht um solche, über die der Bauer beispielsweise seinen Lebensunterhalt finanzieren müßte. Solche konsumtiven Schulden können das Bild von der Lage unserer Wirtschaft sicher nicht entscheidend verdüstern. Sie können nicht erheblich sein.

Die in jedem Jahr von der Landwirtschaft neu beschworene Schuldenmisere beruht zum Teil auf mangelndem wirtschaftlichem Urteilsvermögen und auf den fehlenden Zahlenunterlagen, die allein einen Betrieb durchsichtig machen. Man sollte eine produktive Verschuldung sogar begrüßen, wenn ihr eine sorgfältige Planung vorausginge, was leider oft nicht der Fall ist. Sie zeigt, daß sich auch die Landwirtschaft bemüht, den Anschluß an die Technisierung zu gewinnen und sich den heutigen Gegebenheiten anzupassen. Wenn unsere Bauern freilich die – infolge einer in dieser Hinsicht miserablen Wirtschafts-, Steuer- und Finanzpolitik – ungerecht besseren Finanzierungsmöglichkeiten gewisser Wirtschaftszweige sehen, die unglaubliche Eigenkapitalbildung also über den Preis anderswo, sollten wir ihre Unzufriedenheiten auch verstehen.

Es gilt, den Anpassungs- und Umstrukturierungsprozeß der deutschen Landwirtschaft innerhalb der EWG beschleunigt und nachhaltig wirksam zu fördern. Das Ziel ist dabei die Einkommensangleichung an die der gewerbliche Wirtschaft. Das kann zu einem gewissen Teil durch Erhöhung der Produktivität unserer landwirtschaftlichen Betriebe erreicht werden. Dafür müssen Investitionshilfen gewährt werden. Für solche Investitionshilfen sollte maßgebend sein:

Erstens: Niedriger Zins von 3 % manipuliert durch den Staat in Verbindung mit dem Kapitalmarkt. Das will auch das BML.

Zweitens: Obligatorische Wirtschaftsberatung als Ersatz für die Selektionsfunktion des Zinses. Das will das BML nicht.

Drittens: Bildung eines revolvierenden Sicherheitsfonds durch den Staat für den Fall der Krise und zur Deckung ggf. obligofreien Kreditbedarfs. Auch das will das BML nicht.

Viertens: Stufenweise Betriebsentwicklung bei entsprechender Kreditvergabe. Damit gehe ich mit dem BML einig.

Ich darf diese Punkte zur Diskussion stellen. Sie könnten noch um manches ergänzt werden, aber ich wollte mich auf das Wesentliche

beschränken. Lassen Sie mich schließen mit einem Wort des alten Lichtenberg:
„Ich weiß nicht, ob es besser wird, wenn es anders wird. Aber soviel ist gewiß, daß noch manches anders werden muß, wenn es gut werden soll!“

Finanzpolitik in Niedersachsen (1965)

Diesen Vortrag hielt Alfred Kubel am 23. Juli 1965 auf Einladung des Allgemeinen Studentenausschusses (AStA) und des sozialdemokratischen Hochschulbundes (SHB) in der Aula der Göttinger Universität.
Ein aktueller Anlaß für das finanzpolitische Thema der Rede war durch vorausgegangene Demonstrationen gegen den ›Bildungsnotstand‹ gegeben, die Ausdruck für öffentliche Forderungen nach staatlichen Investitionen vor allem im Bildungsbereich waren.
Für Kubel war eine Ausweitung der Leistungen der öffentlichen Hand z.B. im Bildungs- und Infrastrukturbereich durchaus wünschenswert, da es sich um Investitionen handelte, die als Voraussetzungen für ein gesamtwirtschaftliches Wachstum anzusehen waren. Jedoch scheiterten diese Wünsche an einer nach Kubels Ansicht verfehlten Steuer- und Finanzpolitik auf Bundes- und Länderebene, die gesamtwirtschaftliche Verantwortung vermissen ließ und der es an Instrumenten für eine moderne Finanzplanung mangelte.
Alfred Kubel erläutert in diesem Vortrag vor Göttinger Studenten aus seiner Sicht als sozialdemokratischer Finanzminister von Niedersachsen die vielfältigen Beziehungen der Finanzpolitik mit dem Wirtschaftssystem und kommentiert die in der Öffentlichkeit z.T. verkürzt geführten Diskussionen zu diesem Thema. Anschließend erläutert Kubel die Haushaltslage Niedersachsens und die von ihm eingeführte mehrjährige Finanzplanung mit der es möglich war, die Entscheidungsspielräume – etwa für eine Ausweitung öffentlicher Leistungen – zu ermitteln und eine Finanzplanung auf politischer Ebene vorzunehmen, anstatt sie wie bisher in den Händen der Ministerialbürokratie zu belassen. Kubel knüpft damit einerseits an Erfahrungen aus seiner ersten Amtszeit als Finanzminister (1951 – 55) an, andererseits zeigt diese ressortbezogene Planung und deren Intentionen bereits Züge der ab 1970 von Kubel eingeführten Landesplanung.

I. Öffentliche Hand und Privatwirtschaft

Am 1. Juli demonstrierte die Studentenschaft gegen den sogenannten Bildungsnotstand in der Bundesrepublik. Dem Protest schlossen sich die Hochschullehrer weitgehend an.
Das Problem ist klar: In öffentlichen Haushalten wurde den Investitionen für Bildung und Forschung bisher nicht der ihnen gebührende Platz eingeräumt mit dem Ergebnis, daß sich ein durchaus unbefriedigender Zustand

abzuzeichnen beginnt. Der Diagnose wird fast einmütig zugestimmt. Auch ich stimme ihr zu. Dabei will ich dahingestellt sein lassen, ob wir gut daran tun, mit häufiger Verwendung den Begriff »Notstand« abzunutzen oder gar durch seine Verwendung auf die Dauer nicht sehr tragfähige Emotionen zur Hilfe zu rufen. Ich stimme damit allerdings dem Bundeskanzler nicht zu, der meinte, daß mit dem Begriff Bildungsnotstand »ungeheurer Unfug« getrieben werde. In seiner Regierungserklärung hatte er den Aufgaben der Bildung und Forschung den gleichen Rang eingeräumt, der der sozialen Frage im letzten Jahrhundert zugekommen sei. Das klang besser.

Mir ist es unbehaglich, daß bei allgemeinem Wohlstand, der uns laufend steigende Einkommen und eine wachsende Menge privatwirtschaftlich erzeugter Güter beschert, bei der Erfüllung öffentlicher Aufgaben von Notstand gesprochen wird. Dieser Mangel besteht auch tatsächlich. Nennen wir als weitere Beispiele nur die Verschmutzung unserer Gewässer und der Luft oder den bedenklichen Zustand unseres Straßennetzes. Sicherlich darf sich jeder einzelne freuen, wenn sein verfügbares Einkommen und damit sein privater Konsum steigt. Sicherlich ist es ebenso nützlich und sogar notwendig, wenn im gleichen Maße die privaten Investitionen steigen und damit das Angebot der wachsenden Güternachfrage folgen kann. Irgendwann wird aber ein jeder vor der Frage stehen, ob ein optimales Verhältnis zwischen allen ihm angebotenen Gütern und Diensten besteht. Was nützt ihm das beste Auto, wenn er es wegen schlechter und verstopfter Straßen nicht benutzen kann? Er sieht sich in der unglücklichen Lage, den Aufwand für Straßenbau nicht unmittelbar beeinflussen zu können. Er kann nicht einen Teil seines verfügbaren Einkommens für Straßenbau verwenden, er kann nicht seinen Anteil an der besseren Straße kaufen, obwohl er es vielleicht möchte. Er ist auf die Einsicht der zuständigen Institutionen, in unserem Falle auf die Parlamente und Regierungen angewiesen. Sie haben zu entscheiden über das Verhältnis von öffentlichen Investitionen auf der einen und Konsum und Investitionen der Privaten auf der anderen Seite. Beide Bereiche sind über das Volkseinkommen miteinander verbunden. Eine Ausdehnung des einen bedeutet gleichzeitig eine ebenso große Einschränkung des anderen Sektors.

Wenn wir anerkennen, daß ein wesentlicher Anteil der Investitionen notwendigerweise im öffentlichen Sektor liegt, läßt sich ihr Ausmaß theoretisch leicht finden. Leider bleibt es aber bei theoretischen Feststellungen, denn der Ertrag öffentlicher Investitionen ist nicht meßbar. Sie erzielen ja keinen Preis. Die Privaten kaufen nicht den von ihnen sinnvoll erschei-

nenden Anteil an einer Straße oder an Einrichtungen zur Ausbildung ihrer Kinder! Die von mir angesprochenen öffentlichen Investitionen dienen der Produktion von Gütern, die dann einzeln absetzbar wären, nicht unmittelbar.
Also wird der Anteil der öffentlichen Hand am Gesamtprodukt zum Angelpunkt ideologischer Auseinandersetzungen. Ein in liberalen Kreisen geschätzter Nationalökonom, Professor Wilhelm Röpke, schrieb am 3. Juli in der Frankfurter Allgemeinen Zeitung: »Eine ständige Erhöhung des vom Staat beanspruchten Prozentsatzes des Volkseinkommens... mißt genau die Dimensionen, in denen der Leviathan sich aufbläht, die Kraft, mit der er sich um die Gesellschaft als den Bereich des Staatsfreien Autonomen, frei Sprudelnden und sich Entfaltenden schlingt«. Also dürften die Ausgaben des Staates allerhöchstens absolut gleich bleiben, ihr Anteil am Sozialprodukt sei aber auf jeden Fall zu vermindern. Wie aber soll sich, so muß ich Herrn Röpke fragen, der einzelne frei und sprudelnd entfalten, wenn er keine öffentlichen Bildungseinrichtungen besuchen kann, weil sie nur in beschränktem Umfange vorhanden sind? Wie kann sich ein Abiturient frei seinen Beruf wählen, wenn seine Eltern das Studium nicht finanzieren können oder nicht finanzieren wollen? Erst wenn gleiche Chancen und ausreichende Aufklärung geboten werden, wird die Entscheidung des einzelnen frei und rational sein! Erst wenn die äußeren Bedingungen geschaffen sind, können wir wieder mit Röpke vom »frei Sprudelnden und sich Entfaltenden« reden.
Adolph Wagner[1], formulierte einst das »Gesetz steigender Staatsausgaben«. Sicherlich ist es kein Naturgesetz mit dem Charakter absoluter Zwangsläufigkeit. Durch die Entwicklung allerdings wurde es bestätigt. Und bei einigermaßen vernünftiger Betrachtung wird es auch in absehbarer Zukunft bestätigt werden. Der amerikanische Nationalökonom Professor Galbraith spricht von einer Gesellschaft im Überfluß, die zugleich ihre Kollektivbedürfnisse unzureichend befriedigt. Nach Röpke ist er – vielleicht deswegen – ein »Intellektueller der Linken«, der durch Kennedy zu großem Einfluß gelangte. Das soll ihn wohl abwerten. Galbraith möchte ein »soziales Gleichgewicht« herstellen. Es ist gekennzeichnet durch ein ausgewogenes Verhältnis zwischen dem Angebot privatwirtschaftlicher Güter und Dienste und dem Angebot öffentlicher Dienste. Das Gleichgewicht läßt sich nicht exakt bestimmen. Aber das ist auch gar nicht erforderlich, weil wir unter den heutigen Umständen über einen recht weiten Spielraum verfügen. Für uns und für heute gilt, daß das

[1] Adolph H. G. Wagner, Volkswirtschaftler u. Finanzwissenschaftler (1853–1917).

Gleichgewicht offensichtlich zum Nachteil des öffentlichen Sektors gestört ist. Damit liegt die Richtung für unsere Maßnahmen fest. Wir werden uns an den Gedanken gewöhnen müssen, daß Investitionen für die Infrastruktur keine Störung des marktwirtschaftlichen Sektors bedeuten müssen. Sie schaffen vielmehr erst die fundamentalen Voraussetzungen für den reibungslosen Ablauf und das Wachstum der Volkswirtschaft und damit auch ihres marktwirtschaftlichen Sektors.
Um keine Mißverständnisse entstehen zu lassen, will ich ausdrücklich darauf hinweisen, daß ich dem Sektor Staat nur jene Dienste zugestehe, die entweder gar nicht oder nur sehr schlecht von der Privatwirtschaft auszuführen sind. Was der Staat also nicht unbedingt selbst übernehmen muß, sollte er getrost den Privaten überlassen und dann das Finanzamt als stillen Teilhaber pflegen. Ich werde daher auch nach sorgfältiger Prüfung vorschlagen, die Unternehmen des Landes Niedersachsen in Privatbesitz zu überführen, die private Unternehmer ebenso gut wie wir oder im Interesse der Volkswirtschaft vielleicht sogar effektiver tragen können. Dabei darf allerdings die Forderung nach größtmöglichem Wettbewerb in dieser privaten Wirtschaft nicht vergessen werden.

II. Finanzpolitik und Konjunktur

Ein konstanter Anteil der öffentlichen Hand am Volkseinkommen bzw. eine Ausweitung der Staatsausgaben um die Wachstumsrate des Bruttosozialprodukts wird häufig damit begründet, daß höhere Ausgaben konjunkturpolitisch bedenklich seien und zu inflationistischen Tendenzen führen müßten.
Es ist fraglos richtig, daß bei der unvermeidbaren Größe der öffentlichen Investitionen dem Steuerrecht und der Lenkung der öffentlichen Ausgaben eine erhebliche währungs- und konjunkturpolitische Bedeutung zukommt. Dazu ist aber zu bemerken, daß eine Ausweitung der Staatsausgaben, selbst wenn sie das Wachstum des Sozialprodukts übersteigt, unbedenklich ist, wenn zugleich die Steuer- und Verschuldungspolitik einer strengen Disziplin unterworfen wird und wenn die Ausgaben nicht gerade jenen Sektoren der Wirtschaft zufließen, deren Kapazität bereits überfordert ist. Dazu allerdings ist eine ständige gesamtvolkswirtschaftliche Analyse erforderlich und eine planende Vorausschau über die bestimmenden Faktoren unseres Wirtschaftslebens. Solange die Bundesregierung sich dieses Instrumentarium nicht aufgebaut hat, sollte sich Herr Schmücker[2]

---

[2] Kurt Schmücker (CDU), von 1963 bis 1966 Bundeswirtschaftsminister.

zurückhaltender als bisher über die Haushaltspolitik der Länder und ihrer währungspolitischen Wirkungen äußern. Er gleicht jenem, der in einem dunklen Raum einen schwarzen Kater sucht, der nicht drin ist!
Es besteht die realistische Chance, daß die öffentliche Hand konjukturpolitisch neutral bleibt, selbst wenn sie ihre Einnahmen und Ausgaben erhöht. Das gleiche würde sogar für eine Steigerung gelten können, die über die Wachstumsrate des Volkseinkommens hinausgeht.
Nun mag eingewandt werden, daß die zusätzlichen Ausgaben heute tatsächlich weitgehend in den Investitionsbereich fließen, der von den Konjunkturpolitikern ohnehin mit Sorge betrachtet wird. Sie schaffen damit zusätzliches Einkommen, erhöhen jedoch in der Regel nicht das Güterangebot unmittelbar. Aber der Anteil des Staates – alle Gebietskörperschaften plus Sozialversicherung – an den Investitionen in der Volkswirtschaft betrug 1963 nur 15,9 Prozent, der Anteil der Unternehmen 67,7 Prozent. Der Rest (21,4 Prozent) entfällt auf die Wohnungswirtschaft. Und dieser Rest ist im Interesse aller Bereiche unseres Lebens unabdingbar. Auch die private Wirtschaft braucht ihn als wesentliche Voraussetzung für die Sicherung ihrer Arbeitskräfte. Wenn dieser große Anteil an den Investitionen das Gleichgewicht stört, muß man das etwa durch Beeinflussung des Kapitalmarktes und auch der privaten Investitionskraft ausgleichen. Manchester-Liberalismus hätte das Wohnraumproblem nicht lösen können! Sollen also Zyklen im Wachstum der Investitionen vermieden und damit zugleich eine der wichtigsten Bedingungen stetigen Wirtschaftswachstums geschaffen werden, ist allein vom Anteil an den gesamten Investitionen der Staat nicht der bedeutendste Störenfried. Und in der Tat haben die letzten Jahre auch gezeigt, daß es der Konjunkturpolitik nicht gelang, Schwankungen der Unternehmerinvestitionen auch nur annähernd zu verhüten.
Es soll nicht bestritten werden, daß der Staat durchaus die Möglichkeit hat, sich antizyklisch zu verhalten. Selbst sein kleinerer Anteil an den Investitionen kann untragbare Spitzenbelastungen ergeben. Und er muß gerade deshalb zu einer gesamtvolkswirtschaftlichen Vorausschau kommen, um rechtzeitig das Entstehen solcher Spitzenbelastungen zu erkennen. Er kann dann in der Hochkonjunktur einen Teil seiner Mittel dem inländischen Kreislauf entziehen.
Ferner kann er seine Ausgaben in konjunkturell schwachen Bereichen der Wirtschaft einsetzen. Er kann Investitionsprogramme beschleunigen oder verzögern. Allerdings sollten dann die Investitionen auch langfristig geplant werden – langfristige Planung der Investitionen für Infrastruktur bereitet nur Ideologen Kopfzerbrechen – und die jährlichen Ausgaben

müssen nicht parallel mit den jährlichen Einnahmen verlaufen. Das könnte im Zusammenhang mit langfristigen Ausschreibungen und unter Umständen der vorläufigen Vergabe von Aufträgen den zusätzlichen Effekt haben, daß die Privatwirtschaft ihre Kapazität anpaßt und der öffentliche Sektor sich die erforderlichen Kapazitäten sichert. Schließlich sei noch die Möglichkeit angedeutet, Einnahmen bei der Notenbank stillzulegen. Angesichts der dringenden öffentlichen Aufgaben und des mit Recht zu erwartenden Widerstandes der Parlamente wird das zunächst kaum aktuell werden. Als wirtschaftspolitisches Instrument ist die Finanzpolitik in der Hochkonjunktur zudem für sich allein ziemlich wirkungslos. Sie bedarf der Unterstützung durch andere Instrumente. Hier muß die Außenhandels- und Geldpolitik ihre Maßnahmen sinnvoll ergänzen.
Befinden sich beispielsweise wichtige Handelspartner im Zustand schleichender Inflation, werden sie im Vergleich zu uns teure Länder. Der Export dorthin wird steigen und der Import in unser Währungsgebiet abnehmen. Bei konvertiblen Währungen und festen Wechselkursen ergeben sich Überschüsse in der Handels- und in der Regel auch in der Zahlungsbilanz. Die durch Devisenüberschüsse steigende Geldmenge trifft auf ein zu niedriges Warenangebot. Inflatorische Tendenzen sind die zwangsläufige Folge. Das inländische Preisniveau steigt so lange, bis der ursprüngliche relative Abstand zu demjenigen der Handelspartner wiederhergestellt ist. Die internationale Koordinierung der Konjunkturpolitik ist unerläßlich bei dem engen Verbund der nationalen Volkswirtschaften in der Welt. Sie läßt sich durch eine angemessene Finanzpolitik nur ergänzen, aber nicht ersetzen.
In ähnlicher Weise ist die Finanzpolitik von der Geldpolitik der Notenbank abhängig. Die Notenbank verfügt zur Bekämpfung überschüssiger Liquidität im wesentlichen über die Mittel der Diskont-, Mindestreserven- und Offenmarktpolitik.
Die Notenbank kann mit Hilfe der Diskontpolitik die potentielle Verfügungsmacht der Geschäftsbanken über Notenbankguthaben einschränken, indem sie ihnen den Rediskontkredit erschwert und zum anderen durch höhere Zinssätze die Kreditaufnahme der Wirtschaft verhindern. Mit der Mindestreservenpolitik schränkt die Notenbank die Verfügungsmacht der Kreditbanken über Notenbankguthaben ein. Sie beschneidet damit gleichsam die verfügbare Kreditmenge. Durch die Offenmarktpolitik wird gleichfalls die umlaufende Geldmenge geändert, indem die Notenbank durch Verkauf von Wertpapieren Liquidität abschöpft bzw. durch Ankauf zusätzliches Geld in Umlauf bringt.
Die Notenbank vermag also durch niedrige Diskontsätze und höhere

Geldmengen den Wachstumsprozeß der Wirtschaft anzukurbeln und umgekehrt auch zu dämpfen. Sie kann damit konjunkturpolitische Maßnahmen der Finanzpolitik sinnvoll ergänzen, ja, sie muß das sogar, wenn das finanzpolitische Instrumentarium wirksam werden soll.

Ein steigendes Volumen der Staatsausgaben und auch ein wachsender Anteil am Sozialprodukt können durchaus konjunkturneutral gehalten werden, und sie werden das bei entsprechender Einnahmen- und Ausgabenpolitik auch bleiben. Die Ausdehnung des öffentlichen Sektors ist ferner durchaus mit antizyklischer Konjunkturpolitik vereinbar. Sie braucht schließlich auch nicht im Widerspruch zu einer harmonischen Konjunkturpolitik mehrerer Länder zu stehen, solange die einzelnen Staaten ihre Fiskalpolitik strenger konjunkturpolitischer Disziplin auf der Einnahmenseite – d. h. wieder Steuern, Zölle und Abgaben, ergänzt durch Fremdmittel des allgemeinen Kapitalmarktes – unterwerfen. Die Finanzpolitik allein vermag Konjunkturzyklen kaum abzuschwächen. Sie bedarf dazu der sinnvollen Unterstützung durch andere wirtschaftspolitische Instrumente.

Ich wies bereits einige Male auf die Bedeutung der Einnahmenseite des öffentlichen Haushalts hin. Sie soll etwas ausführlicher dargestellt werden. Zur Erzielung kontraktiver Effekte besteht die Möglichkeit, die Steuern zu erhöhen. Höhere Steuern haben ein vermindertes verfügbares Einkommen und einen entsprechenden Nachfragerückgang zur Folge.

Natürlich dürfen dann die zusätzlichen Einnahmen nicht sofort im gleichen Ausmaß wieder dem Kreislauf zugeführt werden, weil sonst der kontraktive Effekt durch expansive Wirkungen der Ausgaben wieder aufgehoben würde. Dagegen wird man sofort einwenden, daß Bund, Länder und Gemeinden ihre erhöhten Einnahmen gerade der vorhin geschilderten Mängel bei der Lösung öffentlicher Aufgaben wegen eben auch genauso wie der private Bürger wieder ausgeben würde. Das ist auch richtig! Aber immer sollte erreichbar sein, daß die öffentliche Hand koordiniert unter Berücksichtigung der Lage einzelner Wirtschaftszweige und der Lage einzelner Gebiete ihre Ausgaben ausgleichend lenkt.

Bei der derzeitigen Konjunkturlage muß es sehr überraschen, wenn die Steuern gesenkt werden und so das bereits überhöhte Nachfragevolumen tendenziell weiter gesteigert wird und wenn gleichzeitig der Staat mit steigenden Ausgaben auch von sich aus das Nachfragevolumen weiter erhöht. Die gleichzeitige Steuersenkung und Ausgabenerhöhung sind angebracht im Zustand wirtschaftlicher Stagnation oder Depression, aber doch nicht in der Hochkonjunktur. Die Deutsche Bundesbank konnte in ihrem letzten Konjunkturbericht schreiben: »Auch bei den öffentlichen Haushalten scheint sich der Ausgabenanstieg eher beschleunigt zu haben, obgleich die Einnahmenentwicklung eigentlich eine Drosselung des Ausgabenzuwachses erfordert hätte«. Nach der gleichen Quelle wird die Verschuldung des Bundes in diesem Jahr um 2,8 Mrd. DM steigen (1964 = 1,16 Mrd. DM) und der Ausgabenüberschuß damit in diesem Jahr wesentlich größer sein als in 1964.

Im nächsten Etatjahr werden die Mehrausgaben des Bundes voraussichtlich sechs bis sieben Milliarden DM betragen. Allein im ersten Halbjahr 1965 bewilligte der Bundestag etwa fünf Milliarden DM. Es sind weitgehend Wahlgeschenke, die zu einem erheblichen Teil gesellschaftspolitisch nicht zwingend notwendig waren. Man hat der Opposition vorgeworfen, daß sie ja schließlich diesen Wahlgeschenken auch zugestimmt habe. Nun, ich glaube, man kann ihr kaum zumuten, sich einem demagogischen Wahlkampffeuer auszusetzen, indem sie sozial getönte Anträge der Regierungsparteien ablehnt. Trotz der Ausgabenflut sprechen Herr Dahlgrün[3] und Herr Dollinger[4] öffentlich von weiteren Steuersenkungen.

Vor der Illusion weiterer Sreuersenkungen glaube ich, warnen zu müssen. Wenn es nicht gelingt, den Kaufkraftschwund zu verlangsamen und dann zu stoppen, wachsen unsere Bürger ohnedies in höhere Steuertarife hinein, und man braucht nur diese Tarife festzuhalten, um von vielen unbemerkt eben doch mehr Steuern zu kassieren. Das geschieht sofort bei den Umsatzsteuern des Bundes!

Ich habe grundsätzlich nichts gegen die Verminderung der Steuerbelastung einiger Einkommensgruppen. Sie kann sehr sinnvoll zum Ausgleich sozialer Härten sein. Wenn geändert wird, dann aber in der Weise, daß die Gesamtsteuereinnahmen gleichbleiben. Was aus sozialen Gründen und bei weiterem Kaufkraftschwund notwendigerweise korrigiert werden muß, muß nach oben verschoben werden, darf aber nicht zum Verzicht der öffentlichen Hand werden, solange unsere dringlichen öffentlichen Vorhaben Not leiden. Ich muß Sie alle bitten, meine Damen und Herren, jene wenigen zu unterstützen, die auch noch vor den Wahlen unangenehme, aber notwendige Dinge aussprechen. Ich bin fest überzeugt, die Öffentlichkeit wird bei sachgemäßer Information – und hier sehe ich gerade auch Ihre Aufgabe – sehr bald verantwortungsbewußte Politik von peinlicher Taktik zu unterscheiden wissen.

---

[3] Dr. Rolf Dahlgrün (FDP), von 1962 bis 1965 Bundesfinanzminister.

[4] Dr. Werner Dollinger (CSU), von 1962 bis 1966 Bundesschatzminister.

III. Die derzeitige Situation der öffentlichen Haushalte

Die jüngsten Steueränderungsgesetze haben die öffentlichen Hauhalte in eine kritische Lage gebracht. Die Erträge aus den Einkommensteuern, der Lohn-, Einkommen-, Köperschaft- und Kapitalertragssteuer, waren im ersten Quartal dieses Jahres mit 0,5 Prozent kaum höher als im entsprechenden Zeitraum des Vorjahres. Im Januar verzeichnete das Gesamtsteueraufkommen von Bund und Ländern im Vergleich zum ersten Monat des Vorjahres noch einen erheblichen Aufschwung um gut 13 Prozent. Es war die Folge höherer Einkommen im Dezember (Weihnachtsgratifikation) und des damit verbundenen guten Weihnachtsgeschäftes. Etwas besser als der Ertrag aus Einkommensteuern haben sich natürlich das Aufkommen der Umsatz- und Verbrauchsteuern entwickelt. Hier wurde ja auch keine Belastung gesenkt. Dennoch blieben aber auch hier die Mehreinnahmen geringer als im letzten Jahr.

Die gesunkene Wachstumsrate der Einnahmen traf vor allem die Länderhaushalte. Ihr Steueraufkommen beruht zum überwiegenden Teil auf den Einnahmen aus Einkommensteuern, an denen sie mit 61 Prozent beteiligt sind. Die verbleibenden 39 Prozent erhält der Bund, dem es angesichts der niedrigen Quote relativ leicht wurde, gerade in diesem Bereich Steuersätze zu senken. Geringfügige Mehreinnahmen der Länder entfielen fast ausschließlich auf reine Landessteuern. Dabei sind die Vermögen- und die Kraftfahrzeugsteuer von besonderer Bedeutung.

Im Vergleich Bund/Länder mußte der Bund wesentlich günstiger abschneiden. Seine Einnahmen stiegen absolut – das ist immer der Fall – und auch relativ stärker als diejenigen der Länder. Und das beruht z.T. auf den von steigenden Preisen abhängigen Bundessteuern.

Den geringfügig steigenden Einnahmen der öffentlichen Haushalte stehen laufend wachsende Ausgaben gegenüber. Sach- und Personalaufwand erhöhen sich ständig. Von besonderer Bedeutung für die Ausgaben des Bundes waren ferner erheblich gestiegene Zuschüsse an die Bundesbahn, deren Ertragslage sich weiter verschlechterte. Ferner stiegen auch die Sozialausgaben wesentlich über ihren vergleichbaren Umfang im Vorjahr. Die Ursache sind Zuschüsse an die Rentenversicherung der Arbeiter und Angestellten sowie Kindergeldzahlungen, die bis Mitte 1964 noch weitgehend von den Arbeitgebern finanziert wurden. Insgesamt war also die Ausgabensteigerung größer als veranschlagt. Bisher sind keine Indizien erkennbar, die diese Tendenz abschwächen oder gar umkehren. Der Ausweg könnten Kredite sein. Nach der derzeitigen Lage am Kapitalmarkt ist es aber äußerst zweifelhaft. Es blieben dann nur weitere Kürzungen neben den im Haushaltsplan bereits veranschlagten Einsparungen und schließlich – nach der gerade erfolgten Steuersenkung – die Einführung einer Zusatzabgabe zur Einkommen- und Körperschaftsteuer für den Bundeshaushalt. Eingeweihten ist nicht verborgen geblieben, daß sie bereits diskutiert wird.

IV. Die Haushaltssituation in Niedersachsen

Unser Land hat den Nachteil, zu den steuerschwachen Regionen der Bundesrepublik zu zählen. Die vergleichsweise lange Zonengrenze und der relativ hohe Anteil der Landwirtschaft am Inlandprodukt sind wohl die wichtigsten Ursachen. Die Zonengrenze bringt der gewerblichen Wirtschaft durch den Standort bedingte Nachteile. Die Landwirtschaft kostet viel Geld und kann nur wenig Steuern zahlen. Ihr Produktivitätszuwachs ist gering im Vergleich zu anderen Sektoren. Es kann also nicht überraschen, daß in einigen anderen Bundesländern das Bruttoinlandsprodukt stärker als in Niedersachsen anstieg. Als logische Konsequenz, die auch z. T. Ursache ist, sank der Anteil der inländischen Bevölkerung an der Gesamtbevölkerung des Bundesgebietes. Das den Finanzminister interessierende Steueraufkommen wird außerdem ungünstig beeinflußt, weil eine große Anzahl Erwerbstätiger in angrenzenden Ländern – insbesondere in den beiden Stadtstaaten Bremen und Hamburg – arbeitet. Dieser Situation entsprechend war Niedersachsen in den letzten Jahren ständig auf die Unterstützung anderer Bundesländer über den horizontalen Finanzausgleich angewiesen; die Finanzpolitik des Landes stand eigentlich immer unter dem Druck relativ niedriger Einnahmen.
Im einzelnen zeigt der Haushalt im Augenblick folgendes Bild: Die Einnahmen sind aus den bereits erwähnten Gründen erheblich hinter dem vorausgeschätzten Soll des Haushaltsplans 1965 zurückgeblieben. Ihr Ausfall betrug im ersten Halbjahr bereits 165 Mill. DM. Nach sorgfältiger Überprüfung der weiteren Entwicklung wird mit einem Gesamtausfall von 325 Mill. DM zu rechnen sein. Die Gesamtsteuereinnahmen waren mit 3,2 Mrd. DM veranschlagt. Die Mindereinnahmen werden zum Teil ausgeglichen durch erhöhte Zuweisungen im Länderfinanzausgleich, die mit 380 Mill. DM veranschlagt wurden, nach den neusten Berechnungen aber bei etwa 560 Mill. DM liegen werden. Im Ergebnis bedeutet das einen endgültigen Ausfall an ordentlichen Einnahmen von rd. 150 Mill. DM. Durch Minderausgaben wird der Hauhalt nicht mehr zu entlasten sein. Sie wurden bereits im Haushaltsplan veranschlagt (15 Prozent-Sperre). Somit scheint ein Fehlbetrag für 1965 kaum vermeidbar. Seine

Höhe wird wesentlich von der zukünftigen Entwicklung des Kapitalmarktes abhängen. Ich hoffe, daß es trotz der im Augenblick ungünstigen Kapitalmarktlage gelingen wird, den Anleihebedarf von rd. 500 Mill. DM aufzubringen, der nötig ist, wenn unsere laufenden Programme ungefähr aufrecht erhalten werden sollen.
Die kritische Situation des Haushalts wird sich im nächsten Jahr nicht wesentlich bessern. Nach sorgfältiger Schätzung der Einnahmen ergab sich, daß das Steueraufkommen im Vergleich zum laufenden Rechnungsjahr nur um rd. 7,6 Prozent ansteigt, das sind etwa 220 Mill. DM. Hinzu kommen Mehreinnahmen aus dem Länderfinanzausgleich in Höhe von 20 Mill. DM. Sollen bei unabweisbaren Mehrausgaben in einzelnen Titeln die Leistungen des Landes im großen und ganzen aufrechterhalten werden, sind Kredite in Höhe von 650 Mill. DM nötig.
Die Steigerung des Haushaltsvolumens wird damit über die Wachstumsrate des inländischen Bruttosozialprodukts hinausgehen; denn einmal steigt das Steueraufkommen bereits schneller als das Bruttosozialprodukt – in Niedersachsen im langfristigen Durchschnitt um das 1,26-fache – und zum anderen werden die Kredite des Landes im nächsten Jahr mindestens ebenso hoch sein wie die dieses Jahres. Die Ausweitung ist absolut notwendig, eine Einschränkung der Leistungen des Landes wäre unverantwortlich. Das, so hoffe ich, wurde hinreichend klargelegt und begründet. Die Kritiker werden ersucht, exakter als bisher anzugeben, wo wir Ausgaben entscheidend kürzen können, und sie werden gebeten, das sachlich fundiert zu tun.

V. Die zukünftige Gestaltung der Finanzpolitik in Niedersachsen

Die relativ hohen Kredite des Landes im laufenden und kommenden Jahr sind erforderlich zur Finanzierung unbedingt notwendiger Aufgaben, die nicht hinausgezögert werden können. Sie wurden insbesondere auch deswegen notwendig, weil uns die letzten Steueränderungsgesetze erhebliche Einnahmenausfälle brachten und wir im Interesse einer einigermaßen gleichmäßigen und harmonischen Ausgabenpolitik diese Ausfälle kompensieren mußten.
Das Steueraufkommen wird bereits im nächsten Jahr und mehr noch 1967 wieder ansteigen. Der Trend wachsender Einnahmen wird zwar nicht mehr so steil sein wie bisher, weil die Progression der veranlagten Einkommen- und Lohnsteuer für einige Einkommensgruppen abgeflacht wurde, er wird uns dennoch beachtliche Zuwachsraten bringen. Von 1967 an sind demnach zunehmend günstigere Aussichten für den Haushalt zu erwarten.

Diese allgemeine Feststellung ist wenig befriedigend. Man muß die zu erwartenden Einnahmen schon etwas genauer kennen. Relativ hohe Kredite der öffentlichen Hand erfordern bei solider Haushaltspolitik auch Gedanken über ihre Tilgung. Ständig steigende Anforderungen an die öffentlichen Haushalte, eine Fülle bisher ungelöster Probleme und die mit großer Wahrscheinlichkeit auf uns zukommenden zusätzlichen Aufgaben erfordern sorgfältige langfristige Überlegungen.
Es sind Planungen, die im Grunde jedes vernünftig geleitete Wirtschaftsunternehmen und jeder private Haushalt ebenfalls durchführen. Und was für einen Betrieb nützlich ist, wird bei einer Gebietskörperschaft sicherlich nicht von vornherein nachteilige Folgen haben.
Man mag mir entgegenhalten, die langfristige Planung sei nutzlos, weil niemand die tatsächliche Entwicklung der Einnahmen voraussehen könne. Der Einwand ist richtig, solange er die kleinlich genaue Schätzung für jedes Jahr meint. Doch darum kann es sich nicht handeln. Wir wollen nur den großen Rahmen aufzeigen und den langfristigen Durchschnitt ermitteln. Diese Aufgabe ist mit dem bekannten ökonomisch-rechnerischen Instrumentarium zu lösen. Allerdings könnte der Unsicherheitsfaktor in der langfristigen Einnahmenplanung durch eine globale volkswirtschaftliche Gesamtrechnung noch weiter vermindert werden. Die Erfahrungen anderer Länder – vornehmlich der Niederlande – mit ihrem Nationalbudget zeigen deutlich, daß Prognose und Realisation einander sehr nahe kommen. Für die langfristige Finanzplanung genügen die Ergebnisse vollauf. Sie geben auf jeden Fall bessere Anhaltspunkte auch für die Ausrichtung der gesamten Wirtschaftspolitik, als wenn keine wissenschaftlich begründeten Vorhersagen vorliegen.
Auf der Ausgabenseite ist zunächst einmal eine umfassende Bestandsaufnahme vorzunehmen. Ein erheblicher Teil der Ausgaben ist bereits gebunden und belastet auch zukünftige Haushalte. Diese Ausgaben sind hinlänglich bekannt und können zusammengestellt werden. Aus praktischen Erwägungen sollten sie zweckmäßigerweise wie folgt gegliedert werden:

1) Ausgaben auf Grund rechtlicher Verpflichtungen. Das sind finanzielle Verpflichtungen des Landes, deren Erfüllung notfalls auf dem Klageweg erzwungen werden kann.
2) Ausgaben, die tatsächlich unabweisbar sind. Dabei handelt es sich um Ausgaben, denen sich das Land wegen bereits getroffener Vorentscheidungen oder sonstiger Erwägungen nicht – mindestens dem Grunde nach nicht – entziehen kann.

3) Als Differenz zwischen der Summe der Ausgaben und den erwarteten Einnahmen verbleiben noch die disponiblen Mittel.

Diese Aufstellung erhält ihren besonderen Wert erst dann, wenn sie für mehrere Jahre im voraus durchgeführt wird. Der finanzielle Spielraum wird so jeweils sichtbar, über den Regierung und Parlament noch verfügen können. Natürlich müßten auch alle aus neuen Gesetzen folgenden Ausgabenverpflichtungen für den gleichen Zeitraum berechnet werden.

Den mehrjährigen Haushalt werden wir auf unserer Einnahmenschätzung aufbauen. Damit werden wir vor allem auch die Kraft unseres Landeshaushalts für Kapitaldienstleistungen ermitteln. Mit dem dargestellten System langfristiger Finanzplanung, das zum Teil bereits mit den Beratungen über den Haushalt 1966 eingeführt wurde, werden den verantwortlichen Institutionen in Zukunft übersichtliche Haushalte vorgelegt, die die Urteilsfähigkeit aller Mitglieder der Regierung und des Parlaments wiederherstellen. Der Hauhalt wird herausgehoben aus Alltagserwägungen und den Interessenwünschen sowie der Macht besonders aktiver Gruppen mehr als bisher entzogen. Indem der Spielraum für politische Entscheidungen aufgezeigt wird, kann die willkürliche Ausgabenfreudigkeit mancher Parlamentarier begrenzt werden.

Die langfristige Planung läßt einen weiten Raum für demokratische Mitsprache und Mitverantwortung, ja, sie ermöglicht ihn überhaupt erst. Sie ist durchaus flexibel und erlaubt jeder neuen Regierung und Koalition, ihr eigenes Programm mit seinen Dringlichkeiten und Schwerpunkten zu verwirklichen. Die Arbeit wird der neuen Regierung erleichtert, weil alle notwendigen Daten vorliegen. Ihre Aufgaben wird sie daher sehr schnell in Angriff nehmen können.

Die Europäische Wirtschaftsgemeinschaft hat sich inzwischen für eine mehrjährige ökonomische Projektion entschieden, die auch eine mehrjährige Vorausschau für die öffentlichen Haushalte erfordert. Es ist nur zu hoffen, daß sich endlich auch die Bundesregierung dem Beispiel ihrer wichtigsten ausländischen Partner und demjenigen der sozialdemokratisch geführten Bundesländer anschließt.

Wir hoffen, mit Hilfe unseres Systems jeden ernsthaften Steuerzahler davon überzeugen zu können, daß sein Geld zu seinem eigenen Nutzen von öffentlichen Haushalten ausgegeben wird, daß seinem Fleiß und seinem Mühen durch die Arbeit der öffentlichen Hand die Grundlagen für den Erfolg geboten werden.

Der Beitrag der öffentlichen Hand zu Stabilität und Wachstum (1967)

Im Vordergrund dieser Rede, die Alfred Kubel am 4. April 1967 aus Anlaß der Pyrmonter Unternehmergespräche hielt, stand das besondere Interesse der Adressaten, die vom damaligen Finanzminister der in Hannover seit dem 19. Mai 1965 amtierenden Regierung einer Großen Koalition aus SPD und CDU vor allem Erläuterungen zur Finanz- und Wirtschaftspolitik der Großen Koalition in Bonn erwarteten, die seit dem 1. Dezember 1966 im Amt war.

Im Jahr 1966 setzte eine sich rasch verschärfende Rezession ein, die zu ansteigenden Arbeitslosenzahlen führte und zugleich mit einer Haushaltskrise einherging.

Kubel analysiert in dieser Rede die Gesamtsituation aus keynesianistischer Sicht und kommt zu dem Ergebnis, daß die Rezession durch eine nachfrageorientierte Ausgabenpolitik der öffentlichen Hand hätte gebremst werden können, wenn zugleich ein finanzpolitisches Instrumentarium vorhanden gewesen wäre, das ein antizyklisches Reagieren ermöglicht hätte. Stattdessen habe die Bundesbank durch eine Politik des knappen Geldes und der Bund, die Länder und die Gemeinden durch eine rigorose Sparpolitik den rezessiven Trend eher noch verschärft.

Bereits im Titel der Rede ›Der Beitrag der öffentlichen Hand zu Stabilität und Wachstum‹ klingt das am 8. Juni 1967 verabschiedete und mit dem Namen Prof. Karl Schiller verbundene ›Gesetz zur Förderung der Stabilität und des Wachstums der Wirtschaft‹ an, das zum Zeitpunkt von Alfred Kubels Rede erst als Entwurf der Bundesregierung vorlag.

Das Stabilitätsgesetz und die ebenfalls von 1967 an wirksame ›Mittelfristige Finanzplanung‹ des Bundes stellten Instrumente bereit, mit der die öffentliche Hand ihrer Mitverantwortung für die gesamtwirtschaftliche Entwicklung – von der Kubel stets überzeugt war (vgl. Renzsch, S. 118–124) – besser gerecht werden konnte.

Im Mittelpunkt der politischen Diskussionen steht in der Bundesrepublik Deutschland seit einiger Zeit die kritisch abflachende Entwicklung unserer Wirtschaft. Es zeigt sich inzwischen, daß niemand vom Wellental der Konjunktur verschont bleiben wird. Noch vor wenigen Monaten glaubten manche, ihr Augenwerk vordringlich auf inflationäre Tendenzen richten zu müssen und die scheinbar überschäumende Konjunktur dämpfen zu sollen. Heute wird die Diskussion von Wachstumsproblemen und weniger von Fragen der Stabilität beherrscht. Sie sehen, meine Damen und Herren, wie schnell doch ein Politiker umdenken lernen muß.

I. Die wirtschaftliche Situation

Das Haushaltsjahr 1967 wird beim Bund und bei einer Reihe von Ländern und Gemeinden ziemlich sicher mit einem Defizit abgeschlossen werden. Dieses Defizit ist die Konsequenz der rückläufigen Wirtschaftskonjunktur. Über die Höhe der Defizite kann man sich heute noch nicht mit Exaktheit äußern. Wir müssen noch die Auswirkungen der konjunkturbelebenden Maßnahmen der neuen Bundesregierung abwarten. Die Steuereingänge des ersten Quartals in Niedersachsen zeigen noch kein besonders optimistisches Bild. Sie sind um rund 35 Mio DM, das sind etwa 4,5 Prozent, hinter dem erwarteten Soll zurückgeblieben.
Diese Entwicklung hätte bei konsequenter und zielstrebiger Wirtschaftspolitik vermieden werden können. Die Bundesbank versuchte sie durch strenge Restriktionspolitik zu erzwingen. Die aber traf die für unsere Zukunft so wichtigen Investitionen besonders hart. Hohe Diskontsätze und hohe Mindestreserven verknappten und verteuerten die Kredite. Die Kuponsteuer schreckte ausländische Kapitalanleger ab. Die Handelsbilanz wies nicht mehr wie in früheren Jahren hohe Aktivsalden aus, so daß der inländische Kapitalmarkt auch von der Zahlungsbilanz nicht entlastet werden konnte. Außerdem drängte die öffentliche Hand stärker auf den Kapitalmarkt, weil durch die Steueränderungsgesetze vor den letzten Bundestagswahlen – man nannte sie auch: Wahlgeschenke – ihre Einnahmen um annähernd 4 Mrd. DM verringert wurden.
Mit ihrer Politik des kanppen und teuren Geldes versuchte die Bundesbank also, die mangelnde wirtschaftspolitische Aktivität wenigstens teilweise auszugleichen. Ihre Mittel reichten nicht aus, das Preisniveau einigermaßen stabil zu halten. Die Verbraucherpreise sind im letzten Jahr um 3,5 Prozent gestiegen. Die Bremsen der Notenbank hatten aber eine andere, zweifellos recht unerwünschte Folge. Der Wirtschaftsaufschwung wurde so stark abgebremst, daß in zahlreichen Branchen die Anzeichen einer Rezession nicht mehr zu übersehen sind.
Das offenbarte sich am augenscheinlichsten auf dem Arbeitsmarkt. Gastarbeiter konnten aus ihren Heimatländern nach Weihnachten nicht wieder zurückkehren. Ob sie über die Bundesrepublik jetzt rühmend berichten, kann mit Fug und Recht bezweifelt werden. Dem oft gehörten Satz, daß nun endlich viele Arbeitnehmer wieder disziplinierter arbei-

teten, setzte der Präsident der Industrie- und Handelskammer Hannover seine besorgniserregende Erfahrung entgegen, daß mancher seiner Arbeiter nun nicht zum Arzt gehe aus Sorge um seinen Arbeitsplatz, was sich gewiß später rächen werde. Das Hinausschieben einer notwendigen Behandlung könne schwerwiegende Folgen haben, für den einzelnen und auch für die Volkswirtschaft. Kurzarbeit mußte in renommierten Industriebetrieben eingeführt werden. Dennoch hat die Anzahl der Arbeitslosen von den Sommermonaten des letzten Jahres an bedenklich zugenommen. Bis Ende Februar erhöhte sie sich auf 674 Tausend, das sind 3,1 Prozent des Arbeitskräftepotentials.

Die Hoffnung, der Konjunkturrückschlag könnte mit einer bloßen Stagnation abgefangen werden, zerschlug sich Ende letzten Jahres. Seit Herbst 1966 liegt der größte Teil der Industrieproduktion fühlbar unter der Vorjahrshöhe. Der Auslastungsgrad der vorhandenen Anlagen dürfte im Februar im Durchschnitt um 10 Prozent geringer gewesen sein als im Vorjahr. Darüber hinaus klaffen in den Auftragsbüchern der Industrie große Lücken. Sie konnten auch nicht durch größere Exporterfolge ausgeglichen werden. Besonders hart getroffen wurde gerade die für die künftige Wirtschaftsentwicklung wichtige Investitionsgüterindustrie. Ihre Auftragseingänge aus dem Inland blieben im Januar um 25,5 Prozent unter dem Stand des Vorjahres. Für die Gesamtindustrie betrug der Rückgang der Auftragseingänge 16,3 Prozent. Das wird keinen Kaufmann überraschen, der erlebt hat, wie leergefegt der Kapitalmarkt war, und der weiß, welche Belastung Zinssätze von effektiv 10 Prozent bedeuten. Unsere wirtschaftswissenschaftlichen Institute hatten übereinstimmend rechtzeitig vor den Gefahren der Restriktionspolitik gewarnt. Aber erst die energischen Maßnahmen der neuen Bundesregierung, insbesondere ihres sozialdemokratischen Wirtschaftsministers Professor Karl Schiller, lassen uns die entscheidende Wende erwarten. Mit zusätzlichen Investitionen des Staates, dem sogenannten Eventualhaushalt, und mit Hilfe von Abschreibungserleichterungen sollen der Wirtschaft wieder neue Impulse gegeben werden.

Sehr oft höre ich den Vorwurf, es sei die öffentliche Hand, die die Fehlentwicklung unserer Volkswirtschaft verursacht habe. Bund, Länder und Gemeinden haben angeblich zu großzügig gewirtschaftet. Es gibt sicher hier und da ein öffentliches Gebäude, das zu großzügig gestaltet wurde. Man soll aber den Mut zum Vergleichen mit den Bauten privater Wirtschaftsunternehmen haben. Verkennen wir zudem nicht, daß auch die Kritiker es sind, die vom Staat bessere Straßen, mehr Schulen und Universitäten oder bessere Krankenhäuser fordern. Hier ist ein echter Bedarf

lange Zeit zurückgestaut worden, weil nach dem Kriege andere Aufgaben noch dringlicher waren. Denken wir hier z.B. an den Wohnungsbau, in dem ohne entscheidene öffentliche Hilfe gewiß nicht soviel geleistet worden wäre, wie es nötig war. Wir selbst sind es auch, die mehr und besser ausgebildete Lehrer für unsere Kinder fordern. Mit Recht, wie ich meine. Nur müssen wir uns es dann auch gefallen lassen, daß der Staat sich auch um Anleihen und Kredite auf dem Kapitalmarkt bemüht und daß er von uns die notwenigen Steuern fordert.
Die vornehmste Aufgabe einer zielstrebigen Wirtschaftspolitik wäre es gewesen, rechtzeitig, also spätestens im Sommer letzten Jahres, dem sich ankündigenden Wellental der Konjunktur entgegenzuwirken. Der Sachverständigenrat, der von der Bundesregierung zur Begutachtung der gesamtwirtschaftlichen Entwicklung berufen wurde, beklagt in seinem letzten Jahresgutachten, daß die Investitionen des Staates – Bund, Länder und Gemeinden – stärker eingeschränkt werden mußten, als es unsere Wirtschaft vertragen konnte. Für 1967 haben die fünf Weisen deshalb eine Steigerung der Investitionen um 10 Prozent empfohlen.

II. Sondergutachten, Eventualhaushalt

Inzwischen hat der Sachverständigenrat das erste Mal ein Sondergutachten neben seinen Jahresgutachten vorgelegt. In dem Gutachten wird die Richtigkeit der beiden bisher von der Bundesregierung eingeleiteten Maßnahmen bestätigt. Die Abschreibungssätze für bewegliche Wirtschaftsgüter des Anlagevermögens wurden um zehn und für unbewegliche Wirtschaftsgüter um fünf Prozent erhöht. Außerdem soll mit Hilfe des sogenannten Eventualhaushaltes ein schneller Aufstieg aus der Talsohle eingeleitet werden.
Der Eventualhaushalt hat ein Volumen von insgesamt 2,5 Mrd. DM. Davon sind inzwischen 850 Mio DM als Sofortmaßnahme vom Hauhaltsausschuß des Bundestages bewilligt worden. Mit der Freigabe der restlichen 1,65 Mrd. DM ist in diesen Tagen zu rechnen. Ich bedaure, daß die Freigabe wenigstens eines zweiten Blocks des Eventualhaushaltes durch die parlamentarischen Gremien des Bundestages so lange verzögert wurde. Die jüngsten Daten der konjunkturellen Entwicklung zeigen, daß die wirtschaftliche Aktivität dringend einer weiteren Belebung bedarf.
Dabei wurde der gesetzgeberische Vorgang so schnell und zügig behandelt wie wohl kaum eine zweite vergleichbare Maßnahme in der Geschichte unserer Demokratie. Der Bundesrat verzichtete auf seine Rechte, um das Inkrafttreten der Rechtsverordnung nicht zu verzögern. Am 13. Januar

wurde der Eventualhaushalt von der Bundesregierung beschlossen. Als sogenanntes Kreditfinanzierungsgesetz wurde er am 20. Februar vom Bundestag und am 17. März von Bundesrat verabschiedet. Schneller geht es nicht mehr.

Ein besonderes Tauziehen gab es um die Verwendung der Mittel. Aus Bayern kam der Vorschlag, die 2,5 Mrd. DM nach einem Schlüssel auf die Länder aufzuteilen; andere wollen strukturell benachteiligte Gebiete besonders berücksichtigt sehen. Die Agrarpolitiker verwiesen auf Kürzungen in ihrem Einzelplan und versuchten, sich durch den Eventualhaushalt schadlos zu halten. Jeder bemühte sich, angemessen beteiligt zu werden. Die konjunkturpolitische Notwendigkeit aber, die Mittel dort zu verwenden, wo sie die wirtschaftliche Aktivität am besten und schnellsten beleben können, wurde dabei manchmal weniger bedacht.

Einige liberale Politiker sahen mit dem Eventualhaushalt die Gefahr inflationistischer Tendenzen heraufziehen. Ich glaube, man kann sie mit einigen Hinweisen beruhigen: Sowohl die Brüsseler Kommission in ihrem Kommentar zum deutschen Wirtschaftsbudget 1967 und auch der Sachverständigenrat in seinem letzten Jahresgutachten haben eine Erhöhung der öffentlichen Investitionen um 10 Prozent empfohlen. Demgegenüber bedeutet der volle Investitionshaushalt von 2,5 Mrd. DM zusammen mit den Investitionen von Bund, Ländern und Gemeinden höchstens eine Zunahme von 6 bis 7 Prozent. Und gehen wir von der durchaus realistischen Vermutung aus, daß in diesem Jahre bei manchen Ländern und Gemeinden noch weitere Kürzungen der Investitionsausgaben erfolgen können, dann könnten Eventualhaushalt plus Zunahme der Investitionen der öffentlichen Hände einen Zuwachs von vielleicht 4 oder 5 Prozent bedeuten. Ob es nun 5 oder 7 Prozent sind, in jedem Falle liegen wir unter der von den Experten als ungefährlich empfohlenen Marge.

Der Sachverständigenrat hat in seinem schon erwähnten Sondergutachten empfohlen, die restlichen Mittel des Eventualhaushaltes unverzüglich freizugeben. Darüber hinaus hat er der Bundesregierung vorgeschlagen, zusätzliche konjunkturbelebende Maßnahmen durchzuführen. Sie sollte danach einen zweiten Eventualhaushalt verabschieden, vorübergehend die Einkommen- und Körperschaftsteuer linear senken und der Wirtschaft noch höhere Sonderabschreibungen gewähren.

Alle drei Instrumente sind sicherlich geeignet, den Wirtschaftsaufschwung anzufachen. Allerdings ist ihr Einsatz nicht ohne Probleme und wahrscheinlich auch nicht ohne weiteres durchführbar. Der Eventualhaushalt müßte über den Geld- und Kapitalmarkt finanziert werden. Das wird kaum möglich sein – ohne Senkung der Mindestreservesätze und des

Diskontsatzes. Ob die Bundesbank bereit ist, diesen Weg zu gehen, muß nach der letzten Sitzung des Zentralbankrates bezweifelt werden.
Höhere Sonderabschreibungen und die lineare Senkung der Einkommen- und Körperschaftsteuer bringen den Gebietskörperschaften zusätzliche Schwierigkeiten, ihre Hauhalte bei den ohnehin rückläufigen Einnahmen auszugleichen. Aber selbst wenn bei Bund und Ländern die Bereitschaft vorhanden wäre, weitere Einnahmeausfälle und damit höhere Defizite in Kauf zu nehmen, stünden sie vor dem nächsten Engpaß: Auch das Defizit muß finanziert werden. Die Frage, ob die verfügbaren Liquiditätsreserven ausreichen, wenn alle Länder und der Bund den gleichen Weg gehen, wage ich nicht zu bejahen. Wir sollten außerdem auch niemals verkennen, daß die Steuerpolitik primär die Aufgabe hat, dem Staate die notwendigen Einnahmen zu beschaffen.
In diesem Jahr wird es sicherlich in manchen Ländern und Gemeinden noch zu einem Wettlauf zwischen den sinkenden Einnahmen und Ausgabenkürzungen kommen. Die fünf Weisen befürchten zu Recht, daß Kürzungen vornehmlich die Investitionen treffen würden. Das wäre eine gefährliche Entwicklung. Denn gerade in Zeiten mangelnder Risikobereitschaft und geringer Investitionsneigung des privaten Unternehmertums muß die öffentliche Hand bereit sein, sich zusätzlich zu verschulden. Das wissen wir seit Keynes. Würde sie bei der augenblicklichen Wirtschaftslage ihre Investitionen vermindern, würde sie den Schrumpfungsprozeß zusätzlich verstärken. Es ist also ein äußerst gefährliches Verlangen, heute die öffentliche Hand aufzufordern, ihre Aufgaben für Bauten und Beschaffungen den sinkenden Einnahmen anzupassen. Der Staat sollte im Gegenteil bereit sein, Investitionen im Notfalle mit kurzfristigen Kassenkrediten zu finanzieren. Das kann im Prinzip aber nur zentral geschehen. Der Eventualhaushalt des Bundes sollte von Ländern und Gemeinden seiner Finanzierung wegen nicht nachgeahmt werden. Wenn die Notwendigkeit besteht, konjunkturbelebende Investitionen auch in Ländern und Gemeinden durchzuführen, und das ist bei der augenblicklichen Wirtschaftslage ganz sicher der Fall, dann müssen aber diese Maßnahmen von zentraler Stelle koordiniert werden. Als Gremium dafür bietet sich der geplante Konjunkturrat an.
Die fünf Weisen haben Ländern und Gemeinden faktisch nahegelegt, ihre Investitionen auch mit – gebrauchen wir ruhig das etwas übertreibende Wort – auch mit Tagesgeld zu finanzieren. In diesem Punkte kann ich ihnen nicht folgen. Mehr Investitionen: Ja – aber nicht mit Tagesgeld. Der Bund könnte entweder ihre Investitionskraft durch Finanzhilfen echt erhöhen. Als Beispiel denke ich an die Zuweisungen an Gemeinden aus

dem erhöhten Mineralölsteueraufkommen. Zumindest aber muß überlegt werden, wie Investitionen von Ländern und Gemeinden mit Hilfe zentral gesteuerter Maßnahmen vorfinanziert werden könnten, ohne den Kapitalmarkt in Unordnung zu bringen. Die öffentliche Hand muß sorgfältig darauf bedacht sein, der aufkeimenden privaten Initiative ausreichende Chancen auf dem Kapitalmarkt einzuräumen. Sie darf ihn nicht wieder über Gebühr beanspruchen und die erwünschte Investitionsneigung privater Unternehmer gefährden. Das alles bedarf zentraler Planung und Lenkung. Nur dann kann der privaten Wirtschaft ein hohes Maß an unternehmerischer Freiheit zurückgegeben werden, die sie in einer vorgeblichen liberalen Ära längst verloren hatte.

III. Ausbau der Hochschulen

Ich will Ihnen nicht, meine Damen und Herren, in diesem Zusammenhang meine Vorstellungen zum Ausbau der Universität mit der „Neuen Heimat" vortragen. Sie wissen alle, daß ich einen großen Vorzug in der Kommerzialisierung sehe. Deswegen haben wir die Hochschulbaugesellschaft gegründet und deswegen werden wir die „Neue Heimat" beauftragen, als Treuhänder den Ausbau durchzuführen. Es entspricht voll den Grundsätzen des Godesberger Programms, wenn wir alle Aufgaben, die die Privatwirtschaft ebenso gut oder besser als der Staat durchführen kann, ihr auch übertragen. Und Bauvorhaben dieses Ausmaßes können mit kommerziellen Methoden besser ausgeführt werden. Lassen sie mich einen weiteren Gedanken einblenden: Die Kommerzialisierung ist die eine Seite der Medaille. Die zweite Seite heißt Entpolitisierung. Die Gremien der Legislative und Exekutive werden jetzt bei der Bauausführung nicht immer wieder Einzelheiten beschließen müssen. Diese Kompetenz wurde der Hochschulbaugesellschaft übertragen. Insbesondere wird der Ausbau unabhängig von der Jährlichkeit des Haushalts den günstigen bautechnischen Bedingungen entsprechend durchgeführt werden können. Ich kann nur hoffen, daß in Zukunft nicht durch Hintertüren erneut politische Aspekte in das Projekt einfließen und die Durchführung des so dringlichen Ausbaues wieder erschweren oder verzögern.
Für den Ausbau der drei Hochschulen sollen in den nächsten fünf Jahren 970 Mio DM ausgegeben werden. Für das laufende Jahr haben wir 120 Mio DM vorgesehen. Ich glaube, daß dieses Bauvolumen auch einen nennenswerten Beitrag zur Stabilisierung der Konjunktur und damit zur Wirtschaftspolitik der neuen Bundesregierung darstellt. Die Arbeitslosigkeit zum Beispiel im Raume Duderstadt war in den letzten Monaten auf annä-

hernd 20 Prozent gestiegen. Nachdem das Hochschulbaugesetz im Niedersächsischen Landtag verabschiedet wurde, haben wir jetzt die Möglichkeit, mit zunehmend steigenden Bauaufträgen hier zu helfen. Auf diesen Gesichtspunkt des Projektes habe ich von Anfang an wiederholt öffentlich hingewiesen, und zwar bereits zu einer Zeit, als noch niemand an die Flaute glauben wollte. Bei guter wirtschaftlicher Entwicklung und steigenden Steuereinnahmen, so sagte ich, könnten wir über das vorgesehene Maß hinaus Mittel des ordentlichen Haushalts verwenden; bei rückläufiger Konjunktur wären wir gezwungen, nicht wie früher einmal Kasernen, sondern Hochschulen zu bauen.

IV. Steuerpolitische Maßnahmen

Zum Bündel der konjunkturpolitischen Instrumente gehört auch die Steuerpolitik. Von ihr können expansive und kontraktive Impulse auf die Wirtschaftsentwicklung ausgehen. Eine erhöhte Steuerbelastung dämpft die Auftriebskräfte der Wirtschaft. Sie ist in Zeiten der Hochkonjunktur angezeigt, um ein Überschäumen des Aufschwunges rechtzeitig abzubremsen. Eine verminderte Steuerbelastung wirkt umgekehrt, sie ist praktisch das Spiegelbild der Steuererhöhung. Sie kann dazu beitragen, der abflachenden Wirtschaftskonjunktur wieder neue Impulse zu geben. Beide Instrumente sind im Gesetz zur Förderung von Stabilität und Wachstum vorgesehen. Der große Unsicherheitsfaktor dabei bleibt aber das Verhalten der Wirtschaft selbst. Beurteilen beispielsweise die Unternehmer die zukünftige Entwicklung sehr pessimistisch, wird die Investitionsneigung auch nicht durch Steuererleichterungen verbessert werden können. Wir erkennen einen Nachteil der Steuerpolitik: Sie kann die Nachfrage nicht direkt beeinflussen wie beispielsweise Haushaltspolitik die Ausgaben des Staates. Zusätzliche über Kredite oder, was besser wäre, über die Auflösung einer ebenfalls für bessere Zeiten geplanten Konjunkturausgleichsrücklage finanzierte Ausgaben wirken sofort belebend, verminderte Ausgaben unter sonst gleichen Bedingungen sofort in vollem Umfange dämpfend. Ein weiterer Nachteil steuerpolitischer Maßnahmen besteht auch darin, daß ihre Auswirkungen quantitativ nur schwer abschätzbar sind, eben weil man nicht mit Sicherheit vorhersehen kann, wie die Privatwirtschaft reagiert. Trotz dieser Schönheitsfehler können wir auf das Instrument selbst nicht verzichten, und es scheint mir deshalb unabdingbar, daß es den Absichten der Bundesregierung entsprechend verbessert wird.
Ein gewisser Einfluß der Steuerpolitik auf die Wirtschaftskonjunktur ist

schon bei der bestehenden gesetzlichen Regelung möglich. Ich meine jetzt nicht Steuererhöhungen oder -verminderungen, die im langwierigen parlamentarischen Verfahren beschlossen werden könnten. Sie sind für antizyklische Haushaltspolitik nicht geeignet. Nach § 35 des Einkommensteuergesetzes können die Einkommensteuervorauszahlungen der Steuer angepaßt werden, die sich für den laufenden Vorauszahlungszeitraum ergeben wird. Allerdings muß nach der bisher geltenden Regelung die Anpassung innerhalb des Vorauszahlungszeitraums selbst, praktisch also bis zum letzten Vorauszahlungstermin am 10. Dezember des Steuerjahres erfolgen. Das Stabilitätsgesetz zielt darauf ab, auch noch in dem auf den Veranlagungszeitraum folgenden Kalenderjahr eine Anpassung zu ermöglichen. Dadurch kann die Zahl der Fälle vermindert werden, in denen heute noch hohe Abschlußzahlungen bis zur Veranlagung zurückgestellt werden müssen. Das ermöglicht also eine aus konjunkturpolitischen Gründen erwünschte gegenwartsnahe Steuererhebung. Nur am Rande sei bemerkt, daß diese Möglichkeit gleichzeitig einer größeren Steuergerechtigkeit dient, weil dann auch der Einkommensteuerpflichtige ähnlich wie der Lohnsteuerzahler zeitnah in Anspruch genommen werden kann.
Das zweite steuerliche Instrument des Regierungsentwurfs ist die Veränderlichkeit von Abschreibungssätzen. Das soll auf dem Wege einer Rechtsverordnung der Bundesregierung ermöglicht werden. Ein Rudiment dieser in Aussicht genommenen Regelung ist heute bereits im § 51 des Einkommensteuergesetzes vorhanden. Danach kann die Bundesregierung in konjunkturellen Schwächeperioden befristet allgemeine Sonderabschreibungen von höchstens 10 Prozent für bewegliche und von höchstens 5 Prozent für unbewegliche abnutzbare Wirtschaftsgüter des Anlagevermögens gewähren. Von dieser Ermächtigung macht die neue Bundesregierung zur Zeit durch die am 10. Februar endgültig vom Bundesrat verabschiedete Erste Verordnung über steuerliche Konjunkturmaßnahmen Gebrauch.
Bei der Diskussion über die Sonderabschreibungen wird bisweilen darauf hingewiesen, daß angesichts schlecht ausgenutzter Kapazitäten kein nennenswerter Anreiz für Erweiterungsinvestitionen erwartet werden darf. Das war aber auch gar nicht das Hauptziel der Bundesregierung. Sie wollte vielmehr die Wirtschaft veranlassen, solche Investitionen zeitlich vorzunehmen, die sie in Zukunft ohnehin hätte veranlassen müssen. Das sind auch und gerade Ersatzinvestitionen, die zugleich dem technischen Fortschritt dienen. Ich habe inzwischen über meine Steuerabteilung schon von einer Reihe vorgezogener Bestellungen gehört. Bitte, meine Damen und Herren, greifen auch Sie zu!
Die im Augenblick noch geltende Ermächtigung der Bundesregierung für

die Variation der Abschreibungssätze reicht aber nicht aus, weil

1. die Sätze der zulässigen Absetzungen für bestimmte Konjunktursituationen zu niedrig sind,
2. eine Variationsmöglichkeit bisher nur für den Fall einer rückläufigen Entwicklung, nicht aber für Zeiten einer unerwünschten Konjunkturüberhitzung vorgesehen ist,
3. bisher die für den Begünstigungszeitraum bereits aufgewendeten Anzahlungen und Teilherstellungskosten unberücksichtigt bleiben müssen und
4. die jetzt noch vorgeschriebene Beteiligung des Bundestags am Erlaß der Rechtsverordnung die Maßnahmen verzögert. Manche Steueränderungen, namentlich, wenn sie vom Steuerpflichtigen als Verschlechterung empfunden werden müssen, vertragen keine allzulange Vorankündigung. Man stellt sich darauf ein, und konjunkturpolitische Erfolge werden unter Umständen vereitelt.

All diese Unzulänglichkeiten sollten durch den Entwurf des Gesetzes zur Förderung von Wachstum und Stabilität behoben werden. Eine Abschreibungsvariation soll sowohl in einer rückläufigen als auch in einer überhitzten Konjunkturphase zulässig sein, und zwar bis zu 30 Prozent bei beweglichen und bis zu 15 Prozent bei unbeweglichen Anlagegütern und – neuerdings – auch bei Gebäuden, die nicht zu einem Betriebsvermögen gehören. Gegen die Ausweitung der Möglichkeiten für die Veränderung von Abschreibungssätzen im Wege von Rechtsverordnungen sind von verschiedener Seite, u.a. auch von Mitgliedern des Finanzausschusses des Bundesrates, Bedenken erhoben worden; man befürchtet insbesondere, daß eine solche Regelung starke Unsicherheitsfaktoren in die Kalkulationsgrundlagen der Wirtschaft bringt. Aber diese Bedenken nehme ich solange nicht sehr erst, solange eine Minderung von Abschreibungssätzen nicht auch solche Investitionen erfaßt, die bei Verkündigung der Rechtsverordnung bereits veranlaßt sind.
Der Bundesrat hat beim ersten Durchgang des Gesetzentwurfs vorgeschlagen, eine Anpassung der Vorauszahlungen, wie sie im Regierungsentwurf für die Einkommensteuer vorgesehen ist, auch für die Gewerbesteuer einzuführen. Er hat ferner den Bundestag und die Bundesregierung gebeten, im weiteren Verlauf des Gesetzgebungsverfahrens zu prüfen, ob das konjunkturpolitische Instrumentarium durch die rechtliche Möglichkeit ergänzt werden sollte, im Wege der Rechtsverordnung kurzfristig die Tarife der Ertragssteuer zu heben oder zu senken. Das war bereits vorher von den Ministerpräsidenten der Länder auf Initiative

Blick vom Elektro-Messehaus auf das Gelände der Hannover-Messe als Aufsichtsratsvorsitzender der Messe AG.

Hamburgs empfohlen worden. Inzwischen haben auch die fünf Weisen diesen Vorschlag wiederholt.
In anderem Zusammenhang konnte ich Ihnen darlegen, weshalb ich Bedenken habe, die Ertragssteuer jetzt und heute zu senken. Auf das Instrument selbst sollten wir aber nicht verzichten. Im zweiten Entwurf des Stabilitätsgesetzes ist es vorgesehen. Danach sollen Änderungen der Einkommen- und Körperschaftsteuer zulässig sein, wenn die Bundesregierung feststellt, daß die Wirtschaft aus der Balance gerät. Dann soll die Bundesregierung die Einkommensteuer und die Körperschaftsteuer durch Rechtsverordnung allerdings mit Zustimmung des Bundesrats für längstens ein Kalenderjahr bis zu 10 Prozent herabsetzen oder erhöhen können. Der Bundestag, dem die Rechtsverordnung sofort nach ihrer Verkündung mitzuteilen ist, soll befugt sein, binnen 6 Wochen nach ihrer Verkündung ihre Aufhebung, und sogar mit rückwirkender Kraft, zu verlangen.
Es ist noch nicht sicher, ob dieser Ergänzungsvorschlag eine parlamentarische Mehrheit findet. In parlamentarischen Kreisen, aber auch in der Öffentlichkeit, sind erhebliche Vorbehalte laut geworden, besonders, weil das Parlament mit einem solchen Zugeständnis an die Exekutive einen Einbruch in seine ureigenste Sphäre zulassen würde. Man darf aber einfach nicht übersehen, daß die Variation von Steuersätzen ein nützliches konjunkturpolitisches Instrument ist.
Stabile Währung, angemessenes Wachstum und Sicherung der Arbeitsplätze sollten eine gewisse Einschränkung parlamentarischer Rechte verantworten lassen. Schließlich ist auch der Bundesrat in diesen Wochen damit einverstanden gewesen, daß seine Rechte geschmälert werden, wenn von der Bundesregierung ausgearbeitete Gesetzentwürfe von den Koalitionsfraktionen initiativ eingebracht werden.

V. Außenwirtschaftliche Absicherung

Auf besonders heftige Kritik ist ein Teil der Vorlage der neuen Bundesregierung gestoßen. Das ist die Frage der außenwirtschaftlichen Absicherung. Zwei Instrumente sind im Gespräch: die Umsatzausgleichsteuer und die Umsatzsteuerrückvergütung. Die Umsatzausgleichsteuer wird bei der Einfuhr von Waren in das Inland in der Regel mit einem Satz 4 Prozent ihres Wertes erhoben. Sie ähnelt damit äußerlich dem Zoll und wird im übrigen auch von den Hauptzollämtern verwaltet. Sie ist aber kein Zoll und hat insbesondere nicht die Aufgabe eines Schutzzolls. Sie soll allein die Belastung gleichartiger oder vergleichbarer inländischer Waren mit

Umsatzsteuer ausgleichen. Die Umsatzausgleichsteuer verhindert damit, daß ausländische Waren, die im allgemeinen in ihrem Heimatland bei der Ausfuhr von der dortigen Umsatzsteuer entlastet werden, ohne jegliche Umsatzsteuerbelastung auf inländische Waren stoßen, die der deutschen Umsatzsteuer unterlegen haben.
Die inländische Umsatzsteuervorbelastung kann natürlich bei der z.Z. noch gültigen kumulativen Allphasen-Umsatzsteuer – je öfter eine Ware veräußert wird, desto mehr Umsatzsteuer ist zu zahlen – nicht exakt ermittelt werden. Das Umsatzsteuergesetz sieht deshalb Durchschnittssätze vor, die in der Regel – wie schon gesagt – 4 Prozent des Wertes des eingeführten Gegenstandes betragen, die aber bei bestimmten Warengruppen auch 6 oder 8 Prozent erreichen können. Nach Einführung der sog. Mehrwertsteuer wird die Ermittlung des Vorumsatzes einfacher sein. Ich möchte aber diese Frage hier nicht weiter vertiefen.
Die Umsatzausgleichsteuer ist damit in erster Linie dafür geschaffen, zwischen inländischen und ausländischen Waren gleiche Wettbewerbsverhältnisse herzustellen. Es liegt aber doch wohl auf der Hand, daß wir es hier gleichzeitig mit einem bedeutsamen Regulativ zu tun haben, mit dessen Hilfe Wirtschafts- und Konjunkturpolitik getrieben werden kann. Je höher die Ausgleichssätze sind, je vollständiger also der Ausgleich verlangt wird, desto schwerer wird es für ausländische Waren sein, sich auf dem inländischen Markt zu behaupten. Umgekehrt wird die Einfuhr erleichtert, wenn kein Ausgleich oder nur ein geringer Ausgleich erhoben wird. Damit wird die Umsatzausgleichsteuer zu einem brauchbaren Mittel, über die Wareneinfuhren den Markt und damit insbesondere auch die Preise zu beeinflussen.
Die Umsatzsteuervergütungen, nämlich die Ausfuhr- und die Ausfuhrhändlervergütung, wenden sich demgegenüber an die deutsche Ausfuhr. Die Ausfuhr selbst unterliegt nicht der Umsatzsteuer. In dem Einkaufspreis, den der Ausfuhrhändler gezahlt hat, ist aber – ich habe darauf ja bereits bei der Umsatzausgleichsteuer hingewiesen – aus den Vorumsätzen Umsatzsteuer enthalten. Die Ausfuhrvergütungen dienen dazu, diese Vorumsatzsteuer zu ersetzen, so daß der Ausführende die Ware auf dem internationalen Markt frei von Umsatzsteuer anbieten kann. Auch hier ist der Vorumsatz bei der kumulativen Allphasen-Umsatzsteuer noch nicht genau feststellbar, und auch hier hat sich der Gesetzgeber zu einem durchschnittlichen Ausgleich bereit gefunden. Die Vergütungssätze betragen bis zu 4 bzw. 5 Prozent des Verkauferlöses.
Diese Vergütungen sind primär als Ausfuhrförderungsmaßnahmen gedacht. Sie können aber gleichermaßen als Instrumente der Wirtschafts-

und Konjunkturpolitik benutzt werden. Denn je vollständiger die Vorbelastung ersetzt wird, desto leichter würde die Ausfuhr der so entlasteten Gegenstände möglich sein. Je geringer die Vergütungssätze sind, desto mehr Waren bleiben auf dem inländischen Markt, was in einer bestimmten Konjunkturlage durchaus wünschenswert sein kann.
Sie alle wissen, meine Damen und Herren, daß die außenwirtschaftliche Absicherung ein höchst neuralgischer Punkt ist. Aber die Grundsätze der Ehrlichkeit gebieten, daß wir diese offene Flanke unserer Wirtschaftspolitik nicht wegzudiskutieren versuchen. Wir leben nun einmal in einer Welt, in der täglich durch inflatorische Bewegungen im Ausland die Stabilität im Inland bedroht werden kann. Und wenn unsere Preise steigen, weil Störungen von außen kommen, dann muß man uns davor schützen können, auch, indem man Einfuhren und Ausfuhren erleichtert oder erschwert.
Wir wissen alle, daß man bei festen Wechselkursen nicht beides haben kann, außenwirtschaftliche und binnenwirtschaftliche Stabilität. Sicherlich können durch internationale Kooperation manche Spitzen abgeschnitten werden. Aber die Erfahrung lehrt, daß Kooperation allein nicht ausreicht. Wenn wir nicht an den Wechselkursen rühren wollen, bliebe dann noch das im Jahre 1961 beschlossene Außenwirtschaftsgesetz. Dort sind so schrecklich zwangswirtschaftliche Instrumente wie Devisenbewirtschaftung vorgesehen, daß ich die Variation im grenzüberschreitenden Verkehr ohne Einschränkung vorziehen möchte.

VI. Nationalbudget und Finanzplanung

Meine Damen und Herren, wir kennen die vor uns liegenden Aufgaben. Sie können gelöst werden, wenn wir endlich private und öffentliche Ausgaben vorausschauend aufeinander abstimmen. Auch das Instrumentarium dafür ist seit Jahren bekannt. Aber es wurde lange, allzu lange vernachlässigt. Im Entwurf des Gesetzes zur Förderung von Wachstum und Stabilität, den die neue Bundesregierung vorgelegt hat, ist es jetzt endlich vorgesehen. Danach soll die Bundesregierung jeweils zu Jahresbeginn eine volkswirtschaftliche Gesamtrechnung vorlegen und ihre konjunkturpolitischen Ziele auch quantitativ angeben. Zugleich soll sie darlegen, welche Instrumente sie zur Abwendung des drohenden Ungleichgewichts zwischen Vollbeschäftigung, Preisstabilität, außenwirtschaftlichem Gleichgewicht und binnenwirtschaftlichem Wachstum einsetzen will. Damit wird in Bonn eigentlich nicht mehr getan, als einige Beamte der Bundesregierung in Brüssel mitmachen und produktiv mitgestalten.

Ohne klare Diagnose ist die Therapie heute nicht mehr möglich. Und dazu gehören konkrete Zahlen und quantitative globale Zielvorstellungen.
Dem Programm Ihrer Veranstaltung entnehme ich, daß Herr Staatssekretär Grund hier bereits über die mittelfristige Finanzplanung referiert hat. Ich brauche sie deswegen in diesem Zusammenhang nur zu erwähnen. Sie ist ganz sicher ein wichtiges Instrument auch für die antizyklische Haushaltspolitik. Ich bin fest überzeugt, daß 1965 die Steuern nicht gesenkt worden wären, wenn man die Konsequenzen aus einer Finanzvorausschau hätte ablesen können. Ihren besonderen Wert wird die mittelfristige Finanzplanung erhalten, wenn sie vom Bund und in allen Ländern nach vergleichbaren Grundsätzen durchgeführt wird. Wir haben in Niedersachsen nützliche Vorarbeit geleistet. Ich hoffe, andere Bundesländer werden unserem Beispiel bald folgen.
In der Finanz- und Wirtschaftswelt ist alles wie in einem System kommunizierender Röhren miteinander verbunden. Bisweilen gleicht sie auch einem Labyrinth, dessen Wegen mehr als bisher unvoreingenommen und undogmatisch nachgespürt werden muß. Eine jede wirtschaftspolitische Maßnahme hat Wirkungen in mehreren Richtungen. Es kommt darauf an, Vor- und Nachteile gegeneinander abzuwägen.
Solange der Fürst den Zehnten erhob, konnte mit grobem Raster gearbeitet werden. Heute erheben wir 1/4 des Sozialproduktes an Steuern, und 40 Prozent des Sozialproduktes gehen – wenn ich alles mitrechne – durch öffentliche Haushalte.
Das stellt unsere Parlamente und Regierungen vor konjunkturpolitische Aufgaben, die – so scheint es – in der Bundesrepublik jetzt zum ersten Male richtig erkannt und angepackt werden.

Regierungserklärung (1970)

Als Alfred Kubel am 8. Juli 1970 seine Regierungserklärung als niedersächsischer Ministerpräsident vor dem Landtag in Hannover abgab, in dem die SPD nach der Wahl vom 14. Juni 1970 mit einer Ein-Stimmen-Mehrheit allein regierte, konnte Kubel als neuer Ministerpräsident auf die Erfahrung von 22 Jahren Kabinettsarbeit zurückgreifen: Wirtschaftsminister 1946 – 48, Minister für Arbeit, Aufbau und Gesundheit 1948 – 50, von 1950 bis 1951 zusätzlich Wirtschaftsminister, Finanzminister 1951 – 55, Wirtschaftsminister 1957 – 59, Landwirtschaftsminister 1959 – 65 und schließlich von 1965 bis 1970 Finanzminister. Damit hatte er vier der acht Landesministerien selbst einmal geleitet. Bis heute ist dieser politische Lebensweg eine einmalige Konstellation geblieben.

Regierungserklärungen können als Programmreden aufgefaßt werden, in denen der Regierungschef zum einen die Politik der vergangenen Legislaturperiode bewertet und zum anderen die Pläne seiner Regierung für die kommenden Jahre vorstellt. In ihnen tritt das Individuelle der Rednerpersönlichkeit hinter eine gewisse Form der Objektivierung zurück, da an der Erarbeitung der Bestandsaufnahme und der fachlichen Programme einer zukünftigen Politik in aller Regel Minister und Fachbeamte aus allen Ressorts beteiligt sind. Die Rede wird hier dennoch aufgenommen, weil Alfred Kubel mit seinen politischen Vorstellungen nicht nur die Regierungserklärung prägte, sondern in einem intensiven Diskussionsprozeß mit den Referenten auch den fachbezogenen Einzelaussagen seinen Stempel aufdrückte.

Kubels erste Amtsperiode als niedersächsischer Ministerpräsident fällt in eine Zeit der Aufbruchstimmung in der Bundesrepublik, die durch die Wahl von Willy Brandt zum Bundeskanzler ausgelöst wurde und zu einer Phase innen- wie außenpolitischer Reformen führte. Auf landespolitischer Ebene dokumentierte sich der politische Wandel einerseits in den ambitiösen Reformvorhaben: Gebiets- und Verwaltungsreform, Landesentwicklungsprogramm sowie Maßnahmen im Bereich der Bildungspolitik (Neugründung der Universitäten Oldenburg und Osnabrück, Schaffung eines integrierten Gesamtschulsystems, Reform der Lehrerausbildung, Lernmittelfreiheit und Beseitigung des Lehrermangels), andererseits fand er seinen Niederschlag auch in Kubels Kabinettsliste, die mit Prof. Dr. Peter von Oertzen (Kultus), Helmut Greulich (Wirtschaft) und Klaus-Peter Bruns (Landwirtschaft) einen personellen Wandel innerhalb der niedersächsischen SPD ausdrückte.

Herr Präsident!
Meine Damen und Herren!
Die Sozialdemokraten stellen im neuen Parlament des Landes Niedersachsen die stärkere Fraktion vor der CDU. Obwohl die sozialdemokratische Fraktion nur über eine Mehrheit von einer Stimme verfügt, ist ihr der Auftrag zugefallen und erhebt sie den Anspruch, die nächste Landesregierung zu stellen. Unterhaltungen über die im übrigen verständlich besorgte Frage, ob diese knappe Mehrheit genüge, um das Land nach dem ausgeprägten Willen der SPD zu regieren, müssen unfruchtbar bleiben. Niedersachsen befindet sich ebensowenig wie die Bundesrepublik Deutschland im Zustand eines Notstandes, der es rechtfertigen könnte, eine SPD-CDU-Koalition zu bilden und auf eine parlamentarische Opposition zu verzichten. Es besteht kein Zweifel, und aus vielerlei Erfahrungen wissen wir, daß eine solche Koalition von den Wählern beider Parteien nicht verstanden werden würde.
Die Zeiten, in denen Ruhe die erste Bürgerpflicht war, sind hoffentlich auch bei uns für immer vorbei. Ein Parlament, das unter den heutigen politischen Verhältnissen auf das Institut der parlamentarischen Opposition verzichten wollte, würde mit der dann zwingend notwendigen außerparlamentarischen Opposition nicht fertig werden. Dieser Hinweis macht jedoch sogleich eine grundsätzliche Anmerkung notwendig. Die Landesregierung ist der Auffassung, daß der Umfang der vor diesem Hohen Hause liegenden Aufgaben ein Höchstmaß an konstruktiver Zusammenarbeit der demokratischen politischen Kräfte in diesem Land, insbesondere ein Höchstmaß an Zusammenarbeit mit der Opposition im Landtag erfordert. Sie geht davon aus, daß Regierungsfraktion, Opposition und Landesregierung von dem gleichen Willen getragen sind, für unser Land das Beste zu tun. Das soll die klare und unter Umständen auch harte politische Auseinandersetzung nicht verhindern. Aber es soll die Absicht der Landesregierung ausdrücken, das ihre dazuzutun, daß diese Auseinandersetzung sachlich bleibt. Sie erwartet von der Opposition die gleiche Bereitschaft zu fairer, sachlicher politischer Arbeit.
Die Landesregierung wird das ihr Mögliche tun, den Prozeß der Urteilsbildung in den Fraktionen durch umfassende und rechtzeitige Information zu erleichtern. Ihre Mitglieder und die Staatssekretäre werden beiden Fraktionen zur Unterrichtung zur Verfügung stehen.
In solche wechselseitige Information sind über das Parlament hinausgreifend alle Gruppen und Institutionen eingeschlossen, die unseren Staat und unsere Gesellschaft mit tragen. Wir meinen, daß man auf solche Weise das Fundament eines demokratischen Staates sichern helfen kann. Frei-

lich genügt die Vermittlung von Tatsachenwissen, Wissen um unsere gesellschaftlichen Umstände allein nicht. Ich werde an anderer Stelle noch von unserer besonderen Pflicht sprechen, auch die Grundlagen zur Verwertung solchen Wissens für das Funktionieren unserer Gesellschaft schaffen zu helfen. Nur wenn es uns gemeinsam gelingt, die politischen Entscheidungsprozesse so durchschaubar wie möglich zu machen und für größtmögliche Klarheit über die politische und gesellschaftliche Situation und die absehbaren Entwicklungen zu sorgen, sichern wir das Fundament der demokratischen Gesellschaft.

Der Abstand zwischen den Bürgern einerseits und den politisch Handelnden andererseits, der hier und da zu beobachten ist, mindert die Funktionsfähigkeit der Demokratie. Die Landesregierung wird durch umfassende Information zu ihrem Teil dazu beitragen, diesen Abstand zu verringern. Sie wird nicht empfindlich sein gegen Kritik in der Öffentlichkeit; sie sieht im Gegenteil eine breite und lebhafte öffentliche Diskussion der Regierungsarbeit als unerläßlich an, wenn diese Arbeit eine Arbeit für das Wohl unserer Gesellschaft sein soll. Presse, Funk und Fernsehen sind aufgefordert, sich in Freiheit und Unabhängigkeit ihrer vollen Verantwortung gegenüber den Ansprüchen einer mündigen und informierten Gesellschaft bewußt zu bleiben. Wir messen der inneren und der äußeren Pressefreiheit und der sich daraus ergebenden Meinungsvielfalt, wie sie in den zahlreichen regionalen Tageszeitungen unseres Landes, in Funk und Fernsehen zum Ausdruck kommt, große Bedeutung zu. In der Vielfalt der publizistischen Medien mit ihren unterschiedlichen Wirkungsmöglichkeiten und Reichweiten haben die regionalen und überregionalen Tageszeitungen ebenso ihren festen Platz wie die öffentlich-rechtlichen Anstalten von Funk und Fernsehen.

Meine Damen und Herren! Bevor ich mit einigen allgemeinen Vorbemerkungen die Erklärung der Landesregierung über ihre einzelnen Aufgaben und Ziele einleite, ist es mir ein Bedürfnis, dem bisherigen Regierungschef, Ministerpräsident Dr. Georg Diederichs, für seine langjährige aufopferungsvolle Tätigkeit zum Wohle unseres Landes zu danken. Herr Dr. Diederichs war zunächst von November 1957 an Sozialminister. Im Dezember 1961 wurde er als Nachfolger des unvergessenen Hinrich Wilhelm Kopf niedersächsischer Ministerpräsident. Beide haben verstanden, die politischen Kräfte dieses Landes in breiter Ebene zu positivem Zusammenwirken zu führen.

Ich spreche sicherlich in ihrer aller Namen, wenn ich Dr. Georg Diederichs, der über die Grenze physischer Erschöpfung hinaus dem Lande diente, eine recht baldige und vollständige Wiederherstellung seiner

Gesundheit wünsche. Sein Wort und sein Rat werden in diesem Hohen Hause wie eh und je so auch weiter besonderes Gewicht haben.
In diesen Dank möchte ich auch die Minister Richard Langeheine, Wilfried Hasselmann, Gustav Bosselmann und Karl Möller einschließen. Sie haben in mehrjähriger Amtstätigkeit dem Lande gedient, und sie werden nun im parlamentarisch-demokratischen Wechsel von anderer Stelle aus weiter ihre Kräfte in den Dienst unseres Landes stellen.
Mit der ersten allein von Sozialdemokraten gestellten und getragenen Landesregierung in Niedersachsen ist in mancherlei Hinsicht ein neuer Anfang gesetzt, der ganz gewiß einige Unterschiede zu vergangenen Landesregierungen, mehr aber noch Unterschiede zwischen der Regierung und der oppositionellen CDU sichtbar machen wird. Dafür einige besonders hervorstechende Beispiele:
Das bisherige Ministerium für Wirtschaft und Verkehr wird künftig als Ministerium für Wirtschaft und öffentliche Arbeiten firmieren. Wir werden den staatlichen Hochbau aus dem Finanzministerium herausnehmen und ihn dort hingeben, wo der Straßenbau, der Hafenbau und andere Tiefbauaufgaben gelöst werden. Damit soll dieses Ministerium mehr Möglichkeiten als bisher haben, den Konjunkturablauf in unserem Land zu steuern. Der Minister für Wirtschaft und öffentliche Arbeiten wird nach Vereinbarung mit dem Sozialminister und dem Minister für Ernährung, Landwirtschaft und Forsten auch die Auftragsvergabe, die im Rahmen des öffentlich geförderten Wohnungsbaues und im großen Bereich der wasserwirtschaftlichen Maßnahmen erforderlich ist, beeinflussen können. Die von ihm zu vergebenden öffentlichen Aufträge sollen den regionalen Bedürfnissen unseres Landes entsprechend verteilt werden können. Die öffentlichen Aufträge werden auch in Zukunft noch zunehmen. Sie lassen sich ohne Planung für längere Zeiträume nicht sach- und auch nicht rangfolgegerecht bewältigen. Planung ist heute als unbestreitbar notwendige Voraussetzung öffentlichen Handelns allgemein anerkannt.
Daraus haben wir die praktische Konsequenz gezogen. Beim Ministerpräsidenten in der Staatskanzlei wird ein Planungsstab errichtet. Er soll die in allen Ressorts notwendigen Planungen koordinieren, sie in ihren weiträumigen und langfristigen Wirkungen aufeinander abstimmen und gleichzeitig das erforderliche Material zur Vorbereitung politischer Entscheidungen erarbeiten.
Dem Planungsstab wird vor allem die Aufgabe übertragen werden, den Landesentwicklungsplan weiter zu entwickeln, ihn detailliert für die wirtschaftlichen Regionen unseres Landes auszuarbeiten. Er soll nicht nur ein

Plan für das Handeln der Landesregierung sein, er soll in gleichem Umfange der Information aller Kräfte dienen, die bei dieser Entwicklung mitwirken müssen, die Kräfte auf kommunaler Ebene und auch die der privaten Wirtschaft. Wo es erforderlich ist, werden darüber hinaus auch in den Ressorts Planungsstellen eingerichtet werden müssen.
Wir wissen, Planung vollzieht sich zwangsläufig im Exekutivbereich. Naturgemäß besteht deshalb die Gefahr, daß es den Parlamenten beträchtlich erschwert wird, den Gang der Planung und dabei zu treffende Entscheidungen zu beeinflussen.
Wir wollen Abhilfe schaffen. Wir wollen große Programme in Gesetzesform kleiden und dem Landtag damit echte Mitwirkung bei Planungskonzeptionen ermöglichen. In den Programmgesetzen soll der Landtag politische Zeichen setzen für die Planungen der Exekutive und deren Einordnung in die überregionalen Planungszusammenhänge.
In diesem Zusammenhang sollte daran gedacht werden, die Zusammenarbeit mit dem Landtag auch in anderer Weise zu vertiefen. Es ist zu überlegen, ob nicht Verordnungsermächtigungen von der Landesregierung dann nicht ausgefüllt werden, wenn die Materie geeignet ist, durch Gesetz geregelt zu werden. Ich denke zum Beispiel an die kommunale Besoldung.
Eine lebendige und lebenskräftige Demokratie verlangt nach weitreichender Mitwirkung und Mitbestimmung in allen Bereichen, die für unser öffentliches Leben bedeutsam sind. Schon aus diesem Grunde scheint der Landesregierung das niedersächsische Personalvertretungsgesetz erneuerungsbedürftig. Die Mitbestimmungs- und Mitwirkungsrechte der Personalräte sollen verstärkt werden. Die Einrichtung paritätisch besetzter unabhängiger Einigungsstellen scheint uns geeignet, den Gedanken der Partnerschaft auch in der öffentlichen Verwaltung zu festigen.
Die vielfältigen und die in die Zukunft weisenden Aufgaben, die sich diese Landesregierung gestellt hat, werden hohe Anforderungen an unsere Mitarbeiter stellen. Das Leistungsprinzip soll stärker betont werden. Die noch bestehenden Mindestdienstzeiten und Mindestalter für Beförderungen entsprechen nicht unseren Vorstellungen; ebensowenig ist die Abdichtung der verschiedenen Laufbahnen zeitgemäß. Wir werden die niedersächsische Laufbahnverordnung in Anlehnung an die Regelung des Bundes weiterentwickeln. Bei der Ausbildung der Beamten wird die Landesregierung darauf achten, daß der Anschluß an das allgemeine Bildungswesen nicht verlorengeht. Sie wird auch die Bemühungen zur Fortbildung der Beamten und Angestellten verstärken, um diese Mitarbeiter stets in der Lage zu wissen, mit der gesellschaftlichen Entwicklung Schritt

halten zu können. In diesem Zusammenhang ist der ohnedies bereits geplante Neubau der Verwaltungsschule in Bad Münder von besonderer Bedeutung. Eine Reihe von Zweigen der öffentlichen Verwaltung und des öffentlichen Dienstes leidet unter Personalmangel. Ich werde das an mehreren Stellen spezialisiert auf den jeweiligen Ressortbereich noch zu erwähnen haben. Aber soviel sei hier angemerkt:
Es muß auch erkannt werden, daß der öffentliche Dienst in Zeiten eines allgemeinen Mangels an leistungsfähigen Kräften im gesamten privaten Bereich kaum eine Oase wird darstellen können, in der die notwendigen Stellen vollkommen besetzt sind. Der Versuch, durch verstärkte Anreize verschiedener Art den öffentlichen Dienst generell bevorzugt zu besetzen, kann in Anbetracht der unvermeidlich größeren Beweglichkeit der privaten Sphäre nur unvollkommen gelingen. Daß überdies, wo irgend möglich, auch im öffentlichen Dienst durch technische Hilfsmittel menschliche Arbeitskraft ersetzt werden muß, bedarf kaum noch besonderer Erwähnung. Es muß dennoch anerkannt werden, daß bestimmte Leistungen unserer Behörden, der Polizei und ganz besonders im Schul- und Bildungswesen praktisch nicht durch private Institutionen ersetzt werden können. Allenfalls sind Hilfen möglich und erwünscht.
Was unser Schul- und Bildungswesen anbetrifft, so müssen wir in Anspruch nehmen, daß gerade der Mangel an ausgebildeten Kräften im privaten Bereich grundlegend nur gemildert werden kann, wenn unsere Schulen aller Art und unsere Ausbildungsstätten eben doch mit einem gewissen Vorrang personell ausgestattet sind.
Um die Regierungs- und Verwaltungsmethoden zu modernisieren, müssen die Möglichkeiten der elektronischen Datenverarbeitung zur Vorbereitung der Führungsentscheidungen genutzt werden. Diesem Zwecke wird eine Statistische Informationsbank dienen. Die Landesregierung sieht es im übrigen als selbstverständlich an, daß zu dieser Datenbank und anderen Informationssystemen der Landtag gleichberechtigten Zugang haben muß. Auch unsere Landkreise, Städte und Gemeinden werden sich der elektronischen Datenverarbeitung verstärkt bedienen müssen. Das setzt ausgebildetes Personal und die notwendigen Maschinenprogramme voraus. Dafür sind aber Investitionen erforderlich, die sich nicht jede Kommunalverwaltung leisten kann. Das Land wird helfend eingreifen und gemeinsame Entwicklungsarbeiten der Kommunen fördern.
Die Landesregierung ist bereit, die niedersächsischen Kommunen bei der Errichtung eines kommunalen Rechenzentrums, das die Entwicklung einheitlicher Grundprogramme und die Ausbildung des EDV-Personals für alle Kommunalverwaltungen übernimmt, zu unterstützen.

Die Reform der öffentlichen Verwaltung im Lande Niedersachsen und damit im untrennbaren Zusammenhang stehend auch die Reform der Verwaltungsgebiete bleibt auch für die neue Landesregierung, und ich bin sicher, auch für das neugewählte Parlament, eine wesentliche Aufgabe in der nun beginnenden Legislaturperiode. Ich möchte auf eine Begründung für die Notwendigkeit verzichten. Sie könnte nur wiederholen, was in diesem Hause – beginnend mit der Regierungserklärung meines verehrten Herrn Vorgängers Dr. Diederichs – eindrucksvoll und wiederholt genug gesagt worden ist.
In der vergangenen Legislaturperiode ist eine Reihe gemeinsamer Sachlösungen erarbeitet worden; sie stärken uns in der Hoffnung, in der Verwaltungs- und Gebietsreform nicht wieder ganz von vorn mit der Diskussion beginnen zu müssen. Es gibt für die Landesregierung hier kein dogmatisches Entweder/Oder, was den Weg zur Modernisierung und Rationalisierung unserer Verwaltung anbetrifft, und sie ist sich darüber klar, daß zur Erreichung dieses Zieles nicht nach einer einzigen Straße gesucht werden muß. Es dürfte nicht praktisch sein, die Verwaltungs- und Gebietsreform in einem einzigen, das ganze Land mit der Landesverwaltung und den kommunalen Verwaltungen umfassenden Akt durchzuführen zu versuchen. Wir werden auch bei der Verlagerung von Aufgaben differenziert vorgehen müssen unter Berücksichtigung der unterschiedlichen Leistungsfähigkeit, insbesondere unserer derzeitigen Gemeinden und Kreise. Das bedeutet, daß der Zusammenschluß zu leistungsfähigen Gemeinden die Voraussetzungen dafür schafft, daß zusätzliche Aufgaben aus der Kreisebene durch die Gemeinden erfüllt werden können.
Den freiwilligen Zusammenschluß der Gemeinden werden wir durch verstärkte finanzielle Hilfe aus dem Landeshaushalt fördern. Darüber hinaus sind wir überzeugt, daß die Bereitschaft der kommunalen Verwaltung, im Interesse der Bürger zusätzliche Aufgaben zu übernehmen,auch einen echten zusätzlichen Anreiz für solche Zusammenschlüsse darstellen kann. So sehr wir aber auch über die Gemeindereform weitgehend auf die Bereitschaft zu freiwilligem Zusammenschluß rechnen, so sehr wird dieses Hohe Haus bereit bleiben müssen, nach Ablauf einer angemessenen Zeit leitbildgerechte Zusammenschlüsse auch durch Gesetz herbeizuführen. Vielleicht ist es nötig zu sagen – und manche Diskussion, die ich selber in den letzten Wochen und Monaten gehabt habe, unterstreicht dies –, daß solche vernünftigen Gemeindezusammenschlüsse nicht durch derzeitige Kreisgrenzen behindert werden dürfen.
Wir wissen, daß die Neugliederung der Kreisebene der schwierigste Teil der gesamten Reform ist. Die Landesregierung wird diese Neuregelung

der Kreisebene zur Schaffung leistungsstarker Kreise Zug um Zug mit Unterstützung des Hohen Hauses durchzuführen versuchen. Auch hierbei braucht nicht schematisch regional vorgegangen zu werden. Jeder von uns kennt Räume, in denen sich die Notwendigkeit zur Änderung von Kreisgrenzen, um es ganz neutral zu sagen, einfach aufdrängt.
Wenn ich gewissermaßen erst zum Abschluß dieses Teils meiner Erklärung zur Verwaltungs- und Gebietsreform die Mittelinstanz anspreche, so, weil aus den Diskussionen der vergangenen Jahre hinreichend eindeutig die Übereinstimmung erzielt worden ist, die Mittelinstanz zwar beizubehalten, aber die Zahl der künftig als Verwaltungsbezirke zu bezeichnenden Bezirke auf vier zu vermindern.
Das soll nicht nur eine zahlenmäßige Verminderung von Präsidenten darstellen, sondern das ist nur in jenem Umfang sinnvoll, in dem Hand in Hand mit einer Verlagerung von Aufgaben aus den Ministerien auf diese verminderte Zahl der Verwaltungsbezirke – und hier nun freilich nicht in einem Akt durchführbar, aber dennoch zügig – Aufgaben aus der Mittelinstanz auf die kommunale Ebene verlagert werden.
Die Verwaltungs- und Gebietsreform ist eine schwere Aufgabe des hierfür federführenden Innenministeriums. Nicht weniger wird dieses Ressort belastet sein durch die Notwendigkeit, im Polizeiwesen Entscheidendes zu tun. Die gesellschaftliche Entwicklung hat das Berufsbild der Polizei grundlegend verändert. Alle Maßnahmen im polizeilichen Bereich müssen sich an diesem neuen, zeitgemäßen Berufsbild der Polizei ausrichten. Aufgabenbestand, Amtsinhalt und Bildungsvoraussetzungen des Polizeidienstes werden neu festgestellt werden. Damit soll die Grundlage für ein vorausschauendes Schwerpunktprogramm, das auf personellem Gebiet die Anpassung von Laufbahn und Besoldung sowie eine verstärkte Nachwuchswerbung umfaßt, geschaffen werden. Wir wissen, daß die technische Ausrüstung der Polizei weiter modernisiert werden muß, daß nicht zuletzt auch angemessene Unterkunfts- und Dienstgebäude zu einem solchen Programm gehören.
Nicht nur nach der Aufgabenverteilung durch das Grundgesetz, sondern auch nach unserer eigenen Wertung haben Schule, Bildung und Kultur absoluten Vorrang in den Ländern. Wir sind entschlossen, den teilweise erheblichen Nachholbedarf in unserem Lande abzubauen. Die Landesregierung ist sich darüber einig, daß bei dem zu erwartenden ständigen Zuwachs an Deckungsmitteln der Einzelplan des Kultusministeriums vorrangig bedient werden soll.
Wir haben bereits vor der Wahl ein detailliertes Bildungsprogramm vorgelegt, in dem die gesellschaftspolitische Zielsetzung verbunden wird mit

den lang- und kurzfristigen Maßnahmen, die es auf den Gebieten der Schule, der Hochschule und der Erwachsenenbildung einzuleiten gilt.
Im Vorwort unseres Programms ist klargestellt – ungeachtet fester bildungspolitischer Ziele –, daß sich dogmatische Lösungen verbieten. Durch umfassende Information und frühzeitige Diskussion mit allen Beteiligten werden wir ein Reformklima zu schaffen versuchen. Unserer Meinung nach können bildungspolitische Reformen erst wirksam werden, wenn alle am Bildungsprozeß Beteiligten sie mittragen.
Pädagogischer Sachverstand und die neueren Erkenntnisse der Bildungsforschung sollen die Politik der Landesregierung verstärkt stützen. Darum wird auch im Kultusministerium ein zentraler Planungsstab eingerichtet werden, der eng mit den Einrichtungen der Bildungsforschung zusammenarbeitet, heutige bildungspolitische Tendenzen sorgfältig analysiert und die Schulträger berät. Das Kultusministerium wird ein Informationszentrum einrichten, von dem aus allen Interessierten, nicht zuletzt auch den Schulträgern, umfangreichere Informationen als bisher zur Verfügung gestellt werden. Bei der Willensbildung von Regierung und Parlament sollen alle unmittelbar Beteiligten mitwirken, zum Beispiel sollte auch das Instrument des öffentlichen Hearings stärker genutzt werden.
Das schulpolitische Fernziel der Landesregierung ist die Ersetzung des gegenwärtigen, vertikal gegliederten Schulsystems durch ein differenziertes und integriertes Gesamtschulsystem. Dieses Fernziel kann allerdings nur schrittweise erreicht werden. Im Rahmen des Gesamtschulmodells werden wir noch eine Reihe konkreter Probleme durch Schulversuche zu lösen haben. Das zeigen auch die Erfahrungen, die im Ausland gemacht worden sind. Unsere langfristige Zielsetzung hat aber schon jetzt unmittelbare Konsequenzen:
Die Lehrerausbildung wird sich in Zukunft nicht an Schularten, sondern nach Schulstufen orientieren. Wir werden so schnell wie möglich ein Lehrerausbildungsgesetz vorlegen, an dem sich die Ausbildungsreform für den Lehrerberuf ausrichten soll. Dieses Gesetz ist dringlich, weil mit der Neugründung von Universitäten in Oldenburg und Osnabrück und der Integration der Abteilungen der Pädagogischen Hochschule Niedersachsen in diesem Gesamthochschulbereich die Lehrerausbildung weiterentwickelt werden muß.
Die wichtigsten Elemente des Gesetzes sind:
Alle Lehrer werden gemeinsam in einem mindestens vierjährigen Studium an einer Universität (Integrierten Gesamthochschule) ausgebildet. Die Ausbildung umfaßt erziehungs- und gesellschaftswissenschaftliche, fachwissenschaftliche und fachdidaktische Studien.

Alle Lehrer werden für eine Tätigkeit im Rahmen zweier Schulfächer oder im Rahmen eines Schulfaches und eines pädagogischen Aufgabenfeldes ausgebildet.
Die zweite Phase der Lehrerausbildung ist für alle Lehrer nach einheitlichen Prinzipien neu zu ordnen. Die wissenschaftliche Fortbildung ist Bestandteil der Berufstätigkeit aller Lehrer. Im Vorgriff auf das Gesetz wird die Reform der Lehrerausbildung in der zweiten Phase durch Erlaß eingeleitet werden. Dabei ist ein wesentliches Ziel die Mitbestimmung der Junglehrer und Studienreferendare bei der Gestaltung der Seminarausbildung. Ferner muß die wirtschaftliche Stellung der Studienreferendare unter Ausschöpfung der Möglichkeiten des geltenden Rechts derart verbessert werden, daß ihre Einkünfte der Eingangsstufe des höheren Dienstes möglichst angenähert werden. Die einheitliche Ausbildung der Lehrer wird auch Auswirkungen auf die Besoldung haben. Die Landesregierung begrüßt, daß endlich die Besoldung im öffentlichen Dienst und damit auch die Besoldung der Lehrer in den Bereich der konkurrierenden Gesetzgebung fallen soll. Sie wird dabei ihr Ziel weiter verfolgen und sich hierbei mit dem Hohen Hause einer Meinung wissen, eine eigenständige Lehrerbesoldung einzuführen.
Der Schulbau soll sich mehr als bisher an den pädagogischen Erfordernissen eines sich verändernden Schulsystems orientieren. Deshalb wird im Kultusministerium ein »Planungsreferat Schulbau« eingerichtet; es soll die Aufgabe haben, die Reformansätze im Schulbau daraufhin zu untersuchen, welche Anforderungen sie an den Schulbau stellen. Die Arbeitsergebnisse werden den Schulträgern und den Schulaufsichtsbehörden zur Verfügung gestellt. Auch der Landesschulplan wird auf der Grundlage der neuesten pädagogischen Erkenntnisse und der schulpolitischen Zielsetzungen dieser Regierung fortentwickelt werden. Dabei sollen Gesichtspunkte der Raumordnung stärker berücksichtigt werden. Wichtige Maßnahmen sind die Auflösung aller unzureichend gegliederten Schulen und die Durchführung von Reformen im Grundschulbereich. Zwei Voraussetzungen müssen dazu geschaffen werden, und wir werden sie schaffen: Die Übernahme der Schülertransportkosten durch das Land und eine stärkere finanzielle Entlastung der Kommunen bei Auflösung von Schulen. Die Regierung wird einen Stufenplan für die Verwirklichung der Lernmittelfreiheit vorlegen. Sie wird einer allzu weit getriebenen Vielfalt im Schulbuchwesen entgegentreten, ohne dabei die pädagogische Entscheidungsfreiheit der Lehrer unangemessen einzuschränken.
Schulversuche müssen sowohl die Schulreform vorbereiten als auch die Leistungsfähigkeit des gegenwärtigen Schulsystems verbessern helfen.

Ein systematisches Schulversuchsprogramm wird erarbeitet werden, das sowohl über die sachlich notwendigen Vorhaben als auch über deren zeitliche Abfolge Auskunft gibt.
Das Verhältnis Schüler – Lehrer – Schulleitung – Schulverwaltung muß überprüft werden; weil eindeutig überzeugende Lösungen für einen Wandel in diesem Bereich unseres Schulwesens noch nicht vorliegen, sind Versuche mit verschiedenen Formen der Schulorganisation notwendig.
Die wissenschaftliche Begleitung der Schulversuche werden wir intensivieren. Die bestehenden pädagogischen Forschungsinstitutionen müssen ausgebaut, neue sollen geschaffen werden. Die hier genannten Maßnahmen, die Teile einer großen Schulreform sind, sollen klarstellen, daß langfristige Zielsetzung und schrittweise Reform sich nicht ausschließen. Schwerpunkte einer solchen Reform sind in den kommenden Jahren die schrittweise Einführung von Vorschuleinrichtungen als Teil des öffentlichen Schulwesens und die schrittweise Einführung der Orientierungsstufen.
Das am schwersten zu überwindende Hindernis für eine fortschrittliche Bildungspolitik ist der Lehrermangel. Es wäre eine Illusion zu glauben, dieses Problem schon in dieser Legislaturperiode endgültig lösen zu können.
Wir werden alles daransetzen, um einen ausreichenden Unterricht an allen Schulen und in allen Fächern zu ermöglichen. Langfristig kann der Lehrermangel nur dadurch behoben werden, daß neue Studienplätze geschaffen werden.
Wir werden uns aber sofort darum bemühen, die Arbeitsbedingungen der Lehrer unter Ausschöpfung der gegenwärtigen Möglichkeiten zu verbessern. Dazu verweise ich auf Einstellung von Schulassistenten und Schulpsychologen, Einsatz von Ingenieuren mit pädagogischer Zusatzausbildung für bestimmte Unterrichtsbereiche, Gewinnung von Physikern und Chemikern aus der Industrie.
Das Kultusministerium wird versuchen, alle zur Zeit nicht eingesetzten Lehrkräfte für den Schuldienst zu gewinnen. Mindestvoraussetzung ist, daß sie wenigstens ein Fach in einer Klasse voll unterrichten können. Zur Beschäftigung dieser Lehrkräfte sind entsprechende Einstellungsbedingungen zu schaffen.
Zu solchen kurzfristigen Maßnahmen gehört auch die Beseitigung von Härten, die die Lehrer betreffen, z. B. die Angleichung der Reisekostenerstattung von Lehrern an die der anderen vergleichbaren Beamtenkategorien. Außerdem wird eine Studienkommission eingesetzt, die die Grundlagen für eine neue – sachbezogene und nicht statusorientierte – Arbeitszeitregelung der Lehrer zu schaffen hat.

Die von uns angestrebten Reformen sind nicht ohne eine Neufassung der Schulgesetze zu erreichen. Dazu gehört für uns auch als vordringlich die Novellierung des Schulverwaltungsgesetzes. Hier müssen besonders die Kosten zwischen Schulträger und Land neu verteilt werden, seien es die Kosten für Schulbauten und deren Unterhaltung, die Personalkosten oder die durch Schulversuche entstehenden Kosten. Daß die Beförderungskosten voll vom Land getragen werden sollen, sagte ich bereits. Auch sollen die Vorschulklassen als Bestandteil des öffentlichen Schulwesens eingeordnet werden, um nur einige wenige Punkte zu nennen, die diese Novellierung erfordern.

Besondere Aufmerksamkeit werden wir dem Bereich der Berufsausbildung widmen. Die Kompetenzen in diesem Bereich liegen allerdings sowohl beim Bund als auch beim Land. Wir werden uns im Bundesrat für eine grundlegende Neufassung des Berufsbildungsgesetzes einsetzen.

In unserem Land werden wir die Berufsschulen so ausbauen und die Lehrerausbildung so fördern, daß sobald wie möglich die gesetzlich vorgeschriebenen acht Stunden Unterricht erreicht werden. Daneben werden wir konkrete Pläne für öffentliche Berufsausbildungsstätten in industriearmen Gebieten ausarbeiten, um die Chancen der dort ansässigen Jugendlichen zu verbessern.

Die Landesregierung wird im Jahre 1971 den Entwurf eines Gesamthochschulgesetzes vorlegen. Er wird sich auf bereits erarbeitete Leitsätze zur Hochschulgesetzgebung stützen. Unsere Zielvorstellung ist eine effektive, in ihrer Willensbildung demokratische Hochschule. Wesentliche Merkmale der Gesamthochschule werden sein: Chancengleichheit und optimale Entfaltung der individuellen Fähigkeiten aller Lernenden und Lehrenden, Durchlässigkeit der Studiengänge und Anpassung an sich ändernde Berufsbilder, stärkere Betonung theoretischer und wissenschaftlicher Grundlagen der Ausbildung an den bisherigen Pädagogischen und Fachhochschulen.

Die Hochschulplanungskommission – im Vorgriff auf einen späteren Landeshochschulrat – werden wir beibehalten, sie allerdings durch gewählte Hochschulvertreter ergänzen.

Die Gründung von Universitäten in Oldenburg und Osnabrück wird beschleunigt vorbereitet werden. In den Planungs- und Gründungsgremien werden außer Hochschullehrern auch Assistenten und Studenten vertreten sein. Die Möglichkeiten zur Errichtung von Hochschulen im Nordosten und im Nordwesten unseres Landes werden beschleunigt geprüft. In Göttingen, Braunschweig und Hannover werden Gremien gebildet, die die Integration der verschiedenen Hochschulen zu Gesamthochschulbereichen vorbereiten und durchführen. Bereits in der Übergangszeit bis zum Wirksamwerden des Gesamthochschulgesetzes werden alle ohne die neue gesetzliche Grundlage möglichen Reformen an den Akademien in Angriff genommen. Wir werden die Fachschulen weiter ausbauen. Dabei ist ihre Stellung im Gesamtbildungssystem zu überprüfen.

Wir streben weiter an, die Erwachsenenbildung über den im neuen Gesetz enthaltenen Stufenplan hinaus zu fördern. Wir werden die vor uns liegende, mit Sicherheit zu erwartende stärkere Entwicklung auf diesem Sektor, insbesondere unter Berücksichtigung der Forderungen des zweiten Bildungsweges, des Fernstudiums und der Fortbildung im Medienverbund, in unsere Bildungskonzeption mit einbeziehen.

Obwohl der Vorrang in der Kulturpolitik im Bereich der Schule und Hochschule liegen muß, werden wir uns für eine intensive Förderung der Kunst, der Kultur- und Heimatpflege einsetzen. Nach gründlicher Untersuchung der jetzigen Theatersituation und der in Zukunft zu erwartenden Entwicklung im Lande Niedersachsen wird das Land eine verstärkte Mitfinanzierung kommunaler Theater übernehmen müssen. Ein weiteres dringendes Ziel ist der Aufbau eines mit anderen Ländern vergleichbaren Netzes von Musikschulen.

Die Landesregierung wird der Jugend besondere Aufmerksamkeit schenken. Wir werden dem Parlament im nächsten Jahr, also 1971, einen Jugendbericht vorlegen. Dieser wird eine systematische Bestandsaufnahme der Jugendpolitik in Niedersachsen und die von uns angestrebten jugendpolitischen Maßnahmen enthalten. Der politischen Bildung, insbesondere der Jugend, messen wir große Bedeutung bei.

Dringlich ist eine zeitgemäße Bemühung um die speziellen Fragen des Naturschutzes, der Landschaftspflege und des Umweltschutzes mit dem Ziel, der ganzen Bevölkerung und nicht nur wenigen Privilegierten eine gesunde und menschenwürdige Umwelt zu erhalten oder, muß man vielleicht sagen, zu schaffen.

Ich will nicht zu erwähnen vergessen, daß dem Schulsport und auch dem Breitensport in den nächsten Jahren zusätzliche Bedeutung zukommen wird und daß wir bereit sind, auf der Grundlage des sozialdemokratischen Sportförderungsprogramms für Niedersachsen das dafür Nötige zu tun.

Die Regierungserklärung für die Sechste Legislaturperiode vom 5. Juli 1967 hatte sich im Teilbereich Wirtschaft auch mit der Überwindung der Rezession zur Wiederherstellung wirtschaftlicher Stabilität auseinanderzusetzen. Die sektoralen und regionalen Strukturkrisen wurden damals in verschiedenen Bereichen unseres Landes rigoros offenbar. Folgerichtig führte das damals zu Interventionen der politischen Instanzen. Es waren überwiegend ad-hoc-Maßnahmen, häufig pragmatische Kompromißlösungen, nicht immer unbeeinflußt von Interessengruppen. Es mangelte an ausreichender Koordination der Maßnahmen verschiedener politischer Ebenen und vielleicht auch umfassender Information über den Wirkungszusammenhang der vielfältigen Interventionen.

Die Ansätze niedersächsischer Wirtschaftspolitik sind weitgehend vorgezeichnet durch die wirtschaftliche und strukturelle Situation des Landes. Allein die Tatsache, daß noch 1969 in Niedersachsen 15,2 Prozent der Erwerbstätigen in der Landwirtschaft beschäftigt waren, dagegen im Bundesdurchschnitt nur 9,8 Prozent, und die weitere Tatsache, daß in Niedersachsen 1968 von 1000 Einwohnern 103 in der Industrie beschäftigt waren, im Bundesdurchschnitt 130, zeigt die schwierige Aufgabe, vor der wir stehen. Wir sind von der Notwendigkeit überzeugt, alle Maßnahmen auf räumliche und sachliche Schwerpunkte zu konzentrieren. Stabilitäts- und Wachstumspolitik muß zum Ziel haben, die Lebensverhältnisse in allen Teilen unseres Landes einheitlich zu gestalten und sie qualitativ zu verbessern. Von den Erfordernissen planvollen Handelns habe ich gesprochen. Im wirtschaftspolitischen Bereich drängt es sich besonders auf. Das soll auch Aufgabe des bereits zitierten Planungsstabes in der Staatskanzlei sein. Er soll die strukturpolitischen Planungen mit Maßnahmen aller Ressorts wirksam koordinieren. Wirtschafts- und Strukturpolitik wird letztlich nur erfolgreich sein, wenn sie langfristig aus einem Guß angelegt ist. Ansätze hierfür gibt es. Ich erinnere daran, daß die Bundesregierung und auch die Landesregierung mit großer Dringlichkeit sich dieser Frage angenommen haben.

Strukturveränderungen sollen besonders auch der Landwirtschaft helfen, dort nicht produktiv einsetzbare Arbeitskräfte abzugeben, ohne daß für die Betroffenen ein sozialer Abstieg mit dem Berufswechsel verbunden ist. Die zwei regionalen Aktionsprogramme der Bundesregierung für das Land Niedersachsen schließen 60 Prozent der Fläche des Landes ein. Sie sollen die notwendigen Strukturveränderungen beschleunigen helfen.

Die gemeinsamen Bemühungen von Bund und Land waren besonders in der Industrieansiedlung erfolgreich. Wir wissen, daß insbesondere infrastrukturelle Maßnahmen Voraussetzung für die weitere Verbesserung unserer Wirtschaftsstruktur sind. Als Beispiel sei hier nur die Leistungsfähigkeit des Personen- und Güterverkehrs genannt.

Zwischen Wirtschaftsentwicklung und Verkehrserschließung besteht gerade in einem Flächenstaat wie Niedersachsen ein untrennbarer Zusammenhang. Man kann durchaus sagen: Verkehrspolitik ist nur ein Teil der Wirtschaftspolitik.

Der Ausbau der Landesstraßen darf gegenüber dem Ausbau der Straßen des Bundes und der Kommunen nicht weiter zurückfallen. Hier besteht eindeutig ein Nachholbedarf.
Die Hafenpolitik läßt sich nur in unmittelbarem Zusammenhang mit der Strukturpolitik planen und entwickeln. Fehlplanungen führen gerade im Hafenbau zur Vergeudung beträchtlicher öffentlicher Mittel. Wir dürfen uns nicht auf wenig ermutigende Erfahrungen der Vergangenheit berufen, wenn wir an die Zusammenarbeit aller deutschen Küstenländer denken, und es dürfte auch durchaus notwendig sein, hierbei in europäischen Kategorien zu planen. Wir werden hier besonders eng mit dem Bund zusammenarbeiten müssen, sowohl was die Planung als auch was die Finanzierung der notwendigen Maßnahmen erfordert. Dabei muß klargestellt werden, daß eine finanzielle Beteiligung des Landes an Bundesaufgaben sich verbieten muß, nachdem wir uns gerade bei der Finanzverfassungsreform unendlich Mühe gegeben haben, Aufgaben und Zuständigkeiten klarer abzugrenzen.
Auch der Luftverkehr verlangt im Interesse der wirtschaftlichen Entwicklung unseres Landes unsere Aufmerksamkeit und unsere Förderung. Der Ausbau der Flughafenanlagen in Langenhagen ist vordringlich und wird fortgesetzt. Im Landesentwicklungsplan haben wir bereits den Ausbau von Regional- und Lokalflugplätzen vorgesehen.
Wir kennen die Bedeutung des Wohnungsbaues für die weitere Industrialisierung im Lande Niedersachsen. Wir wissen aber auch, welche Bedeutung dem öffentlichen Personennahverkehr, besonders für die Räume um Industriezentren, zukommt. Es sollte, dies sei hier hinzugefügt, auch in anderen Teilen des Landes geprüft werden, wieweit verkehrspolitische und verkehrstechnische Maßnahmen des Großraumverbandes Hannover angewandt werden können.
Alle infrastrukturellen Voraussetzungen wirtschaftlicher Entwicklungen bedingen gemeinsame Planungen mit unseren Nachbarländern. Dazu gehört besonders auch die Versorgung unserer Wirtschaft mit ausreichender und preisgünstiger Energie. Die Wirtschaftsressorts der Küstenländer haben das Institut für Wirtschaftsforschung in Berlin beauftragt, die Grundlagen für ein an der Notwendigkeit weiteren Wirtschaftswachstums orientiertes energiewirtschaftliches Konzept zu erarbeiten. Alle Energiearten werden in diese Überlegungen einbezogen. Die Landesregierung wird dem Landtag den Entwurf eines solchen Konzepts vorlegen.
Wenn wir bisher vorwiegend von Industrialisierung gesprochen haben, so vergessen wir keineswegs den gewerblichen Mittelstand. Nicht zuletzt für ihn müssen die Mittel für die Förderung der überbetrieblichen Maß-

nahmen zur Aus- und Fortbildung aufgestockt werden. Die Möglichkeiten des Ausbildungsförderungsgesetzes sollen in noch engerer Zusammenarbeit mit der Arbeitsverwaltung ausgeschöpft werden.
Niedersachsen ist in der günstigen Lage, daß in den meisten Gebieten, in denen Voraussetzungen für eine weitergehende Industrialisierung kaum zu schaffen sind, der Fremdenverkehr an die Stelle der Industrie treten kann. Man muß ihn allerdings nicht nur als gewinnträchtigen Gewerbezweig betrachten. Die Entwicklung von Erholungsgebieten wird um so dringlicher, je mehr an anderen Stellen unseres Landes industrielle Ballungsräume entstehen. Die Landesregierung wird die öffentlichen Voraussetzungen zur Förderung des Fremdenverkehrs finanzieren helfen. Sie wird aber auch vor allem darauf bedacht sein, den privaten Wirtschaftsunternehmen, die dem Fremdenverkehr dienen, ihre Hilfe zukommen zu lassen. Sie hofft hier ganz besonders auf die Initiative der privaten Wirtschaft und ihrer Organisationen. Wo Gelände für Kur- und Sportanlagen oder zur Errichtung von Hotels und Pensionen nur aus Staatsbesitz zur Verfügung gestellt werden kann, also etwa aus unseren Staatsforsten, soll geprüft werden, wieweit das im Wege von Erbbaurechtsverträgen geschehen kann, so daß weder die öffentlichen Träger des Fremdenverkehrs noch die privaten Unternehmer genötigt sind, einen zu hohen Teil ihres Kapitals in den Erwerb von Grund und Boden zu stecken. 1971 wollen wir mit zwei Plätzen für Naherholungsgebiete in der Nähe von Ballungszentren beginnen.
Auch die Staatsbäderverwaltung haben wir, das sei an dieser Stelle mitgeteilt, aus dem Finanzministerium herausgenommen; sie ressortiert in Zukunft wegen ihres Zusammenhangs mit dem Fremdenverkehr im Ministerium für Wirtschaft und öffentliche Arbeiten.
Die Landesregierung wird einen Plan ausarbeiten, wie staatliche Heilbäder gemeinsam mit den kommunalen Heilbädern ihre Aufgaben erfüllen können. Sie wird Vorschläge prüfen, die verhindern sollen, daß nur auf Grund historischer Entwicklung vier Bäder unmittelbar vom Land unterhalten werden, während daneben eine beachtliche Zahl leistungsfähiger kommunaler Heilbäder zwar vom Lande gefördert wird, aber dennoch auf die Leistungsfähigkeit ihrer Träger beschränkt bleibt.
Die Agrarpolitik ist eine in die Gesamtpolitik eingebettete umfassende Aufgabe. Gerade die Agrarpolitik wird in Niedersachsen im Dienste der Landesentwicklung zu stehen haben. Daraus ergibt sich eine enge Verzahnung mit der regionalen Wirtschaftspolitik. Diese Auffassung deckt sich mit den Vorstellungen der Bundesregierung. Das ist wichtig bei der Inanspruchnahme der von der Bundesregierung gebotenen Hilfen.

Die niedersächsische Landwirtschaft gehört zu den leistungsstärksten im EWG-Raum, dennoch muß ihre Betriebsstruktur, um den harten Konkurrenzkampf am Markt zu bestehen, weiter verbessert werden. In erster Linie ist es deshalb notwendig, noch mehr und beschleunigt Betriebseinheiten zu bilden, die rationell und unternehmerisch geführt werden können und die auch den Landwirten ausreichend Freizeit und Urlaub für Erholung und Weiterbildung ermöglichen.
Die Landesregierung wird mit Nachdruck für die Beseitigung der Nachteile eintreten, die sich für die landwirtschaftliche Kooperation steuerrechtlich, insbesondere durch Vorschriften im Einkommen-, Körperschafts- und Umsatzsteuerrecht, ergeben. Im Zuge der Umstrukturierung freiwerdende Flächen werden entwicklungsfähigen Betrieben zugeführt werden. Wegen der Erhaltung eines breitgestreuten Eigentums und wegen der mit einem Landerwerb verbundenen sehr hohen Kapitalbelastung wird hierbei der Pacht der Vorrang eingeräumt werden.
Die Landesregierung beabsichtigt, einen mit öffentlichen Mitteln ausgestatteten Bodenfonds zur Steuerung des notwendigen Strukturwandels und zur Vermeidung sozialer Härten zu bilden. Dadurch wird auch das Ausscheiden von Grenzertragsböden erleichtert werden.
Die Verfahren für die Flurbereinigung sollen zügiger und wirkungsvoller gestaltet werden. Wir begrüßen, daß die Wasserhypothek Niedersachsens in Zukunft durch Bund und Land gemeinsam getragen werden muß; das ist doch das erfreuliche Ergebnis der Einführung der Gemeinschaftsaufgabe »Verbesserung der Agrarstruktur und des Küstenschutzes«.
Die umfangreichen Pläne für wasserwirtschaftliche Maßnahmen – insbesondere im Küstengebiet und im Aller-Leine-Oker-Gebiet – werden überprüft und zügig fortgeführt werden. Der Einsatz öffentlicher Mittel ist nur dann und in dem Umfang vertretbar, wenn ein gesamtwirtschaftlicher Nutzen erreicht werden kann. In diesem Zusammenhang sind auch bei dem derzeitigen Küstenplan sowie dem Aller-Leine-Oker-Plan gesamtwirtschaftliche Belange entsprechend den heutigen Gegebenheiten zu berücksichtigen.
Offensive Marktstrategie wird ein Kennzeichen niedersächsischer Agrarpolitik werden, und die Erzeugung in Menge und Qualität soll weiter an die Bedürfnisse der Verbraucher angepaßt werden; das ist ein wesentlicher Teil solcher Marktstrategie.
Im Bereich der tierischen Veredelung – vielleicht findet einer einmal ein besseres Wort dafür – wird sich die Landesregierung gemeinsam mit der Bundesregierung bemühen, die Landwirte und ihre Organisationen in den Stand zu setzen, Unternehmen der Verarbeitung und der Vermark-

tung zu entwickeln, die den technischen und wissenschaftlichen Fortschritt voll nutzen, die höchste Produktivität und Qualitätserzeugung sicherstellen und die eine bessere Anpassung an die Nachfrage und die Bedürfnisse des Marktes gewährleisten. Das Bemühen, die tierische Veredelungsproduktion in Anbetracht ihres hohen Anteils an den Verkaufserlösen und ihres Einflusses auf das Einkommen den Landwirten vorzubehalten, wollen wir nicht mit Nachteilen für die Verbraucher erkaufen. Unser Ziel ist, die Landwirte zu befähigen, den Wettbewerb auf dem Markt zum eigenen Nutzen und zum Vorteil für die Verbraucher zu bestehen.

Die Landesregierung wird die Bundesregierung drängen, die Landwirte und ihre Familien voll in das soziale Sicherungssystem einzugliedern. Die Ausbildung des landwirtschaftlichen Berufsnachwuchses erfordert die Fortsetzung der Konzentration des landwirtschaftlichen berufsbildenden Schulwesens und seine Eingliederung in das kommende moderne Bildungssystem. In dieser Frage weiß ich mich seit vielen Jahren einig mit dem seinerzeitigen Präsidenten des Landesjugendverbandes.

In der Forstwirtschaft wird die Landesregierung den bisherigen Weg der Rationalisierung weitergehen. Dazu gehört auch nach unserer Auffassung, daß die Einbeziehung der Klosterforsten in die Staatliche Forstverwaltung wirtschaftlich geboten ist. Mit zunehmender Freizeit werden die ländlichen und forstlichen Bereiche Niedersachsens immer intensiver als Erholungsräume beansprucht werden. Dabei kommt der Wohlfahrtswirkung des Waldes eine besondere Bedeutung zu. Dennoch soll der Staatswald als Wirtschaftsfaktor nicht vernachlässigt werden. Hier sollte die Wohlfahrtsleistung des Waldes sich aus seinen Erträgen bezahlen lassen.

Agrarpolitisches Ziel der Landesregierung ist es, eine leistungsstarke, unternehmerische Landwirtschaft in Niedersachsen zu schaffen und dabei der Industriegesellschaft einen gesunden Lebensraum und eine abwechslungsreiche Landschaft für Freizeit und Erholung zu erhalten.

Nun einiges zum Bereich des Sozialministeriums: An der Zukunft orientierter Städte- und Wohnungsbau ist Voraussetzung für eine gesunde soziale und wirtschaftliche Entwicklung unseres Landes. Wachsender Flächenbedarf für Industrie und Verkehr, für Wohnen und Erholen macht die städtebauliche Ordnung zu einer dringlichen öffentlichen Aufgabe. Dabei geht es sowohl um die Beseitigung von Mißständen als auch um die Anpassung veralteter Bereiche an moderne städtebauliche Forderungen.

Die Sanierung unserer Städte und Dörfer ist ein wichtiges Instrument zur Verwirklichung sozialpolitischer Ziele. Sie ist auch eine Voraussetzung für erfolgreiche regionale Wirtschaftsförderung. Zur Aktivierung des

gemeindlichen Lebens in stadtfernen Gemeinden, besonders im östlichen Niedersachsen, und zum Abbau des Gefälles zwischen Stadt und Land soll der Bau von Dorfgemeinschaftshäusern weiter gefördert werden.
Der öffentlich geförderte Wohnungsbau behält eine führende Position in der Entwicklung unseres Landes. Niedersachsen muß in der Wohnungsversorgung Anschluß an die wohlhabenden Bundesländer finden. Die verstärkte Industrieansiedlung setzt – um auch die Pendlerzahlen nicht unnötig zu verstärken – ein entsprechendes Angebot neuer Wohnungen voraus. Im übrigen muß der soziale Wohnungsbau verstärkt denen zugute kommen, die sich keine angemessene Wohnung aus eigener Kraft leisten können, nämlich älteren Menschen, jungen Familien, Kinderreichen und Schwerbeschädigten. Hierbei soll die Modernisierung des Altwohnungsbestandes, um dessen Wohnwert zu verbessern, nicht vergessen werden.
Körperlich, geistig und seelisch Behinderte in Arbeit, Beruf und Gesellschaft einzugliedern, bleibt ein Schwerpunkt niedersächsischer Sozialpolitik. Wir werden das System vielfältiger Hilfen verbessern und erweitern. Dazu gehört gerade auch der Bau von Sonderkindergärten, Tagesbildungsstätten, Sonderschulen, Werkstätten und Heimen für Behinderte. Wer die Landeseinrichtungen für Blinde und Taubstumme kennt, wird uns zustimmen, daß sie auf der Grundlage langfristiger Ausbauprogramme vergrößert und modernisiert werden müssen.
Alle diese Maßnahmen erfordern hohen finanziellen Aufwand. Wir hoffen, daß es uns gelingt, die erforderlichen Mittel bereitzustellen. Wir erfüllen dadurch nicht nur humanitäre und gesetzliche Verpflichtungen. Die Eingliederung Behinderter in den Arbeitsprozeß ist auch volkswirtschaftlich eine sinnvolle Investition.
Eine Million Einwohner über 65 Jahre leben schon jetzt in unserer Mitte. Die Hilfe für die älteren Mitbürger wird sich darauf einzurichten haben. Dabei wird die Landesregierung – wie bisher – das Hauptgewicht auf die Förderung von Altenwohnungen und -heimen, Altenbegegnungsstätten und ähnlichen Einrichtungen legen.
Wir danken den Verbänden der Freien Wohlfahrtspflege und den kommunalen und anderen Trägern, daß sie mit der Hilfe des Landes 34 000 Betten in 600 Heimen für ältere Menschen bereithalten. Aber die Zahl der Betagten unter uns wächst ständig. Deshalb müssen wir noch mehr Heimplätze schaffen und bestehende Heime weiter modernisieren. Die Partnerschaft zwischen öffentlicher und freier Wohlfahrtspflege wird die Landesregierung auch in Zukunft pflegen.
Auf dem Gebiet der sozialen Sicherung erfordert die gesellschaftliche Entwicklung, die Gesetze an die sich ständig ändernden wirtschaftlichen

und sozialen Verhältnisse laufend anzupassen. Die Landesregierung wird in engem und vertrauensvollem Zusammenwirken mit allen Beteiligten daran mitarbeiten, diese drängenden Fragen zu lösen, und sie wird eigene Initiativen hierzu entwickeln. Sie wird sich insbesondere auch – gemeinsam mit den Kriegsopferorganisationen – für eine weitere an die wachsende Leistungsfähigkeit unserer Wirtschaft angepaßte Kriegsopferversorgung und Kriegsopferfürsorge einsetzen.

An dieser Stelle sollte gesagt werden, daß wir auch die Rehabilitationsmaßnahmen in den beiden Landes-Versehrtenberufsfachschulen Bad Pyrmont und Bookholzberg, mit deren Modernisierung und Ausbau bereits begonnen worden ist, weiterhin für wertvoll halten. Aber dringender ist noch, den Unfallschutz am Arbeitsplatz, im Verkehr, im Haushalt und auch in der Freizeit so zu entwickeln, daß diese Rehabilitationszentren von wachsender Inanspruchnahme aus diesen Bereichen verschont werden.

Eine wichtige gesundheitspolitische Aufgabe sieht die Landesregierung in der Früherkennung von Krankheiten. Auch die Früherfassung und Frühbehandlung Behinderter sowie deren Eingliederung in die Gesellschaft muß zu einer gemeinsamen Aufgabe aller werden.

Im Rahmen des Krankenhaus-Schwerpunktprogramms muß das Netz bedarfs- und leistungsgerechter Krankenhäuser ausgebaut, müssen überregional größere Spezialkliniken geschaffen und die Einrichtungen für Langlieger vermehrt werden. Die Landesregierung wird sich für die Erhöhung der Zuschüsse für Investitionen in nichtlandeseigenen Krankenhäusern einsetzen. Dazu sollte auch gehören, den Krankentransport und den Unfallrettungsdienst noch zu erweitern und zu verbessern.

Die Lage der psychisch Kranken und der geistig und seelisch Behinderten stellt uns leider vor wachsende Aufgaben. Die Sanierung der Psychiatrischen Landeskrankenhäuser – wie sie im vorhandenen Zehnjahresprogramm festgelegt ist – soll planmäßig fortgesetzt werden. Darüber hinaus sollen Tag- und Nachtkliniken und Beschützende Werkstätten eingerichtet werden. Die nachgehende Fürsorge für alle Formen psychischer Erkrankungen, auch der Suchtkranken und -gefährdeten, ist ebenfalls noch zu aktivieren.

Für die Gesundheitsämter – die Zentralstellen des öffentlichen Gesundheitsdienstes – sind sowohl durch Vermehrung des Personals als auch durch Modernisierung der Einrichtungen die Voraussetzungen zu vergrößern, zunehmend hygienische und sozialhygienische Aufgaben zu erfüllen. Die Schutzimpfungen gegen übertragbare Krankheiten, besonders gegen die Kinderlähmung, haben sich bewährt. Sie werden fortge-

setzt, und auch die Maßnahmen zur Senkung der Mütter- und Säuglingssterblichkeit werden verstärkt werden.
Erlauben Sie mir bitte nunmehr, einiges zu unserer Justizpolitik zu sagen. Wir werden die begonnenen Reformvorhaben der Bundesregierung unterstützen. Recht und Rechtsprechung müssen den Anforderungen genügen, die durch eine rapide Veränderung der wirtschaftlichen, technischen und sozialen Verhältnisse bestimmt werden. Diesen Aufgaben können Richter und Staatsanwälte nur gerecht werden, wenn eine moderne Ausbildung und intensivere Fortbildung laufend den notwendigen Wissens- und Erfahrungsschatz vermitteln.
Der allgemeine Nachwuchsmangel behindert auch unsere Rechtspflege. Wir werden ihm auch durch bessere Formen der Zusammenarbeit aller an ihr Beteiligten begegnen müssen. Das bedeutet verstärkte Mitbestimmung insbesondere im personellen Bereich, eine demokratische Zusammensetzung der Präsidialräte, und es wird auch zu überlegen sein, wieweit deren Befugnisse erweitert werden müssen.
Die Landesregierung wird sich dafür einsetzen, daß auch für Richter im Rahmen der konkurrierenden Gesetzgebung für Besoldungsangelegenheiten eine Sonderbesoldung eingeführt wird.
Maßnahmen zur Dreistufigkeit der ordentlichen Gerichtsbarkeit sollen den Anspruch der Gemeinschaft auf eine befriedigende Rechtspflege sichern helfen. Richter, Staatsanwälte und Rechtsanwälte sind berufen, im Rahmen demokratischer Rechtspolitik die im Grundgesetz geforderte soziale und humane Rechts- und Lebensordnung entscheidend mitzugestalten.
Eine moderne Strafrechtspflege orientiert sich nicht allein am Gemeinschaftsschutz. Sie muß überdies von Reformen des Strafvollzugs begleitet sein. Das Ziel bleibt, Straffälligen jene Hilfe zu gewähren, die ihnen ermöglicht, als vollwertige Mitglieder in unsere Gesellschaft zurückzukehren. Gerade unsere Publikationsmittel sind berufen, unsere Mitbürger noch besser über das Wirken unserer Gerichte zu unterrichten, sie mit besseren Informationen über unsere Rechtspflege zu versorgen. Die Landesregierung wird darauf hinwirken, daß unsere Justizorgane hier zur vollen Kooperation bereitbleiben.
Recht und Gesetz sind entscheidende Lebensbasis aller. Nur wenn alle Teile der Gesellschaft zusammenarbeiten, kann die Rechtsordnung gesichert, kann die Zukunft mit ihrer Hilfe gestaltet werden.
Das bisherige Ministerium für Bundesangelegenheiten, für Vertriebene und Flüchtlinge wird als Ministerium für Bundesangelegenheiten seine Aufgabenbereiche weiter wahrnehmen. Wir haben mit der Namensände-

rung zum Ausdruck gebracht, daß das Gewicht dieses Ministeriums sich immer weiter auf die Vertretung des Landes auf Bundesebene verlagert. Wir erwarten in etwa zwei Jahren die Abschlußgesetzgebung für den Lastenausgleich. Alsdann werden wir zu prüfen haben, ob nicht die für Vertriebene und Flüchtlinge noch zu lösenden Aufgaben auf der Landesebene von anderen Ressorts übernommen werden können.
Es bedarf kaum einer besonderen Betonung, daß die Landesregierung eine zügige Durchführung des Lastenausgleichs für eine selbstverständliche Pflicht gegenüber den Ausgleichsberechtigten hält. Ebenso wird sich die Landesregierung weiter dafür einsetzen, daß die Vertriebenen und Flüchtlinge sozial und wirtschaftlich, soweit das heute noch nicht geschehen sein sollte, in unsere Gesellschaft eingegliedert werden. Die Hauptentschädigung für Vertreibungs- und Kriegssachschäden soll 1971 im wesentlichen ausgezahlt sein.
Bei dem auch von uns angestrebten noch engeren Zusammenwirken des Bundes und der Länder fällt dem Ministerium für Bundesangelegenheiten die Aufgabe zu, sich als Mittler- und Koordinierungsstelle in der Wahrung niedersächsischer Interessen in alle Fragen einzuschalten, die zwischen Land und Bund zu regeln sind. Unsere Absicht, die Präsenz beim Bund zu stärken, soll beiden – sowohl dem Bund als auch dem Land Niedersachsen – dienen.
Wir bekennen uns zur föderativen Ordnung dieser Bundesrepublik. Wir wissen aber auch aus manch leidvoller Erfahrung: Eine funktionsfähige föderative Ordnung bedingt ein Höchstmaß an Kooperation und Koordination. Und darum werden wir uns bemühen.
Kommen wir zuletzt – und Sie warten gewiß schon darauf – zur Finanzpolitik, zu der schwierigen Aufgabe, die finanziellen Voraussetzungen für landespolitische Maßnahmen zu schaffen und zu sichern. Wir werden unter dem Druck wachsender Aufgaben, von denen ich einige besonders schwerwiegende bereits genannt habe, alle Finanzierungsquellen für unseren Haushalt voll ausschöpfen müssen. Dabei rechnen wir mit ständig wachsenden Steuereinnahmen aus steigendem Sozialprodukt. Wir wollen uns hier nicht mit angemessener oder ungenügender Steuerlastquote beschäftigen. Aber wir wollen deutlich machen, daß die niedersächsische Landesregierung nicht bereit sein kann, das Mißverhältnis zwischen wachsendem privatem Wohlstand und öffentlicher Armut für erträglich zu halten oder gar zu dulden, daß es vergrößert wird.
Wir werden auch Fremdmittel zur Finanzierung unserer Investitionen bis an die Grenze einsetzen, bis zu der das Vertrauen des Kreditgebers in unsere solide Haushaltspolitik reicht. Und wir können von der Bundesre-

gierung erwarten, daß sie durch ihre Mitfinanzierung unsere realistischen Pläne durchführbar macht. Die Stärkung der eigenen Wirtschafts- und Steuerkraft unseres Landes ist möglich – das haben wir bewiesen –, und deshalb ist auch ein größerer Einsatz von Bundesmitteln für diesen Zweck sinnvoll für das ganze Bundesgebiet.
Leider hat uns in der verkürzten vorhergehenden Legislaturperiode die Zeit gefehlt, die Kosten der notwendigen Einzelmaßnahmen, wie sie auch diese Regierungserklärung drängend aufzählt, exakt zu ermitteln. Das soll so rasch wie irgend erreichbar ein verfeinerter Landesentwicklungsplan nachholen.
Die Haushaltswirtschaft des Landes soll so geführt werden, wie das Gesetz zur Förderung der Stabilität und des Wachstums der Wirtschaft es vorsieht. Unsere Haushaltswirtschaft ist danach in den gesamtwirtschaftlichen Rahmen einzuordnen. Wir können hier – so denke ich – auf bewährten Grundlagen weiterbauen. Unsere bisherigen Initiativen in der Finanzpolitik haben die Linie unserer künftigen Aktivitäten klar vorgezeichnet. Auch die neue personelle Besetzung des Finanzministeriums wird kontinuierliche Arbeit verbürgen.
Unser wichtigstes Rüstzeug für eine klare und erfolgreiche Finanzpolitik, die mittelfristige Finanzplanung des Landes, werden wir in ihrer Systematik und Methodik noch weiter verbessern müssen. Die Zusammenhänge der Finanzplanung mit anderen Teilplanungen des Landes müssen erkennbar und alle Teilplanungen zu einem umfassenden politischen Gesamtplan für das Land zusammengefaßt und verdichtet werden.
Parallel dazu wird sich die immer stärkere Integration unserer Planung in die übergreifenden Konzeptionen des Konjunkturrates, des Finanzplanungsrates und anderer Koordinierungsgremien mit bundesweiter Zuständigkeit einfügen müssen.
Für die Landespolitik selbst wird die Finanzplanung immer bedeutender werden, um jedermann unsere Möglichkeiten und Grenzen, die von Parlament und Regierung zu setzenden Prioritäten und die zeitlichen Vorstellungen über die vorgesehenen landespolitischen Maßnahmen aufzuzeigen. Die Finanzplanung soll auch zunehmend ein Orientierungsinstrument für unsere Wirtschaft sein.
Im Verhältnis zum Bund und zu den anderen Ländern soll die Finanzplanung unseren Beteiligungsanspruch an der Gesamtfinanzmasse belegen. Besondere Bedeutung messen wir in diesem Zusammenhang nach wie vor der regionalen Differenzierung der im Konjunkturrat und Finanzplanungsrat abzustimmenden Grundannahmen und Eckdaten für die Finanz- und Haushaltspläne der Gebietskörperschaften bei. Der aufgestaute

Nachholbedarf strukturschwacher Gebiete muß angemessen berücksichtigt werden.
Die Landesregierung bekräftigt ihre Entschlossenheit, auf die Weiterführung der Finanzreform zu dringen. Wir sehen die Verpflichtung dazu nicht allein aus der finanziellen Lage unseres Landes, sondern auch aus der Verbesserungsbedürftigkeit unseres bundesstaatlichen Gefüges und seiner Funktionsweisen. Es gilt, noch fehlende Teilstücke wie die Flurbereinigung der Aufgabenzuständigkeiten von Bund und Ländern nachzuholen und unzureichend geordnete Komplexe zu verbessern. Ich erwähne hier wieder besonders die Gemeinschaftsaufgabe »Ausbau und Neubau von wissenschaftlichen Hochschulen«, bei der immer deutlicher wird, daß nicht nur die Investitionen, sondern auch die laufenden Kosten in gemeinsame Finanzverantwortung von Bund und Ländern gehören, und ich nenne ferner den Finanzausgleich, der bekanntlich immer noch quantitativ wie qualitativ unzureichend ist.
Die Beratungen über die Steuerreform verfolgt die Landesregierung aufmerksam. Das betrifft die Vorschläge über die künftige Behandlung und Bewertung der sogenannten Bagatellsteuern. Es betrifft auch die Vorschläge für ein gerechteres und einfacheres Steuerrecht, das für den Steuerbürger klarer ist und für die Steuerverwaltung die elektronische Datenverarbeitung besser anwendbar macht. Durch beides würden die Angehörigen der Steuerverwaltung, die in der Vergangenheit trotz ständig steigender Belastung und trotz eines erheblichen Personalmangels in vorbildlicher Weise ihre Pflicht getan haben, entlastet werden.
Die Landesregierung wird sich bemühen, durch Aus- bzw. Neubau der Landesfinanzschulen die Zahl der Nachwuchskräfte zu erhöhen sowie die Aus- und Fortbildung zu intensivieren und zu verbessern. Wir werden auch dem Arbeitsplatz der Steuerbeamten besondere Aufmerksamkeit widmen und uns für eine leistungsgerechte Besoldung einsetzen. Die Aufgaben der Steuerverwaltung werden trotz Steuerreform auch in Zukunft ein noch größeres Gewicht erhalten.
Die nächsten finanz- und haushaltspolitischen Aufgaben im Landesbereich selbst sind die Fortschreibung der mittelfristigen Finanzplanung für die Jahre 1970 bis 1974 und die Aufstellung des Haushaltsplans für 1971. Die Landesregierung hat die feste Absicht, den Entwurf des Haushaltsplans bereits Anfang Oktober d. J. im Landtag einzubringen. Der gesamte Arbeitsablauf muß sich hiernach bestimmen.
Das betrifft auch die Arbeiten an der mittelfristigen Finanzplanung. Das gibt die Schwierigkeit, daß es infolge der Landtagswahl und der Regierungsbildung nicht möglich sein wird, so wie eigentlich vorgesehen und

erwünscht, die Fortschreibung der Finanzplanung nach einem in sich geschlossenen Konzept der Ressorts unter ihrer neuen Leitung dem Hohen Hause vor oder zugleich mit der Vorlage des Haushaltsplans für 1971 zuzuleiten. Um den Anschluß an das dem Landtag bereits vorliegende Zahlenwerk der mittelfristigen Planung aus der vorigen Legislaturperiode zu gewinnen, wird ähnlich wie im Vorjahr stufenweise verfahren werden.

Im September wird die Landesregierung eine Fortschreibung der mittelfristigen Planung auf der Einnahmeseite nach den neuesten Grundannahmen des Konjunkturrates und des Finanzplanungsrates vorlegen; und hier sei angefügt: nach den neuesten Beschlüssen von Bundestag und Bundesrat, die nach der Vorlage der Bundesregierung wohl zu erwarten sind. Auf der Ausgabeseite können zu diesem Zeitpunkt nur die rechtlichen Verpflichtungen des Landes aufgeführt werden. Wir erhalten dann aber in der Gegenüberstellung beider Zahlenreihen bereits einen für die Etatberatung hinreichenden Überblick, welcher gesamtwirtschaftliche Spielraum für die Finanz- und Haushaltspolitik Niedersachsens und welche Finanzierungsmöglichkeiten bestehen, in welcher Höhe die Dekkungsmasse durch festliegende Ausgaben gebunden ist und wieviel Raum darüber hinaus für weitere Maßnahmen verbleibt.

Die Landesregierung wird es dankbar begrüßen, wenn der Landtag die damit gewonnenen verbesserten Informationsmöglichkeiten intensiv nutzt und wenn dieser Austausch zwischen Parlament und Regierung zu einer Reform des parlamentarischen Budgetrechts führt. Mit der Verwendung einer elektronischen Datenverarbeitungsanlage für die Finanz- und Haushaltsplanung soll dafür gesorgt werden, daß alle Daten und alle Beschlüsse des Parlaments zum Haushalt 1971 und die inzwischen weiterlaufenden überregionalen Planungsarbeiten im Finanzplanungsrat und in den Planungsgremien für die Gemeinschaftsaufgaben in die Fortschreibung der Finanzplanung für die Jahre 1970 bis 1974 eingehen. Sie wird dem Landtag rechtzeitig zur dritten Lesung des Haushaltsplans für 1971 im Frühjahr 1971 vorgelegt werden. Vom nächsten Jahr an wird es dann, wie ich hoffe, möglich sein, die Fortschreibungen für die Finanzplanung in geschlossener Form rechtzeitig vor der Einbringung des Haushaltsplans dem Landtag zuzuleiten.

Die Haushalts- und Finanzpolitik des Landes wird zu sichern haben, daß finanzielle Hilfen zur Förderung unseres Wirtschaftswachstums weiterhin ausreichend vorhanden sind. Dabei werden wir immer wieder zu prüfen haben, ob die bisher angewandten Finanzhilfen noch zeitgemäß sind und wieweit sie unter dem Gesichtspunkt einer Nutzen- und Kostenrechnung

auch in effektive Wirtschafts-, Steuer- und Finanzkraft umsetzbar sind.
Unsere Norddeutsche Landesbank wird ebenso wie andere öffentlich-rechtliche Kreditinstitute hier eine wesentliche Aufgabe zu erfüllen haben. Zusammenarbeit mit einer Bank ist dem System unserer Wirtschaft angemessener als die Zusammenarbeit mit Behörden. Wenn das erkannt wird, werden weitere Konsequenzen auch für die Aufgaben unseres öffentlich-rechtlichen Kreditwesens daraus zu ziehen sein.
Zu den aktuellen haushaltspolitischen Aufgaben, denen sich die neue Landesregierung mit Vorrang widmen wird, gehört der Entwurf für eine Landeshaushaltsordnung. Im Haushaltsgrundsätzegesetz ist bestimmt, daß Bund und Länder verpflichtet sind, ihr Haushaltsrecht bis zum 1. Januar 1972 nach den Grundsätzen dieses Gesetzes zu regeln. Die Vorarbeiten dazu sind im Finanzministerium schon weit fortgeschritten. Sie sind laufend mit den Haushaltsexperten des Bundes und der anderen Länder abgestimmt. Dadurch ist gewährleistet, daß die Entwürfe der neuen Haushaltsordnungen im wesentlichen übereinstimmen; hoffentlich auch dann noch, wenn sie als Gesetze aus den Länderparlamenten herauskommen, möchte ich hinzufügen. Der im niedersächsischen Finanzministerium erarbeitete Entwurf wird nach der Sommerpause mit den anderen Landesressorts beraten werden, damit die Regierungsvorlage dem Landtag möglichst frühzeitig und jedenfalls rechtzeitig für eine gründliche Beratung in den Ausschüssen und im Plenum zugeleitet werden kann. Das Gesetzgebungsverfahren sollte ohne Zeitnot vor dem 1. Januar 1972 abgeschlossen werden können.
Meine Damen und Herren, damit bin ich am Schluß. Die Landesregierung wird alles daransetzen, die hier aufgezeigten Ziele zu erreichen. Gehen wir an die Arbeit!

Zeitgemäße Gedanken zum 50. Jahrestag der Volksabstimmung in Oberschlesien (1971)

Der Vorstand der Landsmannschaft Schlesien hatte den niedersächsischen Ministerpräsidenten Alfred Kubel eingeladen, während der Feierstunde am 20. März 1971 in Braunschweig zum 50. Jahrestag der Volksabstimmung in Oberschlesien eine Rede zu halten.
Kubel wurde zum ersten und einzigen Mal in seiner Laufbahn als Redner durch das Gebrüll und die Beschimpfungen einer Gruppe von Kundgebungsteilnehmern daran gehindert, die vorbereitete Rede bis zum Ende vorzutragen. Seiner Rede gingen sogenannte ›Worte der Jugend‹ voran, in denen die deutsch-polnische Geschichte verzerrt und in polemischer Absicht dargestellt wurde und insbesondere der Kniefall von Willy Brandt am Mahnmal des Warschauer Ghettos für die Opfer des nationalsozialistischen Terrors am 7. Dezember 1970 verhöhnt wurde.
Abweichend vom Manuskript der Rede begann Alfred Kubel mit den folgenden Worten: »Die respekterheischende Haltung des deutschen Bundeskanzlers sollte unser aller Ansehen wegen nicht polemisch behandelt werden«. Er wurde während seiner Rede einige Male unterbrochen – nach seiner Feststellung, daß nach dem Krieg jenseits der Grenze von Oder und Neiße Millionen von Polen geboren wurden, die dieses Land heute als ihre Heimat ansähen, kam es zu erneuten Beschimpfungen, die Alfred Kubel bewogen haben, die Rede abzubrechen. Mitten durch die Sitzreihen der Kundgebung schreitend, verließ Kubel die Feierstunde.

Als Ministerpräsident des Landes Niedersachsen, das in der Zeit Hinnerk Wilhelm Kopfs die Patenschaft für Schlesien übernommen hat, grüße ich Sie alle, die Sie zu dieser Kundgebung gekommen sind!
Ich grüße Sie zugleich in meiner Heimatstadt Braunschweig!
Wenn ein aktiver Politiker aufgefordert wird, zu einem Gedenktag eine Rede zu halten, so wird man von ihm erwarten, daß er nicht nur zurückschaut, sondern auch versucht, aus diesem Blickpunkt heraus Perspektiven für die Gestaltung der Zukunft zu gewinnen. Dabei werden wir stets zu bedenken haben, daß jeder Rückblick von den jeweiligen Zeitverhältnissen aus zu unterschiedlicher Wertung historischer Ereignisse führen wird. Ebenso wird er die Schritte in die Zukunft von der jeweiligen Ausgangsbasis aus mitbestimmen lassen.

Auch diese Kundgebung wird beweisen müssen, daß zur Demokratie mehr Kraft gehört als zur terroristischen Diktatur!
Kraft gehört dazu, der Wahrheit zu dienen oder dem, was man nach gewissenhafter Prüfung für wahr hält! Sie auszusprechen, wo Widerspruch zu erwarten ist, sie anzuhören, ohne Voreingenommenheit!
Herr Hupka kennt meinen Redeentwurf, ich kennen seinen. Sie, meine Damen und Herren, müssen sich darauf einstellen, viel Gemeinsames zu finden, und hier wird eine Wiederholung in den beiden Reden nützlich sein. Ebenso müssen Sie Unterschiede erwarten in dem, was wir für die Zukunft unseres Volkes für richtig halten.
Keine Unterschiede unter uns darf es geben in unserem Willen, diesem Volke und dem Frieden zu dienen.
Legen wir uns also die Frage vor, was uns die Erinnerung an die Volksabstimmung in Oberschlesien heute bedeutet! Wir verhehlen dabei nicht, daß für viele Deutsche – fast ist das ein Generationsproblem – der 20. März 1921 aus dem Gedächnis verschwunden ist. Dazu haben sicherlich auch die Ereignisse der Jahre danach und der Jahre bis heute beigetragen, die das Datum des 20. März für viele bestenfalls zum Anlaß einer farblosen historischen Rückerinnerung an unwiderrufliche geschichtliche Vorgänge werden lassen. Und wir fragen uns, ob gerade der Rückblick auf die Jahre zwischen 1921 und 1971 nur noch Bitterkeit, Trauer und Wehmut zu wecken vermag.
Sollte ich diese Fragen bejahen, so würde ich diese Gedenkstunde für nicht gerechtfertigt halten. Ich würde diese Rede nicht halten.
Ich glaube aber, daß sich von diesem Datum des 20. März 1921 aus Einsichten entwickeln lassen, Einsichten, die uns nützen können, für die Gestaltung der Gegenwart und der Zukunft. Nur wer die Hintergründe und Zusammenhänge des heftigen Zusammenpralls zwischen Deutschland und Polen vor 50 Jahren kennt und würdigt, und wer den Mut hat, auf die Zeit von 1939 bis 1945 unverblendet zurückzuschauen, nur der wird die Situation, die wir heute zu meistern haben, als einen langsam herangereiften, jetzt ans Licht getretenen, historischen Moment begreifen. Nach dieser langen, für beide Völker mit Entsetzen erfüllten Zeit, erscheint ein neuer Anfang möglich. Und ich füge an dieser Stelle ausdrücklich hinzu: Der Wille zur Zusammenarbeit zunächst auf der Grundlage gegenseitiger Interessen bis hin zur endlichen Versöhnung ist auf beiden Seiten erkennbar.
Warum spreche ich von einem neuen Anfang? Ich möcht damit daran erinnern, daß tausend Jahre gemeinsam erlebter und gemeinsam gestalteter Geschichte in Ostmitteleuropa nicht Deutsche und Slawen getrennt

haben, sondern das diese Geschichte sie über zahllose Generationen hinweg miteinander verbunden hat. Und wenn ich von Slawen sprach, so gilt das besonders auch für das Verhältnis von Deutschen zu Polen.
Die Deutschen siedelten in mehreren Wellen über Jahrhunderte hinweg, im Einvernehmen mit den Slawen im ostmitteleuropäischen Raum. Auch machtpolitischen Auseinandersetzungen blieben nicht aus. Aber es dürfte auch hier an dem falschen Geschichtsunterricht und unseren alten Schulbüchern liegen, daß wir solche Auseinandersetzungen besser in Erinnerung haben, als das Jahrhunderte währende gute nachbarliche Zusammenleben und Zusammenarbeiten, von dem beide Seiten profitiert haben. In diesem Rahmen möchte ich auch den 20. März 1921 stellen, der scheinbar das Gegenteil dokumentiert. Es war der Höhepunkt eines »Volkstumskampfes«. Aber es wird nötig sein, zu prüfen, wie es zu diesem unheilvollen Gegeneinander gekommen ist.
Auch das sagt uns die Geschichte!
Der einst blühende und mächtige polnische Staat wurde nicht zuletzt durch das Erstarken der östlichen Großmacht mehr und mehr zu einem Objekt der Auseinandersetzungen anderer, zu einem Objekt der europäi-

Bundespräsident Dr. Gustav Heinemann verleiht Alfred Kubel am 12. November 1971 das Großkreuz des Bundesverdienstordens.

schen Politik. Inwieweit die inneren Auseinandersetzungen in Polen von außen initiiert oder zumindest mißbraucht worden sind, wird nur der speziell gebildete Historiker uns heute noch sagen können.
Die polnische Geschichte wurde zur Geschichte der polnischen Teilungen, und 1795 wurde der Rest Polens unter Rußland, Preußen und Österreich aufgeteilt. Der Wiener Kongreß ließ zu, ein Königreich Polen wieder zu errichten. Das umfaßte aber nur einen Teil der polnisch besiedelten Gebiete. Es wurde überdies Rußland angegliedert, und das vermochte natürlich das starke polnische Bemühen um nationale Unabhängigkeit nicht zu befriedigen.
Im Gegenteil: Das Zarenreich unterdrückte die polnischen Autonomiebestrebungen rücksichtslos, nachdem es zuvor die Aufstände von 1830/31, 1846 und 1862/63 niedergeschlagen hatte. Dennoch sind die Zaren zu keiner Zeit mit diesen Autonomiebestrebungen fertig geworden. Ebenso verteidigten die Polen ihr nationales Interesse mit beachtlicher Zähigkeit in ihren an Österreich und Preußen gefallenen Gebieten.
Erst mit dem Ende des schrecklichen 1. Weltkrieges – er prägte meine ersten Schuljahre in Elbing, damals Westpeußen, entschieden und unvergeßlich mit – also nach 150 Jahren entstand wieder ein unabhängiger polnischer Staat. Aber welchen Belastungen war er von Anfang an ausgesetzt!
Zu diesen Belastungen gehörte auch die von den Siegern festgelegte und durch Volksabstimmungen nur notdürftig korrigierte Grenzziehung zu Deutschland. Fast könnte man es als boshafte Absicht deuten, diesen Anlaß zu ständigen Auseinandersetzungen bis zur bitteren Feindschaft zwischen Deutschen und Polen gesetzt zu haben.
Das Unheil, das mit diesen im Versailler Vertrag diktierten Regelungen anfing, ist entsetzlich gewesen. Vielleicht verstehen auch wir heute noch besser als vor 50 Jahren, welche Bedeutung die Grenzfrage auch für Polen gerade in dem Augenblick gewinnen mußte, in dem es nach vielen Generationen endlich seine nationalstaatliche Existenz wieder errungen hatte. Aber vielleicht verstehen heute auch beide, Polen und Deutsche, daß hier nicht Recht gegen Unrecht, sondern Recht gegen Recht, Selbstbehauptung gegen Selbstbehauptung stand. Es waren Auseinandersetzungen von wahrhaft tragisch-historischer Größe.
Knapp 20 Jahre später war es dann wieder die Grenzfrage, an der Hitler den Krieg gegen Polen entzündete, – einen Krieg, der nicht nur zum militärischen Sieg, sondern nach seinem Willen bis zur biologischen Vernichtung von Teilen des polnischen Volkes führen und dem Rest nur ein Helotendasein zubilligen sollte.

Dann entstand der polnische Staat nach dem zweiten Weltkrieg wieder. Aber er entstand nach Grenzverschiebungen, nach wahren Völkerwanderungen. Millionen Deutsche und Millionen Polen wurden als Opfer der Großmachtpolitik aus ihren Häusern und aus ihrer Heimat vertrieben.
So wird es jedem verständlich sein, daß die Grenzfrage von Polen als die Kardinalfrage seiner staatlichen Existenz überhaupt angesehen wird.
Nun gibt es bei uns sicher niemand, der politisch ernstgenommen werden will, der sich gegen eine deutsch-polnische Verständigung und die Herstellung besserer gegenseitiger Beziehungen wendet. Diesem Ziel kann man sich aber nicht nähern, wenn entscheidende Fragen zwischen den beiden Völkern ausgeklammert werden. Ein bloßer Gewaltverzicht genügt Polen nicht, schließlich kann es sich durch uns nicht bedroht fühlen, und es fühlt sich auch durch die Bundesrepublik Deutschland nicht bedroht! Wer also die deutsch-polnische Verständigung will, kommt um die Grenzfrage nicht herum. Wer hier ausweicht, muß in Kauf nehmen, daß eine europäische Kernzone auch weiterhin kritisch als politisch ungestalteter Raum bestehen bleibt. Er muß bereit sein, alle negativen Konsequenzen daraus für Sicherheit, Frieden und den notwendigen Ausbau der europäischen Zusammenarbeit mit zu verantworten. Es gibt in der Politik Probleme, denen man sich gerade aus nationalem Selbstbewußtsein heraus nicht entziehen soll!
Wer sagt, er wolle die Grenzfrage »offenhalten«, der muß sich fragen lassen, was er damit zu erreichen hofft. Gewalt als Mittel zur Veränderung von Grenzen scheidet in jeder Hinsicht aus. Es ist ein Ausweichen vor diesem Problem, wenn man auf allgemeine Zustimmung zur Verschiebung der Grenzen warten wollte.
Jenseits von Oder und Neiße sind Millionen von Polen geboren, die dieses Land heute als ihre Heimat ansehen und dort auch ein unmittelbares Heimatrecht beanspruchen können. Von Tag zu Tag verschiebt sich das zahlenmäßige Verhältnis der Deutschen, die ein gleiches Recht noch geltend machen können, zu diesen Polen, und zwar zugunsten der Polen. Niemand unter unseren Verbündeten wird sich finden lassen, der bereit wäre, im Sinne einer Grenzveränderung überhaupt nur noch moralisch Einfluß zu nehmen.
Die Zeit hat nicht für uns gearbeitet. Das Offenhalten der Grenzfrage würde jeden Versuch, die Beziehungen zu Polen zu verbesern, weiter blockieren. Eine solche Haltung würde darüber hinaus auch eine Auflockerung der Beziehungen zu den anderen europäischen Staaten erschweren. Wir können nicht damit rechnen, daß unsere westlichen Partner sich von uns weiterhin mit einer Hypothek belasten lassen, die sie nicht mehr für real halten.

Wir können die Grenzen nicht ändern, aber wir können vielleicht erreichen, daß sie durchlässiger werden.
Das mag manchmal brutal klingen. Aber es ist die Analyse unserer Geschichte, von der wir auszugehen haben.
Rechtsgelehrte sollen und können uns Politiker beraten. Wir müssen entscheiden und – es ist schwer das auszusprechen – geschriebene zeitabhängige Paragraphen und Verträge decken sich so oft in unserem starken Veränderungen unterworfenen Leben nicht mit dem, was das Gebot der Gerechtigkeit von uns fordert. Dieses Gebot hat so oft miteinander im Konflikt stehende Interessen lebender Menschen zu berücksichtigen, daß die Berufung auf alte Rechtsetzung allein uns in unserem Gewissen nicht freimachen kann.
Wir können den zweiten Weltkrieg nicht ungeschehen machen. Wir können nur von der Wirklichkeit ausgehen und uns bemühen, den Bannkreis des Unheils, der unser Verhältnis zu Polen solange bestimmt hat, allmählich abzubauen. Dies entspricht der Logik der Sache, der Logik der Geschichte und der Logik der politischen Moral. Aber wenn die Zeit reif ist, gibt sie auch die Freiheit zum Handeln. Diese Einsichten und Überlegungen werden auf beiden Seiten in gleicher Weise geteilt. Das hat zum Abschluß des Vertrages »zwischen der Bundesrepublik Deutschland und der Volksrepublik Polen über die Gundlagen der Normalisierung ihrer gegenseitigen Beziehungen« vom 7. Dezember 1970 geführt. Gerade unter Ihnen werden viele den Inhalt dieses Vertrages kennen. Aber es ist dieser Gedenkstunde angemessen, über ihn zu sprechen.
Für die polnische Seite ist der Artikel I wohl der wichtigste. Darin hat sich die Bundesrepublik Deutschland eindeutig verpflichtet, die gegenwärtige polnische Westgrenze nicht in Frage zu stellen. Sie kann diese Erklärung nur für sich abgeben. Die Bundesregierung hat bei der Paraphierung des Vertrages darauf hingewiesen, daß ein gesamtdeutscher Souverän, den es nicht gibt, und von dem man nicht weiß, wann es ihn geben wird, dadurch nicht gebunden wird. Dieser Artikel I entnimmt die Beschreibung des Grenzverlaufs den Protokollen der Postdamer Konferenz von 1945. Es gibt den Postdamer Beschlüssen keine andere und keine weitergehende Bedeutung, als sich aus dem Wortlaut der Beschlüsse und den Umständen ergibt, unter denen sie zustande gekommen sind.
Der Artikel I mag für die polnische Seite von besonderer Bedeutung sein. In gewissem Sinne ist er zwar nicht der wichtigste Artikel des Vertrages, aber er schafft ihm die Grundlage. Der deutsch-polnische Vertrag darf eben nicht in erster Linie als ein Grenzvertrag und ein Gewaltverzichtsabkommen betrachtet werden. Er ist eine Vereinbarung die dazu dienen soll,

die gegenseitigen Beziehungen systematisch zu normalisieren. Das sagt der Artiker III. Beide Vertragspartner verpflichteten sich, »weitere Schritte zur vollen Normalisierung und umfassender Entwicklung ihrer gegenseitigen Beziehungen« zu unternehmen. Sie stimmen darin überein, daß eine Erweiterung ihrer Zusammenarbeit im Bereich der wirtschaftlichen, wissenschaftlichen, wissenschaftlich-technischen, kulturellen und sonstigen Beziehungen in ihrem beiderseitigen Interesse liegt! Diese juristische Formulierungen klingen trocken. Nur wer um ihre historische Bedeutung weiß, ahnt das Pathos, das darin steht.

Aber damit ist nur ein Rahmen gesetzt. Der muß ausgefüllt werden. Der Anfang ist mit dem Abschluß dieses Vertrages selbst gemacht worden. Auch ein Wirtschaftsvertrag ist inzwischen unterzeichnet worden. Über die konsularischen Befugnisse der beiderseitigen Vertretungen wird verhandelt. Wir zweifeln nicht daran, daß es neben den wirtschaftlichen Beziehungen auch zu einem regen Austausch in allen Bereichen des kulturellen Lebens kommen wird. Die Bundesregierung konnte den Vertrag aber nur unterzeichnen, wenn die polnische Seite uns hinreichende Beweise für ihre Bereitschaft gab, uns auch im humanitären Bereich entgegenzukommen.

Dabei geht es nicht nur für uns, sondern auch für Polen um sehr schwierige und heikle Fragen. Es kam darauf an, praktikable Lösungen zu finden. Die Bundesregierung muß den Pflichten, die sie hat, nachkommen können. Das ins Auge Fallende ist die Familienzusammenführung. Aber die Lage der in Polen verbleibenden Deutschen stellt gleich gewichtige Fragen. Wer kann beweifeln, daß beide letztlich nur im Zuge einer wirklichen Normalisierung so gut wie möglich befriedigt werden können. Wenn ein solcher Vertrag weiterführen soll, dann können wir alle – insbesondere wir Deutschen – unserer Bundesregierung das nicht allein überlassen. Sie kann, und wir Politiker können kaum mehr tun, als Hemmungen niederzureißen, die die Beziehungen zwischen lebendigen Völkern stören. Die Bereitschaft sie auf- und auszubauen muß bei den beiden Völkern, ja bei den einzelnen Persönlichkeiten in ihnen, selber wachsen. Wir gehen in der Bundesrepublik Deutschland in dieser Zeit mit Ernst und Energie daran, unser Verhältnis zu den osteuropäischen Staaten neu zu durchdenken. Wir wollen Wege zu einem Ausgleich bahnen, das bestehende Mißtrauen abtragen und von dem bisherigen Gegeneinander Schritt für Schritt zu einem Miteinander gelangen. Der Erfolg wird ganz entscheidend davon abhängen, daß auch die Heimatvertriebenen dieses große Werk mit ihrem Verständnis und ihrer tätigen Mitarbeit unterstützen. Nur böser Wille kann wünschen, daß am Ende die Kluft zwischen

Reise nach Polen auf Einladung der polnischen Regierung: Der Ministerpräsident besucht das Konzentrationslager Auschwitz (1971).

Polen und einem Teil der Deutschen zugeschüttet wird und sich dazu eine neue Kluft zwischen Deutschen und Deutschen bildet. Es ist der Öffentlichkeit allgemein zu wenig bekannt, wie viele persönliche Beziehungen zwischen hüben und drüben gerade von den Vertriebenen fortgeführt werden und wieviel Beziehungen wieder aufgenommen worden sind.
Wer die Erklärungen und Stellungnahmen der Heimatvertriebenen zu politischen Fragen aufmerksam liest, weiß von dem nüchternen und redlichen Bemühen um den Brückenschlag nach Osten, um die europäische Verständigung in Frieden und Gerechtigkeit, das so viele von ihnen beseelt.
Die Heimatvertriebenen haben selbst in ihrer Charta vom 5. August 1950 das Tor aufgestoßen, das Haß und Rache nur fünf Jahre zuvor endgültig zugeschlagen zu haben schienen. Diese Charta dokumentiert die Bereitschaft der Deutschen zur Versöhnung und zur Verständigung mit den osteuropäischen Völkern. Ihre Worte haben auch heute nichts von ihrer Aktualität eingebüßt. Fast erscheint die Charta als die vorweggenommene Konzeption der Grundzüge einer Politik, die jetzt endlich – zwanzig Jahre später! – möglich zu werden beginnt. Der Zeitpunkt ist gekommen, diese Verbindung zu ziehen, ohne der Entwicklung Gewalt anzutun oder die Wirklichkeit zu verfälschen. Der Bogen, den wir heute vom 20. März 1921 bis zum 7. Dezember 1970 schlagen, umfaßt ein halbes Jahrhundert deutsche und polnische Geschichte, umfaßt ein halbes Jahrhundert deutsch-polnische Schicksalsgemeinschaft. Sie wissen, warum ich dieses Wort so betone! Jedes Geschehen, jede Aktion auf der einen Seite hat ihre Reaktion auf der anderen Seite gefunden. Das schien wie ein unerschütterliches Gesetz! Wieviel Leid und Not hat es in diesen 50 Jahren gebracht! Genug und zuviel – um dieses Gesetz jetzt zu zerbrechen! Anerkennen wir statt dessen das für die Völker geltende Gesetz, das den Anspruch auf das Recht zur Selbstbestimmung der Völker fordert und schützt, das Recht des Bürgers und die Freiheit, sein Leben in einer menschlichen Gesellschaft entscheidend mitzugestalten! Unter diesem Gesetz bringen wir dem polnischen Volk Verständnis und Sympathie für sein Beispiel entgegen, wie es durch Generationen hindurch an der Idee seiner staatlichen Einheit festgehalten hat und diese Einheit allen Widrigkeiten zum Trotz endlich erreicht hat. Unter diesem Gesetz erwarten wir das Verständnis des polnischen Volkes für die berechtigten Belange des deutschen Volkes. Gerade unsere beiden Völker haben zwischen starken Mächten so viele vergleichbare historische Erfahrungen machen müssen. Der Weg zueinander, der noch vor uns liegt, kann nicht einfach sein!
Von beiden Völkern ist bitteres Unrecht gegenüber Menschen des anderen

Volkes begangen worden. Das Unrecht kann nicht durch Leugnen oder gekünstelte Rechtfertigung verdrängt werden. Es ist auch nicht gegeneinander aufzurechnen.
Kein Vertrag kann bedeuten, daß wir Unrecht anerkennen oder Gewalttaten rechtfertigen.
Kein Vertrag kann die Vertreibung nachträglich legitimieren.
Kein Vertrag kann ungeschehen machen, was dem polnischen Volk nach 1939 zugefügt worden ist.
Wir müssen die Kette des Unrechts durchbrechen. Das ist keine Verzichtspolitik. Das ist eine Politik um der Menschen willen, wo immer sie wohnen und leben. Das ist eine Politik um der Jugend willen.
Zu dieser Friedenspolitik gibt es keine Alternative!

Die Funktion der Bundeswehr in unserer Gesellschaft (1971)

Vor den Delegierten der Verbandstagung der Bundeswehr hielt Alfred Kubel in seiner Amtszeit als Ministerpräsident am 19. April 1971 einen Vortrag, der sich mit der Rolle der Bundeswehr in der Gesellschaft der Bundesrepublik beschäftigte und Soldaten sowie Politiker von Bund, Ländern und Gemeinden aufforderte, die Bemühungen um Integration der Bundeswehr in die Gesellschaft fortzusetzen und auch die Soldaten an gesellschaftlichen Fortschritten (Sozial- und Bildungspolitik) teilhaben zu lassen.
Die Integration der Bundeswehr und der Abbau von Ressentiments im Verhältnis von Bundeswehr und SPD waren Anliegen, denen sich Kubel in seiner Zeit als Ministerpräsident zusätzlich widmete. Dazu gehörten auch regelmäßige Besuche bei Bundeswehreinheiten sowie die Teilnahme an Gelöbnissen und Kaserneneinweihungen.

Gleich nach meinem Amtsantritt habe ich Herrn Generalmajor Schubert und anderen Herren Ihrer Führung versprochen, sobald wie möglich unmittelbar mit den Soldaten der Bundeswehr in Niedersachsen Verbindung aufzunehmen. Ich hatte die Herren zu einem Meinungsaustausch eingeladen. Dieser Meinungsaustausch war für mich überaus nützlich, vielleicht auch für meine Gäste.
So danke ich Ihnen, daß sie mich zu der heutigen Veranstaltung eingeladen haben. Sie scheint mir eine passende Gelegenheit zu sein, um mein Versprechen einzulösen.
Ich denke, Sie haben einen Anspruch darauf zu hören, wie der niedersächsische Ministerpräsident die Aufgaben einschätzt, die Sie erfüllen. Andererseits werden Sie immer wieder die Möglichkeit haben, mir Ihre Meinung zu sagen, mich auch vor Fehleinschätzungen zu bewahren; dafür wäre ich besonders dankbar!
Gestatten Sie mir ein paar Vorbemerkungen:
Das Thema heißt nicht zufällig: „Die Funktion der Bundeswehr in unserer Gesellschaftsordnung“. Es dürfte nicht heißen: „Die Funktion der Bundeswehr und unsere Gesellschaftsordnung“. Diese Unterscheidung durch ein anspruchslos unscheinbares Wörtchen ist jedem Kenner der deutschen Geschichte bedeutend. Wieviel Skepsis gerade auch bei gutwilligen, zu objektivem Denken erzogenen Deutschen hat uns diese Geschichte gelehrt!

Wieviel Skepsis mußte überwunden werden, ob dieser neue Beginn eines demokratischen Rechtsstaates auf deutschem Boden nun zum ersten Male in unserer Geschichte, eine nationale Verteidigungsbereitschaft durch eine nationale Bundeswehr ertrüge!
Die Geschichte mußte es sich freilich nicht selten gefallen lassen, unzulässig vereinfacht über einen vorfabrizierten Leisten geschlagen zu werden. Wie unterschiedlich aber der Einfluß des Militärischen auf die jeweilige Gesellschaftsordnung in Deutschland war, sollte man einmal bei modernen Historikern nachlesen. Ich will es mit dieser Teildefinition des Begriffes Militarismus genug sein lassen.
Das gilt für Vorurteile in Deutschland; das gilt ebenso für Vorurteile großer Teile der übrigen Welt, wenn Militär und Militarismus als scheinbar untrennbare Wortfolge für die Geschichte im deutschen Bereich gehalten worden ist.
Lassen Sie mich vier Epochen stichwortartig erwähnen. Vielleicht kann ich damit zu weiterem Nachdenken anregen.
Für die Siegermächte – ich bitte mir nachzusehen, wenn ich leider mit größerem Bezug auf den westlichen Teil Deutschlands froh bin, daß sie und nicht Hitler den zweiten Weltkrieg gewonnen haben, sonst könnten wir uns heute kaum Gedanken über die Einführung der „Wehrmacht" in einen freiheitlichen Rechtsstaat machen. Für die Siegermächte also galt der preußische Militarismus als das größte Übel. Preußen, das ohnedies ohne West- und Ostpreußen, wesentliche Teile Brandenburgs und Schlesiens nicht denkbar war, wurde deshalb noch einmal aufgeteilt. Bei Lichte betrachtet, hat es in den 150 Jahren, in denen Preußen eine Militärmacht war, einen Konflikt zwischen Regierung und Militär nur dann gegeben, wenn der König, d.h. die Regierung schwach war.
Friedrich II., der den preußischen Soldaten zwar nicht geschaffen hatte, aber die preußische Militärmacht aufgebaut hatte, war in seinen politischen Entscheidungen nicht von seinen Offizieren abhängig!
Anders war es dann später, als der Generalfeldmarschall Yorck v. Wartenburg sich den Befehlen seines schwachen Königs entzog.
Mit Wilhelm II. hörte Preußen als selbständiger politischer Faktor streng genommen schon auf zu wirken.
Er war mehr Kaiser des Deutschen Reiches. Ein unberechenbarer und eitler Kaiser, der sich zum Unheil für die Welt und für uns von seinen Generalstäblern Politik vorschreiben ließ bis zum Bruch des Völkerrechts im Falle Belgiens, um vorgefaßter Schlieffen-Pläne wegen, bis zu den politischen Torheiten von 1917, bis zum bitteren Ende.
Erinnern wir uns dann an die Weimarer Republik!

Gewiß war es auch politisches Versagen der damaligen Sieger, die damalige Reichsregierung in ihrer Abwehr gegenüber der Drohung – von außen – von den sogenannten Freikorps abhängig werden zu lassen, nur ein kleines Berufsheer zu erlauben, das aus seiner Entstehungsgeschichte heraus kein mit dem Volke verbundenes Heer werden konnte. Aber es war der Chef der Heeresleitung, der der Reichsregierung den Schutz vor von Lüttwitz und Kapp mit den Worten verweigerte: „Reichswehr schießt nicht auf Reichswehr". Während die Reichswehr also nicht bereit war, den Rechtsputsch zu vereiteln, das vielmehr den deutschen Arbeitern, Angestellten und pflichttreuen Beamten überließ, sah sie sich in der Lage, Linksextremisten radikal niederzukämpfen.

Solches Erinnern muß ertragen werden, aus ihm manche Skepsis verständlich werden.

Nun die vierte Skizze aus der deutschen Geschichte!

Darin – und das sollte die Welt heute begriffen haben – unterscheidet sich die Rolle des deutschen Militärs beim Ausbruch des ersten von der beim Ausbruch des zweiten Weltkrieges:

1939 war es der Aberwitz eines Hitler, der den Rat der Generalstäbler in den Wind schlug und sich als größter Feldherr aller Zeiten dünkte. Viele Epochen während des zweiten Weltkrieges sind bekannt, in denen sich das wiederholte!

Ich habe mir nicht vorgenommen, heute und hier über die politische Haltung der damaligen Wehrmacht zu urteilen. Wir alle wissen genug um die tragische Geschichte vieler hoher Offiziere aller Wehrmachtsteile. Mancher von uns – auch ich – kann und will persönliche Erlebnisse nicht vergessen!

Ich meine aber, daß es klar ist: weder der zweite Weltkrieg noch seine Führung sind Hitler vom Militär aufgedrängt wordem. Hier war es die politische Führung des Reiches, die das Militär zum Werkzeug machte.

Das freilich ist die weitergehende Definition des Begriffes „Militarismus": Agressiver Einsatz militärischer Machtmittel und Verwendung militärischer Organisationsformen für nicht militärische Aufgaben. Nur das ist zumindest nicht vorwiegend dem Militär anzulasten!

Manchem erschien also dieses gefährliche Werkzeug in Hitlers Händen zu willig. Seine Führer erschienen fasziniert der unglaublichen Anfangserfolge wegen. Sie resignierten, weil große Teile unseres Volkes der gleichen Faszination erlegen waren. Widerstand erschien sinnlos. Wir erinnern uns aber an Männer wie Stauffenberg und seine Kameraden, die es in ihrem Bereich den vielen gleich taten, die anderswo im Widerstand arbeiteten. Sie alle waren zu klug, um nicht die Ungleichheit der Chancen – Wider-

stand gegen lückenlos organisierten politischen Terror – zu kennen. Für sie alle sei Oberst Treskow zitiert!
Er ließ dem Grafen Stauffenberg von der Ostfront nach Berlin sagen: „Das Attentat muß erfolgen, coute que coute.
Sollte es nicht gelingen, so muß trotzdem in Berlin gehandelt werden. Denn es kommt nicht mehr auf den politischen Zweck an, sondern darauf, daß die deutsche Widerstandsbewegung vor der Welt und der Geschichte den entscheidenen Wurf gewagt hat. Alles andere ist daneben gleichgültig!"
Diesen kurzen Rückblick auf deutsche Militärgeschichte, soweit er das jeweilige Verhältnis zwischen Gesellschaft, Regierung und Militär skizziert, will ich mit diesem Satz schließen.
Diese Erinnerung an die Offiziere des 20. Juli hat es vielen von uns leichter gemacht, an eine moderne Bundeswehr zu glauben, die stark und frei bleibt, um diszipliniert kraftvoll – wenn es sein muß – die Freiheit und das Recht unseres Volkes zu schützen. Und diese Erinnerung muß wachgehalten werden!
Schon aus diesen Bemerkungen werden Sie entnehmen können, daß ich selber zu jeder Zeit ebenso sehr wie ich meine, daß wir eine Polizei immer im Staat nötig haben werden, wir uns auch auf eine Verteidigung nach Außen werden einrichten müssen. Wer Recht und Freiheit liebt, und also in einer freiheitlich-demokratischen Ordnung leben will, muß bereit sein, diese Ordnung gegenüber Gegnern im Inneren und gegenüber Gegnern, die von Außen kommen können, zu schützen. So lange Gegner des Rechtsstaates, die Gegner unserer Freiheit ihrerseits bereit sind, andere als geistige Waffen gegen uns einzusetzen, ja mit brutaler Gewalt unser Leben, unsere Arbeit zu stören, ist es blasse Schwärmerei, sich seinerseits nicht auf Abwehr mit allen geeigneten Waffen einzurichten.
Die lange Zeit meiner eigenen politischen Tätigkeit war wohl zu hart, als daß ich eine andere Auffassung vertreten könnte. Die Bundeswehr mit ihren Soldaten, ihren militärischen und zivilen Helfern, trägt dazu bei, daß dieser Bundesrepublik ein fremder politischer Wille nur sehr schwer aufgezwungen werden kann, jedenfalls nicht mit Waffengewalt. Sie hilft mit, daß Friede und Freiheit in dieser Bundesrepublik bewahrt bleiben.
Wenn mich jemand fragt, und das ist oft geschehen, wohin aber soll ein Wettrüsten führen, dann weiß auch ich darauf keine, mich selber absolut befriedigende Antwort. Vielleicht klingt es manchem zu einfach, wenn ich dann sage, daß es doch wohl auf alle Fälle darauf ankommt, leben zu können, um schaffen zu können, und wenn ich das nur durch Selbstverteidigung sichern kann, dann muß ich gerade im Dienste meiner idealen Vorstellungen zu einer solchen Verteidigung bereit sein.

Meinungsumfragen jüngeren Datums sagen uns, daß die Einsicht in die Notwendigkeit, den Frieden durch die Bundeswehr sichern zu helfen, in der Bundesrepublik ständig gestiegen ist. Das mag uns mit Genugtuung erfüllen.

Demgegenüber aber steht die von Urteilsfähigen für bedenklich gehaltene Entwicklung der Zahl der Wehrdienstverweigerer. Ich kann mir nicht helfen, aber manchem dieser jungen und oft intelligenten Leute möchte ich es so einfach sagen, wie ich oben meine Meinung zur Notwendigkeit einer Verteidigungsbereitschaft formuliert habe.

Vielleicht können sie mich überzeugen, daß ich, daß wir alle in diesem Saale irren. Aber glauben Sie mir, Diskussionen dieser Art habe ich in mehr als 40jähriger politischer Tätigkeit unter den verschiedensten politischen Umständen geführt, und – fast sage ich – leider hat mich niemand überzeugt, daß wir es uns einfacher und leichter machen können, als wir das, Sie und ich meine Damen und Herren, in dieser Frage tun.

Ich kann mir heute einen Soldaten nur schwer vorstellen, welchen Rang er auch immer haben mag, der darauf erpicht ist, mit den modernen Mitteln, die heute Kriegsführenden zur Verfügung stehen, sein Können, seine Leistungsfähigkeit im Ernstfall zu erproben, der darauf erpicht ist, der politischen Führung zu empfehlen, das Mittel eines Krieges aggressiv zur Durchsetzung politischer Ziele einzusetzen. Das ist jedenfalls in der Bundesrepublik, das ist in den demokratisch regierten Ländern nahezu undenkbar geworden. Wem nicht höhere Bildung, die Verpflichtung unseren großen Idealen gegenüber, die Gewaltanwendung verbietet, der wird zurückschrecken, weil das Risiko kiegerischer Auseinandersetzungen kaum noch abzuschätzen ist.

Es scheint mir schwer vorstellbar, daß nicht gerade unsere Soldaten, daß nicht gerade die deutsche Bundeswehr mit ganz besonderem Interesse alles verfolgt und alles unterstützt, was der Sicherung des Friedens dient, was ihr den Ernstfall erspart. Es ist hier sicher nicht nötig, zu wiederholen, was der politischen Führung der Bundesrepublik in der Sicherung des Friedens gelungen ist. Wer sich noch an die Zeit nach 1945 erinnert, der wird auch hier fast von einem außenpolitischen Wunder zu sprechen geneigt sein, wie man von einem Wirtschaftswunder in der Bundesrepublik lange geredet hat. Wir wollen uns dabei politisch-moralische Wertungen ersparen. Es genügt wohl schon die nüchterne Erkenntnis, daß die Verteidigungsbereitschaft des demokratischen Westens auch auf die Mithilfe der Bundesrepublik und ihrer Wirtschaftskraft und auch ihrer Verteidigungskraft nicht verzichten konnte, nicht verzichten konnte – auch aus der geo-politischen Lage heraus.

Aber es wäre allzu bescheiden, wollten wir nicht auch den führenden Politikern der Bundesrepublik Deutschland zugestehen, daß es auch ihrer Einsicht, ihrem Verhandlungsgeschick, ihrer Zähigkeit zu verdanken ist, wenn wir so verhälnismäßig schnell und unter weitgehender Wahrung unserer politischen Unabhängigkeit den Frieden nach Westen, Süden und Norden gesichert sehen. Die Bundesregierung sucht konsequenterweise auf dieser festen Grundlage der Zusammenarbeit mit dem Westen und der Einfügung unserer Bundeswehr in ein Bündnissystem, zu einer Entspannung und Aussöhnung auch mit dem Osten zu kommen. Sie hat Verträge mit Moskau und Warschau geschlossen, die Verhandlungen mit Prag haben begonnen, seit einem Jahr bemüht sie sich um ein Vertragsverhältnis zur DDR. Diese Maßnahmen müssen im Zusammenhang mit den Anstrengungen östlicher und westlicher Staaten um einen Atomwaffen-Sperrvertrag, im Zusammenhang mit Verhandlungen der USA und der Sowjetunion über eine Begrenzung der strategischen Rüstung – SALT – sowie mit Verhandlungen der Vier-Mächte über eine Berlin-Regelung gesehen werden.
Ich bejahe auch diese Entspannungsbemühungen der Bundesregierung. Sie sind geeignet, das Risiko einer kriegerischen Auseinandersetzung in Europa zu mindern. Es scheint mir auch aus ethischen Gründen notwendig zu sein, einen neuen Anfang mit den Völkern im Osten zu suchen. Lassen Sie mich hier einiges aussprechen, was ich in Braunschweig der Schlesischen Landsmannschaft anläßlich des 50. Jahrestages der Volksabstimmung in Oberschlesien gesagt habe und habe sagen wollen. Eine unheilvolle Kette von Aktionen und Reaktionen, die Leid und Not genug für beide Seiten bereithielt, hat zu den furchtbaren Geschehnissen von 1939 bis 1945 in Osteuropa geführt. Aus dem Bewußtsein verloren waren die Zeiten über Jahrhunderte hinweg, in denen in jenen Räumen Slawen und Deutsche gut nachbarlich zusammengelebt und gearbeitet haben. Mit den Deutschen und den Polen stand in Würdigung und Wertung der historischen Entwicklung nicht Recht gegen Unrecht, sondern Recht gegen Recht, Selbstbehauptung gegen Selbstbehauptung.
Nun läßt sich auf beiden Seiten der Wille zur Zusammenarbeit erkennen. Zunächst auf der Grundlage gegenseitigen Interesses, aber deutlich sichtbar hin bis zur endlichen Versöhnung. Wir erleben einen langsam herangereiften historischen Moment, in dem es möglich erscheint, das unheilvolle Gesetz von Aktion und Reaktion endgültig zu durchbrechen. Diese Chance ist nüchtern zu sehen und ohne alle Illusionen aber mit Zielstrebigkeit und Hoffnung zu ergreifen. Wer die deutsch-polnische und deutsch-sowjetische Verständigung will, der kommt allerdings um die

Grenzfrage nicht herum. Aus der historischen Entwicklung wird deutlich und verständlich, daß die Grenzfrage von Polen als Kardinalfrage seiner staatlichen Existenz überhaupt angesehen wird.
Man hat einmal geglaubt, es sei richtig, die Grenzfrage so lange wie möglich offen zu halten, ohne durch politisches Handeln Rechte oder Rechtspositionen aufzugeben. Mit der Zeit werde es im Satellitenblock der UdSSR zu Veränderungen kommen, in deren Verlauf auch ein befriedigender Ausgleich zwischen Deutschen und Slawen im Osten möglich sein werde.
Heute müssen wir feststellen, daß die Zeit nicht für uns gearbeitet hat. Millionen Polen sind inzwischen jenseits von Oder und Neiße geboren. Sie betrachten das Land, ebenso wie unsere Heimatvertriebenen, als ihre Heimat. Wer also vor der Grenzfrage ausweicht, der muß in Kauf nehmen, daß eine europäische Kernzone auch weiterhin kritisch als politisch umgestalteter Raum bestehen bleibt, der muß bereit sein, alle negativen Konsequenzen daraus für Sicherheit, Frieden und den notwendigen Ausbau der europäischen Zusammenarbeit mit zu verantworten. Die Bundesregierung hat erstmalig seit Ende des letzen Krieges bewußt Schritte zu aktiver Gestaltung des Verhältnisses zu den östlichen Nachbarn unternommen. Der deutsch-polnische, der deutsch-sowjetische Vertrag sind nicht in erster Linie Grenzverzichtsverträge und Gewaltverzichtsabkommen, sondern vielmehr Vereinbarungen über systematische Normalisierung der gegenseitigen Beziehungen. Die Verträge setzen einen Rahmen, der von beiden Seiten in mühsamer Kleinarbeit wird ausgefüllt werden müssen, so vor allem im humanitären Bereich.
Die Verträge können nicht bedeuten, daß wir Unrecht anerkennen oder Gewalttaten rechtfertigen. Kein Vertrag kann die Vertreibung nachträglich legitimieren. Aber auch kein Vertrag kann ungeschehen machen, was dem polnischen und dem russischen Volk nach 1939 zugefügt worden ist.
Bis dahin also einiges aus meiner vorher erwähnten Rede.[1]
Die Umstände, die zu jenen Veträgen geführt haben, die Verträge selbst schließlich machen für mich beispielhaft deutlich: Es gibt geschichtliche Situationen, in denen Verteidigungsarmeen nicht nur hinzunehmen haben, sondern geradezu darauf drängen müßten, daß Konfliktlösungen mit politischen Mitteln gefunden werden, wenn der Verteidigungsauftrag, den unsere Armeen haben, wirksam erfüllt werden soll.
Jene Vorgänge an den Verhandlungstischen werfen die Perspektive eines Europas der Zusammenarbeit, des friedlichen Austausches und der unge-

[1] Zeitgemäße Gedanken zum 50. Jahrestag der Volksabstimmung in Oberschlesien, S. 192–201.

störten Entwicklung auf. Als Fernziel muß man es doch wohl anvisieren, wenn man in der Wahl seiner politischen Mittel nicht allzu sehr vorbeischießen will. Bei aller Hoffnung gilt es realistisch zu sehen, daß die ersten Schritte nur auf dem Boden des Gleichgewichts der Abschreckung in Europa möglich waren. Zudem haben wir unseren Beitrag durch unsere Mitarbeit im atlantischen Bündnis geliefert. Dasselbe wird auch für viele folgende Schritte gelten müssen. Deswegen sollte heute niemand daran denken, das militärische Potential der Bundeswehr zu schwächen.

Nun hören wir von Sorgen, wir hören sie auch aus der Bundeswehr selbst, daß offenbar die Entspannungspolitik, gerade die Entspannungspolitik gegenüber dem Osten, die die Bundesregierung betreibt, den Verteidigungswillen dieses Volkes zu schwächen geeignet sei. Mit scheint das allzu einfach gedacht! Wir müssen schon in der Lage sein, diesem Volke immer klar zu machen, daß noch ein langer Weg zurückzulegen sein wird, bis wir die gleiche Sicherung unseres Friedens gegenüber dem Osten haben, wie wir ihn meinen, im Westen gefunden zu haben. Und wir müssen schon in der Lage sein, auch klar zu machen, daß gerade die Verteidigungsbereitschaft und das Verteidigungsbündnis, in das wir eingebunden sind mit dem Westen, Grundlagen für ein ruhiges Aushandeln unserer Verträge mit den Mächten des Ostens sind. Diese Grundlage kann nicht geschwächt werden, wenn man sich nicht als Schwacher oft mit dem Starken an den Verhandlungstisch setzen will.

Natürlich wünschen wir uns alle eine Zeit, in der wir weniger persönlichen und materiellen Aufwand für militärische Verteidigung nötig haben. Aber diese Zeit scheint noch in weiter Ferne zu sein. Ich halte es aber – und hier wiederhole ich mich – gerade auch für im Interesse unserer Soldaten liegend, daß die Ostpolitik der Bundesregierung in all ihren Zusammenhängen dargestellt wird, daß sie unterstützt wird zum Erfolg und daß man nicht etwa nur aus etwas allzu enger Betrachtung der eigenen Aufgabe dazu neigt, psychologische Nachteile aus den Friedensbemühungen der Bundesregierung für die Bundeswehr darzustellen. Die Bundeswehr dient keinem Selbstzweck – und ich wiederhole das Wort des Bundespräsidenten Heinemann – sie muß sich auch in Frage stellen lassen.

Wir sollten uns alle nach einer Welt sehnen, in der der Friede viel mehr als heute auf andere als militärische Weise gesichert ist! Ich habe mich Ihnen bereits vorgestellt als jemand, der dem deutschen Fehler, Schwärmerei für Idealismus zu halten, nicht unterliegt!

Aber die stete Verteidigungsbereitschaft der Bundesrepublik Deutschland bedarf der Zusammenarbeit aller zivilen mit den militärischen Kräften. Ich spreche nicht nur von der unmittelbaren Verteidigungsorganisation, ich spreche auch von der Zusammenarbeit mit den Verwaltungen des Bundes, vor allem aber der Länder und Gemeinden. Wir wollen nicht verhehlen, daß hier das bisher Erreichte ungenügend ist. Das Land Niedersachsen weiß das aus seiner Lage heraus besonders gut. Mehr darüber zu sagen, dürfte hier nicht der Ort sein. Wo es gesagt sein muß, geschieht das verbunden mit unseren Vorschlägen.

Im militärischen Training kann der Verteidigungsfall nicht genug erprobt werden. Die Vorstellungen über Führungsstil und Gehorsam mögen in einer modernen hochtechnisierten Armee anders sein als die in der preußischen Armee. Autorität von Vorgesetzten muß sich heute vor allem auf fachliche und durch Bildung erworbene Überlegenheit, menschliche Überzeugungskraft, charakterliche Vorbildlichkeit gründen. Das gilt auch für nahezu alle anderen Organisationen und Verwaltungen, in denen es auf Leistung ankommt! Sie sollten in vielen Bereichen den Zwang zum Gehorsam zurücktreten lassen und statt dessen die Soldaten auf Einsicht und Freiwilligkeit zur Mitwirkung an den gemeinsamen Aufgaben befähigen. Für uns dokumentiert sich Kampfesbereitschaft und Kampfeswille eines Soldaten nicht mehr allein darin, daß er äußerlich das Bild eines Soldaten vergangener Tage darstellt. Denjenigen, die dazu neigen, allein vom Äußeren auf den inneren Menschen zu schließen, sei geraten, sich einmal Soldaten der israelischen Armee in ihrer Freizeit auf den Straßen israelischer Städte zu betrachten und sich zu fragen, ob sie Angehörigen dieser Armee militärische Erfolge zutrauen.

Bei aller Anerkennung dieses Wandels im inneren Gefüge der Bundeswehr – das kann nicht ernst genug ausgesprochen werden – müssen wir uns aber davor hüten, daß weder uns selbst noch denjenigen, die wir warnen wollen, uns anzugreifen, der geringste Zweifel daran kommt, daß wir bereit und fähig wären, uns wirksam mit allen zu Gebote stehenden Mitteln zu verteidigen.

Im Schlußteil meiner Ausführungen möchte ich darauf eingehen, wie unsere Landesregierung Sie in Ihrer Arbeit unterstützen kann.

1.) Die Bestandsaufnahmen, die über die Bundeswehr in der letzten Zeit auf Veranlassung des Bundesverteidigungsministers erarbeitet worden sind – ich nenne hier nur das Weißbuch 1970 und den Bericht der Wehrstruktur-Kommission – kommen übereinstimmend zu dem Ergebnis, es sei eine soziale Integration der Bundeswehr herbeizuführen.

    Die Bundeswehr darf sich heute nicht gegen den gesellschaftlichen Fortschritt oder die Entwicklungstendenzen unserer westlichen demokratischen Industriegesellschaften stellen. Sie soll auf allen

Gebieten am Erneuerungsprozeß unserer Gesellschaft teilhaben. Die besten Waffen und das modernste Gerät werden wertlos sein, wenn die Soldaten, die mit diesen Waffen und diesen Geräten umgehen müssen, ihren Dienst nicht im vollen Bewußtsein von Gerechtigkeit und sozialer Sicherheit leisten.

Bei der sozialen Integration der Bundeswehr in die Gesellschaft haben die Bemühungen der Bundesregierung Vorrang, Bildung und Ausbildung innerhalb der Bundeswehr parallel zu gesamt-gesellschaftlichen Tendenzen weiterzuentwickeln. Ich sage Ihnen gewiß nichts Neues, wenn ich darauf hinweise, daß sich die Anforderungen unserer modernen Industriegesellschaft an die wissenschaftliche und technische Qualifikation des arbeitenden Menschen künftig ständig und auf breitem Raum erhöhen werden. Das Kapital, das wir in die Ausbildung unserer Bevölkerung investieren, ist damit für Bestand und Fortentwicklung der Gesellschaft wichtiger geworden als das Kapital, was wir in manch anderen Bereichen anlegen. Dieser Einsicht darf sich niemand verschließen. Für die Bundeswehr weist sie auf ein ihr selbst eigentümliches Interesse hin.

Die Landesregierung Niedersachsens hat die Bedeutung des Bildungswesens erkannt. In meiner Regierungserklärung vom Juli vergangenen Jahres habe ich dargestellt, daß wir uns vorrangig der Bildungspolitik widmen wollen. Es gelang uns, schon im Haushaltsplan 1971 beträchtlich zusätzliche Mittel für diesen Sektor öffentlicher Aufgaben einzusetzen. Ich brauche nicht besonders zu betonen, daß Sie und Ihre in der Bundeswehr nachfolgenden Kameraden den Nutzen davon haben werden, wenn Schulen und Hochschulen in unserem Bundeslande modernen Ansprüchen genügen. Der Bund und die Gesamtheit dieser Länder sind aufgeforderrt, im Zuge der Bildungs- und Hochschulreform die Ausbildung der Bundeswehr so zu gestalten, daß sie nach Qualität und Wissensvermittlung nicht nur militärische Erfordernisse erfüllt, sie muß auch ihre volle Anerkennung im zivilen Bereich finden! Damit wäre man auch dem Ziel, ohne soziale Reibungen vom Arbeitsplatz im militärischen Bereich auf den Arbeitsplatz im zivilen Bereich zu wechseln, beträchtlich näher gekommen.

In diesem Zusammenhang möchte ich nicht unerwähnt lassen, daß wir uns bemühen wollen, den länger dienenden Berufssoldaten soziale Sicherheit zu gewährleisten. Wenn sie den Wunsch haben, nach Ablauf ihrer Tätigkeit in der Bundeswehr in den öffentlichen Dienst einzutreten, sollte ihnen das dadurch erleichtert werden, daß bestimmte Stellenkontingente bei allen größeren Behörden und Dienststellen für sie reserviert werden.

2.) Die schwierige Aufgabe der Landesverteidigung verlangt eine gute militärische Ausbildung und ständiges Üben, davon sprach ich bereits. Der Bundesverteidigungsminister weist zu Recht darauf hin, daß die Bundeswehr und die NATO-Verbände über ausreichendes Übungsgelände auch innerhalb der Bundesrepublik verfügen müssen. Da sind Konflikte mit den Interessen der erholungssuchenden Bevölkerung unserer Ballungsgebiete denkbar. Sie hat nach schwerer Arbeit Anspruch darauf, sich an ruhigen Plätzen in der Natur am Wochenende ungestört zu erholen. Der gute Wille aller Beteiligten muß Ausgleiche finden helfen, die jedem Interesse dienen. Das Land wird sich jedenfalls bemühen, so gut wie möglich zu helfen, wenn die Bundeswehr es für notwendig ansieht, vorhandene Standortübungsplätze und überregionale Übungsplätze zu verbessern und zu erweitern.

Der Bundesverteidigungsminister hat in der Erklärung der Bundesregierung zur Sicherheitspolitik und zur Lage der Bundeswehr am 26. 3. 1971 vor dem Bundestag bemerkt, häufig genug müßten die Herren Ministerpräsidenten der Länder persönlich bemüht werden, um die Mithilfe der Länder bei der Verbesserung der Übungsplätze zu erreichen. Wir Niedersachsen haben das Glück! Ich kann mich an keinen Fall erinnern, bei dem die Unterstützung des niedersächsischen Ministerpräsidenten notwendig geworden wäre. So hoffe ich, daß es den Beamten unserer Verwaltungen auch in Zukunft gelingen möge, ohne die sogenannte „höchste Ebene“ jene Probleme zu lösen.
Trotz verstärkter Bemühungen der Bundesregierung, den Soldatenberuf attraktiver zu machen, bleibt die Personallage der Bundeswehr noch angespannt. Die Skepsis der jungen Generation gegenüber der Notwendigkeit der Wehrpflicht wächst. Von der Zahl der Wehrdienstverweigerungen sprach ich bereits!
Ich stimme mit dem Bundeskanzler darin überein, daß es notwendig ist, die Rolle der Bundeswehr und die Probleme der Landesverteidigung im Sozialkundeunterricht unserer Schulen und auch bei der politischen Bildungsarbeit darzustellen. Ich darf vielleicht hinzufügen, daß man damit vielleicht auch in jenen Instituten noch etwas tun müßte, die die Lehrer für unsere Schüler ausbilden. Das sollten wir gemeinsam mit Soldaten, die geeignet und bereit sind, vorurteilsfrei zu informieren, leisten. Politiker und Bundeswehr sind gleichermaßen betroffen, wenn es nicht gelingt,

junge Menschen für den Gedanken dieses Dienstes für die Gemeinschaft zu gewinnen.
Der Soldat ist heute ein selbstverständlicher Bestandteil der Gesellschaft geworden! Das ist für den Soldaten ebenso vorteilhaft wie für die Gesellschaft: Je mehr man die Öffentlichkeit an seinen eigenen Sorgen teilhaben läßt, desto größer ist in einem demokratischen Staatswesen die Chance, sie zu beseitigen. Die Gesellschaft weiß durch ein hohes Maß an Information, daß sie eine Isolierung der Streitkräfte mit den von uns allen bedenklichen politischen Folgen nicht zu befürchten braucht. Natürlich kann der Gärungsprozeß, den wir bei den jungen Menschen in der Gesellschaft beobachten können, vor der Bundeswehr nicht haltmachen. Daß das so ist, ist geradezu ein Beweis dafür, wie sehr die Bundeswehr in die Gesellschaft eingefügt ist. Ich weise auf die Gedanken hin, die junge Leutnants im vergangenen Jahr publiziert haben und die sich in diesem Jahr die Hauptleute aus Unna zur Reform der Bundeswehr gemacht haben. Ich verstehe selber nicht genug von dieser Sache, als daß ich dieses Thema hier vertiefen könnte. Aber ich meine, die Einordnung der Bundeswehr läßt sich nicht treffender darstellen, als durch einen Satz, den ich aus dem Weiß-Buch 1970 zitiere:
„Gewiß hat die Bundeswehr Mängel, Unzulänglichkeiten und Probleme. Weithin sind es jedoch Mängel, Unzulänglichkeiten und Probleme der Gesellschaft, der sie entstammt. Sie ist ein Teil dieser Gesellschaft, nicht ihr Gegenteil. Selbst ihre Eigentümlichkeiten finden anderswo eine Entsprechung.“
In Niedersachsen könnte ich viele harmonische Beziehungen nennen, die sich im Laufe der Jahre zwischen der Bevölkerung und den Soldaten der Bundeswehr entwickelt haben. Man darf wohl das Verhältnis miteinander als gut bezeichnen.
Ich möchte Ihnen versichern, daß die Landesregierung, aber auch die nachgeordneten Behörden, Landkreise und Gemeinden bestrebt bleiben werden, die gute Partnerschaft zur Bundeswehr und ihren Soldaten noch zu vertiefen.
Lassen Sie den Politiker Kubel mit einer Aufforderung an alle Angehörigen der Bundeswehr schließen!
Ihr Dienst, meine Damen und Herren, ist ohne ein ausgeprägtes Verantwortungsgefühl gegenüber unserer Gesellschaft und dem Staat nicht befriedigend zu leisten. Bleiben Sie bereit, diese Grundlage Ihrer Haltung nicht nur für die Bundeswehr zu reservieren! Wir brauchen Sie auch in der zivilen Öffentlichkeit! Helfen Sie uns, wie wir Ihnen helfen wollen, unserem Volke den Frieden zu sichern!

Vortrag zum Landesentwicklungsprogramm »Niedersachsen 1985« (1974)

Am 6. Mai 1974 hatte Alfred Kubel als niedersächsischer Ministerpräsident die Bundespressekonferenz in die Vertretung des Landes Niedersachsen in Bonn eingeladen, um das Landesentwicklungsprogramm »Niedersachsen 1985« einer breiten Öffentlichkeit vorzustellen.
Es war eine von Kubels Grundüberzeugungen, daß jedes politische oder wirtschaftliche Handeln einer rational abwägenden Planung bedarf, an der sich die Handelnden orientieren können. Eine ganze Reihe von frühen Reden und Beiträgen spiegelt diese Überzeugung Kubels wider, die entscheidend durch die Erfahrungen in der unmittelbaren Nachkriegszeit geprägt worden war, in der am Neuaufbau beteiligten Politiker ständig das Kunststück fertig zu bringen hatten, mit äußerst spärlichen Ressourcen die bestmögliche Grundversorgung der Bevölkerung sicherzustellen.
Das Landesentwicklungsprogramm kann daher als ein Höhepunkt in Kubels politischer Laufbahn gewertet werden (vgl. Renzsch, S. 159–162), zumal es bereits in seiner ersten Regierungserklärung vom 8. Juli 1970 an exponierter Stelle erwähnt wird (S. 157f.).
Als Programm politischer Planung unterschied sich das niedersächsische Landesentwicklungsprogramm von anderen vor allem dadurch, daß es sich hier um eine in der Staatskanzlei koordinierte, ressortübergreifende Aufgaben- und Finanzplanung handelte, die nicht nur eine bloße Wunschliste darstellte, sondern politische Entscheidungen über bestimmte Aufgaben im Lichte mittelfristiger finanzieller Realisierbarkeit zum Programm erhob.

Meine Damen und Herren!

Mit dieser Begegnung heute abend möchte wir Sie mit dem Problemen, Zielsetzungen und Techniken der langfristigen Aufgabenplanung des Bundeslandes Niedersachsen vertraut machen. Wir haben zu uns eingeladen, weil planerische Arbeit, wie wir sie verstehen und wie sie am Beispiel des Landesentwicklungsprogramms »Niedersachsen 1985« darzustellen ist, über die Grenzen eines Bundeslandes weit hinausgreift.
Eine wichtige Aufgabe jeder in die Zukunft weisenden planerischen Arbeit besteht angesichts der immer enger werdenden Wechselwirkungen von Politik und Wirtschaft darin, zwischen allen Ebenen im öffentlichen

Bereich ein System integrierter Aufgabenplanung zu schaffen, das sowohl die Zusammenarbeit mit den Kommunen und den Ländern als auch der Länder mit dem Bund umfaßt. Insofern verstehen wir unser System der Landesentwicklungsplanung als einen Beitrag zu einer systematischen und systematisierten Entwicklungspolitik für das gesamte Bundesgebiet. Wenn wir also Ihr Interesse für unser Landesentwicklungsprogramm beanspruchen, so hat das nur bedingt mit der Politik in unserem Lande und den Planungsarbeiten für dieses Bundesland zu tun. Wir haben dabei vielmehr den bundesweiten Aspekt der Planung im Auge.

Eine kurze Vorbemerkung: Es hat sich eingebürgert, von reichen und armen Bundesländern zu sprechen. Korrekter jedoch ist es, einerseits von den finanzstarken und andererseits von den finanzschwachen Ländern zu reden, weil eine solche Bezeichnung den entscheidenden Bezug zu der jeweiligen Struktur des entsprechenden Bundeslandes deutlich macht.

Niedersachsen ist ein finanzschwaches Land. Ich müßte ausführlich die Struktur dieses Bundeslandes mit seiner über 300 Kilometer langen Küste, seiner über 500 Kilometer langen Grenze zur DDR und seiner ebenso vielfältigen wie höchst unterschiedlichen industriellen und wirtschaftlichen Ausstattung darstellen, um die Finanzschwäche Niedersachsens im einzelnen zu begründen. Vor dem journalistisch so sachverständigen Auditorium wie dem der Bundespressekonferenz ist das sicherlich nicht notwendig. Sie alle kennen unser Land. Und Sie alle haben sich ganz bestimmt in Ihrer Berichterstattung und Ihren Kommentaren schon einmal mit der Frage der Bundesergänzungszuweisungen für die finanzschwachen Länder auseinandergesetzt.

In den Bundesergänzungszuweisungen bündeln sich gewissermaßen die Probleme der unterschiedlichen finanziellen Leistungskraft der Bundesländer. Ich verweise deshalb auf die allgemeine Situation unseres Landes, weil hier der entscheidende Ansatzpunkt aller Überlegungen zur Notwendigkeit einer langfristig geplanten systematischen Entwicklung unseres Landes liegt. Ich erinnere: Noch im Jahre 1967

- betrug der jährliche Zuwachs des BIP des Landes Niedersachsen ca. 5,5 Prozent gegenüber 6,5 Prozent beim Bund;
- gehörte Niedersachsen mit einem Steueraufkommen von 439 DM je Kopf der Bevölkerung zu den steuerschwachen Ländern; damals entfielen zum Beispiel auf Hamburg 1148 DM Landessteuern je Kopf der Bevölkerung;
- zeigte sich im Landesdurchschnitt ein Industriebesatz von 103 Industriebeschäftigten je 1000 Einwohner gegenüber 130 im Bundesgebiet.

Bei dieser Sachlage bot es sich geradezu zwingend an, alle »die Entwick-

lung des Landes bestimmenden Maßnahmen in einem Gesamtplan zusammenzufassen und in der Durchführung zu koordinieren«, wie es der Landtag formulierte. Hierüber konnte es seiner Natur nach zwischen den beiden großen Parteien in unserem Lande, der SPD und der CDU, keine Meinungsverschiedenheiten geben. Alle verantwortlichen politischen Kräfte waren damals der gemeinsamen Auffassung, daß ein Bundesland mit einem großen Nachholbedarf an öffentlichen Gütern und einem niedrigen Entwicklungsstand seine knappen Mittel besonders sorgfältig zu planen und einzusetzen hat.
Die Erarbeitung des Landesentwicklungsprogramms geht auf eine gemeinsame Entschließung der SPD- und der CDU-Fraktion vom 13. März 1968 zurück. Ich vermerke das hier nur am Rande, weil der Spitzenkandidat der CDU, die sich zwei Jahre später – 1970 – auf den Oppositionsbänken des Parlaments wiederfand, heute den Versuch unternimmt, unsere Planung zu verteufeln bzw. als Makulatur zu bezeichnen. Das aber ist wohl mehr der mancherorts üblichen Verzerrung im Wahlkampf zuzuschreiben und interessiert hier weniger.
Bevor ich Ihnen einiges über den Planungsprozeß, über Methoden und Techniken sage, wäre noch eine grundsätzliche Überlegung anzustellen: Wenn wir als Leitziel unserer Politik die Mehrung des Wohlstandes im weiten Sinne der Erhöhung der Lebensqualität verfolgen und die Bürger in allen Landesteilen gleichermaßen daran teilhaben sollen, so geht es um mehr als um das Bruttoinlandsprodukt je Beschäftigten. Es geht auch um mehr als um die Steigerung des Pro-Kopf-Einkommens. Mit Bruttoinlandsprodukt und mit Pro-Kopf-Einkommen ist die Qualität der Lebensverhältnisse und besonders der öffentlichen Versorgung nicht hinreichend beschrieben. Hierauf kommt es aber genauso an wie auf diejenigen Güter und Dienstleistungen, die der einzelne mit seinem eigenen Einkommen kaufen kann. Das Bruttoinlandsprodukt erfaßt die öffentlichen Leistungen in ihren Kosten nur unvollständig. Es erfaßt sie gar nicht in ihrem Wert für den Bürger. Genau hier aber liegt nach unserem Verständnis ein ganz entscheidender Bezugspunkt für jede Planung. Ich will es – zugegebenermaßen überspitzt – einmal so sagen: Langfristiges Planen, wie politische Entwicklung überhaupt, bedeutet nicht nur »immer mehr«, bedeutet also nicht nur mehr Arbeitsplätze, mehr Wohnungen, mehr Einkommen, mehr Kinderspielplätze, mehr Kindergärten, mehr Schulen.
Die Qualität der Lebensverhältnisse, von der ich soeben sprach, kann verstanden werden als die Summe aller Ansprüche des Bürgers an die Gesellschaft, alle berechtigten Ansprüche zur freien Entfaltung des Lebens eines jeden Bürgers. Der Politik ist die Aufgabe gestellt, die Vorausset-

zungen zur Befriedigung dieser Ansprüche zu schaffen und zu erhalten. Das wiederum bedingt, die Ansprüche sorgfältig gegeneinander abzuwägen, denn die zur Verfügung stehenden Mittel werden zu keiner Zeit beliebig vermehrbar sein. Wir werden also uns immer alternativ für Schwerpunkte und Prioritäten zu entscheiden haben, zeitlich, regional, sektoral. Ohne eine langfristige Planung wird dies vernünftigerweise nicht möglich sein.

Um nicht mißverstanden zu werden: Der Nachholbedarf in unserem Land ist so groß, daß wir sehr wohl dieses »immer mehr« für nahezu alle Bereiche gelten lassen müssen. Die Frage ist nur, ob eine in einem vorgegebenen und nicht beliebig zu erweiternden Kostenrahmen verlaufende Entwicklung dem Wildwuchs des »immer mehr« überlassen werden darf. Wir meinen, daß der allgemeine Entwicklungsprozeß aus übergeordneter sozialer Verantwortung mit den Mitteln der langfristigen Planung zu steuern ist, damit das willkürliche »immer mehr« auf der einen Seite nicht eines Tages mit einem schmerzlichen »immer weniger« auf der anderen Seite und hier vor allem im sozialpolitischen Bereich bezahlt wird.

Schon an dieser Stelle wird deutlich: Die üblichen Kennzahlen für Wachstum und Ausgleich vernachlässigen insbesondere die sozialen Kosten. Sie drücken einen immer bedeutsamer werdenden Aspekt nicht aus: die Qualität unserer Umwelt. Die Reinheit von Luft und Wasser oder die natürliche Eignung der Umgebung für unsere Freizeit lassen sich nicht in D-Mark-Angaben zwängen. Hier haben wir vielleicht auch die Erklärung für eines der Phänomene unserer Jahre. Der Umweltschutz rückte erst in unser aller Gesichtsfeld, als überquellende, giftige Müllhalden die Städte zu ersticken drohten, als alle Wasser schmutzig wurden und sich der Himmel über den Industrietürmen zu verdunkeln begann. Die Bilanzen von Pro-Kopf-Einkommen und Bruttoinlandprodukt wiesen diese Gefahr eben nicht aus.

Planungsexperten und Planungstechniker drücken die hier angesprochene Problematik in der ihnen eigenen Sprache so aus: Sie sprechen davon, daß Wachstum in vielen Dimensionen beschrieben werde, zum Beispiel durch die Ermittlung sozialer Indikatoren. Regionaler Ausgleich könne nicht Einheitlichkeit einer jeden dieser Dimensionen bedeuten. Unter entwicklungspolitischen Gesichtspunkten sei zwar die Forderung des Raumordnungsgesetzes des Bundes nach Gleichwertigkeit der Lebensverhältnisse aussagekräftig, die Bewertungsprobleme aber träten noch offener zutage.

Wir sind uns selbstverständlich darüber im klaren, daß das Versorgungsniveau und die Lebensverhältnisse in unserem Lande nur zu verbessern

sind, wenn wir weiter mit einem wirtschaftlichen Wachstum rechnen können, das mindestens dem Bundesdurchschnitt entspricht. Wie anders sollte sonst wohl die öffentliche Hand ihre ständig wachsenden Aufgaben erfüllen können?
Nach diesen mehr grundsätzlichen Anmerkungen nun zum Landesentwicklungsprogramm selbst. Wir haben aus Gründen der Planungstechnik, das Land in 14 funktional abgegrenzte Planungsregionen aufgeteilt. Hierbei lehnten wir uns weitgehend an Arbeitsmarktbereiche an. Sie eignen sich besonders für die Darstellung regionaler Unterschiede innerhalb des Landes. Ich sagte schon, daß durch unsere Planung die gleichen Zuwachsraten in den Entwicklungsstandards wie im Bundesdurchschnitt erlangt werden sollen. Zum anderen sollen natürlich die schwächeren Entwicklungsräume verstärkt gefördert werden, bis sie mit den stärkeren Entwicklungsräumen vergleichbar sind. Schließlich geht es um einen Ausgleich innerhalb der Entwicklungsräume selbst.
Durch bereits im Landesraumordnungsprogramm bestimmte Schwerpunkte sollen einerseits Räume weiterentwickelt werden, in denen bereits eine stärkere Verdichtung besteht, zum anderen aber auch solche Räume, die aufgrund ihrer Lage und Ausstattung gute Chancen haben, die notwendige Umstrukturierung und Entwicklung des ländlichen Raumes zu gewährleisten. Mit diesem Schwerpunkt- und Rahmenprogramm soll also erreicht werden, daß die knappen finanziellen Mittel des Landes dort eingesetzt werden, wo aus derzeitiger Sicht die drängendsten Zukunftsaufgaben zu erwarten sind, ohne jeweils das Ganze des Landes aus dem Auge zu verlieren.
Niedersachsen ist ein entwicklungsfähiges Bundesland. Deshalb steht auch die weitere Industrialisierung im Vordergrund unserer planerischen Bemühungen. Bis 1985 soll nach unseren Vorstellungen die Zahl der Industriearbeitsplätze um weitere 10 Prozent erhöht werden. Das ist ein ehrgeiziges Ziel angesichts der Tatsache, daß für das Gesamtgebiet der Bundesrepublik nicht mehr mit einem nennenswerten Zuwachs gerechnet werden kann.
Hier sollte ich einen äußerst wichtig erscheinenden Einschub machen. Die Freizügigkeit in der Wahl des Wohn- und Arbeitsplatzes ist ein Grundrecht. Wir nehmen dieses Grundrecht sehr ernst. Wir wollen deshalb auch alle Voraussetzungen dafür schaffen, daß jeder arbeitende Mensch kraft seiner eigenen beruflichen Fähigkeiten und nicht zuletzt kraft seines Bildungsstandes dieses Grundrecht ausschöpfen kann. Darin erblicken wir ein wesentliches Stück der Freiheit des einzelnen Menschen. Wahrnehmung von Lebenschancen bedeutet auch Wahrnehmung der Chancen zum

Wechsel des Arbeitsplatzes. Und ich füge ausdrücklich hinzu: Mobilität im Sinne der Bereitschaft, Arbeitsplatz, Beruf und Wohnung zu wechseln, ist nur dann Ausdruck wirklicher Freiheit, wenn damit freiwillig neue Chancen wahrgenommen werden, nicht aber, wenn beispielsweise ein Strukturwandel den Wechsel eines Arbeitsplatzes erzwingt.
Die Zahl der Erwerbstätigen in Wirtschaftsräumen hängt einerseits ab von der natürlichen Bevölkerungsentwicklung und andererseits von den verfügbaren Arbeitsplätzen. Sind zum Beispiel in einer Region mehr Erwerbstätige als Arbeitsplätze vorhanden, wandern die Menschen ab. Zusätzlich müssen Wanderungen berücksichtigt werden, die nicht ökonomisch bedingt sind und abhängig von der Arbeitsplatzfrage ausgelöst werden. Dies können sein: Stadtumlandwanderungen im Einzugsbereich der Hansestädte Hamburg und Bremen, individuelle Motive und Wanderungen aufgrund von Wohn- und Freizeitwert usw.
Bis 1985 können zwar Ungleichgewichte des Arbeitsmarktes voraussichtlich nicht völlig beseitigt werden. Es ist jedoch erklärtes Ziel niedersächsischer Landesentwicklungspolitik, den Einwohnern in angemessener Ent-

Zusammen mit Günter Grass auf dem SPD-Parteitag (1972).

fernung ein differenziertes Arbeitsplatzangebot zu machen. Nach den Zielen des Landesentwicklungsprogramms entfällt der weitaus größte Teil (fast 90 Prozent) der über die Status-quo-Prognose hinaus angestrebten Arbeitsplätze auf die schwächer strukturierten Entwicklungsräume Emsland, Ostfriesland, Oldenburg, Osnabrück, Unterweser, Unterelbe und Lüneburg. Während in diesen Räumen von 1961 bis 1970 die Arbeitsplätze um 33000 abgenommen haben, sieht hier die Zielprognose bis 1985 eine Zunahme von 78000 Arbeitsplätzen vor (im Land insgesamt 90000 Plätze).

Gerade diese Zielprojektionen zeigen, daß eine erhebliche Verbesserung des gegenwärtigen Zustandes angestrebt wird und möglich ist. Abwanderungen können umso eher verhindert werden, je mehr es gelingt, zusätzliche Arbeitsplätze zu schaffen und die Attraktivität der Räume zu fördern. Nur mit einem regional gezielten Mitteleinsatz mit weitgehender Konzentration auf die Infrastrukturförderung können einerseits weitere Wanderungsverluste von Erwerbspersonen verhindert und andererseits genügend Arbeitsplätze geschaffen werden. Diese Ziele können jedoch nur realisiert werden, wenn ein wirtschaftlicher Einsatz der knappen öffentlichen Mittel durch eine Förderung von Arbeitsplätzen in einzelnen Schwerpunkten des Landes konsequent eingehalten wird. Bereits das im Landesraumordnungsprogramm dargestellte Konzept weist Schwerpunkträume aus, in denen vorrangig Arbeits- und Wohnstätten gesichert und entwickelt werden sollen. Diese Schwerpunkte sind so bemessen und so über das Land Niedersachsen verteilt, daß alle Entwicklungsräume solche besonders geförderten Teilräume aufweisen, deren Einzugsbereiche praktisch das ganze Land abdecken.

Lassen Sie mich nach diesen Ausführungen über unsere vorrangigen Zielvorstellungen noch einige Worte sagen über das Instrumentarium der Planung in Niedersachsen und über den Aufbau des vorgelegten Landesentwicklungsprogramms.

Das niedersächsische Planwerk gliedert sich in drei Teile. Im Teil I sind – ausgehend von detailierten Analysen der bisherigen Entwicklung und ihren Bestimmungsfaktoren – die Status-quo-Prognosen für den Zeitraum bis 1985 dargestellt. Auf dieser Grundlage sind dann regional und sektoral politische Zielprojektionen erstellt worden, die die angestrebte Entwicklungspolitik im Lande und in den 14 Entwicklungsräumen beschreiben. Bei der Erarbeitung dieser Daten hat sich neben einer engen Zusammenarbeit mit den Ressorts die zunehmende Einbeziehung der Statistik und der Datenbank bewährt. Diese Daten sind im wesentlichen im Teil I des Programms enthalten. Durch die Vorgabe von einheitlichen Grunddaten und durch die Bestimmung einer Reihe von Mindestvoraussetzungen ist erreicht worden, daß die Planungen der Ressorts ein Mindestmaß von Vergleichbarkeit aufweisen; das hat wiederum die Prioritätensetzung erleichtert. Auf der Grundlange dieses Materials ist im Teil II des Programms die Landesentwicklung in über 40 Feldern landespolitischer Aufgaben erarbeitet worden. Die Fachplanung in den einzelnen Feldern gehen alternativ von unterschiedlichem Finanzbedarf aus, sie sind zum Teil auch sachlich alternativ.

Die niedersächsische Landesregierung will bewußt mit dem Landesentwicklungsprogramm ihre politischen Vorstellungen transparent machen, denn sie benötigt nicht nur fachlich untermauerte Daten, sondern auch politische Unterstützung, um die gestellten Aufgaben zur Verbesserung der Lebensbedingungen der Bürger in diesem Lande vornehmen zu können. Das Landesentwicklungsprogramm ist kein ein für allemal feststehender Plan, sondern erstens eine flexible Entscheidungshilfe für Regierung und Parlament. Es ist zweitens aber auch eine Informationsquelle für die Bevölkerung, die Verbände und Organisation und nicht zuletzt für die Kommunen, auf deren Mitarbeit bei der Gestaltung der Zukunft wir angewiesen sind. Wie bisher sollen deshalb auch bei einer Fortschreibung des Landesentwicklungsprogramms bis 1990 die Kommunen und sonstige relevante Gruppen, zum Beispiel Industrie- und Handelskammern sowie Gewerkschaften, beteiligt werden. Mit anderen Worten: Das Landesentwicklungsprogramm will und kann die künftige Landespolitik nicht unveränderbar fortschreiben. Es ist als flexibler langfristiger Handlungsrahmen angelegt, der für Veränderungen offen bleibt. Der Teil III des Programms enthält die Vorstellungen der Landesregierung über die Gewichtung der einzelnen Aufgaben. Dieses offene Planungssystem mit mehreren Finanzvarianten erlaubt jederzeit die Anpassung an geänderte Zielvorstellungen etwa durch eine andere Gewichtung der Aufgaben. Unter dem Gesichtspunkt einer auf sozialen und regionalen Ausgleich bedachten Entwicklungspolitik werden durch das Landesentwicklungsprogramm besonders in folgenden Schwerpunktbereichen deutliche Verbesserungen angestrebt:

- wirtschaftliche Entwicklung, insbesondere Sicherung und Schaffung von Arbeitsplätzen und Förderung der entsprechenden Infrastruktur,
- Verkehr, insbesondere öffentlicher Personennahverkehr,
- Bildung.

Wenn Sie mich nun fragen, was diese Planung bisher gebracht hat, so darf ich abschließend auf folgende Daten hinweisen: Von 1961 bis 1970 bestand in der Bundesrepublik beim Wachstum des Sozialprodukts ein deutliches

Gefälle: Im Norden, also auch in Niedersachsen, gab es hohe relative Wachstumsverluste, d.h. die Zuwachsraten lagen unter dem Bundesdurchschnitt. Im Süden dagegen waren hohe relative Wachstumsgewinne, also überdurchschnittliche Zuwachsraten, zu verzeichnen. Die Wachstumsverluste betrugen in Niedersachsen von 1961 bis 1970 rund 4 Mrd. DM bzw. 7,8 Prozent des Sozialprodukts im Jahr 1970. Die jüngste Entwicklung seit 1970 deutet eine Umkehr des regionalen Wachstumsgefälle an. Die relativen Gewinne betrugen von 1970 bis 1973 in Niedersachsen 900 Mio. DM. Bezogen auf das Sozialprodukt liegt Niedersachsen mit einem Gewinn von 1,6 Prozent des BIP im Jahre 1973 an dritter Stelle der Länder mit Wachstumsgewinnen.
Die prozentualen jährlichen Wachstumsgewinne (+ 0,5 Prozent) von 1970 bis 1973 sind in Niedersachen etwa so hoch wie die prozentualen jährlichen Verluste bis 1970 (– 0,8 Prozent). Diese Umkehr ist zu einem erheblichen Teil auf eine Verbesserung der Standortgunst zurückzuführen, zum Beispiel auf den Ausbau der Infrastruktur. Nicht zuletzt verzeichnen wir schon jetzt einen beachtlichen Erfolg in der langfristig geplanten Strukturpolitik des Landes in den vergangenen vier Jahren.
Lassen Sie mich zum Schluß an das eingangs Gesagte anknüpfen: Ich sprach von der integrierten Aufgabenplanung, die alle Ebenen des öffentlichen Bereichs miteinander zu verzahnen hat. Ich sprach von unserem Beitrag zu einer systematischen Entwicklungspolitik für das gesamte Bundesgebiet. Und ich möchte abschließend hinzufügen: Natürlich handelt es sich beim Landesentwicklungsprogramm um eine Planung der staatlichen Entscheidungsträger, nicht dagegen um eine staatliche Bindung oder Kontrolle privater bzw. nichtstaatlicher Investitionen. Allein die Tatsache, daß die Landesregierung über einen längeren Zeitraum ihre beabsichtigten Maßnahmen bekannt gibt, bedeutet jedoch eine Signalwirkung auch für die private Wirtschaft. Auch die Bevölkerung und alle nichtstaatlichen Bereiche werden dadurch in die Lage versetzt, die voraussichtliche Gesamtentwicklung und zugleich die Absichten der öffentlichen Hand langfristig zu erkennen und sich bei ihren Entscheidungen nach freiem Ermessen darauf einzustellen.
Die moderne Industriegesellschaft des ausgehenden 20. Jahrhunderts unterliegt einem immer schneller werdenden Wandlungsprozeß. Immer enger verzahnen sich die wirtschaftlichen Beziehungen, immer komplizierter werden die zu lösenden politischen Probleme, immer vielschichtiger werden die Strukturen dieser Gesellschaft. Einerseits zwingen diese Entwicklungen zu einer äußerst differenzierten Handhabung des politischen und wirtschaftlichen Instrumentariums, andererseits darf im verwir-

renden Geflecht der wechselseitigen Abhängigkeiten von Politik und Wirtschaft nie der Blick für das Ganze verloren gehen, in jedem Bundesland, in der Gemeinschaft aller Länder, in der ganzen Bundesrepublik.

Regierungserklärung (1974)

Als Alfred Kubel am 10. Juli 1974 im Landtag in Hannover seine Regierungserklärung abgab, mußte die SPD auf eine Landtagswahl zurückblicken, bei der sie gegenüber 1970 3,2 Prozent der Stimmen eingebüßt hatte und die CDU erstmals im niedersächsischen Landtag die stärkste Fraktion geworden war. Die Sitzverteilung ergab 68 Mandate für die SPD; 11 FDP-Abgeordnete und 76 von der CDU konnten ins Leineschloß einziehen. Aufgrund eines Zählfehlers wurde dieses Ergebnis im Frühjahr 1975 sogar noch zulasten der SPD korrigiert, so daß sie ein Mandat an die CDU abgeben mußte. Die Koalitionsmehrheit reduzierte sich damit auf eine Stimme.
Der Regierungserklärung vom 10. Juli 1974 war die Wahl des Ministerpräsidenten vorausgegangen, bei der Alfred Kubel 78 der 79 Koalitionsstimmen erhalten hatte. Möglicherweise war hier bereits einer der Dunkelmänner am Werk, die dann im Januar 1976 die Wahl eines SPD-Politikers als Nachfolger Kubels im Amt des Ministerpräsidenten verhinderten.
Das Regierungsprogramm des zweiten Kabinetts Kubel war Ausdruck des Bemühens um eine Fortschreibung der 1970 begonnenen Politik, soweit das unter den Bedingungen einer Koalitionsregierung möglich erschien. Die Kontinuität kam nicht zuletzt dadurch zum Ausdruck, daß die Bildungspolitik erneut einen Schwerpunkt bildete. Die Vorrangigkeit des Bereiches kann auch daran abgelesen werden, daß aus dem Kultusministerium Geschäftsbereiche ausgegliedert wurden und damit ein neues Ministerium für Wissenschaft und Kunst geschaffen wurde.

Meine Damen und Herren!

Es ist besser, man bekommt den Beifall sofort; ob man hinterher noch Beifall bekommt, weiß man nicht.
Herr Präsident, meine sehr verehrten Damen und Herren! Die Regierungserklärung der sozial-liberalen Koalition, die ich ihnen bereits vier Wochen nach der Landtagswahl vortragen kann, hält sich in ihren politischen Zielsetzungen an die Wahlaussagen der SPD und der FDP. Unbeschadet der Unterschiede in politischen Grundauffassungen beider Parteien stimmen sie in einer Fülle von Vorstellungen überein, die eine partnerschaftliche, fruchtbare Zusammenarbeit in den nächsten vier Jahren gewährleistet.

Unser Regierungsprogramm ist im Ergebnis so abgewogen, daß keiner der beiden Koalitionspartner gezwungen ist, von seinen politischen Grundsätzen abzurücken. Wir haben damit eine stabile Basis für die Regierungsarbeit gewonnen. An der Festigkeit und Dauerhaftigkeit dieser Koalition sollte niemand zweifeln.
Heute noch nicht vorhersehbare Probleme werden wir auf der Basis partnerschaftlicher Verbundenheit lösen. Die dazu notwendige Bereitschaft ist bei den beiden Koalitionspartnern vorhanden.
Das Landtagswahlergebnis brachte eine knappe Mehrheit für die Parteien der Regierungskoalition. Wir werden den Auftrag der Wähler für eine gemeinsame sozial-liberale Politik erfüllen. Die Koalitionspartner würdigen aber zugleich, daß fast die Hälfte der niedersächsischen Wähler lieber eine von der CDU gebildete Regierung ins Amt bringen wollte. Wir respektieren dieses Votum und werden in der Parlamentsarbeit darauf Rücksicht nehmen.
Auch diese Landesregierung wird sich, ebenso wie die vorherige, um einen offenen Meinungsaustausch mit der Opposition besonders bei wichtigen Vorhaben nachhaltig bemühen. Ich glaube, daß wir damit das wesentliche dessen erfassen, was eine parlamentarische Demokratie zu ihrer Wirksamkeit, ihrer Kontinuität und Stabilität in unserem Lande braucht. Regierung und Opposition haben verschiedene Aufgaben von vergleichbarem Rang. Beide tragen Verantwortung für den Staat. Dazu wollen wir uns heute ausdrücklich bekennen. Aber lassen Sie mich auch das hinzufügen: Die Landesregierung kann ihre Informationen, wie bisher, oft nur anbieten. Das Angebot aufzunehmen, bleibt Sache der Opposition. Die Wahl bringt für Niedersachsen nicht nur neue politische Perspektiven, sie hat auch zu personellen Konsequenzen geführt. Wir vermissen im neu zusammengesetzten Haus auf den Abgeordnetenbänken so hochverdiente Männer wie Dr. Diederichs, Langeheine, und Otto Bennemann. Auf der Regierungsbank sitzen nicht mehr die Kollegen Partzsch, Lehners, Heinke, und von Oertzen. Ich nenne all diese Namen voller Dankbarkeit. Mit jedem von ihnen war ich als Regierungsmitglied verbunden. Jeder von ihnen – das kann ich aus eigener Kenntnis bezeugen – hat dem Lande wertvolle Dienste geleistet. Ihr erfolgreiches Wirken kann in dieser Stunde nicht einzeln ausführlich gewürdigt werden. Den Dank für ihre persönlichen Leistungen, den ich nur insgesamt abstatten kann, verbinde ich mit allen guten Wünschen für ihr weiteres Leben.
Meine Damen und Herren, bevor ich die Ziele und Maßnahmen der Landespolitik erläutere, möchte ich aus der Fülle der Aufgaben vorweg zusammenfassen, welche Schwerpunkte in den nächsten vier Jahren

gesetzt werden und Vorrang haben sollen. Wir werden uns außer der Arbeit im Bundesrat vor allem konzentrieren auf:

1. die weitere wirtschaftliche Entwicklung des Landes, besonders zur Sicherung der Arbeitsplätze und zur Hebung der Wirtschafts- und Steuerkraft, schwerpunktmäßig regional und sektoral gezielt;
2. die Bildungspolitik, hier besonders die berufliche Bildung, die Reform der Grundschule und des Elementarbereichs sowie die Lehrerbildung und die Hochschulreform;
3. den Umweltschutz;
4. die Sicherung und Verbesserung der ambulanten und stationären ärztlichen Versorgung;
5. die Verwaltungs- und Gebietsreform, d. h. jetzt die Kreis- und Bezirksreform sowie die Fortsetzung der Funktionalreform.

Die Förderung des Verkehrs, des Städtebaus, die Stärkung der inneren Sicherheit, die Probleme unserer Landwirtschaft und nicht zuletzt die Sorge um alte Menschen, Behinderte und andere sozial Benachteiligte behalten ihren unveränderten Rang.

Bei der Erfüllung aller ihrer Aufgaben wird sich die Landesregierung stets um eine möglichst weitgehende Unterrichtung der Öffentlichkeit bemühen. Die Informations- und Nachrichtenmedien in unserem Land, Zeitungen, Rundfunk und Fersehen, haben uns und unsere Arbeit in den vergangenen Jahren mit Aufmerksamkeit, mit kritischer Aufmerksamkeit, begleitet. Dafür ist ihnen hier zu danken. Wir werden alles tun, was notwendig werden sollte, um die Freiheit und Selbständigkeit von Presse, Funk und Fernsehen zu wahren, zu sichern und notfalls zu verteidigen.

Die Landesregierung wird sich auch in Zukunft für ein vielfältiges Informations- und Meinungsangebot in Presse, Funk und Fernsehen einsetzen. Mit dem öffentlich-rechtlichen Rundfunkwesen und der privatrechtlich organisierten Presse ergänzen sich zwei Mediensysteme, die ihre jeweils spezifischen Aufgaben wahrzunehmen haben. Ihre unterschiedlichen Organisations- und Finanzierungsformen sollten beibehalten werden.

Die Landesregierung wird die in der vorigen Legislaturperiode erfolgreich eingeleiteten Initiativen zur Erhaltung der Meinungsvielfalt im Pressewesen durch Maßnahmen zugunsten mittlerer und kleinerer Zeitungsverlage fortsetzen. Bei der Vorbereitung eines Presserechtsrahmengesetzes des Bundes wird die Landesregierung darauf hinwirken, daß eine ausgewogene gesetzliche Regelung zu Stärkung der Voraussetzungen für eine unabhängige journalistische Arbeit getroffen wird. Sie wird zur Anpassung an das zu erwartende Presserechtsrahmengesetz eine Novelle zum Landespressegesetz vorlegen.

Im Rundfunkbereich sieht die Landesregierung eine vordringliche Aufgabe in dem Abschluß eines Staatsvertrages über eine fortschrittliche Personalvertretung beim Norddeutschen Rundfunk. Auch in Zukunft wird die Landesregierung darauf achten, daß die regionale Berichterstattung in Hörfunk und Fernsehen nicht vernachlässigt wird.
Die Landesregierung wird ihre politischen Vorhaben systematisch vorbereiten und sie der Öffentlichkeit frühzeitig bekanntgeben. Sie will den eingeleiteten Prozeß einer integrierten Landesentwicklungsplanung unter stärkerer Einbeziehung des Landtages und intensiver Beteiligung der kommunalen Selbstverwaltung fortsetzen. Das Landesentwicklungsprogramm wird darauf überprüft, ob seine Grundannahmen noch zutreffen. Es wird dann fortgeschrieben.
Danach wir es politische Leitlinie der Landesregierung sein und insoweit auch verbindliche Richtlinie für die Verwaltung.
Auf dieser Grundlage wird jährlich eine mittelfristige Planung erstellt, die die Langfristplanung in zeitlicher, sachlicher, finanzieller und regionaler Sicht konkretisiert. Diese mittelfristige Planung soll die Durchführungsplanung zum Landes-Entwicklungsprogramm mit der mittelfristigen Finanzplanung verbinden. Darauf komme ich später noch einmal zurück.
Mit der Landesentwicklungsplanung will die Landesregierung ihre zukünftige Politik nicht unabänderlich festschreiben. Diese Planung ist vielmehr das lang- und mittelfristige Rahmen- und Schwerpunktkonzept der Landesregierung, das sie durch laufende Ausrichtung auf geänderte Bedürfnisse und Möglichkeiten flexibel handhaben wird.
Die Landesregierung will die gemeinsamen Planungen mit den Nachbarländern weiterentwickeln. Aufgrund der zunehmenden Verflechtungen mit den beiden Hansestädten Hamburg und Bremen erscheint es geboten, hier zu neuen Inhalten und Formen der Zusammenarbeit zu kommen. Daneben müssen die gemeinsamen Planungsarbeiten aller vier norddeutschen Küstenländer weitergeführt werden. Die gemeinsamen Planungen mit Nordrhein-Westfalen und Hessen sollen insbesondere in den Räumen Osnabrück und Kassel vertieft werden.
Auch eine noch engere Zusammenarbeit mit unseren norddeutschen Nachbarländern als bisher kann allerdings eine sinnvolle Länder-Neugliederung des nordeutschen Raumes nicht ersetzen. Die Landesregierung hält die Bildung eines einheitlichen Nordstaates für die beste Lösung, um den Verfassungsauftrag des Artikels 29 des Grundgesetzes zu erfüllen. Dieses Thema wird nach Lage der Dinge weiter in der Diskussion bleiben müssen. Wir müssen erkennen, daß wir leider noch nicht mit festen Terminen für ein Neugliederungsgesetz des Bundes rechnen können.

Zur Lösung kleinerer Grenzprobleme wird sich die Landesregierung dafür einsetzen, bundesgesetzlich einen Gebietsaustausch zwischen größeren Gebietsteilen benachbarter Länder besser und leichter als bisher zu ermöglichen.

Zu den Aufgaben der Staatskanzlei gehört auch die Geschäftsabgrenzung zwischen den Ressorts. Aufgrund bisheriger Erfahrungen in der Regierungsarbeit ist vereinbart worden, die Zuständigkeiten der Ressorts wie folgt neu zu regeln:

1. Das bisherige Kultusministerium wird in ein Kultusminsterium und ein Ministerium für Wissenschaft und Kunst geteilt.
2. Der Naturschutz und die Landschaftspflege werden aus dem Kultusministerium in das Ministerium für Ernährung, Landwirtschaft und Forsten umgegliedert.
3. Für die Hochsee- und Küstenfischerei wird das Wirtschaftsministerium zuständig sein.
4. Im Laufe der Legislaturperiode wird die Emsland GmbH in die Federführung des Wirtschaftsministeriums übergehen.

Ob weitere Umgliederungsmaßnahmen erforderlich sind, werden wir nach der Übernahme der Ressorts durch die neue Landesregierung noch prüfen. Die Gründe für diese Organisationsänderungen werde ich im Zusammenhang mit den Aufgaben der betreffenden Ressorts erläutern.

Die Länderregierung wird die Zielsetzungen der sozial-liberalen Bundesregierung insbesondere durch die Arbeit im Bundesrat unterstützen. Kooperativer Föderalismus bedeutet aber nicht Konformität. Die besonderen Interessen eines jeden Landes bedingen eine unterschiedliche Betrachtung. Die gegenwärtige Situation im Bundesrat wird von der Landesregierung mit Sorge betrachte. Lebensfremd wäre es wohl zu fordern, parteipolitische Maßstäbe aus der Arbeit des Bundesrates gänzlich zu verbannen. Es entspricht jedoch nicht dem Willen des Grundgesetzes, Fraktionen der Parteien im Bundesrat zu bilden, wie es in diesen Tagen wieder mit der CDU bei der Beratung der Steuerreform demonstriert wird. Ich warne nicht nur vor der Gefahr, die aus dieser Entwicklung für das Ansehen und die Wirksamkeit des Bundesrates droht. Die Umkehrung seiner politischen Funktion muß auch die Folgen für die Gestaltung der Politik in den Bundesländern selbst und ebenso für ihr föderalistisches Selbstverständnis haben. Ich werde mich den damit verbundenen Problemen, wenn ich das Amt des Präsidenten des Bundesrates entsprechend dem regelmäßigen Wechsel im November dieses Jahres antrete, persönlich mit besonderer Aufmerksamkeit widmen.

Im Verhältnis zwischen dem Bund und den Ländern tritt die Landesregie-

rung für eine sinnvolle Aufgabenverteilung ein. Wo einheitliche Lebensverhältnisse und wichtige Reformen nur über die Gesetzgebungskompetenz des Bundes optimal erreicht werden können, wird es die Landesregierung unterstützen, Zuständigkeiten auf den Bund zu übertragen. Veränderte Zuständigkeiten allein helfen aber nicht weiter; sie müssen durch einen bedarfsgerechten Finanzausgleich ergänzt werden. Der Bürger in Niedersachsen hat Anspruch darauf, daß die Lebensverhältnisse hier nicht schlechter sind als in anderen Bundesländern. Die Landesregierung wird sich, wie schon bisher, weiter dafür einsetzen, die Steuereinnahmen zwischen Bund, Ländern und Gemeinden so aufzuteilen, daß die Leistungen, die der Bürger vom Staat erwartet, planmäßig, d. h. zeitlich und sachlich geordnet, fortgesetzt werden können.
Die Finanzlage des Landes gibt voraussichtlich auch in den nächsten Jahren keinen Anlaß zu besonderer Freude. Die angekündigte Steuerreform wird sich für alle öffentlichen Haushalte sorgenvoll auswirken. Auf die Haushalts- und Finanzpolitik, besonders auf die Möglichkeiten zur Rationalisierung und den unübersehbaren Zwang zur Wirtschaftlichkeit und Sparsamkeit, gehe ich am Schluß näher ein.
In ihren wirtschaftpolitischen Grundsätzen bekennt sich diese Landesregierung wie die vorige zur marktwirtschaftlichen Ordnung. Das schließt gezielte Korrekturen regionaler und sektoraler Fehlentwicklung nicht aus. Die Landesregierung wird alle Maßnahmen unterstützen und alles tun, was in ihrer eigenen Zuständigkeit liegt, um den Wettbewerb als eine Grundlage unserer wirtschaftlichen Leistungskraft und als wesentlichen Dienst an den Verbraucherinteressen gegen monopolistische Tendenzen zu schützen und, wo immer möglich, zu verstärken. Sie teilt die Auffassung der Bundesregierung, daß angemessene Erträge Vorbedingung für weitere Investitionen in allen Wirtschaftsbereichen sind. Ohne Investitionen gibt es kein Wachstum, keine Arbeitsplatzsicherung, keine höheren Löhne auch keinen sozialen Fortschritt.
Die Wirtschaftspolitik der Landesregierung steht unter dem Leitziel, die Lebensbedingungen der Bevölkerung zu verbessern. Das erfordert vor allem: die vorhandenen Arbeitsplätze zu sichern und neue krisenfeste zu schaffen, einschließlich wertvoller Arbeitsplätze für Frauen, eine Angleichung des Pro-Kopf-Einkommens der niedersächsischen Bevölkerung an den Bundesdurchschnitt, die Verringerung des regionalen Einkommensgefälles innerhalb des Landes sowie eine Steigerung der öffentlichen Leistungsfähigkeit durch Stärkung der Finanzkraft des Landes und der Kommunen.
Der Handlungsspielraum der Landesregierung reicht allein nicht aus,

diese Ziele zu erreichen. Wir begrüßen und unterstützen die energischen globalen Konjunkturmaßnahmen, die von der Bundesregierung und der Bundesbank zur Wiederherstellung der Preisstabilität getroffen worden sind. Bei anhaltender Konjunkturdämpfung gilt es auch weiterhin, besonderen regionalen und sektoralen Erschwernissen rechtzeitig entgegenzuwirken. Zu diesem Zweck muß freilich das erforderliche statistische und analytische Instrumentarium verbessert werden.

In der regionalen Wirtschaftsförderung war Niedersachsen in den letzten Jahren außerordentlich erfolgreich. Die Förderung wurde auf leistungsstarke Entwicklungsschwerpunkte konzentriert. Infrastrukturelle Maßnahmen haben wir gegenüber den Direktsubventionen vorgezogen. An die Stelle von Dauersubventionen ist die Förderung von Initialzündungen zur Ankurbelung regionaler Wachstumsprozesse getreten. Diese Grundsätze haben sich bewährt. Künftig soll allerdings noch mehr Gewicht auf die Förderung von Schwerpunkten in strukturschwachen Gebieten gelegt werden.

Kernstück der regionalen Wirtschaftsförderung ist die Gemeinschaftsaufgabe »Verbesserung der regionalen Wirtschaftsstruktur«; sie wird paritätisch vom Bund und von den beteiligten Ländern finanziert. Das bedeutet zugleich, daß alle wichtigen Entscheidungen nicht vom Land allein getroffen werden können, sondern nur gemeinsam mit dem Bund und den anderen Ländern. – Die Gemeinschaftsaufgabe, die sich im großen und ganzen bewährt hat, ist aber in einigen Punkten verbesserungsbedürftig: Die Abgrenzung der Fördergebiete muß überprüft werden, wobei für das Zonenrandgebiet besondere politische Maßstäbe gelten. Auswahl und Einstufung der Schwerpunktorte bedürfen ebenfalls einer Revision. Die Förderung muß ergänzt werden durch eine wirksame, womöglich bundeseinheitliche Erfolgskontrolle. Die Arbeiten zur Fortentwicklung der Gemeinschaftsaufgabe sind in den zuständigen Bund-Länder-Gremien in vollem Gange.

Strukturprobleme gibt es auch in anderen als den im Rahmen der Gemeinschaftsaufgabe ausgewiesenen Fördergebieten. Das gilt besonders für jene Regionen und Standorte, die einseitig von der Automobilindustrie abhängig sind. Die Landesregierung wird deshalb die 1973 begonnenen Fördermaßnahmen aus Landesmitteln fortsetzen, um bei auftretenden Gefahren für die Beschäftigungslage und bei infrastrukturellen Engpässen rasch und unbürokratisch Hilfe leisten zu können. Wir wissen aber, daß der Einfluß, den der Staat auf Zusammenhänge im Weltmaßstab wie auf Betriebsabläufe und Entscheidungsfaktoren freier Unternehmen hat, begrenzt ist.

Die Bemühungen zur Aussiedlung neuer Gewerbebetriebe werden fortgesetzt. Rechte und Pflichten der jeweiligen Partner müssen – zumindest bei größeren Projekten – in Form von Ansiedlungsverträgen eindeutig festgelegt werden. Dafür gibt es einige, so glaube ich, ermutigende Beispiele. Vor wichtigen Maßnahmen sollen, soweit wie möglich, Kosten-Nutzen-Analysen erstellt, die Folgekosten ermittelt und angemessen berücksichtigt werden, und – auch das aus der Erfahrung – Erfordernisse des Umweltschutzes dürfen dabei nicht zu kurz kommen.
Die Landesregierung wird die sektorale Strukturpolitik aktivieren. Wir werden die Wirtschaftszweige sorgfältig beobachten, deren Entwicklung mit besonderen Problemen, insbesondere für die Arbeitnehmerschaft, belastet ist. Das gilt vor allem für die Bauwirtschaft, die seit langem in einem tiefgreifenden Strukturwandel steht und offenbar aus eigener Kraft nicht überall damit fertig werden kann. Die sektoralen Maßnahmen des Bundes wird die Landesregierung im Landesförderungsprogramm ergänzen. Wir denken dabei unter anderem an die Förderung der Einführung neuer Produkte und neuer Verfahren in den Produktionsprozeß, an die Umstellung anhaltend rückläufiger Produktionen und an Investitionen für den Umweltschutz.
Die besondere Aufmerksamkeit der Landesregierung gilt den Problemen kleiner und mittlerer Unternehmen. Neben der Verbesserung der beruflichen Aus- und Fortbildung gilt es hier insbesondere, die Betriebsberatung zu fördern und Finanzierungsschwierigkeiten zu überwinden. Ein entsprechendes Programm ist von der vorigen Landesregierung aufgestellt worden; es wird fortzuschreiben sein.
Die Entwicklung des Fremdenverkehrs gehört nach wie vor zu den wichtigsten Anliegen in Niedersachsen, und zwar sowohl unter wirtschafts- als auch unter gesundheitspolitischen Gesichtspunkten. Auch für diesen Bereich liegt ein geschlossenes Programm vor, in das die Naherholung und das Bäderwesen einbezogen werden sollen. Zur besseren Koordinierung aller damit zusammenhängenden Probleme wird ein interministerieller Ausschuß gebildet. Mit den Fremdenverkehrsverbänden werden wir weiter eng zusammenarbeiten.
Um eine ausreichende und möglichst preisgünstige Energieversorgung zu sichern, hat die vorige Landesregierung im Jahre 1973 ein Programm vorgelegt. Dieses Programm bedarf – auch nach den Ereignissen der letzten Zeit auf den Weltenergie- und Rohstoffmärkten – keiner grundsätzlichen Revision. Mit seiner Fortschreibung wird die Landesregierung die Untersuchungen zur Standortvorsorge für Großkraftwerke abschließen. Ferner soll die Erkundung neuer Energiequellen weitergeführt werden. In

Zusammenarbeit mit der Energiewirtschaft wird die Landesregierung dafür sorgen, daß das Energieangebot in Problembereichen, z. B. beim Erdgas, verbessert wird. Die Landesregierung wird entsprechend dem Ersuchen des Norddeutschen Parlamentsrates zusammen mit den übrigen norddeutschen Ländern, gegebenenfalls unter Einbeziehung Berlins, ein energiewirtschaftliches Gesamtkonzept für diesen Bereich erarbeiten.
Die schwächste Stellung im Wirtschaftsgeschehen, meine Damen und Herren, hat der Verbraucher. Zunehmende Konzentration auf seiten der Produzenten, ein für den einzelnen unübersehbar wachsendes Warenangebot, Wettbewerbsverzerrungen und weiteres mehr machen es notwendig, die Verbraucherpolitik zum Schutze des Konsumenten zu intensivieren. Diese Zielsetzung hat bereits in der Einrichtung eines interministeriellen Ausschusses für Verbraucherangelegenheiten und einer verstärkten finanziellen Förderung der Verbraucherberatung ihren sichtbaren Ausdruck gefunden. Die Landesregierung wird prüfen, ob es im Interesse der Stärkung des Verbraucherschutzes angebracht ist, ein Rahmengesetz vorzubereiten, in dem die Ziele, die Trägerschaft und die Instrumente der Verbraucherarbeit in Niedersachsen festgelegt und geordnet werden; sie wird ihre früher begonnenen Anstrengungen in Zusammenarbeit mit den privaten Organisationen fortführen.
Die Landesregierung wird auch darauf achten, daß das neue Lebensmittelrecht des Bundes zum Schutze der Gesundheit unserer Bürger, insbesondere im Hinblick auf eine Verbesserung der Lebensmittelhygiene, genau beachtet wird. Wir glauben, mit diesen Vorhaben vor allem den Sorgen der Hausfrauen entgegenzukommen, die in den Familien zumeist die Hauptlast der gegenwärtigen Schwierigkeiten zu tragen haben.
Mit der Wirtschaftspolitik eng verflochten ist die Verkehrspolitik. Sie mit den Zielen der Raumordnung fortlaufend abzustimmen, ist unverzichtbar. Die Landesregierung hält es für selbstverständlich, daß moderne Verkehrspolitik nicht isoliert für die einzelnen Verkehrsträger entwickelt werden darf.
Sie muß vielmehr vom Gesamtsystem sich ergänzender Verkehrsträger ausgehen, um die bestmögliche Deckung des Verkehrsbedarfs zu erreichen.
Die Landesregierung wird daher einen Gesamtverkehrsplan mit einer integrierten Planung für die Straßen des überörtlichen Verkehrs, die Eisenbahn, die Wasserstraßen mit ihren Häfen und die Flughäfen vorlegen.
Bei der Auswahl unter verschiedenen Lösungen zur Deckung des Verkehrsbedarfs wird sich die Landesregierung nicht nur von den Gesichts-

punkten der Leistungsfähigkeit, Schnelligkeit und Wirtschaftlichkeit leiten lassen. Sie mißt auch der Sicherheit und der Umweltfreundlichkeit sowie der Lage bestimmter Landesteile große Bedeutung zu.
Die Landesregierung setzt sich für eine verstärkte Förderung des öffentlichen, insbesondere des schienengebundenen Personennahverkehrs in den Großstädten und Verdichtungsgebieten ein. Seine Vorteile, schnell und bequem, sicher und preiswert fahren zu können, müssen langfristig auch für den Autofahrer attraktiv werden. Das setzt unter anderem voraus, bei der Gestaltung der Fahrpreise Gründe des öffentlichen Wohls angemessen zu berücksichtigen. Sie wird den Ausbau des Verkehrsnetzes im Rahmen ihrer Möglichkeiten unterstützen, falls dem Träger die Finanzierung allein nicht möglich sein sollte.
Im Bereich des Straßenbaues stimmt die Landesregierung mit der Bundesregierung überein, daß außerhalb der Verdichtungsräume im weiträumigen Flächenland das Verkehrswegeproblem vorwiegend durch den Bau von Straßen gelöst werden muß. Für die Landesregierung ist der Straßenbau ein unentbehrliches Mittel der Strukturpoltik. Durch gute und leistungsfähige Straßen werden wie bisher verkehrsferne und strukturschwache Gebiete noch besser erschlossen. Mit der Erhöhung der Mobilität wird die Chancengleichheit für die Bewohner des flachen Landes verbessert, weil sie besser in der Lage sind, sich bietende Chancen etwas unabhäniger von den jeweiligen Entfernungen zu nutzen.
Für den Ausbau der Landesstraßen wurde in der vergangenen Legislaturperiode ein umfassender Ausbauplan erstellt. Er hat sich bewährt und wird bei stetiger Überprüfung auch künftig die Grundlage der jährlichen Bauprogramme sein. Dieser Ausbauplan wird unter besonderer Berücksichtigung der Gebiets- und Verwaltungsreform fortzuschreiben sein.
Beim Ausbau von Bundesfernstraßen und beim kommunalen Straßenbau wird die Landesregierung ihre strukturpolitischen Vorstellungen geltend machen. Die Bauprogramme der verschiedenen Straßenbaulastträger müssen stärker als bisher aufeinander abgestimmt werden.
Eine zukunftsorientierte Hafenpoltik ist für die wirtschaftliche Entwicklung des Landes von großer Bedeutung. Durch eine bessere Infrastruktur wollen wir die Industrieansiedlung in den Häfen fördern und die Hafenanlagen so ausbauen, daß sie auch künftig allen Anforderungen genügen können.
Die Sicherung und Entwicklung der Hochsee- und Küstenfischerei wird in Zukunft vom Wirtschaftsministerium wahrgenommen werden. Sie stehen in engem Zusammenhang mit dem gesamten Hafenbau und -betrieb und sind auch von der Förderung entsprechender gewerblich-industrieller

Arbeitsstätten schwer zu trennen. Aus ähnlichen Erwägungen soll die Emsland GmbH im Laufe der Legislaturperiode in die Federführung des Wirtschaftsministerium übergehen, weil die landeskulturellen und wasserwirtschaftlichen Aufgaben weitgehend abgeschlossen sind und das Schwergewicht der künftigen wirtschaftlichen Entwicklungsarbeit in das Ressort Wirtschaft und Verkehr fällt.

Im Flächenland Niedersachsen wird die Landwirtschaft auch weiterhin ein bestimmender Faktor des ländlichen Raumes sein. Die maßgeblichen agrarpolitischen Zielvorstellungen der Landesregierung sind nach wie vor die nachhaltige Einkommensteigerung der in der Landwirtschaft Tätigen und die Verbesserung der Lebensverhältnisse im ländlichen Raum, die Versorgung der Bevölkerung mit qualitativ hochwertigen und hygienisch einwandfreien Nahrungsmitteln zu angemessenen Preisen und die sinnvolle Nutzung und Erhaltung von Natur und Landschaft.

Die niedersächsische Agrarpolitik und deren öffentliche Förderung sollen durch verbindliche Grundsätze festgelegt werden.

Die Landesregierung wird den vor vier Jahren begonnenen Weg der Festigung und Stärkung unternehmerischer Haupterwerbsbetriebe bäuerlicher Prägung konsequent weitergehen. Dabei werden die Übergangs- und Nebenerwerbsbetriebe nicht sich selbst überlassen; ihnen werden im Zusammenwirken von Agrarstrukturverbesserung und regionaler Wirtschaftsförderung auch weiterhin vielfältige Entwicklungschancen geboten werden. Wir wollen auf die Strukturverbesserung landwirtschaftlicher Problemgebiete besonderes Gewicht legen. Modelle hierfür werden weite Teile des Landkreises Lüchow-Dannenberg und das Teufelsmoor im Landkreis Osterholz sein.

Die Landesregierung setzt sich für eine Verbesserung der landwirtschaftlichen Bodenordnung ein. Sie bekennt sich zur Wahrung des privaten Eigentums der Landwirte an Grund und Boden. Sie befürwortet Maßnahmen, die Mißbrauch und Spekulation verhindern.

Im Interesse des Wandels der Agrarstruktur und der Entwicklung des ländlichen Raums läßt sich der Agrarstrukturfonds wirkungsvoll einsetzen.

Außerdem werden wir die bisher schon bestehenden Möglichkeiten zur Förderung der Kooperation landwirtschaftlicher Betriebe erweitern. Nachdem in der vorigen Legislaturperiode hierfür die theoretischen Voraussetzungen geschaffen worden sind, soll nunmehr erreicht werden, daß die Kooperation auf breiter Basis wirksam werden kann. Sie trägt in steigendem Maße zur Rationalisierung bestehender Betriebe bei. Sie hilft Kosten sparen und fördert den sozialen Fortschritt, z. B. durch besser geregelte Arbeitszeit, freies Wochenende und Vertretung bei Krankheit und Urlaub.

Der wachsenden Marktmacht der Abnehmer und Verarbeiter landwirtschaftlicher Produkte und der Zulieferer landwirtschaftlicher Betriebsmittel gilt es durch Stärkung der Genossenschaften und vermehrte Bildung von Erzeugergemeinschaften zu begegnen.
Die Aktivitäten im Bereich der Marktstruktur, der Qualitätsverbesserung niedersächsischer Agrarprodukte, der Anpassung der Produktion an die Nachfrage, nicht zuletzt mit Hilfe der Marketinggesellschaft, werden in den kommenden Jahren verstärkt fortgesetzt. Dies liegt im Interesse der Landwirtschaft wie im Interesse der Verbraucher. Der Landhandel wird im Marktgeschehen auch in Zukunft seine verantwortliche Funktion behalten.
Für Naturschutz- und Landschaftspflege – so habe ich mitgeteilt – wird in Zukunft das Landwirtschaftsministerium zuständig sein. Damit wird auch die Agrarstrukturpolitik von nun an unter dem ausdrücklichen Gebot engster Verbindung zum Naturschutz, zur Landschaftspflege und zur Erholung stehen. Zwischen Landwirtschaft und Forstwirtschaft einerseits sowie Naturschutz und Landschaftspflege andererseits gibt es seit jeher scheinbare und echte Konflikte. Im Spannungsfeld zwischen den berechtigten Forderungen unserer Zeit nach möglichst viel naturbelassener oder – besser gesagt – der Natur zurückzugebender Landschaft und dem ökonomischen Zwang für die Landwirtschaft nach mehr Produktivität wird man einen Weg zur beiderseitigen Einsicht finden können. Nicht zuletzt das veränderte Verhältnis unserer modern ausgebildeten Land- und Forstwirte zur Natur und zur Erhaltung ihrer Schönheiten wird ein ausgewogenes Miteinander durchaus ermöglichen. Wir wissen zudem, daß Forderungen des Naturschutzes oft sogar der Gesundheit agrarischer Produkte dienen. Der Minister für Ernährung, Landwirtschaft und Forsten wird gewährleisten, daß in seinem Hause die Belange des Naturschutzes und der Landschaftspflege gleichwertig mit seinen bisherigen Aufgaben behandelt werden.
Naturschutz und Landschaftspflege haben die Aufgabe, die Leistungsfähigkeit der Natur auch für künftige Generationen zu sichern. Die gesamte Landschaft ist Lebensraum des Menschen. Landschaftspflege wird sich daher nicht allein auf die Erholungsgebiete beschränken. Wenn der Bund nur ein Rahmengesetz für Landschaftspflege und Naturschutz erlassen sollte, wird die Landesregierung ein Landespflegegesetz vorlegen, das auf der Sozialpflichtigkeit des Eigentums basiert und eine verbindliche Landschaftsplanung vorsieht. Wir wollen auch das Naturparkprogramm fortführen und besonderen Wert auf anziehende Naherholungsgebiete legen. Nachdem das Waldgesetz den freien Zugang zu den Wäldern eröffnet hat, soll auch der Zugang zu den Gewässern gesetzlich geregelt werden.

Die Aufgabenbereiche der Wasserwirtschaft und der Flurbereinigung, die der allgemeinen Daseinsvorsorge und der Infrastruktur im ländlichen Raum dienen und die unabdingbare Grundlage für den weiteren Ausbau von Landwirtschaft, Industrie und Gewerbe sind, behalten unverändert ihren Rang. Die Maßnahmen des niedersächsischen Küstenplanes und des Emslandplanes im Rahmen der weiter zu differenzierenden Gemeinschaftsaufgabe »Verbesserung der Agrarstruktur und des Küstenschutzes« werden weitergeführt.
Die begonnenen Maßnahmen zur nachhaltigen Verbesserung der Wassergüte der niedersächsischen Seen und Flüsse werden fortgesetzt.
Um unsere Flüsse und Seen sauberzuhalten, ist es notwendig, Zahl und Wirkung der vollbiologischen Kläranlagen zu erhöhen. Der Bau zentraler Abwasseranlagen muß planmäßig weitergeführt werden.
Im Interesse einer geordneten Abfallbeseitigung gilt es, den von der vorigen Landesregierung ausgearbeiteten Generalplan in die Tat umzusetzen und seine Durchführung sorgfältig zu kontrollieren. – Um Schäden durch industriellen Sondermüll zu vermeiden, ist eine überregionale Zusammenarbeit der Länder erforderlich. Wir müssen eine große Zahl von Abfallplätzen stillegen. Die Beseitigung von Autowracks, Altreifen und gefährlichen Industrieabfällen ist nur noch in Spezialanlagen zulässig, die allerdings, wie die Erfahrung lehrt, verstärkt zu überwachen sind.
Im agrarsozialen Bereich sind in den vergangenen Jahren die Betriebshelfer- und Dorfhelferinnendienste ein besonderes Anliegen der Landesregierung gewesen. Eine Verstärkung dieser Dienste soll die Möglichkeit für einen jährlichen Urlaub der Haupterwerbslandwirte und ihrer Frauen erweitern.
Die Landwirtschaftskammern sind ein wesentlicher Bestandteil der Landwirtschaftsverwaltung innerhalb des Landes. Ihre Aufgabenstellung muß den sich ändernden Verhältnissen angepaßt und im Einklang mit dem Fachressort durch eine jeweils optimale Aufgabenverteilung gestützt werden.
Wegen der Bedeutung des Waldes für Klima, Wasserhaushalt und Immissionsschutz, als Erholungsraum für die Bevölkerung und als Rohstoffquelle wird die Erhaltung und Pflege der niedersächsischen Wälder nicht vernachlässigt werden dürfen. Hier soll noch einmal gesagt werden, daß die Landesregierung die sich aus der Sturmkatastrophe des Jahres 1972 ergebenden Chancen weiter nutzen wird, die Schadensflächen nach umfassenden Erneuerungsplänen artenreicher und vielgestaltiger aufzuforsten.

Ich komme jetzt zu einem entscheidenden Schwerpunkt der Aktivitäten der Landesregierung, dem Bildungswesen. Nur durch eine Erweiterung des Bildungsangebotes auf allen Stufen kann jedem einzelnen die gleiche Bildungschance gegeben werden, die zugleich über seine individuelle und soziale Entfaltungsmöglichkeit entscheidet. Aber auch der kulturelle, der politische und der wirtschaftliche Fortschritt in unserem Lande hängen von der Bildung und Ausbildung aller Bürger ab.
Für die bildungspolitischen Aufgaben, die bisher in einem Ressort zusammengefaßt waren, werden in der neuen Landesregierung zwei Minister verantwortlich sein. Die Aufgaben des Kultusministeriums hatten in den letzten Jahren ständig zugenommen. Der Kultusminister war Dienstherr von 50 Prozent der Landesbediensteten, sein Haushalt umfaßte rund 30 Prozent des Gesamtetats. Bestimmte Gebiete wie die Kunst, die Kultur, die Jugendpolitik konnten neben den zentralen Blöcken des Schul- und Hochschulwesens nicht mehr ausreichend berücksichtigt werden. Das ist auch in diesem Hause beklagt worden – und nicht zu Unrecht.
Ferner ist es unabweisbar notwendig, daß sich die Kabinettsmitglieder in den überregionalen Gremien der Kulturpolitik wie der Ständigen Konferenz der Kultusminister, der Bund-Länder-Kommission für Bildungsplanung, dem Planungsausschuß nach dem Hochschulbauförderungsgesetz und dem Wissenschaftsrat stärker, und zwar persönlich, engagieren. In diesen Gremien werden zunehmend bereits Entscheidungen von außerordentlicher finanzieller und sachlicher Tragweite – ich füge hier ein: faktisch – getroffen. Schließlich fordern die Bürger heute mehr als zuvor, daß die verantwortlichen Politiker sich persönlich ihrer Kritik stellen, persönlich die Anregungen aufnehmen und umsetzen. Aus diesen Gründen wird der bisherige Bereich in ein Kultusministerium und ein Ministerium für Wissenschaft und Kunst geteilt.
Die Landesregierung kann bei der Bewältigung der großen Aufgaben, die sich im Bildungsbereich stellen, auf die Grundlagen aufbauen, die auch in der vorigen Legislaturperiode geschaffen worden sind. Das bezieht sich vor allem auf den Bildungsgesamtplan der Bund-Länder-Kommission, auf das Niedersächsische Landes-Entwicklungsprogramm, das Niedersächsische Schulgesetzt und auf die Fülle von realen Verbesserungen, die in der vergangenen Legislaturperiode erreicht worden sind, unter denen ich hier nur die außerordentliche Vermehrung der Lehrerstellen anführen möchte.
Die Bund-Länder-Kommission für Bildungsplanung hat einen 1973 von den Regierungschefs des Bundes und der Länder gebilligten Bildungsgesamtplan vorgelegt, der trotz dreier Sondervoten der von CDU bzw. CSU

regierten Länder die Einheitlichkeit und die Förderung der bildungspolitischen Entwicklung im Bundesgebiet in höherem Maße als bisher sichert. Zur Verwirklichung des dadurch abgesteckten Ziels einer schrittweisen Reform des Bildungswesens hat die vorige Landesregierung in dem bildungspolitischen Teil des Landes-Entwicklungsprogramms eine Rahmenplanung bis 1985 vorgelegt.

Das neue Niedersächsichen Schulgesetzt hat die rechtlichen und organisatorischen Voraussetzungen für eine demokratische Schulreform in unserem Lande geschaffen. Es gilt nun, die vorliegenden Pläne und Gesetze mit Leben zu erfüllen und sie dort, wo die praktische Anwendung dies erfordert, sinnvoll weiterzuentwickeln. Das Schulgesetz wird in Kürze in einigen Punkten geändert werden.

– Durch Ihren Beifall geben Sie mir immer Zeit, mich ein bißchen zu erholen. – Das Schulgesetz wird also in Kürze in einigen Punkten geändert werden. Dabei wird im Bildungsauftrag der Schule die Entwicklung von Lernbereitschaft und Leistungsfähigkeit der Schüler ausdrücklich erwähnt. Die Mitwirkungsrechte des Landeselternrates und des Schülerrates werden erweitert. Der Landesschulbeirat wird bei der Ausarbeitung von Rahmenrichtlinien beteiligt. Die Bestimmungen über die Anwendung von Testverfahren und die Schullaufbahnberatung werden präzisiert. Der Landtag wird weitere Rechte bei bildungspolitischen Entscheidungen erhalten. Die politische Zielsetzung des Gesetzes, mehr Chancengleichheit und mehr Demokratie im Bildungswesen zu verwirklichen, wird dadurch nicht geändert.

Das Verständnis auf dieser Grundlage hat eine Verständigung auch über das Schulgesetz zwischen den diese Regierung tragenden Parteien erleichtert.

Die Zahl der Kindergartenplätze in Niedersachsen ist zu gering. Das Land wird große Anstrengungen unternehmen müssen, um hier für Abhilfe zu sorgen. Unser langfristiges Ziel ist es, für alle Kinder, deren Eltern es wünschen, einen Platz im Kindergarten bereitzustellen. Die Kindergärten sind dem Elementarbereich zuzuordnen und müssen dementsprechend ihre Arbeit an dessen pädagogischen Zielsetzungen orientieren. Der von der vorigen Landesregierung dem Landtag vorgelegten Kindergartenbedarfsplan wird die Grundlage unserer Arbeit sein. Dabei hoffen wir, daß sich die freien Träger in diesem Bereich weiter in so vorbildlicher Weise wie bisher engagieren. Der Kindergartenbedarfsplan wird fortgeschrieben und auch Zielzahlen für die jährlich zu schaffenden Plätze nennen. Dabei werden wir darauf achten, das regionale Gefälle in der Versorgung mit Kindertagesstätten auszugleichen.

Wir werden versuchen, die Landesmittel für den Bau und die Personalkosten der Kindergärten entsprechend der Haushaltslage schrittweise zu erhöhen. Zur Deckung des Personalbedarfs müssen die Ausbildungsmöglichkeiten für Erzieher an den Fachhochschulen für Sozialpädagogik verbessert werden. Eine gesetzliche Regelung der Kindergartenfinanzierung hält die Landesregierung zwar für wünschenswert; bei der voraussichtlichen finanziellen Entwicklung muß es zunächst aber bei freiwillige Leistungen des Landes bleiben.
Eine vordringliche Aufgabe besteht weiterhin in der Einrichtung von Vorklassen. Die bisher geltenden strengen Maßstäbe für die Genehmigung von Vorklassen können aber noch nicht geändert werden.
Im Bereich der Grundschule, sehen wir den besonderen Schwerpunkt in der Verkleinerung der Grundschulklassen und in der Reform der Bildungsinhalte der Grundschule. Wir werden anstreben, daß die Größe der Grundschulklassen auf durchschnittlich 26 Kinder verringert wird.
Der Unterricht nach Jahrgangsklassen soll auch in der Grundschule voll verwirklicht werden. Bei der Anwendung der Vorschrift des Schulgesetzes über die Zweizügigkeit der Grundschulen werden wir nicht schematisch vorgehen, sondern jeweils die Länge oder andere Erschwernisse des Schulweges berücksichtigen. Für einige ist das neu; ich freue mich, daß ich es wiederholen kann.
Wir werden fortfahren, die Klassen 5 und 6 der Hauptschule, der Realschule und des Gymnasiums zur Orientierungsstufe zusammenzufassen. Das wird schrittweise nach sorgfältiger Prüfung der örtlichen Verhältnisse geschehen.
Bis zum Ende der Legislaturperiode soll die Orientierungsstufe überall im Lande eingeführt sein.
Damit Hauptschüler einen Abschluß erwerben können, der auch zum Besuch studienbezogener Bildungsgänge berechtigt, soll die Einrichtung von 10. Klassen an Haupt- und Sonderschulen fortgesetzt werden. Die verbindliche Einführung des 10. Schuljahres freilich hält die Landesregierung in dieser Legislaturperiode nicht für erreichbar.
Der Entwicklung des vielgestaltigen Sonderschulwesens werden wir besondere Aufmerksamkeit widmen. Dabei soll die Zusammenarbeit und Verklammerung von Sonderschulen und allgemeinen Schulen gefördert werden.
Das Schulgesetz stellt uns die Aufgabe, den Übergang vom Sekundarbereich I zum Sekundarbereich II neu zu gestalten. Hier strebt die Landesregierung zusammen mit den anderen Landesregierungen eine bundeseinheitliche Lösung an. Die Reform der Abschlüsse im Sekundarbereich I

setzt auch die Erneuerung der Unterrichtsinhalte in den verschiedenen Schularten dieser Schulstufe voraus. Die Überprüfung bisheriger und die Formulierung neuer Lerninhalte kann sich stellenweise als konfliktträchtig erweisen. Die Landesregierung wird dieser Aufgabe, die sich für alle Schulstufen und Schularten stellt, dennoch nicht ausweichen. Sie wird darauf achten, daß die pädagogischen, gesellschaftlichen und politischen Zielvorstellungen der neuen Rahmenrichtlinien für das Schulwesen der Pluralität der in unserer Gesellschaft vertretenen relevanten religiösen, weltanschaulichen, wissenschaftlichen oder politischen Grundauffassungen Rechnung tragen; selbstverständlich auf dem Boden unserer freiheitlichen, demokratischen Grundordnung.
Entsprechend der Vereinbarung der Kultusministerkonferenz wird die Oberstufe der Gymnasien reformiert werden. Durch ein breit gefächertes Kursangebot, das an die Stelle der Jahrgangsklassen 11 bis 13 tritt, soll eine individuelle Förderung des Schülers nach Begabung und Neigung ermöglicht werden. Die Landesregierung ist sich bewußt, daß dabei wegen der besonders beengten Personalsituation an den Gymnasien in den nächsten Jahren Schwierigkeiten auftreten können. Sie wird deshalb, wenn es nötig ist, auch eine zeitliche Streckung dieser Reformmaßnahme in Kauf nehmen.
Die Entwicklung neuer Schulformen wird fortgeführt. Dabei werden weiterhin die Versuche mit Gesamtschulen wegen ihrer Bedeutung für die Entwicklung unseres Schulwesens besonderes Gewicht haben. Das Schulversuchsprogramm des Landes hält sich im Rahmen der auch von der CDU mitgetragenen Übereinkunft in der Bund-Länder-Kommission und hat auch dort, wie die finanzielle Unterstützung des Bundes zeigt, Anerkennung gefunden. Die Landesregierung wird weiter bemüht sein, für die Schulversuche eine intensive wissenschaftliche Begleitung zu sichern; nur bei solchen Projekten ist das nicht erforderlich, bei denen bereits klare Ergebnisse vorliegen, die auf gleichartige Versuche übertragbar sind.
Die Durchlässigkeit zwischen den studienbezogenen und den beruflichen Bildungsgängen des Sekundarbereichs II soll verbessert werden. In Schulversuchen soll die Annäherung und Verzahnung dieser Bildungsgänge vorbereitet werden, wobei die Landesregierung die hier vorhandenen Schwierigkeiten keineswegs unterschätzt.
Im Gesamtsystem des Bildungswesens muß die berufliche Bildung endlich einen Platz erhalten, der ihr entsprechend ihrer Bedeutung für den größten Teil unserer Bevölkerung gebührt. Der Landesregierung begrüßt als eine wesentliche Voraussetzung dafür die Absicht der Bundesregierung, das Berufsbildungsgesetz zu reformieren. Sie wird im Bundesrat für

eine ausgewogene Reform eintreten, die eine besser verbundene Nutzung der Lernorte Betrieb, Schulen und überbetriebliche Ausbildungseinrichtung ermöglicht. Die Landesregierung würde es begrüßen, wenn die notwendige politische Auseinandersetzung über diesen Bereich frei von Schlagworten bliebe, von Schlagworten, die die gemeinsame Arbeit der beteiligten Stellen und Verbände nur erschweren könnten. Es wird weder eine »Verstaatlichung« noch eine »Verschulung« der beruflichen Bildung geben. Wir wünschen die enge Zusammenarbeit von Staat, Arbeitgebern und Arbeitnehmern. Sie hat sich im Landesausschuß für Berufsbildung ohnehin bisher bewährt.
Das Land wird seine eigenen Zuständigkeiten für die Durchführung weiterer Reformen im berufsbildenden Schulwesen nutzen. So wird die Landesregierung insbesondere die Einführung des Berufsgrundbildungsjahres schrittweise fortsetzen und für eine Erweiterung des Angebots an beruflichen Vollzeitschulen eintreten. Wir wissen, das dieses Ziel allerdings nur langfristig zu erreichen sein wird. Deshalb müssen wir auch noch länger als 4 Jahre so zusammenarbeiten, meine Damen und Herren!
Die Lehrgänge zur Förderung der Berufsreife sollen ausgebaut werden, um auch den Jugendlichen ohne Hauptschulabschluß den Weg zu einer qualifizierten Berufsausbildung zu öffnen. Der Ausbau der berufsbildenden Schulen soll im Rahmen der im Schulgesetz vorgesehenen Mittel durch das Land verstärkt gefördert werden.
Bei allen angestrebten Verbesserungen im Schulwesen werden wir einer Aufgabe mehr Aufmerksamkeit widmen, die bisher nicht zur Zufriedenheit gelöst werden konnte: der verstärkten schulischen Förderung der Kinder ausländischer Arbeitnehmer.
Das neue Schulgesetz hat die bisher nur im jeweiligen Landeshaushalt verankerte Förderung des Schulbaus durch Landesmittel auf eine feste gesetzliche Grundlage gestellt. Durch die Bereitstellung von Landesmitteln in einer entsprechend, den jährlichen Zuwachsraten der öffentlichen Hauhalte steigenden Höhe wird es möglich sein, die kommunalen Schulträger besser als bisher in die Lage zu versetzen, ihre Aufgaben zu erfüllen. Dabei werden die wesentlichen planerischen Entscheidungen von den Landkreisen und kreisfreien Städten durch die ihnen gesetzlich übertragene Schulentwicklungsplanung getroffen werden. Sie müssen sich allerdings in den Rahmen der Schulpolitik des Landes einfügen.
Die Landesregierung wird auch weiterhin den Bau von Schulzentren fördern. Auf diese Weise kann eine bessere Nutzung der Anlagen erreicht und schließlich durch die Durchlässigkeit zwischen den Schulformen verbessert werden.

Dabei darf die Schaffung der notwendigen Schulsportstätten nicht vernachlässigt werden. Für die Errichtung von Schulzentren sollen die geltenden Grundsätze verbessert werden. Eine schematische Anwendung aber soll ausgeschlossen bleiben. Es muß vor allem vermieden werden, daß in Gebieten mit geringerer Bevölkerungsdichte unzumutbare Schulwege entstehen.
Die Erstattung der Schülertransportkosten ist durch das Schulgesetz ebenfalls gesetzlich verankert worden. Die dazu notwendige Rechtsverordnung der Landesregierung wird in Kürze ergehen. Soweit danach noch eine Selbstbeteiligung der Eltern bei den Transportkosten vorgesehen ist, strebt die Landesregierung je nach den finanziellen Möglichkeiten des Landes eine Verringerung dieses Selbstkostenanteils an.
Daneben soll die Möglichkeit erster Schritte zur Einführung der Lernmittelfreiheit geprüft werden.
Die Landesregierung kann aber heute noch nicht versprechen, wann und in welchem Ausmaß die Eltern tatsächlich entlastet werden können. Dies wird im Zusammenhang mit dem dafür erforderlichen Gesetz diskutiert werden müssen. Um die von den Eltern zu tragenden Kosten der Lernmittel möglichst gering zu halten, darf die Genehmigung und Einführung neuer Schulbücher nur nach strengen Maßstäben und nach Prüfung durch kompetente Gremien anerkannter Fachleute erfolgen. Ich erinnere daran: Die Eltern behalten in Schulbuchfragen ein Auskunftsrecht.
Die Förderung des Sports wird auch in Zukunft eine wichtige öffentliche Aufgabe sein. Die Landesregierung mißt dem Sport als Mittel zur Erhaltung der Leistungsfähigkeit und Gesundheit wie auch zur Erholung und Freizeitgestaltung einen hohen Stellenwert zu. Sie würdigt die Bedeutung des Leistungs- und Spitzensports als Impuls für den Breitensport und für eine sinnvolle Freizeitnutzung; bei den Fördermaßnahmen des Landes muß aber der Förderung des Breitensports eine eindeutige Priorität zuerkannt werden.
Wichtigste Voraussetzung für alle notwendigen Reformen im schulischen Bereich ist eine ausreichende Zahl von gut ausgebildeten Lehrern. Die Landesregierung wird alle Anstrengungen unternehmen, den Lehrermangel weiter abzubauen. Die Einstellung von Lehramtsbewerbern genießt deshalb Vorrang. Im ganzen werden sich die Probleme der Lehrerversorgung in dieser Legislaturperiode nach Fächern und Schularten differenzierter darstellen als in der Vergangenheit. In einigen Bereichen wird sich in den nächsten Jahren die Schüler-Lehrer-Relation rasch und spürbar verbessern, in einzelnen Schularten wird es weiterhin einen erhebliche Personalmangel geben; das gilt insbesondere für die Gymna-

sien, Berufsschulen und Sonderschulen, und sicherlich wird es auch noch in anderen Schularten einen Mangel in einzelnen Fächern gegeben. Die Struktur des Ausbildungsangebots für den Lehrernachwuchs wird dem Rechnung tragen müssen.
Eine Voraussetzung für eine schrittweise Reform des Schulwesens ist die Reform der Lehrerausbildung. Sie bedarf der gesetzlichen Grundlage. Die Landesregierung geht noch davon aus, daß es zu einer Übereinkunft zwischen Bund und Ländern über die künftige Lehrerbesoldung kommt, nachdem bereits in vielen inhaltlichen Fragen der angestrebten neuen Lehrerausbildung Einigkeit in der Bund-Länder-Kommission für Bildungsplanung und in der Kultusministerkonferenz erzielt wurde.
Eine wichtige Aufgabe in den nächsten Jahren wird die Neuordnung der zweiten Phase der Ausbildung für die Grund- und Hauptschullehrer, die Sonder- und Realschullehrer sein. Für diese Lehrergruppe soll schrittweise ein Vorbereitungsdienst eingeführt werden.
Der Modellversuch einer einphasigen Lehrerausbildung in Oldenburg und Osnabrück soll fortgesetzt werden. Die Landesregierung wird sich nachdrücklich für eine beamtenrechtliche Absicherung dieser Ausbildung durch die Bundesgesetzgebung einsetzen.
Eines der wichtigsten Ziele der Hochschulpolitik der Landesregierung ist die Erhöhung der Zahl der Studienplätze. Dabei wird verstärkt darauf geachtet, daß es zu einer regional ausgewogenen Versorgung mit Hochschuleinrichtungen kommt. Der Hochschulausbau wird also den Nordwesten und den Nordosten unseres Landes besonders berücksichtigen. Unter »Hochschulen« verstehe ich Umfassenderes als Universitäten, um eine Fehlleitung von Gedanken zu vermeiden. Beim künftigen Hochschulausbau wird die Auswahl der Studienfächer, die ausgebaut werden, noch sorgfältiger zu prüfen sein. Im übrigen werden alle Anstrengungen unternommen, um die vorhandenen Kapazitäten der Hochschulen stärker zu nutzen.
Die Landesregierung wir dafür sorgen, daß die einstufige Juristenausbildung in Hannover auf der Basis des Kommissionsberichts des Niedersächsichen Justizministeriums durchgeführt wird. Bei der Besetzung der Stellen wird sie darauf achten, daß die Grundsätze der Pluralität freier Wissenschaft wie im Hochschulbereich insgesamt gewahrt werden.
Die Landesregieung begrüßt es, daß die Bundesregierung mit dem Entwurf eines Hochschulrahmengesetzes die Initiative für eine ausgewogene Hochschulreform ergriffen hat. Es wäre gut, wenn nicht auch darin von denen übermäßig gemauert würde, die darin Übung haben.
Nach Verabschiedung der Hochschulrahmengesetzes wird sie zu seiner

Ausfüllung den Entwurf eines Niedersächsischen Gesamthochschulgesetzes vorlegen. Auch für den Fall, daß das Hochschulrahmengesetz nicht in absehbarer Zeit verabschiedet werden sollte, wird die Landesregierung einen Gesetzentwurf vorlegen. Schwerpunkte des Entwurfs werden die Reform der Personalstruktur und die Studienreform sowie die rechtliche Grundlage für die Zusammenführung der bislang getrennten Hochschularten zu Gesamthochschulen und Gesamthochschulbereich sein. Zur Durchführung der Studienreform sollen Kommissionen gebildet werden, die in verantwortlichem Zusammenwirken von Staat und Hochschulen Rahmenordnungen für reformierte Studiengänge erarbeiten. Die Landesregierung wird alle Möglichkeiten nutzen, um die so entwickelten Anforderungen für ein reformiertes Studien- und Prüfungssystem zu verwirklichen. Die Maßnahmen zur Studienreform sollen unterstützt und begleitet werden durch eine wirksame Studienberatung.
Die Landesregierung unterstützt auch eine Neuregelung des Hochschulzugangs im Hochschulrahmengesetz, da trotz aller Anstrengungen im Hochschulbau in absehbarer Zeit nicht damit zu rechenen ist, daß der Numerus clausus in einigen wichtigen Fächern abgebaut werden kann. Sollte eine Neuregelung im Hochschulbereich nicht zustande kommen, so wird die Landesregierung den bestehenden und von ihr als unbefriedigend empfundenen Staatsvertrag über die Vergabe von Studienplätzen zum nächstmöglichen Zeitpunkt kündigen.
Sie wird dabei auf eine stärkere Berücksichtigung sozialer Gesichtspunkte und solcher beruflicher Tätigkeiten dränge, die dem angestrebten Studienziel der Bewerber förderlich sind.
Neben dem Ausbau des Bildungswesens in Kindergarten, Schule, Betrieb und Hochschule wird die Landesregierung die allgemeine und berufliche Weiterbildung für alle Bürger nicht vernachlässigen. Auf der Grundlage des von der vorigen Landesregierung dem Landtag vorgelegten Berichts über die mit dem Erwachsenenbildungsgesetz gesammelten Erfahrungen wird die Landesregierung ein Konzept für den gesamten Bereich der Weiterbildung erarbeiten. Dabei wird die Integration der beruflichen, politischen und allgemeinen Weiterbildung und die Schaffung eines flächendeckenden differenzierten Angebots im ganzen Lande anzustreben sein.
Die vorige Landesregierung hat einen Jugendbericht vorgelegt. Er soll fortgeschrieben und konkretisiert werden. Als besonders wichtige Aufgabe sehen wir den Ausbau der außerschulischen Jugendbildung und die Verbesserungen von sozialpädagogischen Einrichtungen im Bereich der Jugendhilfe. Niedersachsen ist ein Land mit einer reichen kulturellen Tradition; Theater, Kunst und Denkmalpflege sind Bereiche, in denen sich

der Staat seiner Verantwortung nicht entziehen darf. Die Landesregierung wird es als ihre Aufgabe ansehen, den zwangsläufig in den Jahren des Wiederaufbaus auf diesen Gebieten entstandenen Nachholbedarf abzubauen. Sie will auch die in Niedersachsen wohnenden bedeutenden Künstler und den Nachwuchs in ihre Förderungsmaßnahmen einbeziehen, soweit ihr finanzielle Mittel zur Verfügung stehen. Die vorhandenen Stiftungen und Fonds sollen neu geordnet werden. Hier bitte ich um Ihre Aufmerksamkeit, meine Damen und Herren von der Opposition. Die Landesregierung hofft dabei nämlich auf ihre konstruktive Mitarbeit.
Um in allen Landesteilen gutes Theater anzubieten, ist es notwendig, die Landeszuschüsse an die kommunalen Theaterträger auf eine sichere vertragliche Grundlage zu stellen. Mit den Verträgen, deren Abschluß schon die vorige Landesregierung vorbereitet hat, braucht Niedersachsen trotz seiner beengten Finanzlage den Vergleich mit reicheren Ländern nicht zu scheuen.
Kunst und Denkmalpflege wird die Landesregierung ebenfalls weiter fördern. Die begrenzten Mittel für einen gezielten Ausbau der Museen sowie für einen wirksamen Denkmalschutz machen die Bildung von Schwerpunkten unumgänglich. Durch ein Gesetz zum Schutz der Bau-, Kunst- und Bodendenkmale soll der Denkmalschutz in Niedersachsen dauerhaft gesichert werden.
An der Reform des Bodenrechts wird die Niedersächsische Landesregierung konstruktiv mitarbeiten, um die Bodenspekulation einzudämmen und das Verfügungs- und Planungsrecht der Gemeinden an Grund und Boden zu erweitern. Grundstücke aus dem Eigentum der öffentlichen Hand sollen weiterhin für Zwecke des Wohnungsbaus wie auch der Wirtschaftsförderung an Private als Eigentum oder im Weg des Erbbaurechts abgegeben werden.
Die Landesregierung wird im Bereich des Städtebaus das Ihre dazu beitragen, unsere Stadtlandschaften menschlicher zu gestalten. Es kommt darauf an, veraltete, funktionsuntüchtige Stadtgebiete durch gezielte Sanierung grundlegend zu erneuern un den Erfordernissen der Gegenwart anzupassen. Der Schutz historischer Stadtkerne sollte dabei nicht vernachlässigt werden. Der Erhaltung und Modernisierung von Einzelobjekten und der Bewahrung städtebaulicher Strukturen wird der Vorzug vor radikalen Flächensanierungen eingeräumt, um die erhaltungswürdige Substanz zu schonen und menschliche Bindungen an die bauliche und soziale Umwelt nicht zu lösen.
Stärker als bisher wird die Landesregierung auf eine maßgebliche Teilhabe der Bürger und der gesellschaftlichen Kräfte an allen Planungs- und Ent-

scheidungsprozessen im Städtebau hinwirken, ebenso wie auf eine stärkere Beteiligung der Betroffenen bei Sanierungsmaßnahmen. Dafür gibt es nicht weit von hier hervorragende Vorbilder. Die Bürger sollen stärker als bisher an Planungs- und Entscheidungsprozessen im Städtebau teilhaben. Die Landesregierung wird außerdem den Wettbewerb unter mehreren Bauträgern dadurch fördern, daß die öffentlichen Förderungsmittel entsprechend verteilt werden.

Um das beispielhafte Niedersächsische Spielplatzgesetz wirksamer werden zu lassen, sollen Modell-Spielplätze gefördert werden.

Der Bestand an Wohnungen muß gesichert und durch öffentliche Förderung in Abstimmung mit der strukturellen Entwicklung erweitert werden; insbesondere gilt es – das kann und muß man wiederholen –, bedarfsgerechten Wohnraum für alte Menschen, Behinderte und kinderreiche Familien zu schaffen.

Die Landesregierung wird durch ihre Aufsicht sicherstellen, daß die Bestimmungen gegen die Zweckentfremdung von Wohnraum wirkungsvoll angewandt werden, im Bereich des sozialen Wohnungsbaus Fehlbelegungen vermieden werden und die Überbelegung von Wohnungen und anderen Unterkünften verhindert wird.

Die Aufgabe des Umweltschutzes zählen, wie ich eingangs erwähnt haben, zu den Schwerpunkten in den nächsten vier Jahren. Die Landesregierung stellt den Umweltschutz bewußt in den Zusammenhang mit der weiteren wirtschaftlichen Entwicklung. Industrie und Technik können lebensbedrohend werden, wenn das ökologische Gleichgewicht nicht geschützt wird. Wo dieses Gleichgewicht bereits geschädigt ist, müssen die Folgen beseitigt werden. Dabei ist das Verursacherprinzip steng anzuwenden.

Die Landesregierung hat sich unter anderem zum Ziel gesetzt: die Arbeit der für den Umweltschutz verantwortlichen Behörden weiter zu koordinieren; das Umweltrecht unter Erweiterung der Bundeskompetenz zu verbessern, vor allem aber in der Praxis besser durchzusetzen; zur genaueren Feststellung der Ursachen der Luftverschmutzung ein Informations-, Meß- und Kontrollsystem aufzubauen, um Schäden und Gefahren rechtzeitig zu erkennen;

ein Landesinstitut für Immissions- und Strahlenschutz einzurichten; den Schutz vor Lärm und anderen schädlichen Umwelteinflüssen an den Arbeitsplätzen in den Betrieben zu verstärken.

Die Zielsetzungen in den Aufgabenbereichen Abwässser und Abfälle, Naturschutz und Landschaftspflege habe ich schon im Abschnitt über das Landwirtschaftsressort angesprochen. Weitere Probleme des Umwelt-

schutzes werden wir in den künftig folgenden, Ihnen vorzulegenden Umweltberichten ausführlicher behandeln.
Die Gesundheitspolitik der Landesregierung hat ein modernes, den sozialen Anforderungen entsprechendes Gesundheitswesen zum Ziel. Jeder soll ohne Rücksicht auf seine soziale Stellung oder wirtschaftliche Lage und unabhängige von seinem Wohnort im Krankheitsfall ambulant wie stationär die für ihn notwendige ärztliche und pflegerische Versorgung erhalten können.
Öffentlicher Gesundheitsdienst, Krankenhaus und freiberufliche Praxis haben die ihnen gestellten Aufgaben kooperativ zu erfüllen. Eine wesentliche Verbesserung der stationären Versorgung kann dadurch erreicht werden, daß das Krankenhaussystem nach Einzugsbereichen und Versorgungsstufen gegliedert wird und die einzelnen Kliniken der Krankenhäuser mit der medizinischen Spezialisierung und den diagnostischen und therapeutischen Verbesserungen Schritt halten.
Es ist beabsichtigt, den Krankenhausbedarfsplan unter Eingehen auf die besondere Versorgungsproblematik in den ländlichen Gebieten und unter Beachtung sorgfältiger Kosten-Nutzen-Analysen zu überprüfen und weiterzuentwickeln. Dabei muß die voraussichtliche Bevölkerungsentwicklung und -struktur ebenso berücksichtig werden wie die Harmonisierung von ambulanter und stationärer Versorgung. Aus Kostengründen muß – unter Beachtung regionaler Gesichtspunkte – zwischen Einrichtungen für Patienten, die nach Art und Schwere der Erkrankung kostenintensive Einrichtungen benötigen, und solche, bei denen einfachere Behandlung und Nachbehandlung genügen klar unterschieden werden. Dazu gehören eine lückenlose Behandlung vom Akutstadium über Nachbehandlung und Rehabilitation bis zur voll wiederhergestellten Gesundheit. Dabei muß man sich klar darüber sein, daß die Entwicklung des Krankenhauswesens eine Reform der inneren Struktur der Krankenhäuser erfordert. Deswegen wird die Landesregierung das in der vorigen Legislaturperiode vorbereitete Krankenhausorganisationsgesetz nach folgenden Leitsätzen überarbeiten und dem Landtag verlegen:
Behandlung und Pflege der Patienten nach Art und Schwere ihrer Erkrankung; soweit der Anspruch der übrigen Patienten nicht beeinträchtigt wird, können gegen zusätzliches Entgelt Sonderleistungen gewährt werden; Auflösung von Privatstationen und Überführung der hier vorhandenen Betten in die allgemeinen Stationen; die Krankenhausträger haben sicherzustellen, daß die ärztlichen Mitarbeiter an den Einkünften der zur Liquidation berechtigten Ärzte angemessen beteiligt werden; wenn die Krankenhausträger als Alternative andere Regelungen wählen und mit

den leitenden Ärzten Festgehälter vereinbaren, sind in Verträgen mit den nachgeordneten Ärzten die voraussichtlichen Erträge aus dem Liquidationsrecht des Krankenhausträgers ebenfalls angemessen zu berücksichtigen; entsprechendes gilt auch für die Universitätskliniken; grundsätzlich freie Ärztewahl unterschiedslos für alle Patienten; Einführung einer kollegialen Krankenhausleitung in Form eines Direktoriums und schließlich Aufnahme eines Beschwerderechts für die Patienten.

Die Versorgung mit Ärzten zu jeder Zeit, auch des Nachts und an Feiertagen, betrachtet die Landesregierung vor allem für die ländlichen Bereiche und im öffentlichen Gesundheitsdienst als ein Problem, das bereits kurzfristig Maßnahmen erfordert, aber nur langfristig zu lösen ist. Zur Sicherung und Verbesserung der ärztlichen Versorgung bieten sich zunächst folgende Maßnahmen an: Beteiligung der in Krankenhäusern tätigen Fachärzte an der ambulanten Versorgung, soweit die stationäre Versorgung darunter nicht leidet; Beteiligung der vorwiegend ambulant tätigen Fachärzten an der stationären Versorgung, soweit ihr Fachgebiet durch Krankenhausärzte nicht genügend abgedeckt ist; bedarfsgerecht gelenkte Förderungsmaßnahmen für die Niederlassung von Ärzten in strukturschwachen Gebieten im Zusammenwirken mit den Gemeinden und den ärztlichen Organisationen. Ich bin sicher, daß Ärzte und Krankenhausträger entsprechend der wahren Verpflichtung dieses Berufsstandes und dieser Organisationen die Durchführung solcher Grundsätze wesentlich erleichtern. Die Landesregierung wird entsprechende bundesgesetzliche Vorhaben zur Sicherung der ärztlichen Versorgung unterstützen.

Wegen des außerordentlichen Ärztemangels soll die Wirksamkeit, die Leistungsfähigkeit – hier steht »Effizienz«, ich mag das Wort nicht – der medizinischen Einrichtungen für Forschung und Lehre überprüft und besonderer Wert auf ein verbessertes Lehrangebot gelegt werden. Dazu gehört unter anderem auch die Frage, ob und inwieweit diesem Zweck die Ausbildung am Krankenbett in Krankenhäusern außerhalb des Studienortes dienen kann. Auf lange Sicht wird das Problem der ausreichenden ärztlichen Versorgung nur durch eine Vermehrung der medizinischen Studienplätze zu lösen sein.

Die Landesregierung weiß sich mit allen Parteien dieses Hohen Hauses darin einig, daß auf dem Gebiete der Versorgung der psychisch Kranken ein großer Nachholbedarf besteht. Sie wird deshalb ein Gesetz über Hilfen und Schutzmaßnahmen für psychisch Kranke wieder einbringen und die begonnene Sanierung der Landeskrankenhäuser fortsetzen. Ebenso notwendig erschient es, weitere Vorsorge für die Behandlung und

Betreuung von Süchtigen zu treffen. Das Tempo bei der Durchführung solcher Maßnahmen bestimmen Sie durch durchführbare Vorschläge der Opposition mit, meine Damen und Herren! In der Gesundheitspolitik muß besonders im Hinblick auf die zahlreichen Zivilisationsschäden allgemein der Gesundheitsvorsorge – der Vorbeuge, der Früherkennung und der Gesundheitserziehung – Vorrang vor der Krankheitsbekämpfung eingeräumt werden. Deshalb wird sich die Landesregierung für den weiteren Ausbau dieses Vorsorgesystems auch durch entsprechende sozialpolitische Maßnahmen der Bundesregierung und für bessere Möglichkeiten zur Gesundheitserziehung einsetzen. Konkret kommt es unter anderem auch langfristig darauf an, daß Krankenhäuser und der öffentliche Gesundheitsdienst in die Durchführung der Vorsorgeuntersuchungen einbezogen werden, die zahnärztliche Untersuchung der Kinder einmal im Jahr und – sobald das realisierbar ist – auch die allgemeinärztliche Untersuchung in bestimmten Lebensabschnitten durch Gesetz zur Pflicht gemacht werden, an den Medizinischen Fakultäten weitere Lehrstühle für Sozial- und Arbeitsmedizin eingerichtet werden.
Die gesetzlichen Aufgaben und die Organisation des öffentlichen Gesundheitsdienstes entsprechen nicht mehr den Anforderungen unserer Industriegesellschaft. In einem Landesgesetz über das Gesundheitswesen soll den veränderten Bedingungen Rechnung getragen werden. Das Gesundheitsamt wird auf der unteren Verwaltungsebene die wichtigste Institution des öffentlichen Gesundheitsdienstes bleiben. Die Modernisierung der Gesundheitsämter wird fortgeführt. Zur Beseitigung des Ärztemangels müssen Mittel und Wege gesucht werden, um den Anreiz für Ärzte und Zahnärzte im öffentlichen Dienst zu vergrößern und den Bewerbern für den öffentlichen Gesundheitsdienst Studienbeihilfen zu geben.
Damit Kranke und besonders Unfallverletzte ohne Umwege schnell in die richtige Klinik kommen, ist es notwendig, das Krankentransportwesen besser zu ordnen. Die Landesregierung wird daher durch ein Gesetz und im Zusammenwirken mit den freien Trägern, den Landkreisen und Gemeinden ein umfassendes Rettungssystem in Niedersachsen aufbauen.
Meine Damen und Herren! Die solidarische Unterstützung der Schwächeren macht den Charakter eines sozialen Rechtsstaates aus. Die freien Wohlfahrtorganisationen, die diese Aufgaben weitgehend wahrnehmen, werden wir deshalb weiterhin unterstützen.
Die Altenhilfe bleibt ein Schwerpunkt der Sozialpolitik. Die älteren Menschen sollen so lange wie möglich aktiv und selbständig bleiben und nicht von der Gesellschaft isoliert werden. Dazu dient nicht nur die schon erwähnte Förderung des Baues von Altenwohnungen. Das Land will auch

durch freiwillige Zuschüsse dafür sorgen, daß die Träger der kommunalen und freien Wohlfahrtspflege die sogenannten offenen und halboffenen Hilfen – Essen auf Rädern, Gemeindepflegestationen, Hauspflegedienst usw. – verbessert werden können.
Das Leben der ausländischen Arbeitnehmer in der Bundesrepublik schließlich soll nicht mit sozialen Nachteilen verbunden sein. Wir müssen die bisherigen Maßnahmen zur beruflichen und gesellschaftlichen Integration fortsetzen.
Die Landesregierung tritt für einen umfassenden Arbeitsschutz ein. Sie erkennt die Bedeutung gerade auch der Gewerkschaften und der Selbstverwaltungsorgane der Wirtschaft hierfür. Wir begrüßen den Entwurf der Bundesregierung zur Novellierung des Jugendarbeitsschutzes. Notwendig für den Arbeitsschutz, aber auch für den Umweltschutz ist es, die Gewerbeaufsicht personell zu stärken, die Mitarbeiter intensiver fortzubilden sowie ausreichende technische Hilfsmittel anzuschaffen.
Nun zum Arbeitsrecht, meine Damen und Herren.
Zum Arbeitsrecht gehört auch die Regelung des Bildungsurlaubs. Die Landesregierung beabsichtigt, das Bildungsurlaubsgesetz zu novellieren. Die Novelle soll so vorbereitet werden, daß sie rechtzeitig vor dem Inkrafttreten des in der letzten Legislaturperiode verabschiedeten Bildungsurlaubsgesetzes verkündet werden kann. Sie soll unter Wegfall der Ausgleichsabgabe Regelungen in Bildungsurlaubsgesetzen anderer Bundesländer unter anderem über den Kreis der Berechtigten und den Umfang des Urlaubsanspruchs berücksichtigen. Wir wollen nämlich damit zugleich bessere Voraussetzungen für eine bundesgesetzliche Regelung schaffen.
Nun zum Geschäftsbereich des Ministers der Justiz. Es gilt, das in den letzten Jahren Erreichte zu konsolidieren und schon Begonnenes konsequent weiterzuführen.
Gerichtliche Entscheidungen können den Rechtsfrieden häufig nur unvollkommen wiederherstellen. Es muß deshalb mehr darauf ankommen, geeignete Maßnahmen zu teffen durch die schon der Entstehung oder Ausweitung von Konflikten vorgebeugt wird. Das ist sicher keine alleinige Aufgabe der Justiz, sondern eine ressortübergreifende Aufgabe. Die Justiz wird hierzu aber wichtige Beiträge leisten können. Es ist zum Beispiel an Regelungen zu denken, die auf eine gütliche Beilegung von Rechtsstreitigkeiten abzielen, an die Erleichterung der Rechtsberatung für Minderbemittelte und an den Abbau der Rechtsfremdheit durch den Unterricht an Schulen.
Eine besondere Bedeutung gewinnt die Vorsorge für die Eindämmung der

Kriminalität. Dazu gehört auch der Strafvollzug. Der moderne Strafvollzug muß den Gefangenen befähigen, nach der Entlassung eigenverantwortlich ein Leben ohne Straftaten zu führen. Die Landesregierung wird deshalb weiterhin eine zügige Verabschiedung des von der Bundesregierung vorgelegten Entwurfs für ein zukunfstorientiertes Strafvollzugssystem unterstützen. Sie wird den schon beschrittenen Weg vom reinen Verwahr- und Behandlungsvollzug in Niedersachsen konsequent fortsetzen. Ausbildung und Arbeitsangebot in den Anstalten müssen weiter verbessert, die Formen des Vollzugs stärker differenziert werden.

Noch in diesem Jahr werden auf der Grundlage dieser Konzeption die Bauarbeiten für eine Ergänzung der Vollzugsanstalt in Celle und voraussichtlich für die neue Jugendanstalt in Hameln begonnen werden.

Die Planungen einer weiteren neuen Vollzugsanstalt nördlich von Hannover für 600 erwachsene Gefangene sowie einer sozialtherapeutischen Anstalt für 200 gefährdete Straftäter schreiten fort.

Für die kritische Zeit nach der Entlassung ist es notwendig, die Bewährungshilfe auszubauen und durch eine institutionalisierte Entlassungshilfe zu ergänzen.

Präventive Maßnahmen, so notwendig sie sind, reichen allein jedoch nicht aus. Die Landesregierung wird deshalb wie in der letzten Legislaturperiode ihr besonderes Augenmerk darauf richten, die Funktionsfähigkeit der Rechtspflege weiter zu steigern. Dazu gehören die Deckung des noch vorhandenen Personalfehlbedarfs auf der Grundlage möglichst bundeseinheitlicher Bedarfsrechungen, die Neugliederung der Gerichtsbezirke nach den Grundsätzen der Wirtschaftlichkeit und Zweckmäßigkeit und schließlich die Fortsetzung der Reform im System der Ausbildung und Fortbildung.

Ein wichtiges Prokjekt zur Rationalisierung der Rechtspflege ist auch die Zusammenfassung von Gerichten und Justizbehörden in einem Justizzentrum. Wir werden damit in Hannover beginnen – wenn die Haushaltslage das ermöglicht – und die dortigen Erfahrungen für spätere Planungen auswerten.

Eine weitere vordringliche Aufgabe – und das hat auch etwas mit der Haushaltslage zu tun – ist die wirksame Bekämpfung der Wirtschaftskriminalität und der sonstigen schweren Kriminalität, die einen hohen Verfahrensaufwand erfordert.

Eine gute Personalausstattung mit spezialisierender Zusatzausbildung ist hierfür ebenso wichtig wie die aktive Mitwirkung an der Strafprozeßreform mit dem Ziele, den Staatsanwalt von der Büroroutine zu entlasten und ihn für seine eigentlichen Aufgaben freizustellen.

Schließlich strebt die Landesregierung an, das Justizminsterium zu einem Rechstpflegeminsterium zu entwickeln; sie wird alle geeigneten Schritte unternehmen, die zu einer Klärung der hiermit zusammenhängenden Fragen notwendig sind. Dazu gehört zum Beispiel die Heranziehung und Auswertung von Erfahrungen aus anderen Bundesländern, die bereits ein Rechtspflegeministerium haben. Die erforderlichen Änderungen des Bundesrechts wird die Landesregierung unterstützen.
25 Jahr nach Inkrafttreten des Grundgesetzes sehen wir manchen Gedanken des Grundgesetzes in anderem Licht. Das Engagement des Bürgers, vor allem im kommunalen Bereich, verlangt nach neuen Formen der Mitwirkung. Der Bürger begnügt sich nicht mehr mit dem Gang zur Wahlurne alle vier Jahre. Dies allein gibt bereits der Landesregierung Anlaß, eine Sachverständigenkommission zu beauftragen. Vorschläge für eine Fortentwicklung des kommunalen Verfassungsrechts zu erarbeiten. Dabei soll insbesondere geprüft werden, durch welche Maßnahmen der Forderung nach mehr unmittelbarer Beteiligung der Bürger an der kommunalen Selbstverwaltung Rechnung getragen werden kann. Sie soll weiter die innere Organisation der kommunalen Gebietskörperschaften sowie ihre Stellung im staatlichen Aufbau überprüfen.
Die Landesregierung will die Einführung eines Bürgerbegehrens, durch das Entscheidungen der kommunalen Gremien initiiert werden können, möglichst vorweg regeln.
Die Mitwirkung der kommunalen Spitzenverbände an der Gesetzgebungsarbeit soll weiter verbessert werden, um auch auf diesem Wege die Belange der Gebietskörperschaften und ihre Verwaltungserfahrung berücksichtigen zu können.
Die Debatten über die Verfassung verengen sich in den letzten Jahren oft auf die Diskussion über Gefahren durch erklärte Feinde dieser Verfassung. Die Gleichgültigkeit anderer gegenüber der Ordnung dieser Verfassung ist jedoch nicht minder gefährlich. Das Grundgesetz fordert die aktive Stützung der Verfassung. In der Frage der Verfassungsfeinde im öffentlichen Dienst wird die Landesregierung im Bundesrat den Gesetzentwurf der Bundesregierung zur Änderung dienstrechtlicher Vorschriften unterstützen. Er entspricht dem bisherigen rechtsstaatlichen Verfahren in Niedersachsen. Die Landesregierung wird auch in Zukunft ihre Praxis an diesem Gesetzentwurf ausrichten. Zur Vorbereitung der Einstellung von Bewerbern, an deren Verfassungstreue Zweifel bestehen, wird eine zentrale Kommission gebildet werden.
Nach der Gemeindeneugliederung stehen nun die Fortführung der Verwaltungsreform und die Kreisreform an. Auf der Grundlage des Gutach-

tens der Sachverständigenkommission, des Landes-Entwicklungsprogramms und der Erfahrungen in den übrigen Bundesländern müssen Lösungen gefunden werden, die den Verhältnissen und Interessen der Bürger gerecht werden. Demgemäß ist es unser Ziel, Landkreise zu schaffen, die unter Berücksichtigung der sozio-ökonomischen Verflechtungen großräumige Entwicklungsaufgaben erledigen und ergänzende Funktionen für die durch die Gemeindeneugliederung geschaffenen Gemeinden übernehmen können. Die Landkreise sollen für ihr Gebiet ein Raumordnungsprogramm aufstellen. Für den Bereich der verbleibenden kreisfreien Städte und der beiden Hansestädte werden besondere Lösungen anzustreben sein. Den Landkreisen sollen im Rahmen der Funktionsreform weitere Aufgaben und Zuständigkeiten übertragen werden.

Aus dieser Aufgabenstruktur künftiger Landkreise folgt, daß sie, ohne schematisch eine bestimmte Größenordnung anzustreben, vielfach größer als die bisherigen Landkreise sein werden, dabei auch nicht in die Größenordnung sogenannter Regionalkreise hineinwachsen sollen. Die Kreisreform soll so zügig betrieben werden, daß die Wahl zu den neuen Kreistagen zusammen mit der allgemeinen Kommunalwahl von 1976, aber in einem deutlichen Abstand zur Bundestagswahl stattfinden kann.

Den neuen Landkreisen sollen Starthilfen und von den Kreisstädten bei Verlust des Kreissitzes Hilfen der verschiedensten Art gewährt werden.

Als Folge der Kreisreform wird eine Anpassung der Wahlkreisgliederung für die Landtagswahl an die Grenzen der neuen Landkreise erforderlich werden. Zugleich sollen allerdings auch die zur Zeit bestehenden Größenabweichungen der Wahlkreise gemildert werden.

Hand in Hand mit der Gebietsreform soll die Finanzausstattung der Gemeinden und Kreise verbessert werden. Die bisherigen Maßnahmen werden dadurch wirksam ergänzt. Der kommunale Finanzausgleich soll so gestaltet werden, daß die Entscheidungsfreiheit der kommunalen Körperschaften gesteigert wird. Die zweckgebundenen Zuweisungen des Landes werden daher mit dem Ziel einer möglichst weitgehenden Verbesserung der nicht zweckgebundenen Leistungen überprüft. Die Verteilung der Finanzausgleichsmasse soll den durch die Verwaltungs- und Gebietsreform veränderten Verhältnissen angepaßt und verbessert werden, insbesondere durch die Ausrichtung der Schlüsselzuweisungen auf die Ziele der Raumordnung, d. h. zugunsten der zentralen Orte. Gleichzeitig mit der Kreisreform soll die Bezirksreform, die in der letzten Legislaturperiode zurückgestellt werden mußte, rechtzeitig verwirklicht werden. Die Landesregierung beabsichtigt, die Zahl der Regierungs- und Verwaltungsbe-

zirke deutlich zu verringern und dabei die Bezirksgrenzen soweit wie möglich an die bestehenden großräumigen Verflechtungsbereiche anzupassen. Ein erster Schritt dazu ist die bereits in der vorigen Legislaturperiode vorgenommene Zusammenfassung von Aufgaben bei Vorortregierungen.
Im Zusammenhang damit soll die Funktion der Regierungs- und Verwaltungspräsidenten – sie werden später alle nur Verwaltungspräsidenten heißen – als allgemeine Vertreter der Landesregierung im regionalen Bereich deutlicher sichtbar gemacht werden. Die Durchführung der Bezirksreform wird allerdings einen Zeitraum von mehreren Jahren in Anspruch nehmen. Die Landesregierung wird die dazu erforderlichen baulichen Investitionen, die auf längere Sicht zu Ersparnissen führen werden, vornehmen müssen.
Verwaltungsreform heißt jedoch nicht nur Funktionalreform, sie heißt ebenso ständige Überprüfung des Aufbaues und des Ablaufs, der Arbeitsweise der öffentlichen Verwaltung. Eine Verkürzung der Entscheidungswege kann nicht nur die Entscheidungsfreude der Mitarbeiter fördern, sondern auch Zeit und Geld sparen, ebenso die Delegation von Aufgaben innerhalb einer Behörde. Zur Verwaltungsreform gehört das Denken in Kosten ebenso wie die Entlastung der Mitarbeiter von Aufgaben, für die sie weder ausgebildet sind noch besoldet werden. Alle Vergleiche mit der privaten Wirtschaft, meine Damen und Herren, hinken, solange die öffentliche Verwaltung nicht auch, soweit das ihre Aufgaben ermöglichen, mit modernen technischen Mitteln ausgestattet ist. Das aber kostet Geld.
Alle Mitarbeiter sind aufgefordert, durch konstruktive Beiträge einer ungerechten pauschalen Kritik an der Leistungskraft der öffentlichen Verwaltung zu begegnen.
Zur Verwaltungsreform gehört nicht zuletzt der Hinweis auf die Notwendigkeit, stets zu prüfen, ob eine Aufgabe, die von der öffentlichen Hand wahrgenommen wird, auch tatsächlich optimal bei ihr wahrgenommen werden kann. Es gehört dazu auch die strikte Einhaltung aller Vorschriften, die genaue Anforderungen an die Vorbereitung von Investitionen stellen. Rationalisierung und Sparsamkeit – diese Binsenweisheit muß man wohl öfter sagen – fangen stets mit einer sorgfältigen Vorbereitung, auch Planung, auch Landesentwicklungsplanung, an.
Schließlich kann der öffentliche Dienst von der sich wandelnden Struktur der öffentlichen Verwaltung nicht unberührt bleiben. Die Landesregierung wird die Bestrebungen zur Beseitigung von Unterschieden unter den Beschäftigten, die durch ihre Funktion nicht begründet sind, und eine zeitgerechte Reform des öffentlichen Dienstrechtes unterstützen.
Die Landesregierung ist davon überzeugt, daß die Leistungsbereitschaft

der Mitarbeiter in starkem Maße vom Vertrauen auf die Fürsorge des Staates und die Gerechtigkeit der Personalentscheidungen abhängt. In der vergangenen Legislaturperiode konnte durch die Novellierung des Personalvertretungsgesetzes eine stärkere Beteiligung der Beschäftigten verwirklicht werden. Die Landesregierung wird, wenn mit den neuen Regelungen genügend Erfahrungen gesammelt worden sind, dem Landtag Vorschläge für die Weiterentwicklung des Personalvertretungsrechts unterbreiten.
Die Ausbildung der Beschäftigten wird weiter im Rahmen der allgemeinen Bildungspolitik und der Reform des öffentlichen Dienstrechts fortentwickelt werden. Insbesondere wird die Fachhochschulausbildung für den gehobenen nichttechnischen Dienst eingeführt werden. Der Fortbildung wird stärkere Aufmerksamkeit geschenkt werden.
Auf dem Gebiet der Raumordnung wird es nötig sein, das Landes-Raumordnungsprogramm neu zu fassen, wobei der Landtag den Teil I verabschieden und zum Teil II vor der Beschlußfassung des Kabinetts eine Stellungnahme abgeben wird. Das Programm soll in einigen Teilen differenzierter und umfassender als bisher angelegt und mit dem Landes-Entwicklungsprogramm stärker abgestimmt werden.
Nun zur Polizei. Der Ausbau der Polizei ist in den letzten Jahren ein gutes Stück vorangekommen. Dennoch wird die Landesregierung in der Erkenntnis, daß die Gewährleistung der inneren Sicherheit Grundvoraussetzung für die freie Entfaltung aller positiven gesellschaftlichen Kräfte ist, dem Ausbau der Polizei weiterhin eine hervorragende Stellung einräumen. Die Ziele sind mit dem Sicherheitskonzept von Bund und Ländern abgesteckt. Sie reichen von einer beachtlichen personellen Verstärkung über die Modernisierung der Ausrüstung, die Verbesserung der Unterbringung bis zu den passenden organisatorischen Veränderungen. Eine moderne Aus- und Fortbildungskonzeption, zeitgemäßes Laufbahnrecht und gerechte Stellenbewertung runden ein solches Programm ab.
Wir wissen, daß auch dieses Programm nicht kurzfristig realisierbar ist, möchten aber unsere feste Entschlossenheit betonen, den Bürgern unseres Landes auch künftig ein Höchstmaß an Sicherheit zu gewähren. Die Landesregierung bekennt sich klar und uneingeschränkt zum Sicherheitsauftrag der Polizei. Sie weiß, daß die Polizei ihre schwierige Aufgabe in der Vergangenheit in verantwortungsbewußter, selbstloser Weise bis zum Opfer des eigenen Lebens erfüllt hat. Wir werden alle Voraussetzungen schaffen, die für diesen Einsatz der Polizei nötig sind. Wir verlassen uns auf unsere Polizei, unsere Polizei kann sich auf diese Landesregierung verlassen!

Abschließend nun einige, allerdings schwerwiegende Bemerkungen zum Thema Haushalt und Finanzen. Die Finanzkraft des Landes konnte in den letzten Jahren Dank der unermüdlichen finanzpolitischen Bemühungen der Landesregierung beim Bund und bei den anderen Ländern erheblich verbessert werden. Wenn gleichwohl – ich habe das vorhin für manchen wohl zu lapidar gesagt – die Finanzlage auf absehbare Zeit keinen Anlaß zur Freude bietet, so hat das mehrere Gründe.
Es darf einmal nicht vergessen werden, daß die Finanznot früherer Jahre strukturelle Rückstände bedingte, die auch bei einer relativ verbesserten Finanzkraft nur verhältnismäßig langsam abgebaut werden können, weil die laufenden und neu hinzukommenden Aufgaben des Landes ebenso wie in allen anderen Ländern einen ständig steigenden Finanzaufwand fordern. Andererseits führen die gesamtwirtschaftliche Entwicklung der letzten Zeit und die Einnahmeausfälle der öffentlichen Hand durch die ansteigende Steuerreform zu ganz erheblichen Einbußen bei den erwarteten Einnahmen. Der Knick in der Entwicklung des Steueraufkommens kann nicht ohne Auswirkung auf Art und Umfang der Aufgabenerfüllung bleiben, denn die Lage am Kreditmarkt wird es zumindest in nächster Zeit nicht zulassen, die Minderung der Einnahmeerwartungen bei den Steuern voll auszugleichen. Wir werden also – ebenso wie der Bund, die anderen Länder und auch die Gemeinden – in nächster Zeit kürzertreten und unsere Vorhaben noch kritischer als bisher nach Zwangsläufigkeit und politischer Priorität überprüfen müssen. Es kann auch dazu kommen, weniger dringliche Vorhaben zu strecken.
Bei diesem notwendigen Anpassungsprozeß werden das Landes-Entwicklungsprogramm und die in der Aufgabenseite darauf bezogene mittelfristige Finanzplanung eine wertvolle Hilfe sein. Wir bereiten eine mittelfristige Planung vor – ich deutete es schon an – die die Erkenntnisse aus der Finanz- und Landes-Entwicklungsplanung zusammengefaßt und zu aktuellen Leitlinien für die Durchführung unseres politischen Auftrags und für den Entwurf des jährlichen Haushaltsplans verdichtet. Trotz harter Einschränkungen, die vor allem die Haushalte der Jahre 1974 und 1975 voraussichtlich mit sich bringen, wird die mittelfristige Planung zeigen, daß dennoch insgesamt ein solider Leistungsstandard für unsere Bürger aufrechterhalten werden kann. Ich muß allerdings an alle Verantwortungsbewußten appellieren, das Erreichte richtig zu würdigen und keine unrealistischen Erwartungen zu hegen.
Besondere Aufmerksamkeit wird die Landesregierung einer sparsamen und wirtschaftlichen Erfüllung der Landesaufgaben widmen. Wir werden die Rationalisierungsmaßnahmen überall dort fortsetzen, wo sie Erfolg

versprechen und insbesondere den Personalaufwand begrenzen oder einschränken können. Wir müssen alle Mehranforderungen im Personalbereich äußerst kritisch prüfen.
Die vorige Landesregierung hat bereits einen Auftrag an den Landesrechnungshof gegeben, die Personalwirtschaft insgesamt zu begutachten und Vorschläge zur Rationalisierung zu unterbreiten. Allerdings sollten wir die Dinge auch im rechten Licht sehen und berücksichtigen, daß der weit überwiegende Teil der Arbeiter, Angestellten und Beamten im öffentlichen Dienst Leistungen zu erbringen hat, die unmittelbar dem einzelnen Bürger zugute kommen und einen wesentlichen Teil dessen ausmachen, was heute zum mehr oder weniger selbstverständlichen Aufgabenbestand des Landes gehört. Ich erinnere an die Polizeibeamten, an die Lehrer, an Ärzte und Pflegepersonal, an Richter und Justizangehörige.
Diese Aspekte aber lenken unsere Aufmerksamkeit noch mehr als bisher auf das Steuerwesen. Zur Stärkung der Finanzkraft unseres Landes ist eine möglichst gleichmäßige und volle Ausschöpfung aller vorhandenen Steuerquellen anzustreben. Abgesehen davon ist ein gut funktionierendes Steuerwesen einer der Grundpfeiler der sozialen Gerechtigkeit. Die Landesregierung wird mit diesen Zielen auch weiterhin ihren Beitrag zur stufenweisen Verwirklichung der Steuerreform leisten, die die Bundesregierung eingeleitet hat und hoffentlich vollenden kann, um das Steuerrecht den Anforderungen der Bürger und des Staates anzupassen.
Die Realisierung der angestrebten Ziele erfordert aber auch eine leistungsfähige Steuerverwaltung. Die Landesregierung wird an die erfolgreichen Bemühungen ihrer Vorgängerin, die Funktionsfähigkeit der Finanzämter wesentlich zu verbessern, anknüpfen und die Verwirklichung des Programms zur Neustrukturierung der niedersächsischen Steuerverwaltung zügig fortführen. Mit diesem Ziele sollen auch im Zusammenhang mit einer wesentlichen Verbesserung der Aus- und Fortbildung weiterhin Aufgaben aus den bisherigen Arbeitsgebieten des gehobenen Dienstes auf Angehörige des mittleren Dienstes übertragen werden.
Der Staat kann mit seinen Institutionen und Organen nicht alles allein leisten. Seiner Tätigkeit sind Grenzen gesetzt. Sie entspringen vor allem der Einsicht, daß die Initiativen, die in einer freien Gesellschaft von den Bürgern und von den gesellschaftlichen Gruppierungen ausgehen, ihren eigenen Wert haben, und durch den Staat nicht ersetzbar sind.
Die Landesregierung ist auch künftig im Interesse aller zum Gespräch und zur konstruktiven Zusammenarbeit mit den gesellschaftlichen Gruppen bereit. Stellvertretend nenne ich dabei wegen ihrer besonderen Bedeutung die Gewerkschaften, die Organisationen unserer Wirtschaft, die

Kammern und Verbände. Um das getrübte Verhältnis zwischen der Handwerkskammer und der Landesregierung zu normalisieren, habe ich der Spitze des Niedersächsischen Handwerkskammertages angeboten, die kurz vor der Wahl unterbrochenen Vergleichsgespräche erneut wieder aufzunehmen.

Anerkennend und dankbar hebe ich den Einsatz und die Leistungen der Verbände der freien Wohlfahrtspflege hervor. Die Landesregierung würdigt die bedeutende Stellung der Kirchen im Volksganzen; sie ist nach wie vor um eine vertrauensvolle Partnerschaft in der Lösung gesellschaftlicher Aufgaben mit ihnen bemüht.

Die Landesregierung sucht ein lebendiges Verhältnis zu den Bürgern unseres Landes. Es gehört zu unseren wesentlichen Zielen, daß die Bürger in demokratischem Engagement kritisch mitdenken und mitentscheiden. Ich sage das auch besonders im Hinblick auf die Stellung der Frau in unserer Gesellschaft. Der Gleichheit vor dem Gesetz muß die volle soziale Gleichstellung und damit auch eine stärkere Teilhabe der Frauen im politischen Leben folgen.

Ich schließe mit einem Gedanken, der zwar zur Bundesrepublik gehört, der aber für Niedersachsen seine eigene Bedeutung hat. Was ich meine, wird sinnfällig mit dem Blick vom Torfhaus zum Brocken und geistig fixiert durch das Bewußtsein unserer Grenzlage zur DDR. Wir werden nach der begonnenen Phase der Entspannung und Normalisierung in der Deutschlandpolitik neue Wege zu menschlichen Kontakten finden müssen.

Wir können im staatlichen Bereich die Fortschritte der Verhandlungen in der Grenzkommission – ein Stück beginnender Normalisierung –, in denen auch niedersächsische Interessen berührt sind, mit Befriedigung zur Kenntnis nehmen. Die Einheit der Nation und die Stärkung der menschlichen Bindungen nimmt die Landesregierung fest mit in ihre Vorstellungen auf.

Meine Damen und Herren! Ich habe Ihnen die Ziele und Absichten der Landesregierung so ausführlich vorgetragen, um eine klare Grundlage für die Arbeit als Richtlinie unserer Politik hier zur Diskussion zu stellen, gleichzeitig aber auch, um Ihnen und der breiten Öffentlichkeit – von der ich eine sachliche Beurteilung des Gesagten, eine sachliche Beurteilung unserer Leistungen erhoffe – eine Gelegenheit zur Kontrolle zu geben. Wir werden uns, wie in der vorigen Legislaturperiode, in ausreichend kurzen und unübersehbaren Abschnitten dieser Rechenschaftslegung stellen – ich für meine Person mit gleich gutem Gewissen wie in den letzten vier Jahren.

Föderalismus und Kooperation (1974)

Das Amt des Präsidenten des Bundesrates wird im jährlichen Wechsel von den einzelnen Ministerpräsidenten der Länder wahrgenommen. Am 8. November 1974 hielt Alfred Kubel seine Antrittsrede als Präsident des Bundesrates. Im Anschluß an die Rede Kubels sprach der damalige Bundeskanzler Helmut Schmidt in der Länderkammer. Seine Ausführungen zu Alfred Kubels Tätigkeit im Bundesrat seien hier auch zur Kennzeichnung seiner Bedeutung als Präsident des Bundesrates wiedergegeben:
»Ich halte es für einen glücklichen Umstand, daß Herr Kubel das nächste Vierteljahrhundert Bundesrat einleitet. Seine Anwesenheit in diesem Hause seit 1949 – darauf hat Herr Filbinger in der letzten Sitzung mit Recht hingewiesen – ist ein Stück personeller Kontinuität der Ländervertretung. Seine langjährige fachliche und politische Erfahrung wird mithelfen, daß sich das föderale Prinzip in der kommenden Zeit als ein kooperatives Prinzip bewährt.«
Kubel strebte seit dem Ende der sechziger Jahre eine Reform der föderalen Struktur an, die den Bundesländern einen Kernbestand an Aufgaben sichern und Aufgaben, die durch die finanzielle Beteiligung des Bundes ohnehin nur noch eingeschränkt Ländersache waren, an den Bund abgeben und zugleich die Landesparlamente stärker an der Bundesratsarbeit beteiligen sowie den Bundesrats-Mitgliedern eine stärkere parlamentarische Verantwortung geben sollte.

Meine Damen und Herren!

In diesem Jahr, in dem ich mein Amt antrete, blicken die Bundesrepublik Deutschland und damit auch der Bundesrat auf ihr 25jähriges Bestehen zurück. Herr Filbinger, dem ich in dieser Stunde den Dank des Hauses für seine Leistungen als Präsident des vergangenen Geschäftsjahres aussprechen möchte, hat dieses Jubiläum bereits gewürdigt.
In einer Zeit, da das Wort von der Krise des Föderalismus umgeht, ist das Jubiläum auch für mich Anlaß zu einem nüchternen Besinnen. Dieses Besinnen gilt zum einen der konstanten bundesstaatlichen Struktur unseres Staatswesens, zum anderen ihren wechselnden Erscheinungsformen.
Der bundesstaatliche Aufbau hat Tradition in unserem Lande. Diese Tradition sollte uns aber nicht dazu verleiten, seine heutige Funktion in Anknüpfung an Vorstellungen früherer Verfassungsepochen zu

bestimmen. Die föderative Ordnung der Reichsverfassung von 1871 hat noch die geschichtliche Individualität der deutschen Einzelstaaten zu integrieren und deren territorialen Bestand zu bewahren. Es liegt auf der Hand, daß dieser Zweck heute zurückgetreten ist. Das zeigt schon der Auftrag des Grundgesetzes zur Neugliederung des Bundesgebietes.
Der aktuelle Stellenwert des föderativen Prinzips in unserem Staatswesen läßt sich zutreffend nur aus einer Betrachtung des Gesamtgefüges unserer verfassungsmäßigen Ordnung erfassen. Bei einer solchen Sicht erweist sich, daß das Grundgesetz das Organisationsprinzip der Bundesstaatlichkeit in einen engen Zusammenhang mit den fundamentalen Staatsform- und Staatszielbestimmungen der Demokratie, des Rechtsstaats und des Sozialstaates stellt. Das föderative Prinzip wird dann zu einem konstituierenden Element der Demokratie und des sozialen Rechtsstaates. Beide Staatsziele soll es ergänzen und verstärken.
Diesen Funktionen kann die bundesstaatliche Ordnung des Grundgesetzes nur gerecht werden, wenn mit den Ländern eine Mehrzahl demokratisch legitimierter politischer Entscheidungsgewalten erhalten bleibt. In dieser Bedingung liegt dann auch die vom Grundgesetz festgeschriebene Konstante unserer föderativen Ordnung: nicht vorwiegend um der regionalen Besonderheit und individuellen Gestaltungsmöglichkeit der Länder willen, sondern wegen der konstituierenden Bedeutung des föderativen Elements für unser Gemeinwesen als demokratischen und sozialen Rechtsstaat.
Damit ist ein Richtpunkt in dem Strukturwandel gesetzt, den die bundesstaatliche Ordnung des Grundgesetzes erfahren hat. Der Föderalismus befindet sich in einem Prozeß stetiger Fortentwicklung, sie bringt immer neue Formen hervor. Nicht nur im internationalen Vergleich, sondern auch in der Geschichte unseres Staatswesens gibt es sozusagen eine strukturelle Bandbreite der Föderalismen. Die Vielfalt wird deutlich in der Fülle differenzierender Attribute, mit denen Ursprung und Entwicklungsrichtungen der bundesstaatlichen Ordnung gekennzeichnet werden. Vom Postkutschen-Föderalismus, von oktroyiertem und separativem Föderalismus, davon ist heute nicht mehr die Rede.
Neuerdings beherrscht das Wort vom kooperativen Föderalismus die Szene. Schon 1969 hat Ernst Benda diesen Begriff wie folgt umschrieben:

> »Föderalismus kooperativ verstehen bedeutet, die verfassungsmäßige Verteidigung der Zuständigkeiten zwischen Bund und Ländern nicht als Zwang – oder gar als Vorwand – für ein separiertes und isoliertes Handeln der verschiedenen Gewaltenträger zu verstehen, sondern unbeschadet der jeweiligen Zuständigkeiten die gemeinschaftliche

Verantwortung für eine im Geiste der Bundestreue abgestimmte Gesamtpolitik zu erkennen.«

Ich meine, ein solches Verständnis unserer bundesstaatlichen Ordnung sollte eigentlich außer Zweifel stehen, und das schmückende Beiwort »kooperativ« würde dann sogar entbehrlich sein.

Gleichwohl zeichnet es einen deutlichen Wandel, der sich seit 1949 kontinuierlich, und in verstärktem Maße seit der Finanzreform von 1969, in der Verfassungswirklichkeit ebenso wie in zahlreichen Grundgesetzänderungen vollzogen hat. Das steigende Gewicht der Technik, der Wirtschaft und des Verkehrs, die zunehmenden Verflechtungen des wirtschaftlichen und sozialen Lebens sowie die Planungs-, Lenkungs- und Verteilungsfunktionen haben den Umfang der staatlichen Aufgaben, die sich ihrer Natur nach auf die Länderebene beschränken lassen, immer mehr verringert. Zwölf Gesetzgebungskompetenzen sind seit 1949 von den Ländern auf den Bund übergegangen. Außerdem entwickelten sich daneben vielfältige Formen der Zusammenarbeit zwischen Bund und Ländern und unter den Ländern, die das Gewicht des Bundes stärkten. Die Finanzreform von 1969 eröffnete dem Bund neue Möglichkeiten der zusammenfassenden planvollen Leitung und Koordinierung. Dieser Prozeß ist häufig heftig kritisiert worden. Man beklagt – nicht nur bei uns, sondern auch in anderen föderativ gegliederten Staaten – den Verlust von Kompetenzen zugunsten des Zentralstaats, die wachsende finanzielle Abhängigkeit und die Vielfalt von Kooperationsgremien und Koordinierungsverfahren, mit denen eindeutige Zuständigkeiten und Verantwortlichkeiten verwischt werden.

Sicher liegen hier Gefahren. Aber täuschen wir uns nicht: es kann kein Weg zu dem ursprünlichen System getrennter, unverbundener Kompetenzen zurückführen. Im modernen Sozialstaat erwartet der Bürger einheitliche Lebensverhältnisse und nimmt auch geringfügige Leistungs- und Belastungsunterschiede nicht mehr ohne weiteres hin. Deshalb scheint mir selbst die Verteidigung des Status quo kein Ausweg.

Eine zukunftsoffene Fortentwicklung der föderativen Ordnung sollte darauf angelegt sein, den Schwund autonomer Gestaltungsmöglichkeiten der Länder auf andere Weise auszugleichen. Ich denke hier vor allem an gesteigerte Mitwirkungsrechte der Länder bei überregionalen Aufgaben. Insoweit – ich betone: insoweit – war die Einführung der Gemeinschaftsaufgaben ein erster Schritt. Diese Deutung wird manchen überraschen. Die Gemeinschaftaufgaben werden in einigen Ländern oft negativ beurteilt. Es ist auch nicht zu leugnen, daß die gefundenen Lösungen Mängel aufweisen. Die ersatzlose Abschaffung der Gemeinschaftsaufgaben

kann aber nicht unser Ziel sein. Die Gründe für ihre Einführung treffen heute in noch stärkerem Maße zu: Umfangreiche Investitionen der öffentlichen Hand, deren gleichgewichtige Entwicklung im Interesse der wirtschaftlichen und sozialen Zukunftssicherung von größter Bedeutung ist, erfordern eine gemeinsame Planung von Bund und Ländern. Ich würde es grundsätzlich befürworten, die in der Ausgestaltung der Gemeinschaftsaufgaben verwirklichten Ansätze zu einer Verbundplanung auszubauen. Wir müssen allerdings darauf achten, daß dabei auch die Parlamente der Länder stärker eingeschaltet werden, als es heute praktisch der Fall ist.
Harold Laski[1] hat 1939 gemeint, der Föderalismus sei tot. Mir scheint, eher das Gegenteil sei erwiesen. Die bundesstaatliche Ordnung hat sich nicht nur in unserem föderativen Staatswesen elastisch den Notwendigkeiten der Gegenwart angepaßt. Sie bildet darüber hinaus heute ein Grundmuster für europäische Zusammenarbeit. Noch mehr: die in den großen Zentralstaaten Europas, insbesondere in Frankreich, Großbritannien und Italien zu beachtenden Tendenzen zur Regionalisierung scheinen mir zu beweisen, daß im Prinzip der arbeitsteiligen Dezentralisierung politischer Macht ein zeitgemäßer Inhalt liegt. Die Notwendigkeit der Verteilung staatlicher Macht entspricht sowohl dem stärker werdenden Streben nach demokratischer Mitbestimmung des Bürgers, wie auch dem wachsenden Schwierigkeitsgrad regional differenzierter wirtschaftlicher, struktureller und sozialer Probleme. Eine einzige Zentrale kann sie nicht mehr optimal übersehen und bewältigen.
Für Zuständigkeiten gibt es keine Ewigkeitsgarantie. Wohl aber müssen wir Sorge tragen, daß den Ländern bei einer Grundbilanz ein Bestand an Aufgaben erhalten bleibt, der sie noch als Mittelpunkte demokratisch legitimer politischer Entscheidung ausweist. Das nicht nur aus formeller Rücksicht auf Artikel 79 Absatz 3 GG, sondern wegen des substantiellen Gehalts des bundesstaatlichen Aufbaus unseres Staates.
Alle Überlegungen über funktionale Ausgleichsmöglichkeiten zwischen Bund und Ländern werden aber letztlich unergiebig bleiben, wenn wir nicht dem Verfassungsauftrag entsprechend Länder schaffen, die nach Größe und Leistungsfähigkeit ihre Aufgaben wirksam erfüllen können. Wir sind hier an einer Zäsur angelangt, an der wir uns die Frage vorlegen müssen, was Vorrang haben soll: eine Verfassungsreform oder die Erfüllung eines bereits bestehenden Verfassungsauftrags. Solange wir uns nicht darüber klar sind, in welche konkrete Richtung eine Verfassungsreform im Bund-Länder-Verhältnis zu führen vermag, sollte geprüft werden, mit

[1] Harold Joseph Laski, brit. Staatswissenschaftler u. sozialist. Politiker (1893–1950).

welchen Auswirkungen der Neugliederungsauftrag ohne weiteren Verzug erfüllt werden sollte.
Diese Prüfung wird auch vor dem Bundesrat als dem Bundesorgan, in dem die föderative Struktur ihren besonderen Ausdruck findet, nicht halt machen. Er ist von Werner Weber als die »am meisten schillernde Schöpfung des Grundegesetzes, als Träger einer im Schatten bleibenden indirekten Macht«, von Theodor Eschenburg als »einzigartiges Organ in der Welt« bezeichnet worden. Seine Struktur ist schon vor seiner Entstehung auf herbe Kritik gestoßen. Im Plenum des Parlamentarischen Rates sprach Theodor Heuss unmittelbar vor der Schlußabstimmung von dem »Legende gewordenen Frühstück des Herrn Abgeordneten Menzel mit dem Herrn Ministerpräsidenten Ehard aus München, bei dem der Bundesrat entstanden« sei. Heuss meinte, es werde für den Historiker eine sehr reizvolle Anekdote sein, daß der rheinische Sozialist und der weißblaue Staatsmann sich bei Bismarck gefunden haben, und zwar über Weimar zurück noch bismärckischer geworden seien. Damals warnte Theodor Heuss vor dem Föderalismus der Bürokratie.
Heute ist die Auseinandersetzung um das Bundesrats- und das Senatsprinzip wieder aufgelebt, wenn auch mit einem anderen Akzent. Es ist dies die Sorge um die politische Auszehrung der Länderparlamente. Die Gewichtsverschiebungen von den Ländern auf den Bund im Zuge der Verfassungsentwicklung seit 1949 haben zwar auch einen entsprechenden Zuwachs an Einfluß des Bundesrates bewirkt. Dieser Zugewinn trat in den Ländern aber nur bei den Regierungen ein, während die Stellung der Parlamente geschwächt wurde. Sicher liegt darin nur ein Teilaspekt der bedeutsamen Entwicklung, welche die Zuordnung von Regierung und Parlament in unserem gesamten Staatswesen genommen hat. Von daher sind allerdings die Überlegungen verständlich, wie sich eine stärkere Mitwirkung der Länderparlamente ans den Entscheidungen des Bundesrates erreichen läßt.
Auch andere Strukturfragen sind in die Diskussion geraten. Ich nenne hier nur die Stimmenzahl der Länder im Verhältnis zu ihrer Bevölkerungszahl. Auf der anderen Seite wird sogar die Umgestaltung des Bundesrates in eine Länderkammer vorgeschlagen.
Wir sollten uns jedoch auch in diesem Bereich vor übereilten Reformen hüten. Die Struktur und Funktion des Bundesrates hängen davon ab, wie sich das Kräfteverhältnis zwischen den Ländern sowie zwischen Bund und Ländern insgesamt darstellt. Solange eine abschließende Lösung der wichtigsten föderativen Sachprobleme noch offen ist, empfehlen sich isolierte Eingriffe in die Struktur des Bundesrates nicht.

Der Bundesrat ist nach seiner Zusammensetzung und seiner Funktion ein politisches Organ. Er ist als Bundesorgan dazu berufen, im Rahmen seiner Zuständigkeit an der politischen Willensbildung des Bundes mitzuwirken. Wie sollte er dieser Aufgabe gerecht werden, ohne politische Entscheidungen zu treffen? Auch früher sind parteipolitische Gegensätze im Bundesrat offen zu Tage getreten. Dennoch markiert das Jahr 1969 hier eine entscheidende Wende.
Seitdem zum erstenmal in der Geschichte der Bundesrepublik die parteipolitichen Mehrheiten im Bundestag und im Bundesrat nicht mehr übereinstimmen, ist die Bundestagsopposition der Versuchung ausgesetzt, den Bundesrat gezielt als Machtmittel einzusetzen und Vorhaben der Bundesregierung und des Bundestages zu Fall zu bringen. Die Statistik über die Zahl der angenommenen und abgelehnten Gesetze sagt darüber sehr wenig aus. Wir alle wissen doch, daß es der Mehrheit im Bundesrat möglich ist, in den verschiedenen Beratungsdurchgängen und im Vermittlungsausschuß den Inhalt eines Gesetzes so zu ändern, daß es mit den ursprünglichen Zielen nicht mehr voll übereinstimmt. Der Bundesrat darf aber weder als Akklamationsorgan für die Mehrheitsentscheidungen des Bundestages noch als Instrument der Opposition mißbraucht werden. Er ist kein Konfrontationsorgan, sondern ein Integrationsorgan. Sonst wäre es in der Tat konsequent, auch die Zusammensetzung des Bundesrates in Richtung auf eine stärkere Anlehnung an die allgemeinen Grundsätze demokratischer Mehrheitsbildung zu verändern. Das in unserem Grundgesetz schon angelegte Spannungsverhältnis von Parteienstaat und Bundesstaat darf nicht dazu führen, daß das parteienstaatliche Prinzip die föderative Struktur außer Kraft setzt. Hier liegen Gefahren für die bundesstaatliche Ordnung, wie wir alle erkennen sollten. Um dieser Gefahr zu begegnen, bedarf es im Bundesrat mehr föderaler Solidarität. Föderalimus ist kein Selbstzweck. Die verfassungsrechtlichen und staatspolitischen Aspekte unserer Arbeit im Bundesrat stehen in einem direkten Bezug zu den von uns allen gemeinsam zu lösenden Aufgaben.
Der Föderalismus hat seine Funktionsfähigkeit in den Jahren des Aufbaues unseres Staates bewiesen. Wir haben mit dieser uns selbst gegebenen bundesstaatlichen Ordnung die damals manchem unüberwindbar erscheinenden Probleme gemeistert. Aus dieser Erfahrung wächst uns heute auch die begründete Hoffnung, mit neuen Augaben von morgen fertig zu werden. Die Staaten und Erdteile miteinander verzahnenden politischen, wirtschaftlichen und technischen Verflechtungen sowie die wechselseitigen Abhängigkeiten haben die Dimensionen dieser Aufgaben in ihren Inhalten und in ihren zeitlichen Abläufen gegenüber den fünfziger

und sechziger Jahren erheblich verändert. Wir sehen, wie viele Zusammenhänge die nationalen Grenzen in Europa übergreifen. Wir spüren die Wirkungen internationaler wirtschaftlicher Mechanismen, die zuweilen unmittelbare Eingriffe in das Leben unserer Bürger auslösen.
Die Energieprobleme, die vor noch nicht allzu langer Zeit nahezu über Nacht die manchem schmerzliche Erkenntnis brachten, wie schnell und wie intensiv in ihren weltumspannenden Wirkungen solche Veränderungen vor sich gehen, waren nur ein Beispiel. Eben dieses Beispiel zeigt aber auch, welche Chancen in derartigen Erkenntnissen liegen. So hat die Kernenergie die Möglichkeit eröffnet, die großen widerstreitenden gesellschaftlichen Systeme Ost- und Westeuropa auf dem Gebiet der Energieversorgung miteinander in einen Stromverbund zu verknüpfen. Hier werden Ansätze für eine politisch und wirtschaftlich chancenreiche Entwicklung sichtbar, die die Vorstellungskraft vergangener Jahrzehnte weit übersteigt.
Ein anderer, nicht minder gewichtiger Bereich mit annähernd gleichen Ausmaßen sei erwähnt: Wir stehen mit der Politik unserer Entwicklungshilfe in der Verpflichtung, unseren Beitrag zu einer friedlichen, auf die Würde des Menschen ausgerichteten Integration aller Völker zu leisten. Diesen weit in die Zukunft weisenden Aufgaben werden wir nur gerecht, wenn wir dieses Werk nicht nur von der Kostenseite her, sondern in seinem politisch-moralischen Anspruch an uns begreifen.
Wir sind zu vielem herausgefordert. Und wir haben immer wieder neu zu prüfen, wie wir das staatspolitische Instrumentarium unserer föderalistischen Ordnung handhaben müssen, damit wir fähig bleiben, die sich immer schneller verändernden und gewiß nicht harmloser werdenden Problemen unserer Zeit zu meistern. Hier erwachsen uns die eigentlichen Maßstäbe für die uns allen anheimgegebene Verantwortung für unseren Staat, nach innen und nach außen.
Es ist hier nicht die Stunde, im einzelnen die möglichen Entwicklungslinien aufzuzeichnen, die bei der dichten internationalen wirtschaftlichen Verflechtung und bei der immer leichter werdenden Übertragbarkeit von Technologien die Industrieländer und besonders ein so typisches Industrieland wie die Bundesrepublik empfindlicher gegenüber Strukturkrisen machen. Noch vor Jahresfrist ging es im wesentlichen darum, auf der Grundlage eines ständigen wirtschaftlichen Wachstums zu einer qualitativen Steuerung aufgrund neuer Wertentscheidungen zu kommen. Heute ergeben sich aus der wirtschaftlichen Entwicklung Notwendigkeiten und Sachzwänge, die nur in engster Zusammenarbeit von Bund und Ländern bewältigt werden können.

Wir dürfen nicht der Versuchung erliegen, uns darauf zu beschränken, diese Probleme gewissermaßen von Fall zu Fall anzugehen. Das würde nicht nur unsere verfügbaren Mittel, sondern auch unsere politischen Handlungsmöglichkeiten überfordern. Was wir brauchen, ist eine mit der privaten Wirtschaft sorgfältig abzustimmende wirksame staatliche Strukturpolitik von Bund und Ländern, die die notwendigen Umstrukturierungen im wirtschaftlichen Bereich – regional abgestuft – einleitet und die Entwicklung und Einführung neuer Technologien fördert.
Bei alledem ist die Einsicht gewachsen, daß wirtschaftliches Wachstum zwar unerläßlich für die Sicherung der wirtschaftlichen Leistungsfähigkeit ist, aber nicht auf Gedeih und Verderb allgemeiner Maßstab unseres Handelns sein darf. Wir müssen uns freimachen von der Vorstellung, nur und allein eine auf Wachstum und stetig steigendem Wohlstand fußende Entwicklung schaffe Raum für den sozialen Fortschritt und eine ihm gemäße gesellschaftliche Entwicklung.
Soziale Gerechtigkeit ist und bleibt ein immerwährender Auftrag an uns, in jeder Phase und unter allen Bedingungen. Wir werden dann erkennen, wie eng das Ziel einer qualitativen Verbesserung der Lebensumstände an die wirtschaftliche Situation gebunden ist.
Allerdings sollten wir unsere Erwartungen nicht von Jahr zu Jahr höher schrauben. Die weiterhin knappen öffentlichen Mittel erlauben kein unbegrenztes Anwachsen staatlicher Aufgaben. Wir werden uns wahrscheinlich von liebgewordenen Besitzständen trennen müssen. Das ist in diesen Wochen oft gesagt worden; es sei auch von diesem Platz aus gesagt.
Die Festlegung eines ständig wachsenden Anteils der staatlichen Ausgaben ist neben der noch immer unausgewogenen Verteilung der Einnahmen und Ausgaben auf die einzelnen Hauhaltsebenen innerhalb eines insgesamt zu engen Staatskorridors eines der größten Probleme der öffentlichen Finanzierung.
Angst ist unser Ratgeber nie gewesen, sondern eher die Gewißheit, schließlich doch fähig zu sein, mit allen Schwierigkeiten fertig zu werden. Die Bilanz, die dieser Bundesrat über seine jetzt 25jährige Tätigkeit zog, legt Zeugnis dafür ab, daß die föderalistische Ordnung aus sich heraus die Kraft zur Sicherung unserer staatlichen Existenz zu schöpfen vermag.
Die Sicherung dieser Existenz schließt unveräußerlich die dem Staat und seinen Gliedern zugewiesene soziale Verantwortung für die in diesem Staat lebenden Bürger ein.
Unser Vertrauen in die Kraft des Föderalismus ist zugleich unser Bekenntnis zur Demokratie, der wir uns über alle parteipolitischen Meinungsunterschiede hinweg gemeinsam verpflichtet wissen.

Unser politisches System hat sich als leistungsfähig erwiesen. Es bleibt geeignet, auch mit kommenden Problemen fertig zu werden. Wir brauchen es im Prinzip nicht zu ändern! Meine Damen und Herren, fragen wir uns statt dessen, ob ihm nicht manches als Mangel angerechnet wird, was in Wahrheit ein Mangel bei denen ist, die es handhaben. Also ein Mangel auch bei uns: den Mitgliedern des Bundesrates. Dann käme es nicht auf eine Systemveränderung, sondern auf eine bessere Ausbildung und Erziehung derer an, die sich als Politiker berufen fühlen.

Rede zur Eröffnung des philosophischen Kongresses in Göttingen (1975)

Auch in den späten Jahren seiner politischen Tätigkeit fand Alfred Kubel Zeit, seiner Neigung zur Reflexion über den Zusammenhang von Politik und Philosophie nachzugehen. In dieser Rede vom 5. Oktober 1975 legt Kubel wenige Monate vor dem Rücktritt vom Amt des Ministerpräsidenten noch einmal seine Überzeugungen von der sittlichen Verantwortung eines Politikers dar. Zusammen mit »Politik und Ethik« aus dem Jahr 1946 (vgl. S. 42–56) bildet diese Rede das persönliche Grundsatzprogramm des Politikers Alfred Kubel, dessen Forderungen er bis zum Ausscheiden aus der Landespolitik treu geblieben ist.

Ich habe mir vorgenommen, mein kurzes Grußwort nicht zu einem philosophischen Fachreferat auszuweiten, um nicht schon in dieser Stunde die Diskussionen Ihres Kongresses zu eröffnen. Dabei gestehe ich gern, daß es mich sehr reizen würde, an dem einen oder anderen Kolloquium teilzunehmen. So ganz aber kann ich nicht der Versuchung widerstehen, zumindest einige wenige Gedanken zum Thema Politik und Philosophie zu skizzieren, einem Thema, das mich schon in früher Jugend und dann mein ganzes politisches Leben lang immer wieder beschäftigt hat.
Mir scheint, daß die Fülle von Veröffentlichungen zu den wechselseitigen Beziehungen zwischen Politik und Philosophie im umgekehrten Verhältnis zur praktischen Anwendung steht. Ich will nur kurz andeuten, was ich damit meine.
In der gegenwärtigen Politik – und zwar aller Richtungen – wird versucht, allein mit der Soziologie und den sogenannten Gesellschaftswissenschaften ohne Rückhalt in philosophischen Grundhaltungen die Willensbildung und die Grundsatzentscheidungen zu beeinflussen. Die Abneigung gegen strenges Philosophieren ist freilich nicht auf den Bereich der Politik und der praktischen Sozialwissenschaften beschränkt. Auch ein großer Teil der heutigen Naturwissenschaftler erkennt den vom Mittelalter her überkommenen absoluten Begründungsanspruch bestimmter Richtungen der schulmäßigen Philosophie schon lange nicht mehr an. Die sogenannten exakten Wissenschaften sind dazu übergegangen, ihre Prinzipien selbst zu erarbeiten, vielfach ohne ausreichenden Kontakt mit dem heutigen Stand der Erkenntniskritik.

Die Beantwortung der Frage nach der zukünftigen Rolle der Philosophie in der Wissenschaft und die Lösung des Problems, ob es möglich ist, ein System der Philosophie im traditionellen Sinne des Wortes Wissenschaft zu erarbeiten, muß ich Ihnen überlassen.
Gehen wir davon aus, daß im politischen Leben weithin eine Abneigung gegen strenges Philosophieren besteht, dann ist die Frage, warum in den Bereichen des Grundsätzlichen des politischen Lebens aller Schattierungen soviel Unklarheit vorherrscht, schnell beantwortet. Vielleicht befindet sich unsere Gesellschaft deshalb in einem Zustand geistiger Unsicherheit, weil die inhaltliche Klärung der Grundvoraussetzungen politischen Handelns bewußt aus Angst, daraus unbequeme Schlußfolgerungen ziehen müssen, vernachlässigt wird. Das bewirkt geistige Umweltschäden, die meines Erachtens die materiellen in ihrer Gefährlichkeit weit übertreffen. Teile unseres politischen Nachwuchses sind auf das Leitbild neuer gesellschaftlicher Systeme fixiert, ohne sich mit den Voraussetzungen, den Grundlagen und Zusammenhängen befaßt zu haben. Die Diskussion wird häufig auf Schlag- und Reizworte beschränkt, wie sich jetzt zum Beispiel wieder an dem Begriff der »Investitionslenkung« zeigt. Die gegenwärtige Theoriediskussion scheint mir zuweilen arg in der Nachbarschaft der Verkündung von Heilslehren angesiedelt zu sein.
Dem praktizierenden Politikern wird häufig, und sicher nicht immer zu Unrecht, der Vorwurf des bloßen Pragmatismus gemacht. Ich möchte hier im Einklang mit Bundeskanzler Helmut Schmidt, mit dem ich dieses Thema mit einem gewissen Vergnügen erörtert habe, eine Lanze für den Begriff des »Pragmatischen« brechen. Dieser Begriff, der auch von Immanuel Kant vorgeformt wurde, muß – recht verstanden – kein Gegensatz zur sittlichen Pflicht sein, etwa in dem Sinne, daß die exakte Analyse des Vordergründigen die Besinnung auf das Grundsätzliche ausschlösse. Das gilt in der Sicht des geistig aufgeschlossenen Politikers für das Philosophische und besonders für strenge praktische Philosophie. Sie wird durch die moderne Erkennens- und Wertkritik nicht gegenstandslos. Im Gegenteil: Zwar kann zwischen pragmatischem Denken und sittlicher Pflicht ein Gegensatz aufbrechen; zumal da Kant das erste zunächst als wertfrei darstellt. Kant spricht aber auch von der moralischen Pflicht, auf die Wohlfahrt anderer Menschen hinzuwirken und deren erlaubte Zwecke zu den eigenen zu machen. An anderer Stelle führt Kant aus, daß diejenige Gesetzgebung pragmatisch sei, die aus der Vorsorge für die allgemeine Wohlfahrt fließt (Grundlegung zur Metaphysik der Sitten, 1785). Keinesfalls darf nach Kant der pragmatisch handelnde Politiker das Sittengesetz, den kategorischen Imperativ, verletzen. Der Politiker bedarf, auch wenn

heutige Erkenntniskritik Ansprüche auf objektive Gültigkeit seines Bekenntnisses ausschließt, gesinnungsmäßig der moralischen Legitimation – wovon für den Demokraten die verfassungsrechtliche Legitimation nur eine – allerdings sehr wichtige – Folgerung ist. Helmut Schmidt hat diese und andere Gedanken Kants für sich so zusammengefaßt: »Politik ist pragmatisches Handeln zu sittlichen Zwecken; Politik ist die Anwendung feststehender sittlicher Grundsätze auf wechselnde Situationen.« Lassen wir das als politisches Bekenntnis gelten. Sonst müßte ich mich zu sagen versucht fühlen: »Politik sollte ... sein«, nicht »ist«.

Im besonderen diesen Aspekt hat der hier in Göttingen einst lehrende Philosoph Leonard Nelson, dessen Schülern ich, wie einige hier Anwesende sicher wissen werden, viel verdanke, besonders scharf herausgearbeitet. Nelson verwirft zwar formalistische Ethiken, nach denen das Sittengesetz keinen Inhalt haben kann, aber dennoch bleibt auch das Sittengesetz bei ihm in einem ganz besonderen Sinne formal. Er fordert Abwägung; er unterscheidet scharf zwischen der Funktion der Waage und dem Inhalt der Waagschalen. So gelangt er zu seinem zwar formalen, aber nicht inhaltsleeren Sittengesetz: »Handle nie so, daß du nicht auch in deine Handlungsweise einwilligen könntest, wenn die Interessen der von ihr Betroffenen auch deine eigenen wären« und zu seinem heutiger Strafrechtsphilosophie wohl nicht mehr gemäßen Vergeltungsprinzip: »Du sollst in eine gleiche Nichtachtung deiner Interessen einwilligen, wie du sie anderen gegenüber bewiesen hast.« Nelson will nur ein Kriterium liefern um festzustellen, in welcher Weise wir nach dem Gerechten suchen sollten.

Politisches Handeln ist zwar keineswegs allein aus der Sittenlehre oder der Ethik zu begründen, und zwar ebenso wenig wie allein aus der theoretischen Vorhersicht eines angeblich unvermeidlichen Ablaufes der gesellschaftlichen Entwicklung. Hier halte ich es vielmehr mit Max Weber: »Der Politiker hat für die voraussehbaren Folgen seines Handelns aufzukommen« (Max Weber, Politik als Beruf). Oder – um erneut den Bundeskanzler zu zitieren: »Die Frage nach den Folgen, die der politisch Handelnde sittlich zu verantworten hat, reißt allerding das ganze Feld der Fragen nach den ethisch gerechtfertigten Zwecken, nach den zweckmäßigen Mitteln, nach den unvermeidlichen Nebenwirkungen und nach dem Zusammenhang von Zwecken, Nebenwirkungen und Mitteln auf – und damit ist des Fragens noch kein Ende«.

Mit einem Wort: Wer als Politiker entscheidet, muß sich bei der Gewichtung der erstrebten wie der abgelehnten Folgen zunächst der Analyse bedienen, um erst die damit klargestellten Ziele, Mittel und Nebenwirkungen ethisch bewerten und gegeneinander abwägen zu können. Der

Politiker muß also – ehe er handelt – sorgfältig prüfen, wie weit seine moralische Legitimation reicht, er muß die Folgen seines Handelns auch verantworten können.

Wir sind uns hier in diesem Saale sicherlich alle einig, daß das politische Denken nicht weiter verflachen darf. Wir sind uns gewiß auch darüber einig, daß das politische Entscheidungen tragenden Fundament nur dann festgefügt ist, wenn die Philosophie und die Erfahrungswissenschaften mit dem programmatischen Denken über die politischen Aufgaben fortwährend in Einklang gebracht werden.

Nelson hat in einem seiner Briefe geschrieben: »Viel schwerer als den tiefsten Gedanken zu fassen, ist es, Menschen zu finden, die bereit sind, mit ihm ernst zu machen«. In analoger Übertragung dieses Gedankens wünsche ich Ihrem Kongreß eine fruchtbare Diskussion und eine nachhaltige Wirkung.

Rede zum Rücktritt vom Amt des Ministerpräsidenten (1976)

Alfred Kubel gehört zu den wenigen Politikern der Bundesrepublik Deutschland, die noch im Vollbesitz ihres politischen Einflusses für einen Nachfolger Platz machten. Am 14. Januar 1976 trat Alfred Kubel, wie er dies bereits im Wahljahr 1974 angekündigt hatte, vom Amt des Ministerpräsidenten zurück.

Der Rücktritt Kubels hatte keine dramatische Staatsaktion werden sollen, sondern ein rechtzeitig angekündigter personeller Wechsel im Amt des niedersächsischen Regierungschefs. Der Wechsel von Kubel zu Kasimier schien auch in den Fraktionen von SPD und FDP durch Probeabstimmungen hinreichend gesichert zu sein, so daß wohl niemand mit der bösen Überraschung gerechnet hatte, die die Wahl den niedersächsischen Sozialdemokraten bereitete. Der erste Wahlgang am 17. Januar 1976 brachte weder für Helmut Kasimier (SPD) noch für den Kandidaten der Opposition, Dr. Ernst Albrecht, die erforderliche absolute Mehrheit von mindestens 78 der 155 Stimmen. Bei der Wiederholung des Wahlganges am nächsten Tag erhielt der Abgeordnete Dr. Albrecht die erforderlichen 78 Stimmen und war damit verfassungsmäßig mit absoluter Mehrheit zum Ministerpräsidenten gewählt. Da der neugewählte Ministerpräsident nicht imstande war, innerhalb von 21 Tagen nach der Wahl eine Regierung zu bilden und sie durch den Landtag in offener Abstimmung bestätigen zu lassen, stellte der Landtagspräsident am 6. Februar fest, daß eine Regierungsbildung nicht zustande gekommen war. Nachdem sich der Landtag einstimmig gegen eine Auflösung entschieden hatte, fand noch am gleichen Tag eine neue Wahl des Ministerpräsidenten statt, bei der Dr. Ernst Albrecht mit 79 der 155 Stimmen zum neuen niedersächsischen Ministerpräsidenten gewählt wurde (vgl.: Korte/Rebe/Dronsch, Verfassung und Verwaltung des Landes Niedersachsen, S. 243 – 259). Für Alfred Kubel war dieser Abstimmungsausgang am Ende seiner aktiven politischen Laufbahn eine schlimme und deprimierende Erfahrung, an der er über Jahre schwer zu tragen hatte.

In dieser, am 14. Januar 1976 gehaltenen Abschieds- und Dankesrede setzte sich Kubel in der für ihn typischen, unpathetischen Weise mit dem selbstgewählten Rückzug aus der Politik auseinander, der nach Kubels Ansicht dem einzelnen um so leichter fällt, je eher er die eigene Unersetzlichkeit als Fiktion erkennt, die ihre Ursache in der Eitelkeit des Individuums hat. Kubel widerstand damit der naheliegenden Versuchung, in einer langen Rede die Summe seines politischen Lebens zu ziehen oder gar ein politisches Vermächtnis zu verfassen.

Herr Präsident, meine Damen und Herren!

Mit Schreiben vom 7. Januar habe ich dem Herrn Präsidenten des Niedersächsischen Landtags mitgeteilt, daß ich mit Wirkung vom heutigen Tage mein Amt als Ministerpräsident niederlege.
Es liegt mir in dieser Stunde daran, zu allererst all denen zu danken, die mir über fast drei Jahrzehnte hinweg ihr Vertrauen geschenkt haben. Als Mitglied der Niedersächsischen Landesregierung gaben sie mir die Chance, mich immer an verantwortlicher Stelle und zuweilen unter ungewöhnlichen Umständen dem Neuaufbau des Landes Niedersachsen und der Bundesrepublik Deutschland zu widmen.

Bei der Verabschiedung von seinen engeren Mitarbeitern nach dem Rücktritt vom Amt des Ministerpräsidenten im Januar 1976; von links nach rechts: Hannes Spitta (persönlicher Referent), Günther Volz (Pressesprecher), Alfred Kubel, Irmgard Johannes (Sekretärin), Hans Meier (Staatssekretär), Frank Ebisch (Abteilungsleiter).

Heute in dieser Stunde des Abschieds von Amt und Verantwortung bleibt mir der Wunsch und die Hoffnung, meine Partei, diesen Landtag, besonders meine Fraktion und die mir ihr politisches Vertrauen bewahrenden Bürger unseres Landes mit allem, was ich getan habe und den jeweiligen Umständen entsprechend tun konnte, nicht enttäuscht zu haben. Wenn ich Erfolg gehabt habe dann hat mir geholfen, daß ich politisch niemals einsam war, mag ich mich auch bei Einzelvorhaben manchmal etwas allein gefühlt haben.
Ich habe aber nicht nur für das mir entgegengebrachte Vertrauen zu danken. Ich danke auch für die stete Hilfe, die mir von allen gesellschaftlichen Kräften bei der Erfüllung meiner – vielleicht sollte ich sagen „unserer" Pflichten gewährt worden ist. Sie werden verstehen, daß ich in diesen Dank und an dieser Stelle auch die Mitarbeiter in den Ressorts und in der Staatskanzlei einbeziehe.
Ausdrücklich nannte ich alle gesellschaftlichen Kräfte. Mancher hat mir auch geholfen, indem er mir bisweilen sogar in erbitterter Gegnerschaft gegenübertrat. Solange ich von der Richtigkeit eines Vorhabens überzeugt war, zwang das zu fortdauerndem Überdenken dieses Vorhabens und der vorausbedachten Mittel, es zu verwirklichen. Im übrigen war es Schutz vor frühzeitiger Erschlaffung, eine besondere Art leistungssteigernder Gymnastik.
Es ist nicht die Stunde, auch nur beispielhaft eine Bilanz verbunden mit einer Gewinn- und Verlustrechnung meiner politischen Tätigkeit als Abgeordneter dieses hohen Hauses und als Regierungsmitglied zu ziehen. Ein ganz persönlicher Eindruck mag dafür stehen:
Wenn ich durch unser Land Niedersachsen fahre, vom Emsland durch Ostfriesland über Oldenburg durch die Heide nach Lüneburg, auch nach Lüchow-Dannenberg, nach Helmstedt und durch das Salzgittergebiet, über den Harz nach Göttingen und dann nach Hannover – sagen wir an der Hannover-Messe entlang – dann sehe ich vieles, an dessen Entstehen ich mitwirken durfte und manches auch, das meiner eigenen Initiative entsprungen ist. Dafür wird mir in diesen Tagen oft gedankt.
Meine Damen und Herren! Verstehen Sie bitte, daß ich diesem Dank meine Dankbarkeit entgegenstelle. Ich bin es im Verein mit vielen um mich herum, der ein Gefühl der Dankbarkeit dafür empfindet, als Politiker vor die hoffentlich nie in solcher Form wiederkehrenden Aufgaben eines Neubeginns nach 1945 gestellt worden zu sein. Wir haben manches mitgestalten können, was uns als jungen Menschen in der Zeit schlimmster Erniedrigung unseres Volkes, weitgehend verursacht durch eigenes Versagen gegenüber der Weltgeschichte, an Idealen vorgeschwebt hat.

Gerade in diesen Tagen bin ich oft nach einem Resümee dieses politischen Abschnitts in meinem Leben gefragt worden. Es war für mich – und hoffentlich nicht nur für mich – keineswegs ein befriedigendes Resümee. Zufriedenheit mit dem jeweils Erreichten ist immer bedenklich. Wir werden unser öffentliches Leben idealen Vorstellungen nur annähern können. Unsere Ideale fordern immer weitere Schritte von uns. Dessen aber ungeachtet wird ein jeder von uns für sich die Frage zu beantworten haben, ob die äußeren Umstände, die in vielfältiger Weise unser Aufgabengebiet beinflußten, stärker als unsere Möglichkeiten waren und sind. Haben wir genügend nachgedacht, haben wir genug gearbeitet? Haben wir hart genug gearbeitet? Arbeiten unsere Politiker genug? Diese Frage kann sicher nicht für alle gültig exakt beantwortet werden.
Aber es wäre gewiß keine unzulässige, eine klare Antwort scheuende Verallgemeinerung, wenn ich sage: Viele, allzuviele gerade der führenden Politiker leben in einer dauernden Streß-Situation. Sie sind überarbeitet! Sie teilen dieses Schicksal mit vielen in unserer Gesellschaft führenden Persönlichkeiten.
Ich denke dabei nicht nur an die Abgeordneten unserer Parlamente, an die Mitglieder unserer Regierungen, an die Kommunalpolitiker, an die Organisatoren unserer politischen Parteien – ich denke darüber hinaus also auch nicht nur an die sogenannten Manager unserer Wirtschaft in den Unternehmen ebenso wie in den Gewerkschaften und den Wirtschaftsverbänden, ich denke an einen jeden, der sich in einer wie auch immer gearteten Pflicht weiß. Dabei frage ich, ob es sich nicht lohnt, einmal kritisch zu untersuchen, ob wir unsere Kraft immer rationell und angemessen einsetzen.
Mancher, der dazu neigt, anonymen Verwaltungen mangelnde Rationalität vorzuwerfen, könnte sich der wahrscheinlich leichteren Aufgabe unterziehen, einmal nachzusehen wie es mit dem Einsatz seiner eigenen Kraft und Fähigkeit gemessen am unterschiedlichen Gewicht echter oder vermeintlicher Pflichten aussieht. Er könnte und sollte auch prüfen, wieweit er es als Pflicht empfindet, seine Leistungsfähigkeit zu erhalten und womöglich zu steigern.
Das andauernde Gefühl, überbeansprucht zu sein, kann ich nicht als normal in einer auf Menschlichkeit bedachten Gesellschaft anerkennen. Auch denke ich nicht, daß es optimale Pflichterfüllung garantiert, wenn man seine privaten, neben den gewählten oder gestellten Aufgaben liegenden Interessen völlig verkümmern läßt.
Gestatten Sie mir ein Wort, das hoffentlich nicht allzu befremdlich klingt: Wir sollten zurückhaltender werden mit hohen Lobesworten, wenn

jemand wirklich in Überschätzung seiner Kraft und seiner Fähigkeit „in den Sielen stirbt". Das gilt auch und sogar ganz besonders, wenn das als Folge des Alterns geschieht. Der alternde Mensch muß wissen, daß er sich unausweichlich der Grenze nähert, hinter der es keine Leistung mehr für andere gibt.
Und ebenso hart lassen Sie mich die Frage hinzufügen: Wann wird das „Sich für andere, für das Unternehmen, für die Belegschaft, für unsere Gesellschaft Aufopfern" zu einem manchmal wohl kaum noch bewußten Vorwand der eigenen Eitelkeit? Wann dient dieses Sich-Aufopfern mehr dem eigenen Geltungsbedürfnis als der Sache selber? Tragischer gar ist es, wenn ein solches Sich-Aufopfern unausweichlich wird, weil es neben dem eingefahrenen Lebensgleis keine andere befahrbare Strecke zu einem persönliche Befriedigung verheißenden Ziel mehr gibt.
Wer einer seinen Mitmenschen dienenden Aufgabe wirklich verbunden ist, wird sich schon im Vollbesitz seiner Leistungsfähigkeit darum sorgen müssen, daß neben ihm Gleichgesinnte stehen, die ihn jederzeit ersetzen können. Wir sollten skeptisch sein, wenn jemand – in Politik, Wirtschaft oder anderswo in unserer Gesellschaft – sich für unersetzlich hält. Er überläßt die Fortsetzung seiner Arbeit – soweit sie von leitenden Persönlich-

Nach dem Rücktritt mit seiner Frau Hilde im Harz (1976).

keiten abhängt, dem Zufall, daß unvorbereitet jemand einspringt, wenn er abtreten muß.
Wenn diese Sorge mich in meiner politischen Arbeit immer begleitet hat, gebührt eine Anerkennung dafür denen, die mich in jungen Jahren für politische Arbeit vorbereitet haben. Ich denke, dieser tiefe Dank wird das Ohr einiger erreichen, die noch leben und denen mein ganzer Respekt gilt.
Hierarchisch geführten Organisationen wird es immer leichter fallen, Nachfolgerprobleme zu lösen als demokratisch angelegten und damit öffentlich durchschaubaren Organisationen und Institutionen. Zumindest schwächt weniger nach außen dringender Streit um Nachfolgeschaft ihre Geltung in der öffentlichen Meinung.
Die niedersächsischen Sozialdemokraten müssen Sie so verstehen, meine Damen und Herren, daß sie ein Beispiel setzen wollen, wie es auch in der Demokratie gehen kann – ich meine gehen sollte.
Ich freue mich, daß der Koalitionspartner – die Freien Demokraten – diese Form der Wachablösung ebenso für richtig hält. Und für die Opposition ahne ich zumindest eine wohlwollende Grundhaltung dazu.
Zwei Fragen waren gestellt. Die eine: Haben wir hart genug gearbeitet? Und ich antworte:
In Krisenzeiten – viele von uns haben sie durchlebt – gibt es für den Politiker kein Recht, private Interessen vor die Sache zu stellen. Wir leben aber nur ausnahmsweise unter solchen Verhältnissen. Bei normalen Zeitabläufen sollte auch der führende Politiker darum besorgt sein, eine gewisse Harmonie in sein Leben zu bringen. Es kann eine Harmonie zwischen ernster Pflichterfüllung und Hingabe an andere vielfältige Lebensinteressen geben. Meine Bewunderung gilt denen – und es gab und gibt sie – die darin Vorbild sind.
Sie werden am ehesten davor bewahrt, Forderungen an unsere Gesellschaft zu stellen, die den meisten fremd und unverständlich bleiben, weil sie – einfach sei es gesagt – nicht menschlich oder gar unmenschlich sind.
Die zweite Frage war:
Haben wir genug nachgedacht? Die Antwort ist mit dem soeben Gesagten zu einem Teil schon gegeben. Hinzuzufügen wäre allerdings: Wir sollten uns wünschen, mehr Gelegenheit dafür zu finden, oder uns zu verschaffen, konzentriert nachzudenken über Dinge, die uns nicht die tägliche Arbeit aufzwingt. Über Dinge, die uns Richtschnur für unsere tägliche Arbeit sein müssen. Das gilt wohl für alle unsere Parteien und politischen Institutionen. Es sollte auch hier nachgedacht werden, ob es gut und richtig ist, dieses Sich-Beschäftigen mit den Grundlagen eines men-

schenwürdigen Lebens fast nur dem Zufall persönlicher Neigungen, erworbener Bildung und persönlicher Verbindungen zu überlassen.
Dazu hier mehr zu sagen, hieße wohl eine Dankes- und Abschiedsrede zu überfrachten.
Verzeihen Sie mir, falls ich den Eindruck erweckt habe, noch schnell alles sagen zu wollen, was in diesem Hause selten unter einem Punkt der Tagesordnung gesagt werden kann.
Meine Damen und Herren!
Ich denke also verantworten zu können, mein Amt als Ministerpräsident des Landes Niedersachsen niederzulegen.
Ich bitte das Hohe Haus, mich durch die Wahl meines Nachfolgers, unseres Finanzministers Helmut Kasimier, von meinen Pflichten als Mitglied unserer Landesregierung zu entbinden. Ich habe sie lange genug getragen. Meine Verpflichtung, weiterhin an der Entwicklung unserer Gesellschaft im Sinne meiner und meiner politischen Freunde Ideale in anderem Rahmen mitzuwirken, auch im Rahmen meiner Partei, kann mir freilich niemand abnehmen. Und ich ließe das auch nicht zu.
Dem Hohen Haus wünsche ich die Kraft und die auf Leistung beruhende Gelassenheit, unserem Lande weiterhin zu dienen.

30 Jahre Grundgesetz – 30 Jahre Bundesrepublik (1979)

Drei Jahre nach seinem Ausscheiden aus dem Amt des niedersächsischen Regierungschefs hielt Alfred Kubel am 21. November 1979 anläßlich einer Jubiläumsveranstaltung im Ludwig-Windthorst-Haus in Lingen das Eröffnungsreferat zum Thema ›30 Jahre Grundgesetz‹. Für Kubel war das eine Gelegenheit, vor allem die Stationen der Entwicklung des Föderalismus in der Bundesrepublik Deutschland aus eigenem Erleben darzustellen und zu gewichten sowie aktuelle Probleme im Bund-Länder-Verhältnis am Ende der siebziger Jahre zu skizzieren.
Bemerkenswert blieb bis heute der Anteil Kubels an der Finanzreform von 1969 (vgl. dazu den Aufsatz von Renzsch in: Idee und Pragmatik, S. 167 – 177), die erstmals die Verteilung der Steuermasse zwischen Bund und Ländern für einen Teil der Steuern nach dem von Kubel verfochtenen Bedarfsprinzip vornahm, um auf diese Weise einen Beitrag zur Überwindung der Probleme finanzschwacher Länder zu leisten, der es überhaupt ermöglichte, eine regionale und sektorale Strukturpolitik in den Problemregionen der Bundesrepublik zu praktizieren und die grundsätzlich geforderte Einheitlichkeit der Lebensverhältnisse im gesamten Bundesgebiet mit politischen Mitteln einzulösen.

Mein Teil des Themas handelt vom Bund-Länder-Verhältnis, den Fundamenten des Bundesstaates, dem Föderalismus und der Arbeit im Bundesrat. Die meisten von Ihnen wissen wahrscheinlich, daß mich mit diesem Thema seit 1945 viel verbindet. Ich will aber nicht allzuviel Selbsterlebtes erzählen. Das mag vielleicht für unser nachfolgendes Gespräch nützlich sein. Ich will vielmehr versuchen, etwas mehr im systematischen Zusammenhang zu bleiben. Ohnedies wollen wir beide – Herr Höcherl und ich – nur ein paar Anstöße für die Diskussion geben. Eine ausführliche verfassungsgeschichtliche Einleitung erspare ich Ihnen und mir. Der Historiker und der Politologe am Tische können später je nach Bedarf in der Diskussion nachfassen.
Im groben Querschnitt gesehen, hat sich die deutsche Staatenbildung vom Mittelalter bis in unser Jahrhundert hinein im dynastischen Wechselspiel und den Machtkämpfen zwischen Kaiser und Landesfürsten vollzogen. Seit 1648 lag das Übergewicht eindeutig bei den Territorialstaaten. In der Verfassung von 1871 waren die Fürsten noch Träger der Staatsgewalt.

Einen deutschen Einheitsstaat hat es außer in der Form des Nazi-Regimes – und der DDR heute – nie gegeben. Die unterschiedliche Größe und Bedeutung der Einzelstaaten hat das interne Kräfteverhältnis bis heute bestimmt. Nach der Wiener Schlußakte, also nach der Niederlage Napoleons, blieben noch etwa 40 landesherrschaftliche Gebilde, 1871 waren es 25, in der Weimarer Republik noch 18, und ich hoffe immer noch, wahrscheinlich aber vergeblich, daß wir den Zuschnitt der 11 Bundesländer bei uns (einschließlich Berlin) noch einmal verbessern können. Ich sage dazu nachher noch etwas mehr.
In der Landesgeschichte von Niedersachsen gab es übrigens noch drei Vorläufer in Gestalt der von der britischen Militärregierung geschaffenen Länder Oldenburg, Braunschweig und Hannover für eine Übergangszeit nach der Kapitulation bis zum 23. November 1946, dem Gründungsdatum unseres Landes. Nach diesem Datum wurden aus den Ministerpräsidenten Theodor Tantzen (Oldenburg) und Alfred Kubel (Braunschweig) Minister im ersten niedersächsischen Kabinett Hinrich Wilhelm Kopf. Eine Landesverfassung für Niedersachsen gab es zu der Zeit noch nicht. Der erste – nicht gewählte, sondern von der Militärregierung ernannte Landtag – verabschiedete im Februar 1947 zunächst ein Gesetz zur Vorläufigen Ordnung der niedersächsischen Landesgewalt; die Vorläufige Niedersächsische Verfassung kam erst im Mai 1951.
Verfassungsrechtliche Fragen waren in der ersten Nachkriegszeit auch nicht vordringlich, dafür war die Sorge um das tägliche Brot und eine warme Behausung um so größer; ebenso wie die Sorgen um die Aufnahme von Millionen Deutscher aus dem Osten, die Demontage und Rückführung technischer Anlagen in den von den Nazis geplünderten Gebieten um uns herum und die übrigen Kriegsfolgen. Es gab Demonstrationsmärsche in Hannover um die Zuteilung von Kartoffeln und Kohlen. Der Aufbau im kommunalen und staatlichen Bereich wuchs allmählich und oft sehr mühsam von unten, den Städten, Gemeinden und Kreisen über die Bezirke zu den Ländern und führte, wie Herr Höcherl schon dargestellt hat, erst vier Jahre nach dem Kriegsende zum Grundgesetz und der Bundesrepublik, für deren Entstehung mehrere Daten zu begründen wären, etwa auch das Jahr 1955, als wir gegen gewisse Zugeständnisse zur Mitwirkung bei der Verteidigung der demokratischen Länder des Westens weitgehend souverän wurden.
Zu diesem, immer mehr verblassenden Kapitel Zeitgeschichte gehört die Aussage, daß die Gründung der Bundesrepublik neben dem starken Einfluß der drei Besatzungsmächte ein föderales Werk war, sowohl in der Zusammensetzung des Parlamentarischen Rates, der Vorarbeit durch die

Ministerpräsidenten als auch bei der Ratifizierung des Grundgesetzes. Der Freistaat Bayern, lieber Herr Höcherl, hatte dabei bekanntlich beträchtliche föderale Vorbehalte. Auch schon von Ludwig II. ist überliefert, daß er sich der »Kaiserproklamation 1871 nur mit schmerzlichem Bedauern gefügt« hat.
Ja, und das sage ich nicht, um nett zu Ihnen zu sein: Ich habe schon Verständnis für viele Kritiker der Bismarckschen Machtpolitik, die einen Graben, etwa zwischen Österreich und den anderen deutschen Ländern zog. Ich glaube, auch Ludwig Windhorst war von der Art und Weise, in der das Bismarcksche Reich entstand, nur gemäßigt, wenn überhaupt, begeistert.
Der bundesstaatliche Aufbau und der föderale Charakter des Grundgesetzes waren zum Teil die Konsequenz aus diesem Entstehungsvorgang. Ihr Stellenwert im Gesamtgefüge des Verfassungssystems beruht aber wesentlich mit auf den Erfahrungen aus der Weimarer Zeit und in noch stärkerem Maße auf denen der Nazi-Herrschaft. Aber auch die Siegermächte wollten unter gar keinen Umständen ein Deutschland mit starker zentraler Regierung. Wir sollten auch heute bei den demokratischen ehemaligen Siegermächten nicht mit besonderer Leidenschaft rechnen, unseren Wunsch auf ein vereinigtes Deutschland zu teilen.
Neben der freiheitlichen Demokratie, dem Rechts- und Sozialstaat ist der Föderalismus ein Hauptpfeiler der Staatsform der Bundesrepublik mit dem Schutz des Art. 79 Abs. 3 Grundgesetz (GG), d.h. es gibt keine rechtlich zulässige Änderung dieses Verfassungsprinzips. Die förderale Struktur hat diesen Rang nicht, wie viele glauben, um der regionalen Besonderheit und individuellen Gestaltungsmöglichkeiten der Länder willen, sondern vielmehr wegen der konstituierenden Bedeutung für unser Gemeinwesen; einfacher gesagt, als gewaltenteilendes Element zum Schutze staatsbürgerlicher Freiheit. Dieser Rang ist durch die weitere Entwicklung in den 30 Jahren bis heute keineswegs verloren gegangen, aber doch abgeschwächt.
Durch zahlreiche Grundgesetzänderungen hat sich ein Wandel vollzogen. In der Gesetzgebungskompetenz haben sich die Gewichte erheblich zugunsten des Bundes verschoben. Die Zuständigkeiten für zwölf keineswegs unbedeutende Gesetzesmaterien sind von den Ländern auf den Bund übergegangen und in den Fällen der konkurrierenden Gesetzgebung inzwischen fast restlos ausgeschöpft worden.
Es ging hierbei nicht immer um interne Machtkämpfe der Politik oder der Verwaltung, sondern im wesentlichen um das Ziel, möglichst gleiche Voraussetzungen für einheitliche Lebensverhältnisse im Bundesgebiet zu

schaffen, strukturelle Unterschiede in den Existenzbedingungen der Bevölkerung auszugleichen und die staatlichen Aufgaben angesichts der zunehmenden Verflechtungen des wirtschaftlichen und sozialen Lebens wirkungsvoll wahrnehmen zu können. Eine Aufzählung der einzelnen Materien würde zu weit führen. Es gibt aber Grund zu der Sorge um die politische Auszehrung der Länderparlamente. Ihre Gesetzgebungskompetenz erstreckt sich im wesentlichen nur noch auf den Haushalt, die Organisation, den Rundfunk, die Bildungspolitik, das Kommunalwesen und das Polizeirecht sowie einige Rest- und Randbereiche. Im Zeichen des kooperativen Föderalismus ist eine Vielzahl von Bund-Länder-Gremien und länderinternen Arbeitsgruppen und Konferenzen (z.B. Kultusministerkonferenz) fortgesetzt fleißig im Planen und Koordinieren. Die Kompetenz der Parlamente wird dadurch zusätzlich geschmälert. Spötter sprachen der vielen »Räte« wegen schon von einer Entwicklung zur »Räte-Republik«. Die 1973 eingesetzte Enquête-Kommission »Verfassungsreform« hat dazu in ihrem Schlußbericht 1976 gesagt, daß dieser auf eine Erosion der Landesstaatlichkeit hinauslaufende Prozeß sich nicht mehr fortsetzen darf.

Eine ähnliche Perspektive hat die Reform der Finanzverfassung von 1969, zu der ich als damaliger Finanzminster eines der armen Länder auch einiges beigetragen habe. Es war ein Werk der großen Koalition, ich halte es für ein Kernstück unseres föderalen Staatswesens. Realpolitik hängt mit der Frage der Finanzierbarkeit politischer Vorhaben zusammen. Eine ausführliche Darstellung würde meine Redezeit überschreiten. Ich beschränke mich deshalb auf die Grundzüge und die wesentlichen Ergebnisse.

Mit der fortschreitenden wirtschaftlichen Entwicklung und dem schneller ansteigenden Sozialprodukt wurde die Haushalts- und Finanzwirtschaft des Bundes, der Länder und Gemeinden immer stärker zu einem maßgeblichen Faktor auch des gesamtwirtschaftlichen Geschehens. Konjunkturelle, sektorale und regionale Wechselbeziehungen der Marktwirtschaft und der Haushalts- und Finanzpolitik mußten im gesamtwirtschaftlichen Interesse aufeinander abgestimmt werden. Diese grob skizzierte Entwicklung führte 1969 nach einer entsprechenden Änderung des Art. 109 GG zum Gesetz zur Förderung der Stabilität und des Wachstums der Wirtschaft. Bund und Länder sind danach verpflichtet, bei ihrer Haushaltswirtschaft den Erfordernissen des gesamtwirtschaftlichen Gleichgewichts Rechnung zu tragen. Mit der gleichzeitigen Haushaltsreform wurde der Finanzplanungsrat für die Koordinierung der Haushalts- und Finanzpolitik aller Gebietskörperschaften eingerichtet und als Instrument dazu die

mittelfristige Finanzplanung geschaffen. Bei der nicht weniger bedeutsamen Finanzreform wurde für die Aufteilung der Steuerquellen das bisherige Trennsystem, das zu vielen Schwierigkeiten im Finanzausgleich geführt hatte, durch den sogenannten großen Steuerverbund abgelöst. Seine Regelungen über die Anteile am Steueraufkommen und über den Finanzausgleich sind in den neu gefaßten Art. 106 und 107 GG enthalten.
Es ist leicht einzusehen, daß dieses Reformwerk für alle Beteiligten einen tiefgreifenden Umbruch auch im Selbstverständnis des Föderalismus mit sich gebracht hat. Nach nunmehr zehnjähriger Erfahrung kann man aber sagen, daß die neuen Fundamente tragen und die Funktionsfähigkeit im bundesstaatlichen Gefüge verbessert worden ist.
Die mit der Reform verbundene Einführung der Gemeinschaftaufgaben (Hochschulbau, Wirtschaftsförderung, Agrarstruktur und Küstenschutz, Art. 91 a GG) sowie das Zusammenwirken bei der Bildungsplanung und der Wissenschaftsförderung (Art. 91 b GG) und schließlich noch die Zulassung von besonderen Investitionshilfen des Bundes an die Länder (Art. 104 a GG) sind zwar verfassungspolitisch immer noch umstritten. Ich sehe darin insgesamt jedoch einen positiven Schritt, der nicht wieder rückgängig gemacht, wohl aber im einzelnen noch verbessert werden kann. Im Bericht der Enquête-Kommission wird im wesentlichen die gleiche Ansicht vertreten und näher begründet.
Wer in der Verlagerung der bundesstaatlichen Gewichte etwas einseitig nur einen Bedeutungsverlust der Länder beklagt, darf schließlich nicht verkennen, daß die elf Gliedstaaten der Bundesrepublik sich in Größe, Bevölkerungszahl, Besiedlungsdichte, wirtschaftlicher Struktur und Leistungsfähigkeit so sehr unterscheiden, daß eine unitarische Tendenz im staats- und gesellschaftspolitischen Interesse unvermeidlich war. Die Länderseite hätte heute wahrscheinlich eine andere Qualität, wenn der ursprünglich zwingende Auftrag des Art. 29 GG zur Neugliederung des Bundesgebietes erfüllt worden wäre. Trotz umfangreicher Vorarbeiten im sogenannten Luther-Gutachten kam es dazu aber nicht. Nachdem die Muß- in eine Kann-Vorschrift geändert worden ist, sehe ich vorerst keine Chance mehr, im föderativen System andere Akzente zu setzen.
Je geringer der Bestand der Länder an eigener staatlicher Kompetenz geworden ist, um so mehr ist der Bundesrat als Organ der Mitwirkung an der gesamtstaatlichen Willensbildung in das Blickfeld getreten, in den letzen 10 Jahren sogar immer stärker. Ich darf hier vieles als bekannt voraussetzen und greife nur das Hauptproblem heraus, das seit 1969 durch die im Bundesrat geübte Praxis erkennbar geworden ist. Es handelt sich – verkürzt und etwas zugespitzt – um die Frage, ob der Bundesrat legiti-

miert ist, nach dem Geist und Buchstaben des Grundgesetzes eine nach parteipolitischer Zugehörigkeit festgefügte Mehrheit und Minderheit ensprechend der Koalition und Opposition im Bundestag zu bilden und die Willensbildung weniger an Länderinteressen als vielmehr an Parteizielen zu orientieren. Damit könnte das parteienstaatliche Prinzip die föderale Struktur schließlich außer Kraft setzen. Hier besteht ein fundamentaler Widerstreit, der noch nicht gelöst ist. Ich habe in meiner Antrittsrede als Präsident des Bundesrates vor 5 Jahren eindringlich auf diesen verfassungspolitischen Zwiespalt hingewiesen.

»Der Bundesrat ist kein Konfrontations- sondern ein Integrationsorgan«. Das war damals mein Kernsatz, der viel diskutiert, aber leider, wenn es sich um politisch kontroverse Zustimmungsgesetze handelte, nicht praktisch befolgt worden ist. Der Bundesrat hat noch eine vom Politisch-Grundsätzlichen ganz abgekehrte Seite. Für nicht Eingeweihte ist kaum vorstellbar, welchen Umfang und Rhythmus an interner Arbeit er zur Vorbereitung der Sitzungen bei den elf Landesregierungen auslöst. Durchweg stehen mehr als 50 Punkte auf der Tagesordnung, bei ca. 12 Sitzungen im Jahr im regelmäßigen Abstand von 3 Wochen. In jeder Wahlperiode seit 1949 sind 4000 – 5000 Gesetze vom Bundesrat verabschiedet. Ich halte die Ausdrücke »Gesetzesflut und Perfektionismus« – möglichst noch in einem Zuge mit »Staats- und Parteiverdrossenheit« – zwar für Schlagworte. 30 Jahre Erfahrung mit unserer Parlaments- und Regierungspraxis lehren jedoch, daß manches einfacher, produktiver und vor allem für den Bürger verständlicher gemacht werden könnte.

Ich muß zum Ende kommen, erspare Ihnen und mir aber gern eine abschließende Betrachtung mit weiteren schönen oder kritischen Bekenntnissen zu dem, was uns 30 Jahre Grundgesetz gebracht haben. Die Erscheinungen, die als problematisch empfunden und mit Recht kritisiert werden, liegen ursächlich zumeist nicht am verfaßten System des Grundgesetzes, sondern bei denen, die es handhaben. Es käme also nicht auf eine Änderung des Systems, sondern auf eine bessere Ausbildung und Erziehung derer an, die sich als Politiker berufen fühlen.

Dieses Haus, das uns heute aufninmmt, kann dazu auch einiges beitragen.

Quellennachweis

(1) – Archiv der sozialen Demokratie (Friedrich-Ebert-Stiftung), Bonn, Depositum Kubel
(2) – Niedersächsisches Hauptstaatsarchiv, Hannover, VVP 28, 7 II
(3) – Bibliothek des Niedersächsischen Landtages, Hannover

Demokratie, Frieden und Sozialismus (1)

Rede anläßlich der Wiedereröffnung der Braunschweigischen Wissenschaftlichen Gesellschaft (1)

Politik und Ethik (1)

Offener Brief an die Braunschweiger Studenten (1)

Rede anläßlich der Nelson-Gedächtnisfeier 1946 (1)

Ansprache aus Anlaß der Schlußsitzung des Braunschweiger Landtags (1)

Wirtschaftliche Freiheit in der Planwirtschaft (1)

Genossenschaften als Mittler zwischen Stadt und Land (3)

Neuordnung des landwirtschaftlichen Kreditwesens (1)

Politik in Niedersachsen (2)

Der Beitrag der öffentlichen Hand zu Stabilität und Wachstum (1)

Regierungserklärung vom 8. Juli 1970 (3)

Die Funktion der Bundeswehr in unserer Gesellschaft (3), auch (1)

Zeitgemäße Gedanken zum 50. Jahrestag der Volksabstimmung in Oberschlesien (3)

Vortrag zum Landesentwicklungsprogramm »Niedersachsen 1985« (1)

Regierungserklärung vom 10. Juli 1974 (3)

Föderalismus und Kooperation (3)

Rede zur Eröffnung des philosophischen Kongresses in Göttingen (1)

Rede zum Rücktritt vom Amt des Ministerpräsidenten (1)

30 Jahre Grundgesetz – 30 Jahre Bundesrepublik (1)

Nachweis der Abbildungen:
Privatbesitz Alfred Kubel: S. 21, 81, 93, 149, 182, 187, 207, 261, 264.
Der Abdruck des SPIEGEL-Titels S. 56 erfolgt mit freundlicher Genehmigung des SPIEGEL-Verlages Rudolf Augstein GmbH & Co. KG